GOETHE IN WEIMAR

Goethe, seinem Schreiber John diktierend.
Ölgemälde von Johann Joseph Schmeller, 1831.

GOETHE IN WEIMAR

Ein Kapitel deutscher Kulturgeschichte

Herausgegeben
von Karl-Heinz Hahn
Fotografiert
von Jürgen Karpinski

Artemis Verlag

Herrn Hans-Ludwig Böhme
ist für die schwarzweißen Abbildungen auf den Seiten 39, 79, 85, 88, 91,
94, 95, 96, 98, 99, 101, 102, 103, 104, 106, 128, 136, 137, 167, 205,
263, 272 und 276 zu danken.

© 1986 by Edition Leipzig
Lizenzausgabe
© 1986 für den Artemis Verlag Zürich und München
Gestaltung: Walter Schiller
Lektor: Annette Vogel
Gesamtherstellung: Druckerei Fortschritt Erfurt
Printed in the German Democratic Republic
ISBN 3 7608 0709 7

INHALT

	VORWORT	Seite 6
Karl-Heinz Hahn	LEBENSWENDE – GOETHES WEG VON FRANKFURT NACH WEIMAR	Seite 9
Gitta Günther und Wolfgang Schneider	WEIMAR	Seite 21
Karl-Heinz Hahn	BEI HOFE	Seite 49
Karl-Heinz Hahn	POLITISCHES AMT UND LANDESVERWALTUNG	Seite 69
Jürgen Seifert	BAUHERR UND ARCHITEKT	Seite 115
Dieter Görne	THEATERDIREKTOR	Seite 145
Konrad Kratzsch	STAATSBEAUFTRAGTER FÜR DIE WEIMARER BIBLIOTHEK	Seite 159
Wolfgang Hecht	GOETHE UND DIE GRÜNDUNG DER WEIMARER GEMÄLDEGALERIE	Seite 179
Marie-Luise Kahler	FORSCHUNGEN UND SAMMLUNGEN ZUR NATURWISSENSCHAFT	Seite 195
Karl-Heinz Hahn	WEIMARER DICHTER	Seite 219
Ulrike Müller-Harang	GESELLIGKEIT	Seite 237
Anneliese Clauss	PERSÖNLICHE LEBENSVERHÄLTNISSE	Seite 249
Karl-Heinz Hahn	LETZTE LEBENSJAHRE, TOD UND BESTATTUNG	Seite 285
	NACHWORT	Seite 294
	ANMERKUNGEN	Seite 296
	PERSONENREGISTER	Seite 302
	ZU DEN AUTOREN	Seite 306

VORWORT »WEIMAR hat den Ruhm einer wissenschaftlichen und kunstreichen Bildung über Deutschland, ja über Europa verbreitet.« Ende 1815 schrieb Goethe diesen Satz, dabei seine und seiner Freunde, Wieland, Herder und Schiller, Verdienste um das Ansehen dieser Stadt hervorhebend. Der Name »Weimar« hat seitdem nichts von seinem Klang, seiner Anziehungskraft eingebüßt. Wo immer er fällt, wird die Erinnerung an eine der bedeutendsten Epochen literarischer und künstlerischer Kultur wach.

Millionen Besucher aus aller Welt kommen jährlich nach hier, um die Stadt kennenzulernen, die Häuser und Räume, in denen Goethe, Schiller, Wieland und Herder einst gelebt haben, um in überlieferten Büchern und Handschriften jener Zeit blättern zu können und weltweit bekannte Dichtungen deutscher Sprache auf ganz eigene Weise neu zu erleben. In welchem Land der Erde man sich auch aufhalten mag, überall trifft man Freunde Weimars.

Die Kulturgeschichte der Stadt reicht weit zurück und nennt so berühmte Namen wie Lucas Cranach und Johann Sebastian Bach. Ihren Weltruhm aber verdankt sie jener Epoche geistiger Kultur, die mit Goethes Namen aufs engste korrespondiert. Sechsundfünfzig Jahre lang war Goethe Bürger der Stadt Weimar, Jahrzehnte, in denen sein vielgestaltiges schriftstellerisches Werk entstand und deutscher Literatur Weltgeltung erwarb.

Unwillkürlich drängen sich da die Fragen auf, welche Bedeutung Weimar für das poetische, das wissenschaftliche und das politische Wirken Goethes gehabt hat, wie auch sein persönliches Leben durch die Stadt bestimmt wurde, und reizvoll erscheint es, umgekehrt auch darüber Genaueres zu erfahren, wie Leben und Wirken Goethes in und für Weimar Spuren im Gesicht und im Charakter dieser Stadt hinterlassen haben. In der so umfangreichen Literatur über Goethe erhält man auf Fragen dieser Art nur ungenaue Auskunft. Wird hier das Thema »Goethe und Weimar« erörtert, dann fast immer unter dem Gesichtspunkt des Für und Wider seiner Entscheidung für Weimar, und nicht selten begegnet es, daß mit dem Namen der Stadt nicht diese selbst, sondern das Fürstenhaus und der fürstliche Hof, mitunter auch die Herzogtümer Sachsen-Weimar und Eisenach, bezeichnet werden, die Stadt dabei bestenfalls mit gedacht, nicht aber als eigenständige Kommune gewürdigt wird.

Natürlich gibt es berechtigte Gründe für solche Handhabe. Schließlich war Goethe, ungeachtet seines Weimarer Bürgerrechts, vor allem Angehöriger des Fürstenhofes. Und dennoch, hier lebte er und war als Staatsbeamter häufig an Entscheidungen beteiligt, die die Stadt Weimar unmittelbar, ihr Stadtbild ebenso wie ihre geistige Atmosphäre, betrafen, Entscheidungen, die das Gesicht wie den geistigen Habitus dieser Stadt nachhaltig, bis in die Gegenwart ausstrahlend, mit geprägt haben. So erscheint es nicht nur möglich, sondern auch wünschenswert, sich eingehender mit dem Wechselverhältnis Weimar und Goethe zu beschäftigen, als dies in der Vergangenheit geschehen ist.

Solche Überlegungen waren es, die Mitarbeiter und Freunde des Goethe- und Schiller-Archivs und des Goethe-Nationalmuseums in Weimar veranlaßten, gemeinsam die Lösung dieser Aufgabe in Angriff zu nehmen und, von einem gemeinsamen Plan ausgehend, den Spuren in der Geschichte der Stadt Weimar nachzugehen, die unmittelbar zu Goethe führen und die sein praktisches Wirken für die Stadt wie die Bedeutung seines Namens für ihre Ausstrahlungskraft erkennen lassen. Dazu zählen die Tätigkeit als Geheimer Rat, als Architekt und Bauherr, als Leiter der Bibliothek und als Gründer eines Kunstmuseums ebenso wie seine private Existenz, der Weimarer Freundeskreis, die Besucher wie schließlich auch in Weimar betriebene naturwissenschaftliche Forschungen und für Weimar gestaltete beziehungsweise durch Weimar veranlaßte Dichtungen. Um Mißverständnisse auszuschließen, es gehe auch hier lediglich um die immer wieder von neuem aufgeworfene und niemals abschließend und alle Seiten befriedigend zu beantwortende Frage nach der Bedeutung Weimars für Goethes eigenen Lebensweg wie für die Entwicklung deutschsprachiger Literatur überhaupt, wurde nicht der Titel Goethe und Weimar, sondern »Goethe in Weimar« gewählt, der Absicht und Zielstellung des Buches kennzeichnet.

Denn mit lokaler Beschränktheit, mit einer simplen Orientierung auf Lebens- und Schaffenszusammenhänge nach positivistischem Muster hat dieser Band nichts zu tun. Hier geht es vielmehr um eine Monographie zur Kulturgeschichte des späten 18. und des frühen 19. Jahrhunderts, darum, kulturhistorische Überlieferung räumlicher, gegenständlicher und historisch-ideeller Natur von Weltbedeutung bewußt zu machen. Daß dies auch der Anschauung bedarf, kann kaum bestritten werden. An eine Bildmonographie herkömmlicher Art wurde dennoch nicht gedacht. Wie jede moderne Geschichtsdarstellung ihre Gegenwartsgebundenheit niemals verleugnen kann und darf, gestaltet auch der als durchaus selbständige Einheit sich verstehende Bildteil das Thema aus der Sicht unserer Tage, indem er Stadt, Landschaft, historische Gebäude und Interieurs in ihrer heutigen Gestalt darbietet und damit Reproduktionen überlieferter Ansichten, von Sammlungsstücken und historischen Dokumenten sowie von Porträts vereint, auf diese Weise die Einheit von Gegenwärtigem und Historischem dokumentierend, die den Autoren der Beiträge immer vorschwebte.

Das Goethe- und Schiller-Archiv und das Goethe-Nationalmuseum blicken in diesem Jahr auf eine hundertjährige Geschichte zurück. Als Treuhändern wertvollster historischer Überlieferung des 18. und 19. Jahrhunderts ist es ihre vornehmste Aufgabe, die Erinnerung an jene bedeutende, durch die Namen Goethe und Schiller ausgezeichnete Epoche deutscher Literatur- und Kulturgeschichte, die durch diese Zeugnisse in unserer Gegenwart repräsentiert wird, für heute wie für die Zukunft lebendig zu erhalten. Als ein Beitrag zur Lösung dieser Aufgabe ist das vorliegende Buch gedacht.

Weimar, im Mai 1985
Karl-Heinz Hahn

Seite 8: Pforte zu Goethes Garten im Ilmpark.

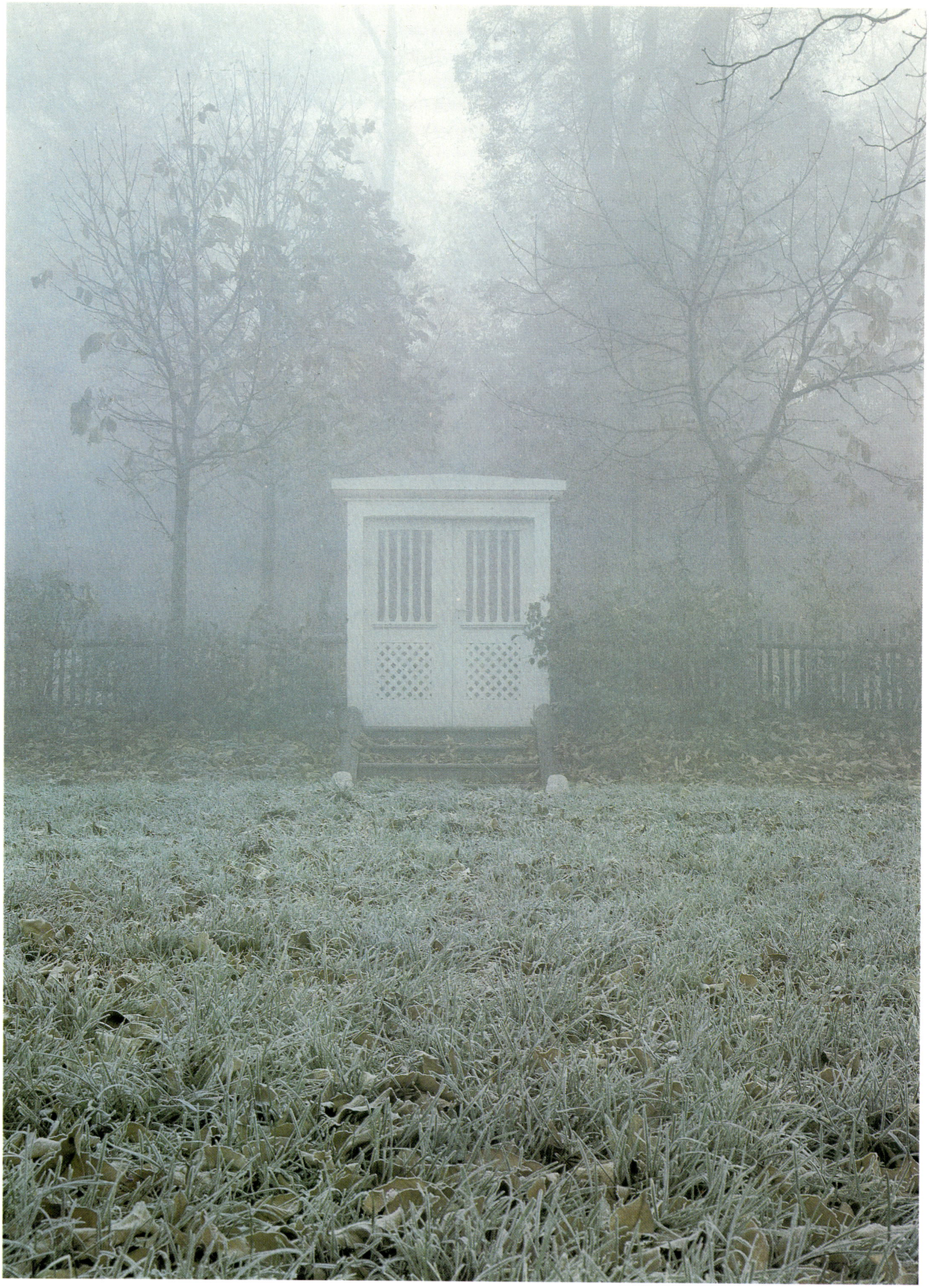

LEBENSWENDE – GOETHES WEG VON FRANKFURT NACH WEIMAR

Die Entscheidung für Weimar leitete eine folgenreiche Wende im Leben Goethes ein. Rückblickend sprach er – so Eckermann – davon, daß sein »eigentliches Glück« sein »poetisches Sinnen und Schaffen« gewesen sei. »Allein wie sehr war dieses durch« die »äußere Stellung gestört, beschränkt und gehindert«. »Hätte ich«, so soll er im gleichen Zusammenhang gesagt haben, hätte ich »mich mehr vom öffentlichen und geschäftlichen Wirken und Treiben zurückhalten und mehr in der Einsamkeit leben können, ich wäre glücklicher gewesen und würde als Dichter weit mehr gemacht haben«.[1] Der Verlust an Einsamkeit, dieses Zuviel an Öffentlichkeit und Geschäften war, das ist unübersehbar, eine Folge jener Entscheidung für Weimar.

Rückblickende Betrachtungen solcher Art sind immer fragwürdig, weil sie, von Augenblicksstimmungen abhängig, nur gar zu leicht die innere Konsequenz, das untrennbare Zusammenspiel von Notwendigkeit und Zufall im menschlichen Leben, sofern ihm natürliche und historische Katastrophen überindividueller Natur erspart bleiben, unberücksichtigt lassen. Das gilt auch hier, denn Goethes Entscheidung für Weimar bedeutete durchaus nicht nur Verlust, sie brachte ihm und all denen, die seinem Werk sich verbunden wissen, auch unendlichen Gewinn.

Doch kann da eigentlich von einer Entscheidung – im Sinne eines bewußt planenden und auf ein bestimmtes Ziel gerichteten Wollens – gesprochen werden? War da nicht wirklich Zufall im Spiel? War es nicht vielmehr so, daß das Glücksgefühl ihn leitete, frei zu sein von den Spannungen, die die letzten Frankfurter Monate derart unerträglich gemacht hatten, das Behagen, einem Kreis angenehmer und geistreicher Partner nicht nur zuzugehören, sondern als Freund angenommen und gefordert zu sein, das Bewußtsein schöpferischen Vermögens, nicht nur als Poet, sondern auch als Akteur auf dem theatro mundi und – nicht zuletzt – das Aufkeimen seiner Liebe zu Charlotte von Stein, waren es nicht alle diese Momente, die ihn sich schnell in seine neue Umgebung eingewöhnen ließen und die ihn schließlich auch bestimmten, sich auf ein Engagement in Weimar einzulassen? Nicht, daß er sich der Einsicht in das durchaus Fragwürdige der sich anbahnenden Entwicklung, in »das durchaus Scheisige dieser zeitlichen Herrlichkeit«[2] verschlossen hätte. Doch solche Einsicht wurde – wenn auf die Dauer auch unabweisbar – vorerst doch, weil unbequem, verdrängt, nicht zuletzt wohl auch deshalb, weil es da noch das Gefühl gab, daß dieses ganze Weimar-Experiment jederzeit abgebrochen werden könne. Lange Zeit hat Goethe offensichtlich in der Vorstellung gelebt, daß es nur an ihm liege, seine Zelte in Weimar abzubrechen, wann immer es ihm gefalle. Daß dies eine Selbsttäuschung war, konnte ihm auf die Dauer nicht verborgen bleiben. Spätestens in Italien dürfte er sich der Bedingtheit seines Wollens und Vermögens ebenso wie der Notwendigkeit, diese Bedingtheit zu akzeptieren, bewußt geworden sein. Weimar war und blieb seit jenem denkwürdigen November 1775, da er den Boden dieser Stadt zuerst berührt hatte, Raum und Schauplatz seines Wirkens. Doch wie war er überhaupt hierher gelangt?

Wenn es nach dem Willen der Eltern gegangen wäre, hätte er sich gewiß für immer in Frankfurt eingerichtet. Günstige Voraussetzungen dafür gab es jedenfalls. »Wir haben ein ganzes Haus . . . und wenn ich heurahte so theilen wir das Haus, ich und meine Eltern, und ich kriege 10 Zimmer alle schön und wohl meublirt im Franckfurter Gusto«.[3]

Um eine angesehene Stellung im öffentlichen Leben brauchte ihm gewiß auch nicht bange zu sein, versuchte doch der Vater zu gegebener Zeit, ihn »täglich mehr in Stadt Civil Verhältnisse einzuspinnen«[4]. Als er dies schrieb, war es für ihn aber wohl schon entschieden, daß er in Frankfurt für die Dauer nicht bleiben werde, in jenem »Nest... sonst auch figürlich spelunca ein leidig Loch«[5].

In eben diesem »Nest« hatte er am 28. August 1749 als erstes Kind des damals achtunddreißigjährigen »Wirklichen Kaiserlichen Rates« Johann Kaspar Goethe und dessen achtzehnjähriger Ehefrau Katharina Elisabeth Goethe, geborene Textor, das Licht der Welt erblickt. Alle überlieferten Zeugnisse sprechen von einer unbeschwerten Kindheit in behäbigem Wohlstand und geistiger Aufgeschlossenheit. Frühzeitig schon offenbarte sich die Begabung des Kindes, und alles sprach dafür, daß hier ein Mensch heranwuchs, der fähig war, den Ruhm seiner Vaterstadt beträchtlich zu vermehren.

Doch zunächst kehrte ihr der gerade Sechzehnjährige im Oktober 1765 gern den Rücken, um in Leipzig zu studieren. Das war noch keine Absage an Frankfurt; welcher junge Mensch freute sich nicht jenes ersten Schrittes in die Selbständigkeit. Für Johann Wolfgang Goethe begann damit die Zeit des Suchens, Jahre mitunter verwirrender Erfahrungen und allmählichen Reifens. Ernsthafter als er uns in »Dichtung und Wahrheit« glauben

Plan der Stadt Frankfurt am Main von 1628.
Kolorierte Radierung von Matthäus Merian d. Ä.

machen will, verfolgte er sein Brotstudium, die Jurisprudenz. Doch darüber versäumte er die Förderung seiner literarischen Bildung und seiner Kenntnisse auf dem Gebiete der bildenden Kunst durchaus nicht, schon jetzt – wie später oft – nicht ausschließlich nach theoretischem Verständnis strebend, sondern in Gestalt praktischer Übungen um eine produktive Aneignung der einzelnen Kunstarten sich bemühend. Sowohl stilistische Übungen bei Christian Fürchtegott Gellert und Christian August Clodius wie auch Versuche in der Kupferstecherkunst unter Anleitung von Johann Michael Stock und im Zeichnen unter der Aufsicht von Adam Friedrich Oeser sind da zu nennen. Auch fehlte es während dieser Zeit nicht an freundschaftlichem Umgang und frühen Liebeserfahrungen, so daß die Tage voll ausgefüllt waren. Die Gesundheit des jugendlichen Dichters hielt diesen Anforderungen auf Dauer nicht stand. Im Herbst 1768 folgte der Zusammenbruch; schwerkrank kehrte er nach Frankfurt zurück.

Zwei Jahre währte dieses Mal der Aufenthalt im Elternhaus, Jahre, die für seine Selbstfindung, insbesondere für die Ausbildung weltanschaulicher Grundpositionen, von außerordentlicher Bedeutung waren. Alchimie, Theosophie und pietistische Religionsübungen beschäftigten und beunruhigten ihn in diesen Jahren vor allem und ließen Auffassungen reifen, an denen er sein Leben lang festhielt. Gemeint ist eine religiöse Grundhaltung, die auf der Überzeugung basierte, daß eine dem natürlichen Sein immanente höhere, menschlicher Erkenntnis unzugängliche Macht bestimmend sei für die Entfaltung und Entwicklung natürlichen und geistigen Lebens. Mit dieser Auffassung korrespondierte kritische Distanz gegenüber jeglicher Form kirchlicher Frömmigkeit und Praxis, wobei er letztere nur gelten ließ, sofern die Staatsräson sie forderte.

Im Frühjahr 1770 wandte er sich zur Fortsetzung und Beendigung seiner Studien nach Straßburg. Die Begegnung mit Herder, das Sesenheim-Erlebnis und schließlich der erfolgreiche Studienabschluß bildeten die herausragenden Daten des folgenden Jahres. Im Hochsommer 1771 kehrte der Licentiatus Juris Johann Wolfgang Goethe wieder nach Frankfurt zurück; und wenige Tage später schon, am 28. August, richtete er ein Gesuch um Zulassung zur Advokatur an den Frankfurter Rat, das am 1. September positiv entschieden wurde. Damit schienen die Weichen für sein weiteres Leben endgültig gestellt zu sein. Nichts fehlte mehr. Da gab es die Kanzlei im Elternhaus, in der der Vater dem Sohn assistierte, da gab es Klientelen, da winkte die Aussicht, in nicht gar zu ferner Zeit in die Ratshierarchie Eingang zu finden, und es gab auch gleichaltrige und gleichgestellte Gesellen. Zufriedenheit stellte sich dennoch nicht ein.

Kaum eine andere Schilderung vermittelt ein so anziehendes Bild der Reichs- und Krönungsstadt Frankfurt im 18. Jahrhundert wie das erste Buch von »Dichtung und Wahrheit«. Von der Sachsenhausen mit dem Stadtkern verbindenden Mainbrücke ausgehend, führt der Erzähler seine Leser zum Mainhafen, vorbei am Saalhof, der Stelle, wo der Überlieferung nach die Burg Karls des Großen gestanden hatte, durch die Handwerks- und Gewerbestraßen zum Markt nahe dem Römerberg, von hier zur alten und neuen Kräme bis hin zur Liebfrauenkirche und damit zum Übergang vom älteren Stadtkern zur damaligen Neustadt. Klosterbezirke und Familienburgen prägen das Bild. »Nichts architektonisch Erhebendes war damals in Frankfurt zu sehen: alles deutete auf eine längst vergangene, für Stadt und Gegend sehr unruhige Zeit. Pforten und Thürme, welche die Gränze der alten Stadt bezeichneten, dann weiterhin abermals Pforten, Thürme, Mauern, Brücken, Wälle, Gräben, womit die neue Stadt umschlossen war, alles sprach noch zu deutlich aus, daß die Nothwendigkeit, in unruhigen Zeiten dem Gemeinwesen Sicherheit zu verschaffen, diese Anstalten hervorgebracht, daß die Plätze, die Straßen, selbst die neuen, breiter und schöner angelegten, alle nur dem Zufall und der Willkür und keinem regelnden Geiste ihren Ursprung zu danken hatten.«[6]

Diese Schilderung wurde 1810 konzipiert; dreizehn Jahre waren damals seit seinem letzten Aufenthalt in der Vaterstadt vergangen. Keine Frage, die Darstellung entspricht dem Bild der Stadt, wie es sich dem Gedächtnis im Laufe der Jahrzehnte eingeprägt hatte.

Ob dies den Vorstellungen des jungen Dichters und Frankfurter Rechtsanwaltes entsprach? Wer

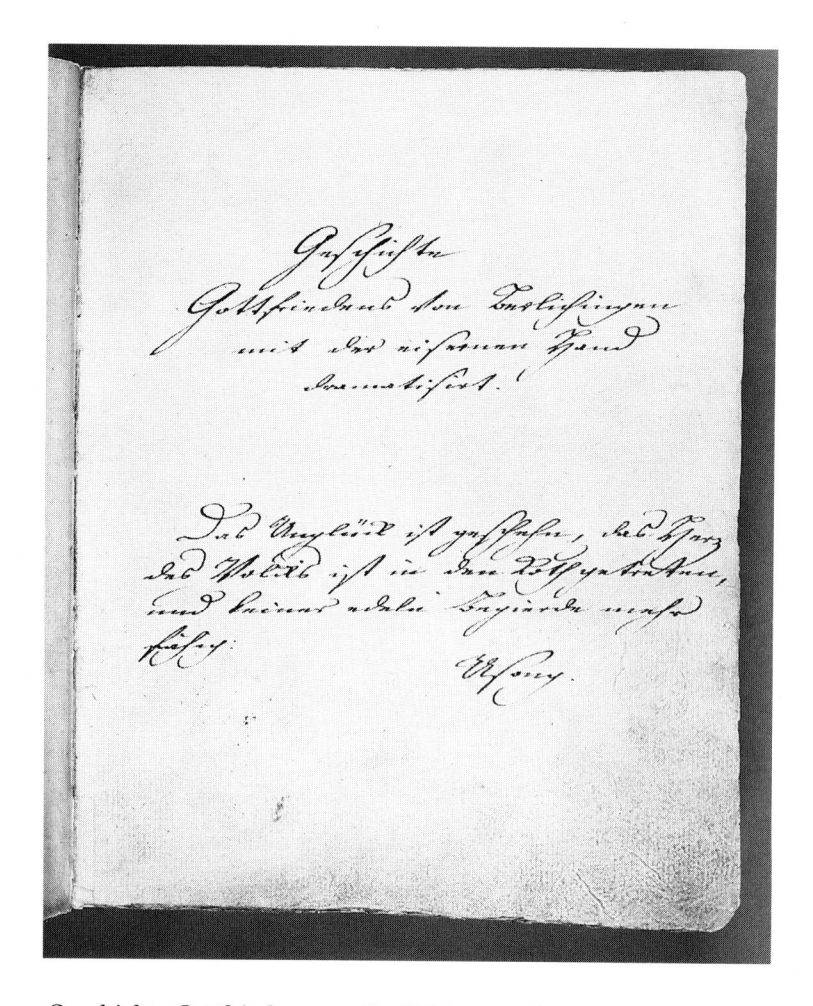

Geschichte Gottfriedens von Berlichingen mit der eisernen Hand.
Dramatisirt (»Ur-Götz«).
Titelseite von Goethes Manuskript, 1771.

vermöchte das zu sagen. Zeugnisse aus jenen Jahren versagen da. Nur selten ist in den Briefen von Frankfurt die Rede, und dann meistens in abschätzigem Ton. »Aber alles wohl betrachtet, Franckfurt binn ich nun endlich satt ...«, schrieb der Rekonvaleszent am 23. Januar 1770 nach Leipzig. Und nach der Rückkehr aus Straßburg ist zu lesen, es sei »traurig an einem Ort zu leben wo unsre ganze Wircksamkeit in sich selbst summen muß ... Franckfurt bleibt das Nest. Nidus.«[7] Aufs Ganze gesehen blieben es vereinzelte Bemerkungen, so daß man den Eindruck gewinnt, eine innere Bindung des jugendlichen Rechtsanwaltes und Poeten zur Reichs- und Messestadt Frankfurt habe es nicht gegeben. Kam er auf deren politische Verfassung dann doch einmal zu sprechen, wie etwa in der Szene am Hofe des Bischofs von Bamberg im »Götz«, dann erklangen kritische Töne: »Es gelangt [hier] niemand zur Würde eines Richters als der durch Alter und Erfahrung eine genaue Kenntniss des innern und äussern Zustandes der Stadt, und eine starcke Urteilskrafft sich erworben hat das vergangne auf das gegenwärtige anzuwenden. So sind die Schöffen lebendige Archive, Chronikken, Gesezbücher, alles in einem, und richten nach altem Herkomm, und wenigen Statuten ihre Bürger und die Nachbarschafft.«[8] Gewiß, Goethe siedelt den Dialog im 16. Jahrhundert an; doch sollte er nicht auf die Gegenwart zielen?

Die Praxis des Advokaten war kaum geeignet, ein günstigeres Bild zu vermitteln. Die Fälle, die ihm angetragen wurden und die er übernahm, waren samt und sonders angesiedelt im kleinlichen bürgerlichen Alltag. Da ging es um Erbschaftsstreitigkeiten und Berechtigungsklagen, um nachbarschaftliche Querelen wegen nicht statutengemäßer Baumaßnahmen, Streit um Gerechtsame und Verpflichtungen der Stadt Frankfurt gegenüber umliegenden Gemeinden und umgekehrt, Schuldklagen und ähnliches mehr, nichts darunter, was geistige Interessen wachrufen oder die Aufmerksamkeit hätte fesseln können. Nur zu verständlich, daß er das Studium der Akten und die Konzeption notwendiger Schriftsätze gern dem Vater überließ und sich statt dessen dem »Aufzeichnen« seiner »Phantasien« zuwandte. Nein die Stadt zog ihn nicht an, deren bauliche Eigenart nicht und noch weniger die politische Verfassung, und da er von seinen juristischen Fähigkeiten ohnehin nicht viel hielt, blieb ihm im Grunde genommen nur die Wahl, sich seiner poetischen Begabung anzuvertrauen und sie zur Grundlage seiner bürgerlichen Existenz zu machen. Die außerordentliche Vielfalt poetischer Werke, Entwürfe und Versuche sowie theoretischer Schriften, die in den auf die Straßburger Zeit folgenden Jahren konzipiert wurden, legt Zeugnis ab von solchem Bemühen. Da entstanden Dichtungen wie »Götz von Berlichingen« und »Die Leiden des jungen Werthers«, die den Autor in kürzester Zeit weithin bekanntmachten, dramatische Versuche wie »Clavigo« und »Stella«, Entwürfe wie »Prometheus«, »Mahomet« und vor allem »Faust«, Satiren und Farcen wie »Satyros«, »Pater Brey«, »Hanswursts Hochzeit«, »Das Jahrmarktsfest zu Plundersweilern«, Singspiele wie »Erwin und Elmire«, »Claudine von Villa Bella«, die Erörterung theologischer Fragen in Gestalt öffentlicher Briefe, eine Abhandlung über »Deutsche Baukunst«, Rezensionen, Gedichte und vieles andere mehr.

Nicht daß das alles dem Gedanken an die Notwendigkeit, eine sichere persönliche Existenz begründen zu müssen, zu danken wäre. Die Vielfalt poetischer Imagination, die Fülle der Ideen und Anregungen bedrängten den jugendlichen Dichter viel zu sehr, als daß rationale Überlegungen der praktischen Lebensgestaltung den Ausschlag hätten geben können, dies um so weniger, als materielle Bedürfnisse ihn gewiß nicht bedrückten.

Doch in einem weiteren Sinne waren praktische Erwägungen dennoch im Spiel. Poeten gedeihen nicht in der Einsamkeit, sie können nicht isoliert existieren, sie bedürfen der Kommunikation, des unmittelbaren Bezuges zum Leben, der Korrespondenz mit Gleichgesinnten wie der Auseinandersetzung mit Gegenspielern. Illusionär und verlogen die Vorstellung, Poesie gedeihe nur in der Stille, Poeten und Künstler bevorzugten ein Glück im Winkel. Gewiß, der Schaffensprozeß selbst isoliert den Dichter; da ringt er mit sich, seinen Ideen und poetischen Imaginationen und den Schwierigkeiten, sie sprachlich zu realisieren; doch zugleich verlangt er nach Resonanz, Zuspruch, Gesprächsbereitschaft; nichts quälender als die Wochen und Monate zwischen der Vollendung eines Manuskripts und dem Erscheinen des Textes in gedruckter Form und der Reaktion der Leser.

Dem jugendlichen Frankfurter Poeten Goethe ging es kaum anders. Freundschaftliche Kommunikation war ihm in jenen Jahren Bedürfnis. Ein Glück, daß es da den Kriegsrat und Freund Johann Heinrich Merck und den Kreis der »Empfindsamen« in Darmstadt gab und sich in Frankfurt ein vertrauensvolles Verhältnis zu dem politisch engagierten Juristen Johann Georg Schlosser, dem künftigen Schwager, herausbildete; wenig später zählten die Poeten Friedrich Maximilian Klinger und Heinrich Leopold Wagner zum vertrauten Freundeskreis. Und dazu gesellten sich die auswärtigen Partner, deren Kreis sich immer mehr weitete und mit denen ein reger Briefwechsel unterhalten wurde, Partner und Freunde wie Johann Gottfried Herder und Jakob Michael Reinhold Lenz, Johann Christian Kestner, Sophie von La Roche, Johann Kaspar Lavater, Heinrich Wilhelm Gerstenberg, Heinrich Christoph Boie, Friedrich Gottlieb Klopstock und Gottfried August Bürger.

Und dennoch, vom Standpunkt der Literaturgeographie aus gesehen, war Frankfurt tiefste Provinz. Literarische Zentren damaliger Zeit waren Berlin, Hamburg und – seit den frühen siebziger Jahren – Weimar. Hier lebten angesehene Autoren, hier vor allem erschienen Zeitschriften, die wirkliche Umschlagplätze literarischen Gedankenguts waren. Gleiches hatte Frankfurt nicht zu bieten. Dabei hatte sich auch hier zu Beginn der siebziger Jahre eine solche Möglichkeit ergeben, als es nach mancherlei Experimentieren gelang, die seit 1736 existierende Frankfurter Gelehrtenzeitung in ein zugleich den Bedürfnissen

Goethe in seinem Arbeitszimmer.
Aquarellierte Bleistiftzeichnung von Goethe,
zwischen 1770 und 1773.

der Universität Gießen dienendes literarisches Organ überregionalen Charakters umzuwandeln. Ende 1771 übernahm Johann Heinrich Merck die Redaktion des nun als »Frankfurter gelehrte Anzeigen« erscheinenden Blattes und eröffnete dann für sich und seine Freunde, Goethe, Herder, Schlosser und andere, die Chance, sich weithin vernehmlich zu artikulieren und eine Wende im literarischen Leben einzuleiten. Dabei ging es nicht ausschließlich um schöne Literatur. Zur Diskussion standen vielmehr, wie es in der einleitenden »Nachricht an das Publikum« hieß, »die gemeinnützigen Artikel in der Theologie, Jurisprudenz und Medizin« sowie »das Feld der Philosophie, der Geschichte, der schönen Wissenschaften und Künste in seinem ganzen Umfange«. Universalität wurde erstrebt, jede Fachbegrenzung sollte überwunden werden zugunsten einer philosophisch-theoretischen Verständigung über Ziel und Methode der Auseinandersetzung mit überfälligen weltanschaulichen und politisch-gesellschaftlichen Positionen.

Eine neue Generation meldete sich hier zu Wort, die neue Auffassungen von Poesie und Kunst zur Diskussion stellte, die die Frage nach dem Verhältnis von Individuum und Staat aufwarf, das Aufkeimen historischen Bewußtseins und eines neuartigen nationalen Empfindens konstatierte und förderte, die die überlieferte Praxis der Erziehung in Frage stellte und die sich entschieden gegen kirchliche Orthodoxie und Glaubensenge auflehnte. »Kein Gebiet menschlicher Interessen, an das dieses Journal nicht rührte«, heißt es in einer Darstellung des späten 19. Jahrhunderts. »Aesthetik, Moral, Politik, Nationalökonomie, der ganze Kreis der Geistes- und Naturwissenschaften wird hier unter den großen Gesichtspunkten der neu anbrechenden Epoche betrachtet und oft blitzartig erleuchtet.«[9]

Dem Unternehmen war nur eine kurze Dauer beschieden. Erster Widerstand meldete sich bereits Ende Januar 1772 im Zusammenhang mit einer Rezension über »Heilige Reden von Christoph Friedrich Sangerhausen«. Theologische Dispute sorgten auch künftig für den Widerstand der orthodoxen Kirchenoberen in Frankfurt und administrative Maßregelungen, die schließlich zum Verbot des Rezensierens theologischer Schriften überhaupt führten. Merck zog sich schon seit der Mitte des Jahres von dem Unternehmen zurück und überließ die Redaktion künftiger Jahrgänge gern andern, unter denen die Zeitschrift wieder in ihre ursprüngliche Bedeutungslosigkeit verfiel.

Das jähe Ende des Unternehmens bedeutete für Goethe einen argen Verlust, um so mehr, als fast zur gleichen Zeit auch die Freunde sich anschickten, Frankfurt für dauernd oder doch für lange Zeit zu verlassen. Gewiß, an neuen, gleichgesinnten Freunden fehlte es auch in der Folgezeit nicht, auch nicht an literarischen Fehden und daraus resultierenden publizistisch-polemischen Feldzügen. Von Dauer aber war das alles nicht; was blieb, war die Aussicht auf eine Existenz, als Poet zwar, doch in geistiger Provinzialität, das Dasein eines Partikuliers, dem ähnlich, wie er es von Kind auf am Beispiel des Vaters und anderer Frankfurter Honoratioren beobachten konnte, jener »Zurückgezogenen, welche niemals unter sich eine Societät machen. Sie stehen so isolirt gegen einander wie gegen das Ganze, und um so mehr, als sich in dieser Abgeschiedenheit das Eigenthümliche der Charakter immer schroffer ausbildet.« Sie blieben lebenslang Außenseiter, die sich »auf Reisen und in der freien Welt ... von einer elegantern und liberalern Lebensweise einen Begriff gemacht«[10] hatten, als sie unter ihren Mitbürgern gewöhnlich anzutreffen war, Sonderlinge, deren Verhalten mit Verwunderung, auch Befremden registriert, doch selten uneingeschränkt gebilligt wurde, mochten sie nun, musikalisch begabt, in Hauskonzerten selbst als Sänger agieren, als Kunstliebhaber und Sammler sich einen Namen erworben haben und gleichzeitig als Präzeptoren und Wohltäter der Stadtarmut sich darstellen, mochten sie aus Neigung und ohne praktische Interessen als Geschichtsschreiber und Chronisten der Stadt Frankfurt sich betätigen oder als Schriftsteller sich mit der orthodoxen Kirchenobrigkeit dieser Stadt anlegen.

Goethes Vater bildete da keine Ausnahme, und wenn die Darstellung in »Dichtung und Wahrheit« sein Bild auch nicht korrekt wiedergibt, wenn Johann Kaspar Goethe sich – wie es neuere Forschung verdeutlicht hat – keineswegs verbittert in einen Schmollwinkel zurückzog, sondern sein Dasein als Privatmann und Erzieher seiner Kinder durchaus akzeptiert und sich schon sehr frühzeitig auf diese Lebensweise eingestellt hat – Außenseiter der städtischen Bürgergemeinde und Sonderling blieb er am Ende doch, genauso wie der mit ihm weitläufig verschwägerte Schöffe Johann Friedrich Uffenbach, der ehemalige Offizier Heinrich Jakob von Häckel, der Jurist Johann Philipp Orth oder der Autor Johann Michael von Loen, jene Männer, die Goethe in seiner Autobiographie als Repräsentanten solchen Außenseitertums charakterisiert hat. Weshalb sollte sie nicht einem Poeten anstehen, solche Lebensweise? So dürfte der Vater gedacht haben, nachdem ihm klargeworden war, daß auch der Sohn am Stadtregiment nicht partizipieren würde.

Doch der Sohn, Johann Wolfgang Goethe, war offensichtlich nicht gesonnen, seinen Lebensplan nach solchen Vorstellungen einzurichten. Sein unruhiges Schweifen zwischen Frankfurt, Darmstadt und Homburg, seine Reisen nach Koblenz, Bad Ems, Düsseldorf und schließlich in die Schweiz waren Ausdruck tiefinnersten Unbehagens, das durch gelegentliche Differenzen mit dem Vater noch vermehrt wurde. ». . . lieber Gott wenn ich einmal alt werde, soll ich dann auch so werden«, klagte er zum Beispiel am 10. November 1772. »Er wird immer irrdischer und kleiner.« Doch das waren vorübergehende Stimmungen, die dennoch anzeigten, daß Gemeinschaft auf die Dauer nicht möglich sein würde, auch wenn der Kaiserliche Rat nicht zu bewegen war, auf Pläne, den Sohn »in Stadt Civil Verhältnisse einzuspinnen«, zu verzichten. Endlich mußte er sich doch damit einverstanden erklären, daß dieser »in fremde Dienste ginge«, wenn sich eine gute Gelegenheit böte.

Zwingend wurde der Weggang von Frankfurt schließlich, als das Verlöbnis mit Lili Schönemann scheiterte. Zufällig war er im Winter 1774/75 in das Haus der Schönemanns, Inhaber eines scheinbar florierenden Bankgeschäftes, eingeführt worden, und schnell hatte sich zwischen ihm und der eben sechzehnjährigen Tochter des Hauses ein inniges Verhältnis angebahnt, das Ostern 1775 zum Verlöbnis führte. Wochen und Monate abwechslungsreicher Geselligkeit, teils in Frankfurt, teils

Anna Elisabeth (Lili) von Türckheim, geborene Schönemann.
Aquarellkopie eines unbekannten Künstlers
nach dem Pastellbild von Franz Bernhard Frey (1782), undatiert.

in Offenbach bei Verwandten der Schönemanns, vermittelten neue Eindrücke, und mit Verwunderung registrierte er, wie sich der Stil seines Lebens wandelte, ohne daß er die bisherige Lebensform preisgeben mochte. »Wenn Sie sich . . . einen Goethe vorstellen können«, schrieb er, »der im galonirten Rock, sonst von Kopf zu Fuse auch in leidlich konsistenter Galanterie, umleuchtet vom unbedeutenden Prachtglanze der Wandleuchter und Kronenleuchter, mitten unter allerley Leuten, von ein Paar schönen Augen am Spieltische gehalten wird, der in abwechselnder Zerstreuung aus der Gesellschafft, ins Conzert, und von da auf den Ball getrieben wird, und mit allem Interesse des Leichtsinns, einer niedlichen Blondine den Hof macht; so haben Sie den gegenwärtigen Fassnachts Goethe . . . Aber nun giebts noch einen, den im grauen Biber-Frack mit dem braunseidnen Halstuch und Stiefeln, der in der streichenden Februarluft schon den Frühling ahndet, dem nun bald seine liebe weite Welt wieder geöffnet wird, der immer in sich lebend, strebend und arbeitend,

Herzog Carl August von Sachsen-Weimar-Eisenach.
Ölgemälde von Johann Ernst Heinsius, um 1781.

Herzogin Luise Auguste von Sachsen-Weimar-Eisenach.
Ölgemälde von Johann Ernst Heinsius, um 1781.

bald die unschuldigen Gefühle der Jugend in kleinen Gedichten, das kräfftige Gewürze des Lebens in mancherley Dramas, die Gestalten seiner Freunde und seiner Gegenden und seines geliebten Hausraths mit Kreide auf grauem Papier, nach seiner Maase auszudrücken sucht, weder rechts noch links fragt: was von dem gehalten werde was er machte? weil er arbeitend immer gleich eine Stufe höher steigt, weil er nach keinem Ideale springen, sondern seine Gefühle sich zu Fähigkeiten, kämpfend und spielend, entwickeln lassen will.«[11]

Die Widersprüche waren beträchtlich, ein Ausgleich kaum absehbar, damit aber auch die Dauer des Verhältnisses von vornherein in Frage gestellt. Was schließlich den Ausschlag gab, ob psychisch-physische Hemmungen Goethes, wie sie die moderne Psychoanalyse konstatiert haben will, oder die Widerstände der Familien und jeweiligen Freunde gegen eine Ehe mit Lili Schönemann, das zu entscheiden erscheint müßig. Im Frühsommer bereits waren die Aufhebung des Verlöbnisses und Trennung unausweichlich, und wenn die Lösung des Knotens auch schwerfiel, seit August stand es für ihn fest: ». . . zu Ende dieses Jahres muß ich fort«[12]. Doch wohin würde es ihn verschlagen? Sollte sich der Wunsch des Vaters schließlich doch noch erfüllen, ihn nach einem mehrjährigen Aufenthalt in Italien vielleicht doch wieder – und nun für immer – im Haus am Hirschgraben zu sehen? Es sollte anders kommen.

Der Gedanke, fremde Dienste anzunehmen, war nicht neu. 1773 bereits hatte Freund Kestner nahegelegt, sich um eine Stellung an einem der norddeutschen Höfe zu bemühen. Die Heidelberger Freundin, Helena Dorothea Delph, die in der Schönemann-Angelegenheit bereits als Ratgeberin tätig geworden war, riet zu einem Engagement in Mannheim, um dort als Parteigänger des protestantischen Adels und Bürgertums deren Stellung gegenüber dem katholischen Hof des Kurfürsten Karl Theodor von Pfalz-Zweibrücken stärken zu helfen. Günstige Auspizien boten sich offenbar auch in Meiningen. Doch die Entscheidung fiel schließlich für Weimar. Und das kam so.

Carl August von Sachsen-Weimar und Eisenach hatte im Winter 1774/75 mit seinem Bruder Constantin eine, damals übliche, Bildungsreise unternommen, um sich auf die Übernahme der Regierung im Herbst 1775 vorzubereiten und zugleich die künftige Ehe mit einer darmstädtischen Prinzessin einzuleiten. Diese führte ihn über Frankfurt nach Karlsruhe, Straßburg und nach Paris; Begleiter waren der eben vierunddreißigjährige Erzieher Carl Augusts, Johann Eustach Graf Schlitz,

Karl Ludwig von Knebel.
Ölgemälde von Heinrich Linzen-Gebhardt
nach einer zeitgenössischen Vorlage, 1959.

genannt von Görtz, ein gebildeter und den Idealen der Aufklärung anhängender Edelmann, der sich später als preußischer Diplomat und Gesandter am Regensburger Reichstag einen Namen erwarb, ferner der Hofmeister des Prinzen Constantin, Karl Ludwig von Knebel, ein fränkischem Briefadel entstammender ehemaliger preußischer Offizier, der seit 1773 als Hofmeister in Weimar tätig war, sowie der Stallmeister Josias von Stein, ein Beau des weimarischen Hofes und Ehemann der Charlotte von Stein.

In Frankfurt angelangt, trieb es vor allem Knebel, den Gepflogenheiten der Zeit entsprechend, nicht nur Sehenswürdigkeiten der Stadt zu besichtigen, sondern auch den Dichter des »Götz von Berlichingen« und des »Werther« kennenzulernen. Am 11. Dezember suchte er Goethe auf und vermittelte noch am gleichen Tage die Bekanntschaft mit der übrigen Reisegesellschaft. Goethe hat diese erste Begegnung in »Dichtung und Wahrheit« anschaulich geschildert. Justus Mösers »Patriotische Phantasien« bildeten den Anknüpfungspunkt zu einem ausführlichen »Gespräch mit einem jungen Fürsten, der den besten Willen und den festen Vorsatz hatte, an seiner Stelle entschieden Gutes zu wirken«[13]. Man fand Gefallen aneinander und verabredete eine weitere Begegnung in Mainz, wo denn auch über Literatur gesprochen wurde und dabei unvermeidbar eine Kontroverse Goethes mit dem Weimarer Prinzenerzieher, Christoph Martin Wieland, zur Sprache kam. Diese Fehde war ausgelöst worden durch eine Satire, mit der Goethe auf die ersten Hefte des von Wieland herausgegebenen »Teutschen Merkur« und die darin abgedruckten »Briefe über das Singspiel« in Anlehnung an Wielands »Alkestis« reagiert hatte. Natürlich vertraten die Weimarer die Partei »ihres« Wieland, der solche Hilfe allerdings kaum nötig hatte, sondern geschickt mit einer positiven Rezension zu Goethes »Götz von Berlichingen« repliziert hatte. Keine Frage, die literarische Fehde hatte beiden Seiten gedient, beiderseits Publizität gefördert. Kein Wunder auch, daß man sich in Mainz relativ schnell einigte, mit Wieland zu vermitteln bzw. sich zu vergleichen versprach. Im Gefühl gegenseitigen Verstehens und wohlwollender Achtung trennte man sich.

Das ereignete sich unmittelbar vor der ersten Begegnung mit Lili Schönemann. Im Taumel der folgenden Wochen ging die Erinnerung an jenes Treffen unter, doch als Carl August am 22. September 1775, nunmehr als regierender Herzog, Frankfurt auf der Reise nach Karlsruhe, wo die Eheschließung mit Luise von Hessen-Darmstadt vollzogen werden sollte, erneut passierte und nun davon sprach, der Dichter solle ihn in Weimar besuchen, da mag dieser die Einladung wohl wie einen Fingerzeig des Schicksals, als Ausweg aus all den Widerwärtigkeiten, die ihn seit dem Sommer bedrängten, empfunden haben. Sehnsüchtig wartete er darauf, daß der Herzog, jetzt in Begleitung seiner jungen Ehefrau, wieder durch Frankfurt kam, um sich ihm anschließen und Frankfurt endlich den Rücken zuwenden zu können. Am 12. Oktober war es so weit; doch nun ergab sich noch eine Verzögerung, da Goethe auf einen der nachfolgenden Landauer warten sollte, um mit diesem in Begleitung eines Weimarer Kammerherrn nach Weimar zu reisen. Beinahe schien sich das Projekt zu zerschlagen, indem der Wagen sich unerwartet verzögerte und Goethe annehmen mußte, man habe

Brief Goethes an seine Mutter, Katharina Elisabeth Goethe,
über seine Lebenserfahrungen in Weimar.
Weimar, 11. August 1781. [1]

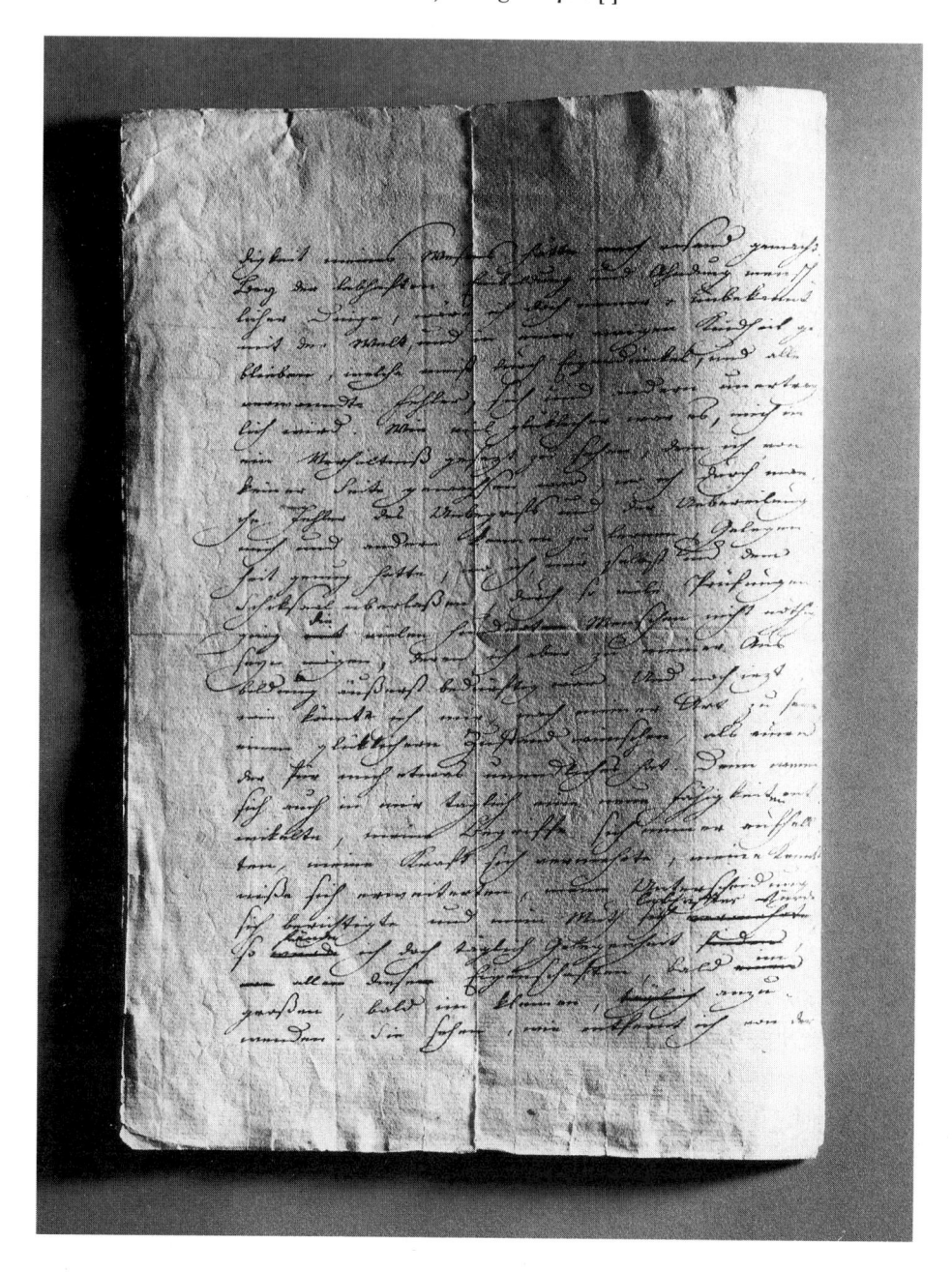

sich einen Scherz mit ihm erlaubt. Kurz entschlossen verließ er Frankfurt, wandte sich aber nicht nach Osten, Weimar zu, sondern nach Süden, um für den Fall, daß man ihm übel mitgespielt habe, nun doch nach Italien zu reisen. Es kam anders. Am 3. November erreichte ihn die Nachricht, daß der Wagen des weimarischen Herzogs in Frankfurt seiner harre. Postwendend kehrte er zurück, um die Vaterstadt noch am gleichen Tage zu verlassen und über Hanau, Gelnhausen, Salmünster, Steinau, Schlüchtern, Neuhof, Fulda, Hünfeld, Buttlar, Vacha, Eisenach, Schönau, Mechterstedt, Gotha und Erfurt nach Weimar zu eilen.

In früher Morgenstunde des 7. November traf er ein. »Kind, Kind! nicht weiter! Wie von unsichtbaren Geistern gepeitscht, gehen die Sonnenpferde der Zeit mit unsers Schicksals leichtem Wagen durch, und uns bleibt nichts als, muthig gefaßt, die Zügel festzuhalten, und bald rechts, bald links, vom Steine hier, vom Sturze da, die Räder wegzulenken. Wohin es geht, wer weiß es? Erinnert er sich doch kaum woher er kam.«[14] Mit diesen Worten Egmonts die vielleicht bedeutungsvollste Reise seines Lebens kommentierend, läßt Goethe seine Autobiographie ausklingen, damit diesem Aufbruch nach Weimar schicksalhafte Bedeutung zuerkennend.

Dreißig Jahre vorher hatte er in einem Brief an die Mutter seine Absage an Frankfurt weniger pathetisch mit folgenden Worten kommentiert: »Sie erinnern sich, der lezten Zeiten die ich bey Ihnen, eh ich hierhergieng, zubrachte, unter solchen fortwährenden Umständen würde ich gewiß zu Grunde gegangen seyn. Das Unverhältniß des engen und langsam bewegten bürgerlichen Kreyses, zu der Weite und Geschwindigkeit meines Wesens hätte mich rasend gemacht. Bey der lebhaften Einbildung und Ahndung menschlicher Dinge, wäre ich doch immer unbekannt mit der Welt, und in einer ewigen Kindheit geblieben, welche meist durch Eigendünkel, und alle verwandte Fehler, sich und andern unerträglich wird. Wie viel glüklicher war es, mich in ein Verhältniß gesezt zu sehen, dem ich von keiner Seite gewachsen war, wo ich durch manche Fehler des Unbegrifs und der Übereilung mich und andere kennen zu lernen, Gelegenheit genug hatte, wo ich, mir selbst und dem Schicksaal überlassen, durch so viele Prüfungen ging die vielen hundert Menschen nicht nöthig seyn mögen, deren ich aber zu meiner Ausbildung äußerst bedürftig war. Und noch iezt, wie könnte ich mir, nach meiner Art zu seyn, einen glüklichern Zustand wünschen, als einen der für mich etwas unendliches hat. Denn wenn sich auch in mir täglich neue Fähigkeiten entwikelten, meine Begriffe sich immer aufhellten, meine Kraft sich vermehrte, meine Kenntniße sich erweiterten, meine Unterscheidung sich berichtigte und mein Muth lebhaffter würde, so fände ich doch täglich Gelegenheit, alle diese Eigenschaften, bald im großen, bald im kleinen, anzuwenden. Sie sehen, wie entfernt ich von der hypochondrischen Unbehaglichkeit bin, die so viele Menschen mit ihrer Lage entzweyt, und daß nur die wichtigsten Betrachtungen oder ganz sonderbare, mir unerwartete Fälle mich bewegen könnten meinen Posten zu verlaßen; und unverantwortlich wäre es auch gegen mich selbst, wenn ich zu einer Zeit, da die gepflanzten Bäume zu wachsen anfangen und da man hoffen kann bey der Ärndte das Unkraut vom Waizen zu sondern, aus irgend einer Unbehaglichkeit davon gienge und mich selbst um Schatten, Früchte und Ärndte bringen wollte. Indeß glauben Sie mir daß ein großer Theil des guten Muths, womit ich trage und würke aus dem Gedanken quillt, daß alle diese Aufopferungen freywillig sind und daß ich nur dürfte Postpferde anspannen laßen, um das nothdürftige und Angenehme des Lebens, mit einer unbedingten Ruhe, bey Ihnen wieder zu finden. Denn ohne diese Aussicht und wenn ich mich, in Stunden des Verdrußes, als Leibeignen und Tagelöhner um der Bedürfniße willen ansehen müßte, würde mir manches viel saurer werden.«[15]

Seite 20: Weimar. Blick über die Ilm auf Schloß und Bibliothek.

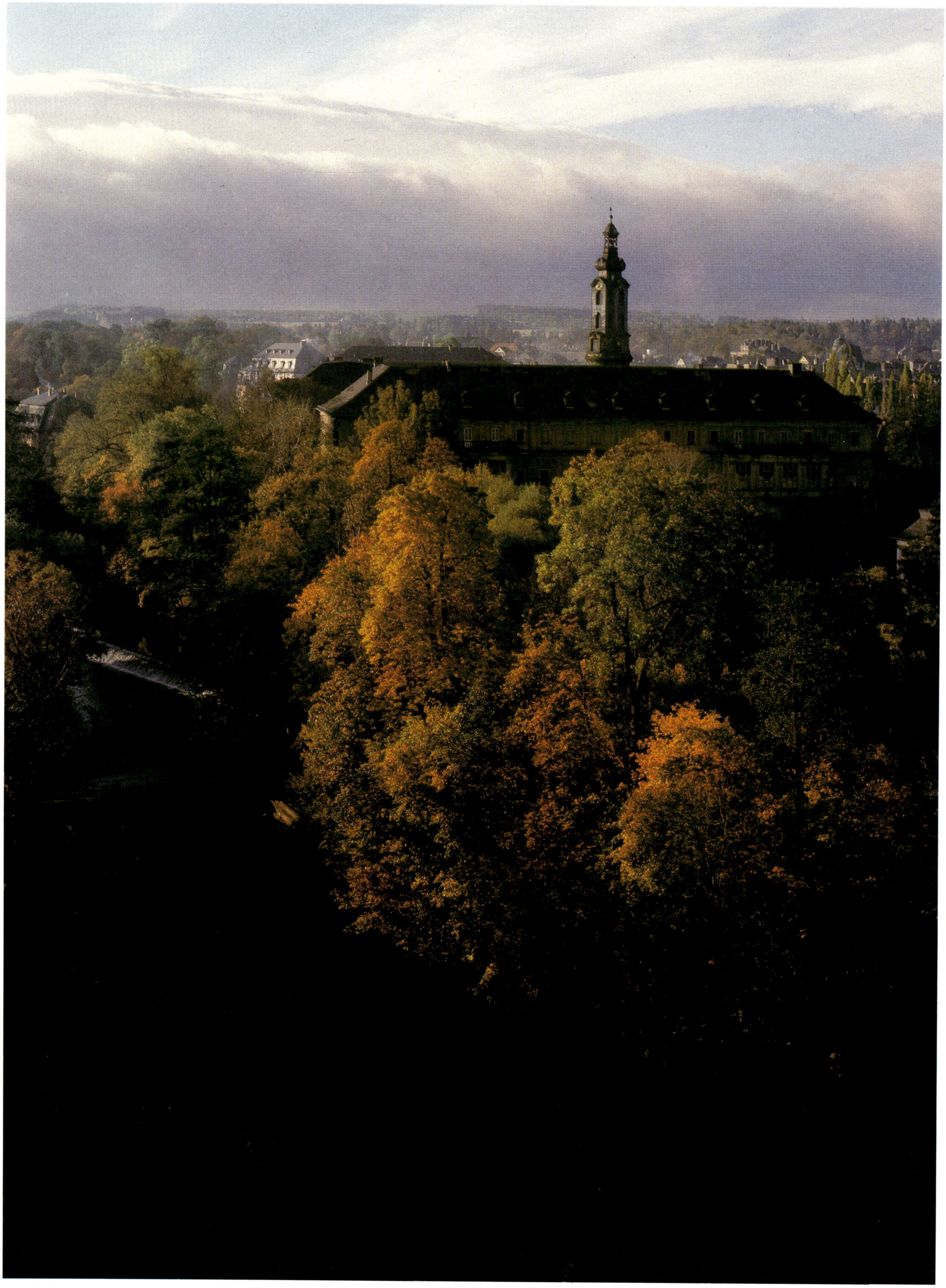

WEIMAR

Daß Goethes Weg von Frankfurt nach Weimar einem Szenenwechsel von einer ausgeprägten Kulturlandschaft reichsstädtischen Charakters zu einem an Zurückgebliebenheit und Armseligkeit nicht zu überbietenden abgelegenen Ort in kulturhistorischer Wüstenlandschaft vergleichbar sei, gilt als ausgemacht. Frankfurt, »eine alte Reichsstadt«, ist in einer weitverbreiteten Biographie aus jüngerer Zeit zu lesen, »Republik im Heiligen Römischen Reich Deutscher Nation, mit vielem Handwerk und Gewerbe, alten Häusern, winkligen Straßen ... ist ein mittelalterliches Gebilde, eng aufgetürmt zwischen Stadtmauern, eng eingeschlossen ... Es herrscht Zunftzwang, die Ordnung von Patriziern und Plebejern ...« Weimar dagegen »ein halbes Dorf ... in das Goethe einfährt auf Feldwegen, die man kaum Straßen nennen kann. Etwa sechstausend Einwohner hat das Nest Weimar, so viel wie Frankfurts Vorort Sachsenhausen ... Die Häuser sind bescheiden oder ärmlich, Schweine und Hühner treiben sich auf den schmutzigen Straßen herum, Ackerwagen begegnen der Kutsche.«

Ein Gegensatz, wie er krasser kaum gedacht werden kann. Und doch vermittelt dieses Kontrastgemälde eine die Wirklichkeit nur verzerrt widerspiegelnde Vorstellung. Goethe selbst allerdings hat solcher Auffassung vorgearbeitet, indem er rückblickend, historisches Wissen und persönliche historische Erfahrung sowie die um 1800 sich anbahnende Zeitenwende mit reflektierend, ein anziehendes und anschauliches Bild der alten Reichs- und Krönungsstadt Frankfurt entwarf. Ob er bei seinen Frankfurter Aufenthalten nach 1775 die Heimatstadt je so empfunden hat, bleibe dahingestellt. Für die Zeit bis 1775 gibt es kein Zeugnis, das auf Vorstellungen schließen ließe, wie sie mit »Dichtung und Wahrheit« festgeschrieben worden sind. Weimar in ähnlicher Weise zu schildern, hat er niemals unternommen. Wenn er es jedoch versucht hätte, dann hätte er gewiß ein anderes Bild konzipiert, als es die gängigen Goethebiographien vermitteln.

Allgemeine städtegeschichtliche Forschungen jüngerer Zeit haben auf Sachverhalte aufmerksam gemacht, die Goethe – wenn auch gewiß nicht in der gleichen Begrifflichkeit – vermutlich gespürt und in einer entsprechenden Darstellung bewußt gemacht hätte. Frankfurt, davon ist auszugehen, war eine Stadtrepublik, geprägt durch mittelalterliche Verfassungsformen und eine nach Berufsständen gegliederte Bevölkerungsstruktur, Weimar dagegen die Haupt- und Residenzstadt eines ursprünglich ausgedehnten, im Laufe zweier Jahrhunderte in seinem Umfang immer mehr dezimierten Territorialstaates unter der Herrschaft eines in seiner Blütezeit politisch machtvollen, mit fortschreitender Zeit zu politischer Bedeutungslosigkeit tendierenden Fürstenhauses – so etwa lassen sich die Unterschiede zwischen beiden Städten charakterisieren.

Frankfurt, erwachsen auf den Resten einer römischen Militärsiedlung, seit dem 8. Jahrhundert fränkische Residenz, im Mittelalter angesehene Reichs- und Handelsstadt, seitdem auch Messezentrum, frühzeitig schon Wahl- und dann auch Krönungsstadt der deutschen Kaiser, juristisch weitestgehend autonom, Stadt und Bürgergemeinde ein Imperium für sich bildend. Weimar, ebenfalls auf ältestem, urzeitlichem Siedlungsraum gelegen, dort, wo im 6. Jahrhundert vermutlich die Könige eines thüringischen Großreiches residiert hatten, später Standort einer Wasserburg und Sitz eines Grafengeschlechts mit einer nahegelegenen Siedlung, im 13. Jahrhundert als Stadt gegründet, blieb verwickelt in fortgesetzte, im Prozeß der

Herausbildung autonomer Landesherrschaften und Territorien sich ereignender Kriege und Fehden. Es gehörte seit dem frühen 15. Jahrhundert dem Herrschaftsbereich des Hauses Wettin an, einer der mächtigsten, den gesamten sächsisch-thüringischen Raum beherrschenden frühneuzeitlichen Dynastien, die 1485 ihr Land in zwei etwa gleich große Herrschaftsgebiete aufteilte.

Müßig, hier Vergleiche anstellen zu wollen, handelt es sich doch bei Frankfurt und Weimar um zwei Typen städtischer Siedlungs- und Lebensformen von jeweils völlig eigenständiger sozialer, historisch-politischer und kulturhistorischer Individualität. Nicht nur Frankfurt, auch Weimar war durch eine weit zurückreichende historische Tradition geprägt, die man kennen muß, um die Stadt Goethes, als die Weimar heute allgemein gilt, in ihrer Eigenart begreifen zu können. Ein kurzer historischer Abriß mag das verdeutlichen.

Obgleich um 1250 als Stadt konstituiert, setzte die städtische Entwicklung Weimars recht eigentlich erst im 15. Jahrhundert ein, das heißt seit der Einverleibung der Kommune in den Herrschaftsbereich der Wettiner. Bis dahin dominierte eindeutig der ländliche Charakter der Siedlung; Kaufleute, das damals bestimmende Element für die Entstehung und Erweiterung der Städte, gab es ungeachtet des bis ins 16. Jahrhundert blühenden Waidhandels kaum. Weimar war und blieb eine der strategischen Bedürfnissen und territorialem Herrschaftsanspruch verpflichteten landesherrlichen Gründungen, wie sie seit dem 13. Jahrhundert in großer Zahl erfolgten.

Erst mit der Bindung an die politisch starken Wettiner begann für die Stadt eine Aufwärtsentwicklung, da man jetzt bemüht war, die wirtschaftliche Rückständigkeit zu überwinden. 1407 wurden die Bürger von den Frondiensten befreit, mußten jedoch zum Beispiel zu Heerfahrten beitragen. Zur Beseitigung der »großen Notdurft, Gebrechen und Irrtum, als bisher die Stadt und Bürger zu Weimar gehabt und geduldet haben«, siegelte Landgraf Friedrich der Einfältige von Thüringen am 29. September 1410 eine Urkunde, mit der Weimar das Stadtrecht von Weißensee verliehen wurde. Damit rückte der Ort auch rechtlich in die Reihe der landgräflich-thüringischen Städte auf. 1431 erhielt der Rat die Ausübung der niederen Gerichtsbarkeit, hingegen verblieb die hohe über »Hals, Hand und echte Wunden« weiterhin dem Landesherrn.

Trotz all dieser Maßnahmen gewann Weimar keine über die nähere Umgebung hinausreichende Bedeutung, denn nach wie vor lebten die Bürger vorwiegend von Ackerbau und von Viehzucht. Daneben begann sich jedoch das kommunale Gewerbe stärker zu entwickeln, und bereits seit dem 14. Jahrhundert sind innungsmäßige Zusammenschlüsse der Fleischer, Bäcker, Schuster, Leineweber und Schneider nachweisbar.

Damit veränderte sich auch die Verwaltungsform der Kommune. Bis um die Mitte des 14. Jahrhunderts hatte ein vom Landgrafen eingesetzter Schultheiß an der Spitze gestanden, bevor 1348 mit dem Erlaß der Stadtstatuten erstmals ein sich aus begüterten Handwerkern und Kaufleuten zusammensetzender zwölfköpfiger Rat als Organ der Selbstverwaltung in Erscheinung getreten war. Dennoch wurde der Ort vom Landesherrn weiterhin in Abhängigkeit gehalten.

Immer wieder waren es Kriege, die die Stadt verwüsteten und ihre Entwicklung bremsten. Dessenungeachtet erlebte Weimar seit dem 15. Jahrhundert einen raschen Aufschwung und wurde zum Mittelpunkt eines straff organisierten Staates. Zwar ging diese Vorrangstellung schon nach der wettinischen Hauptteilung im Jahre 1485 verloren, doch wurde Weimar als Teil des Kurfürstentums Sachsen zur hervorgehobenen Nebenresidenz der mächtigen ernestinischen Linie, welche die Kurwürde trug. Das Stadtbild begann sich zu verändern, sich großzügiger zu gestalten. Die Feuersbrunst von 1424 äscherte die Hälfte des Ortes, die Burg und die Stadtkirche ein (ähnliche Opfer hatte bereits 1299 ein Brand gefordert). Nachdem 1431 das Rathaus errichtet und acht Jahre später die alte Feste als Schloß Hornstein mit Kapelle wiederaufgebaut worden war, entstanden mehrere neue Gebäudekomplexe. Die Bürgerhäuser wurden brandsicherer, die Straßen planmäßiger gebaut und vor allem die Befestigungsanlagen rasch vorangetrieben. So erhielt Weimar erst im 15. Jahrhundert den ausgeprägten Charakter einer Stadt.

Das geistig-kulturelle Leben im mittelalterlichen Weimar bestimmte der Klerus. Neben der

Jakobs- und der Stadtkirche bestanden vier Kapellen, so die dem heiligen Martin geweihte im Schloß, die Zu unserer lieben Frauen vor dem Frauentor und jene am Kegel- und vor dem Jakobstor, zu den dort eingerichteten Hospitälern St. Lorenz und St. Nikolaus gehörend. Seit bereits im Jahre 1284 dem Deutschorden das Patronatsrecht über die Stadtkirche übertragen worden war, entwickelte sich auch das schulische Leben in engem Zusammenhang mit dieser geistlichen Gemeinschaft. Ebenso wie der Pfarrer wurden die 1347 erstmals genannten Schulmeister bis zur Reformationszeit aus den Reihen der Ordensbrüder gestellt. In Weimar gab es außerdem drei Klöster: das bereits 1244 in »Oberenwimare« genannte der Zisterzienserinnen, das nach 1319 in der Stadt bestehende für die Franziskaner-Tertiarierinnen und ein 1453 gestiftetes Franziskanerkloster, dessen Hauptgebäude sich bis heute erhalten hat. Hier las Martin Luther zwischen 1518 und 1522 wiederholt die Messe. Seine reformatorische Lehre setzte sich in Weimar relativ schnell durch, obwohl die meisten Franziskaner am Katholizismus festhielten und 1522 sogar Gegenthesen anschlugen. Doch der Landesherr förderte die Reformation; schon für 1524 ist Johannes Grau als erster

Ältester Stadtplan von Weimar.
Kupferstich in: Georg Braun und Franz Hogenberg, Theatrum urbium praecipuarum totius mundi, Band 3, Köln 1593, Blatt 42.
Der Stich geht zurück auf einen 1569 von Johannes Wolf entworfenen, danach von Veit Thiem gezeichneten
und um 1570 als Holzschnitt veröffentlichten Stadtplan.

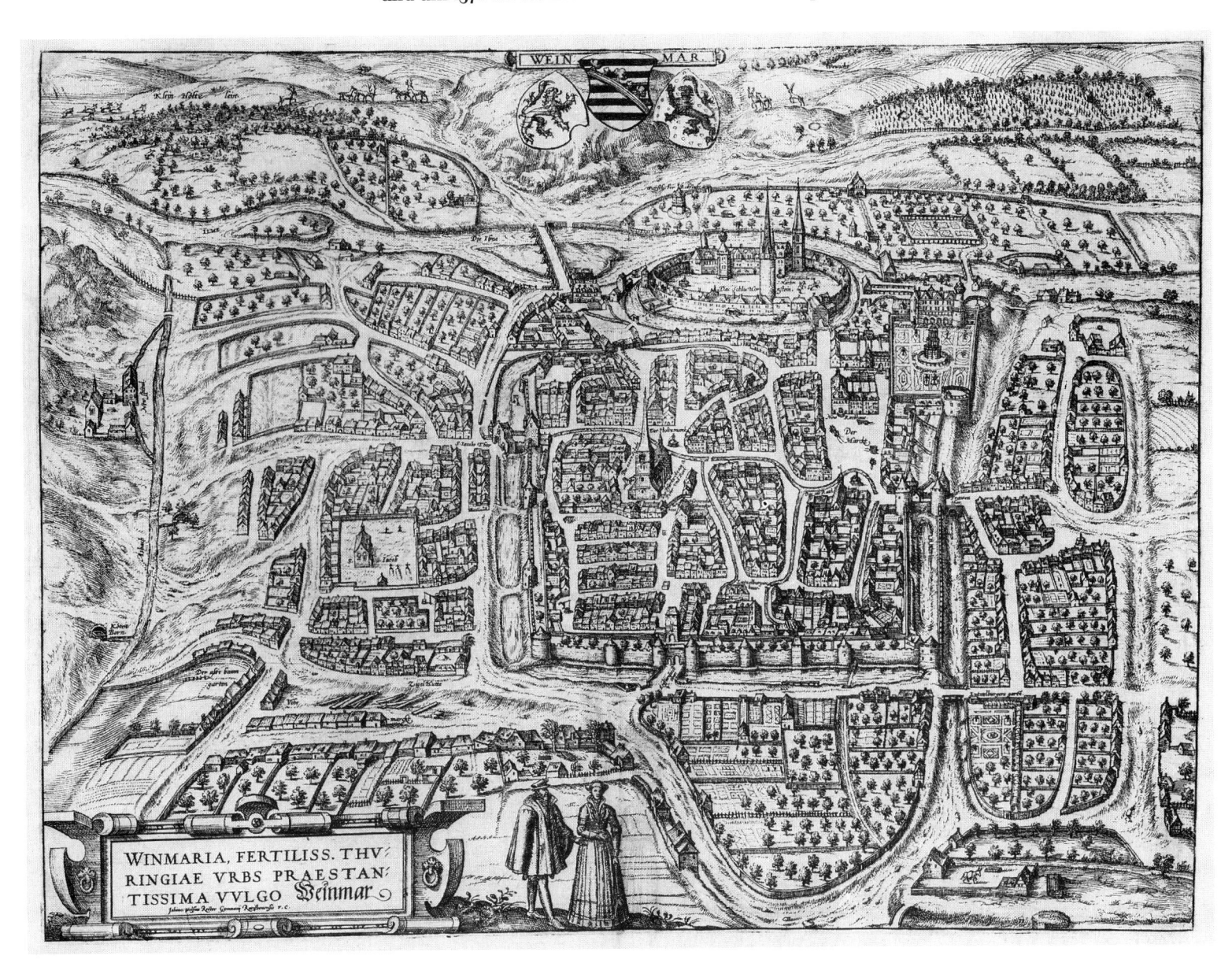

evangelischer Pfarrer bezeugt, und im folgenden Jahr wurde jede nichtevangelische Predigt verboten sowie vom Rat die Verwaltung der bisherigen Kirchengüter und -schulen übernommen. Drei Lehrer erzogen nun die Jugend nach der Schulordnung, die auf Melanchthons Sächsischem Plan aufbaute. 1533 schließlich wurden die Klöster aufgehoben und die Mönche und Nonnen aus der Stadt gewiesen.

Die sozialen Kämpfe dieser Epoche erschütterten Weimar nur unwesentlich. Bedingt durch die Konzentration der politischen und militärischen Macht in der kurfürstlichen Residenz, kam es während des Deutschen Bauernkrieges, in dessen Verlauf Thomas Müntzer 1524 im Schloß Hornstein wohl verhört wurde, weder in der Stadt noch in ihrer Umgebung zu direkten revolutionären Erhebungen. So verharrte die Weimarer Bürgerschaft in dieser Zeit gesellschaftlicher Auseinandersetzungen ganz in ihren bescheidenen Verhältnissen, die erst in den folgenden Jahrzehnten eine wesentliche Aufwertung erfahren sollten.

1547 wurde während des Schmalkaldischen Krieges der protestantische Kurfürst Johann Friedrich von Sachsen in der Schlacht bei Mühlberg vom katholischen Kaiser Karl V. gefangengenommen. Er verlor Kurwürde und -länder, und nur der Besitz in Thüringen verblieb ihm. Deshalb siedelte seine Familie noch im selben Jahr nach Weimar über, in das auch er 1552 nach seiner Befreiung einzog und die Stadt zum Regierungssitz des ansehnlichen Herzogtums Sachsen-Weimar erhob. Damit setzte eine Bautätigkeit ein, die den dörflich-provinziellen Charakter des Ortes zurückdrängen sollte. Waren 1526 bis 1547 schon das Stadthaus als Handelshof, 1540 der Gasthof Zum schwarzen Bären, 1541 ein Zeughaus und 1549 das Doppelhaus am Markt errichtet, 1531 bis 1543 der Torbau des Schlosses umgestaltet sowie Mitte des 16. Jahrhunderts die Befestigungsanlagen Weimars vollendet worden, so wurden 1561 eine Stadtschule, 1562 bis 1565 das Grüne und 1574 bis 1576 das Rote Schloß sowie weitere prächtige Renaissancebauten vor allem im vordem nur locker besetzten Bereich um den 1554 gepflasterten Marktplatz erbaut. Zudem erfolgten von 1560 bis 1583 grundlegende Umbauten des Rathauses und 1566 des Deutschordenshauses; das 1533 am heutigen Goetheplatz angelegte Scheunenviertel wurde vor das Erfurter Tor verlegt und mit der Schaffung eines großen fürstlichen Lustgartens am Grünen Schloß begonnen.

Die rege Bautätigkeit in der zweiten Hälfte des 16. Jahrhunderts war sowohl Folge der höfischen Bestrebungen, der Stadt das würdige Aussehen einer Residenz zu geben, als auch Ausdruck der gewachsenen Wirtschaftskraft der Bürger. Diese bewirkte zugleich die Weiterentwicklung der kommunalen Selbstverwaltung einschließlich der städtischen Gerichtsbarkeit. So erhielt Weimar im Jahr 1590 Statuten, die alle Fragen der Ratsverfassung regelten, jedoch die Besitzlosen und damit über die Hälfte der Einwohnerschaft weiterhin von der Gemeindeverwaltung ausschlossen. Der den besitzenden Schichten angehörende und die vermögendsten Kreise repräsentierende Rat, der vom Herzog bestätigt werden mußte, war mit einem Bürgermeister und sieben Ratsherren bestimmt worden, welche die Funktionen der Kämmerer, Wein-, Markt-, Bau- und Wachtmeister sowie des Aufsehers über die Fleischer zu erfüllen hatten. Die Ratsmitglieder konnten beachtlichen kommunalen Besitz erwerben, zu dem die Mühlen ebenso wie Gehölze in und um Weimar zählten, und verfügten beispielsweise 1557 über fast ein Fünftel des Gesamtvermögens der Bevölkerung. An ihrer Spitze stand zu dieser Zeit der Tuch-, Woll- und Waidhändler Jakob Schröter, der von 1569 bis 1602 das Amt des Bürgermeisters innehatte.

Zur kulturellen Aufwärtsentwicklung Weimars trug besonders das Wirken von Lucas Cranach d. Ä. bei, der bereits 1521 die Orgel im Schloß Hornstein ausgemalt hatte. 1550 beorderte der damals schon drei Jahre in großzügiger Gefangenschaft lebende Johann Friedrich den berühmten Maler und Graphiker zu sich nach Augsburg. Der fast Achtzigjährige folgte dieser Aufforderung, lebte zunächst dort und später in Innsbruck, bevor er mit dem nunmehrigen Herzog am 26. September 1552 in die Weimarer Residenz einzog. Im neuerbauten Haus seines Schwiegersohnes Christian Brück am Markt richtete er sich eine Werkstatt ein und begann sein letztes großes Gemälde, das die Erlösung des Menschengeschlechts darstellende Triptychon für den Altar der Stadtkirche. Es war

Cranach nicht vergönnt, seine Arbeit zu vollenden. Er starb am 16. Oktober 1553 und wurde auf dem Jakobsfriedhof beigesetzt; sein Sohn Lucas Cranach d. J. führte das Altarbild 1555 zu Ende.

In der zweiten Hälfte des 16. Jahrhunderts bot Weimar ein Bild, das sich nur unwesentlich von dem anderer Residenzen mittlerer deutscher Fürstentümer unterschied. Der früheste uns erhaltene Stadtplan, von 1569, mit dem Schulrektor Johannes Wolf den Ort als »des sehr fruchtbaren Thüringens vortreffliche Stadt« darstellte, veranschaulicht dies. 1557 lebten hier 2768 Einwohner in 608 meist kleinen und bescheidenen Häusern. Die seit 1548 erhobene Forderung, Dächer statt mit Schindeln, wie bisher üblich, mit Ziegeln zu decken – die zum Teil unentgeltlich aus der Ratsziegelhütte

Grabmal für Lucas Cranach d. Ä. an der Jakobskirche (Original jetzt im Altarraum der Stadtkirche). Sandsteinrelief von Nicol Gromann, nach 1553.

Wappenschild der Fruchtbringenden Gesellschaft.
Vorderseite des Ölgemäldes von unbekanntem Künstler, um 1620.

abgegeben wurden – und dadurch brandsicherer zu machen, konnte vielfach nicht erfüllt werden, denn der leichte Unterbau vermochte die schwere Last nicht zu tragen. Vier, nach den Stadttoren benannte Viertel sind zu unterscheiden: das nördliche St.-Jakobs-Viertel, das südliche Unser-Frauen-Viertel, das östliche Kegeltor- und das westliche Neutorviertel. Trotz der umfangreichen baulichen Tätigkeit, bei der sich Baumeister Nicol Gromann besondere Verdienste erwarb, war der ländliche Charakter keineswegs überwunden. Noch 1547 mußte das Herumlaufen von Schweinen und Gänsen in den Straßen verboten werden, und erst 1566 wurde der Schweinemarkt aus der Stadt vor das Neutor verlegt.

Dennoch war Ausgang des 16. Jahrhunderts auch in Weimar eine wirtschaftliche Aufwärtsentwicklung unverkennbar. Der Wohlstand der Bürger wuchs, zugleich aber auch der soziale Unterschied zwischen den einzelnen Schichten der Bevölkerung. Die Finanzkraft der Stadt hatte sich beträchtlich erhöht. Es gab etwa 100 verschiedene Berufsgruppen, unter denen sich vor allem das Handwerk und das Beamtentum rasch ausweiteten. Der Handel hingegen, der hier durch die abseitige Lage von den wichtigsten Verkehrswegen wie der hinter dem Ettersberg vorbeiführenden via regia – der Königs- oder Hohen Straße – seit jeher keine bedeutende Rolle gespielt hatte, wurde durch kleinstaatliche Zersplitterung und damit verbundene Zoll- und Währungsschranken sowie durch Maß- und Gewichtsunterschiede zusätzlich behindert.

Nachdem Erb- und Machtstreitigkeiten im Herzogtum Sachsen-Weimar bereits 1572 dazu geführt hatten, daß der einheitliche thüringische Besitz in einen Weimarer und einen Coburger Teil gespalten wurde, erreichte die Kleinstaaterei im 17. Jahrhundert extreme Ausmaße – Thüringen kann als exemplarisches Beispiel für diese Entwicklung gelten. Das verbliebene Herzogtum zerfiel 1603 in eine Altenburger und eine Weimarer Linie. Letztere wurde 1640 und 1645 abermals geteilt und schließlich 1672 in die winzigen Staaten Weimar, Jena und Eisenach zerstückelt. Selbst als 1691 der Jenaer Stamm ausstarb und ein Teil des Besitzes zur alten Linie zurückkehrte, umfaßte das Territorium kaum das Gebiet der heutigen Kreise Weimar, Jena und Apolda. Der aufgeblähte Verwaltungsapparat der Residenz blieb jedoch erhalten und behinderte die kommunale Selbständigkeit; offen griff der Landesherr in das städtische Ratsleben ein, beeinflußte die Ratswahlen und ernannte sogar seinen Kammerdiener zum Bürgermeister.

Verheerende Katastrophen taten ein übriges. Nach den großen Pestepidemien von 1566, mit rund 1000 Opfern, und von 1581 kam 1607 erneut der schwarze Tod über die Einwohner. 1618 brannte das Schloß fast zur Hälfte nieder; im selben Jahr begann der Dreißigjährige Krieg, in dem die Stadt zwar vor militärischen Besetzungen und Plünderungen verschont blieb, der allgemeine wirtschaftliche Rückgang aber und die über 4000 hier schutzsuchenden Fremden brachten bittere Not über die Bevölkerung. 1635 wütete erneut die furchtbare Seuche, sie raffte 1066 Menschen dahin und forderte auch 1639 zahlreiche Opfer. Den größten Schaden aber richtete am 29. Mai 1613 ein Unwetter an, das als »Thüringer Sünd-Fluth« das Ilmtal verwüstete, in der Stadt 74 Menschen sowie 200 Stück Vieh ertränkte und 44 Häuser zum Einsturz brachte.

Trotz solcher Katastrophen und politischer wie wirtschaftlicher Bedrückung nahm das kulturelle Leben im 17. Jahrhundert einen bedeutenden Aufschwung. Am 24. August 1617 wurde im Weimarer Schloß unter Schirmherrschaft des kunstsinnigen Fürsten Ludwig von Anhalt-Köthen die Fruchtbringende Gesellschaft zur Förderung und Pflege der deutschen Sprache und Literatur nach dem Vorbild der 1582 in Florenz ins Leben gerufenen Accademia della Crusca gegründet. Diese erste deutsche Sprachgesellschaft, die entsprechend ihrem Leitspruch »Alles zu Nutzen« die Kokospalme zum Wahrzeichen wählte und sich deshalb auch Palmorden nannte, war anfangs in Köthen, von 1651 bis 1680 in Weimar ansässig. Ihr Wirken verlieh der Stadt erstmals literarischen Ruf über die Grenzen hinaus, befruchtete das Geistesleben am Ort und beeinflußte dessen spätere Entwicklung nachhaltig. Die Mitglieder, zu denen bedeutende Dichter und Gelehrte wie Andreas Gryphius, Georg Philipp Harsdörffer, Friedrich von Logau, Georg Neumark, Martin Opitz, Philipp von Zesen zählten, waren laut Satzung aufgefordert, darüber zu wachen, »daß man die hochdeutsche Sprache in ihrem rechten Wesen und Stande, ohne Einmischung fremder ausländischer Wörter, aufs möglichste und tunlichste erhalte und sich sowohl der besten Aussprache im Reden als der reinsten Art im Schreiben und Reimedichten befleißige«. Erste wissenschaftliche Versuche zur Erarbeitung einer Sprachlehre und eines Wörterbuches sowie zur Schaffung einer einheitlichen Rechtschreibung gingen einher mit der Übersetzung französischer und italienischer Literatur. Innerhalb des Palmordens bildete sich ein kleiner Kreis als Hirtenverein, der die Inszenierungen galanter Schäferspiele besorgte. Da seit 1650 eine ständige Hofkapelle bestand, verbanden sich bald Reimspiel und Musik zur frühdeutschen Oper. 1696 eröffnete Herzog Wilhelm Ernst im Schloß eine der ersten deutschen Opernbühnen, die bereits im folgenden Jahr ausgebaut wurde.

Prospect der Fürstlich Sächsischen Residenz Stadt Weimar. Gegen Morgen.
Radierung von Friedrich Wilhelm Schneider, 1785.

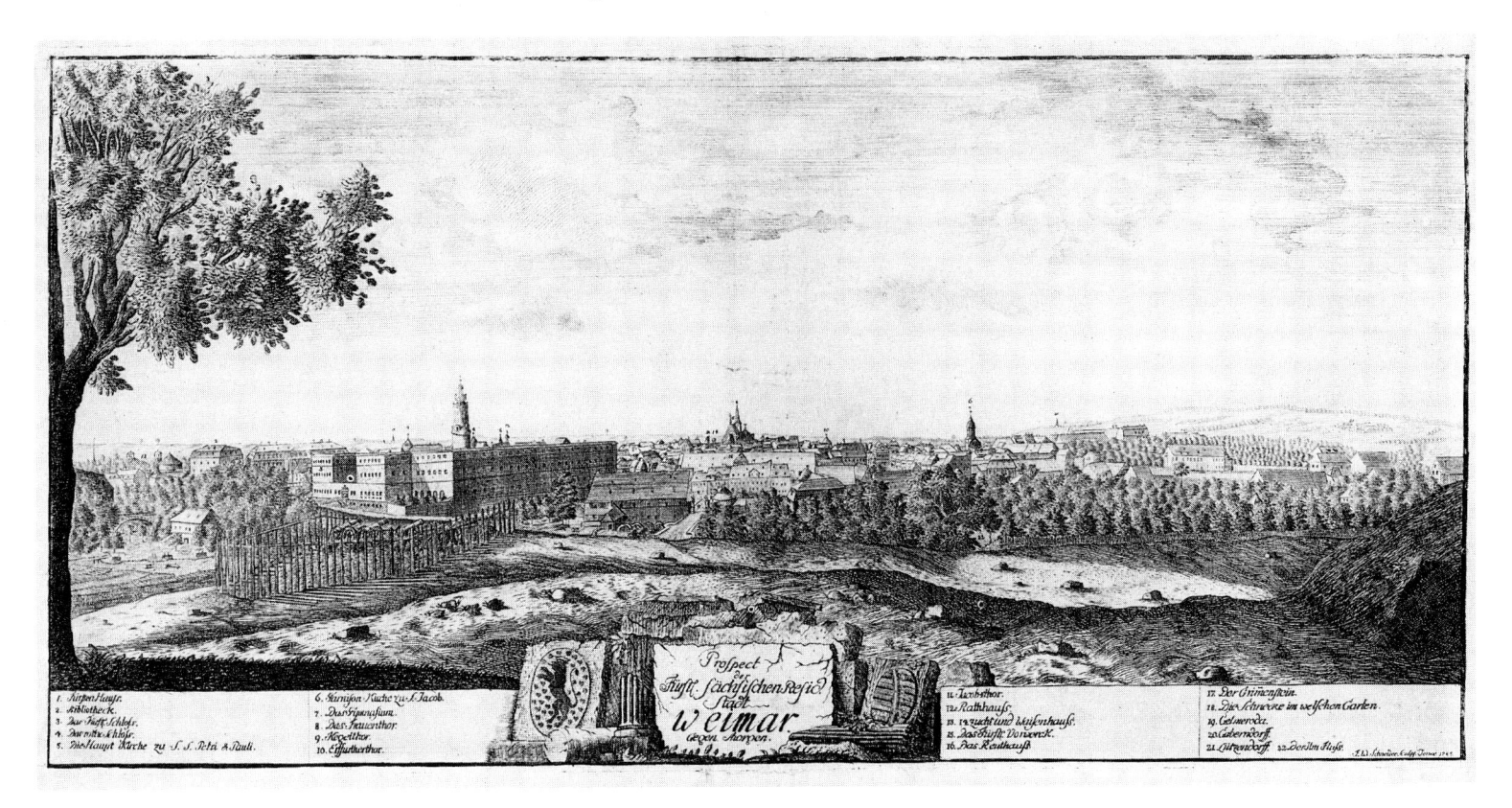

Weimar. Blick von Osten
zur Stadtkirche St. Peter und Paul.

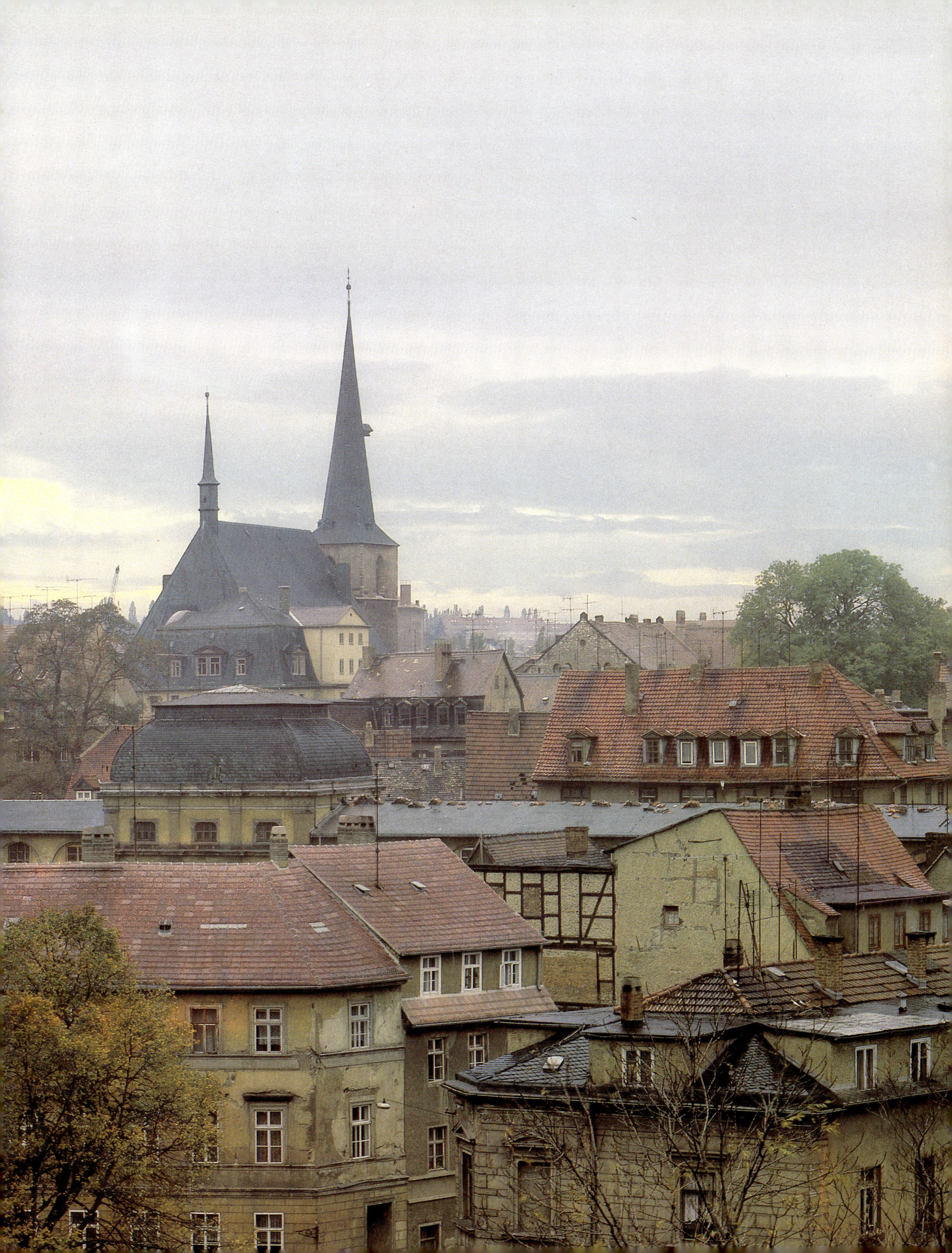

Doppelhaus am Markt.
Hier lebte Lucas Cranach d. Ä. während der letzten Jahre seines Lebens.

Die Generalsuperintendentur hinter der Stadtkirche St. Peter und Paul. Hier wohnte J. G. Herder vom Herbst 1776 bis zu seinem Tod im Dezember 1803.

Seite 32: Blick zur Chorempore der Stadtkirche St. Peter und Paul, der Amtskirche Herders.

Seite 33: Der Delphinbrunnen in Oßmannstedt mit Blick auf das Gutshaus, in dem Chr. M. Wieland von 1797 bis 1803 lebte.

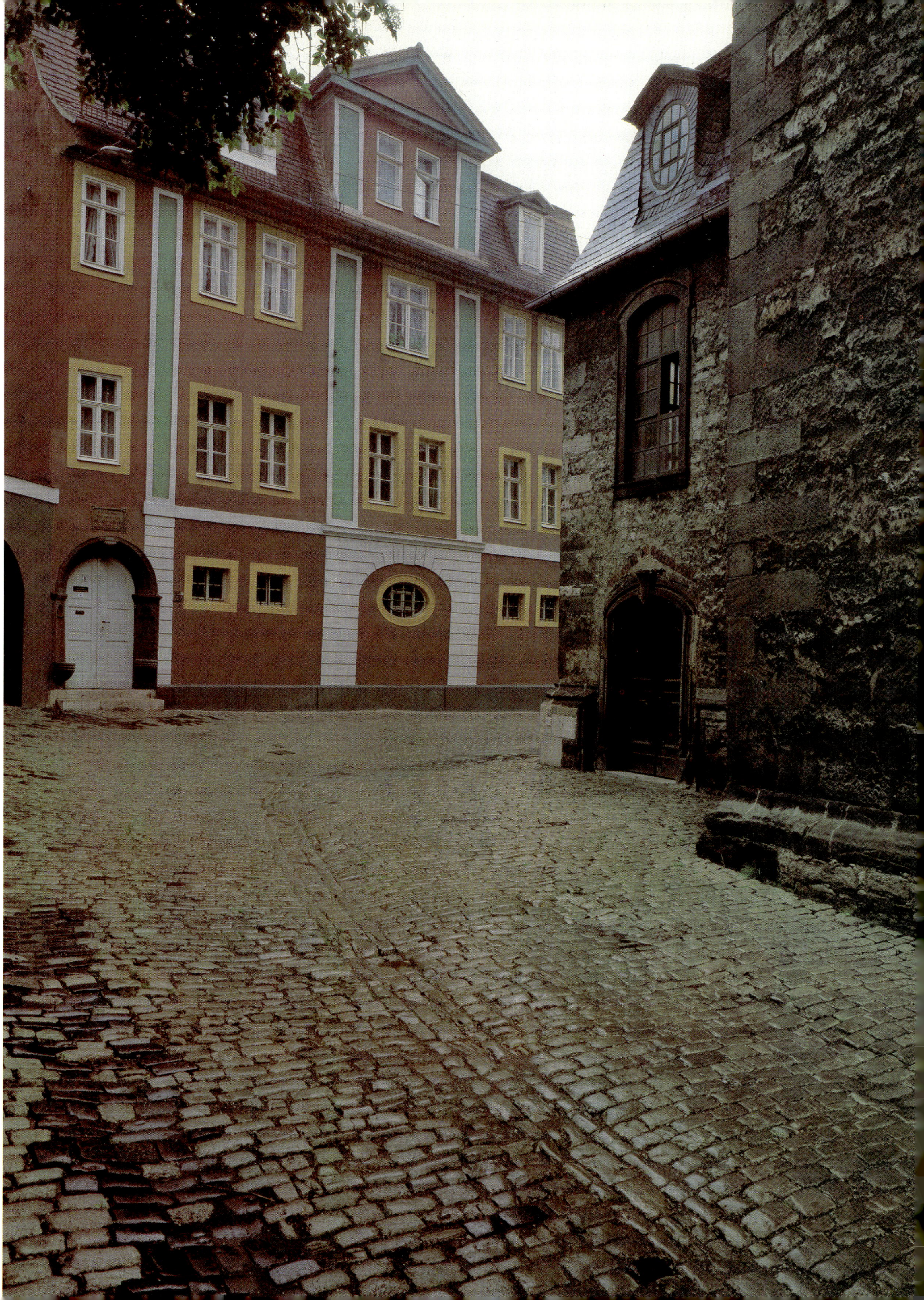

32

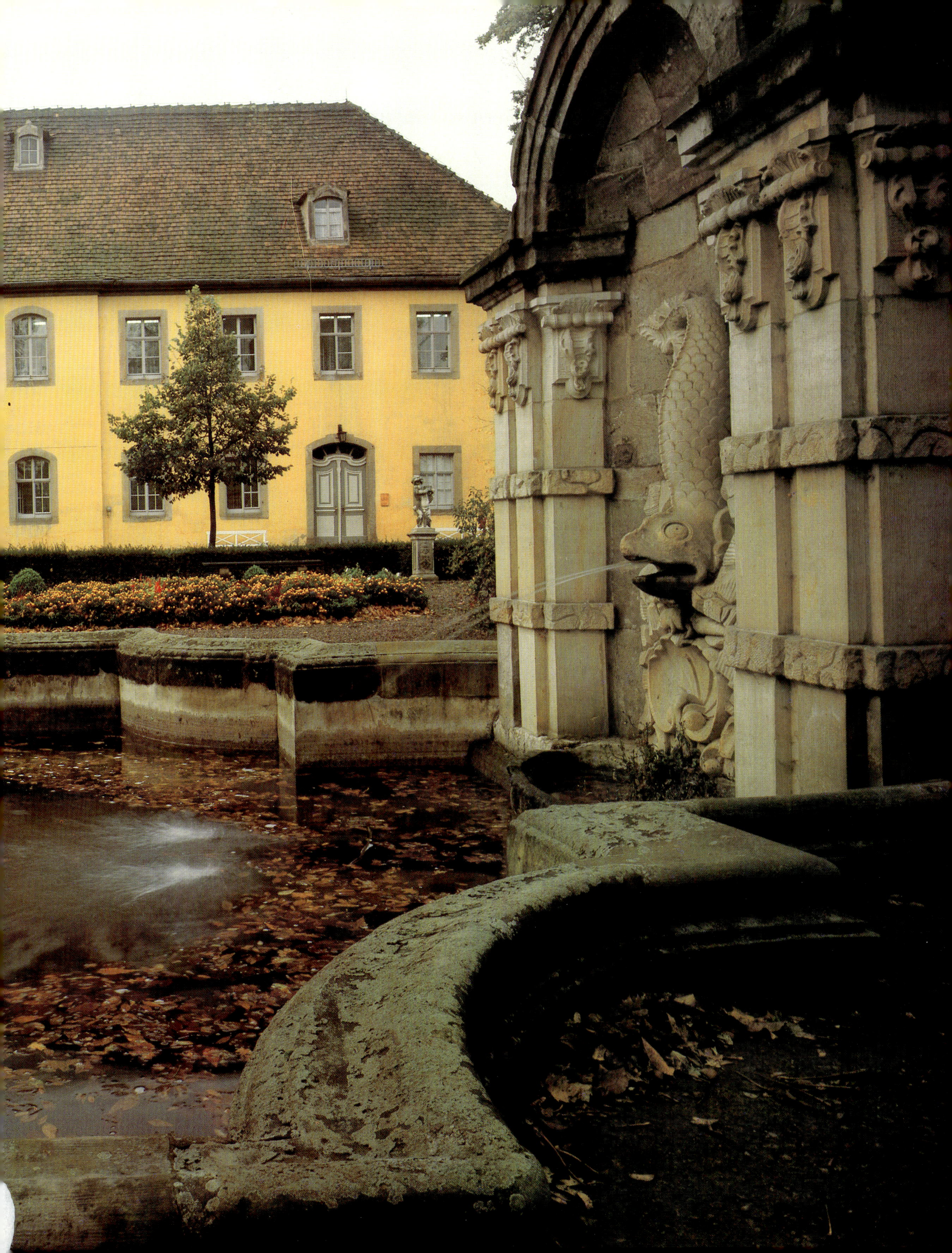

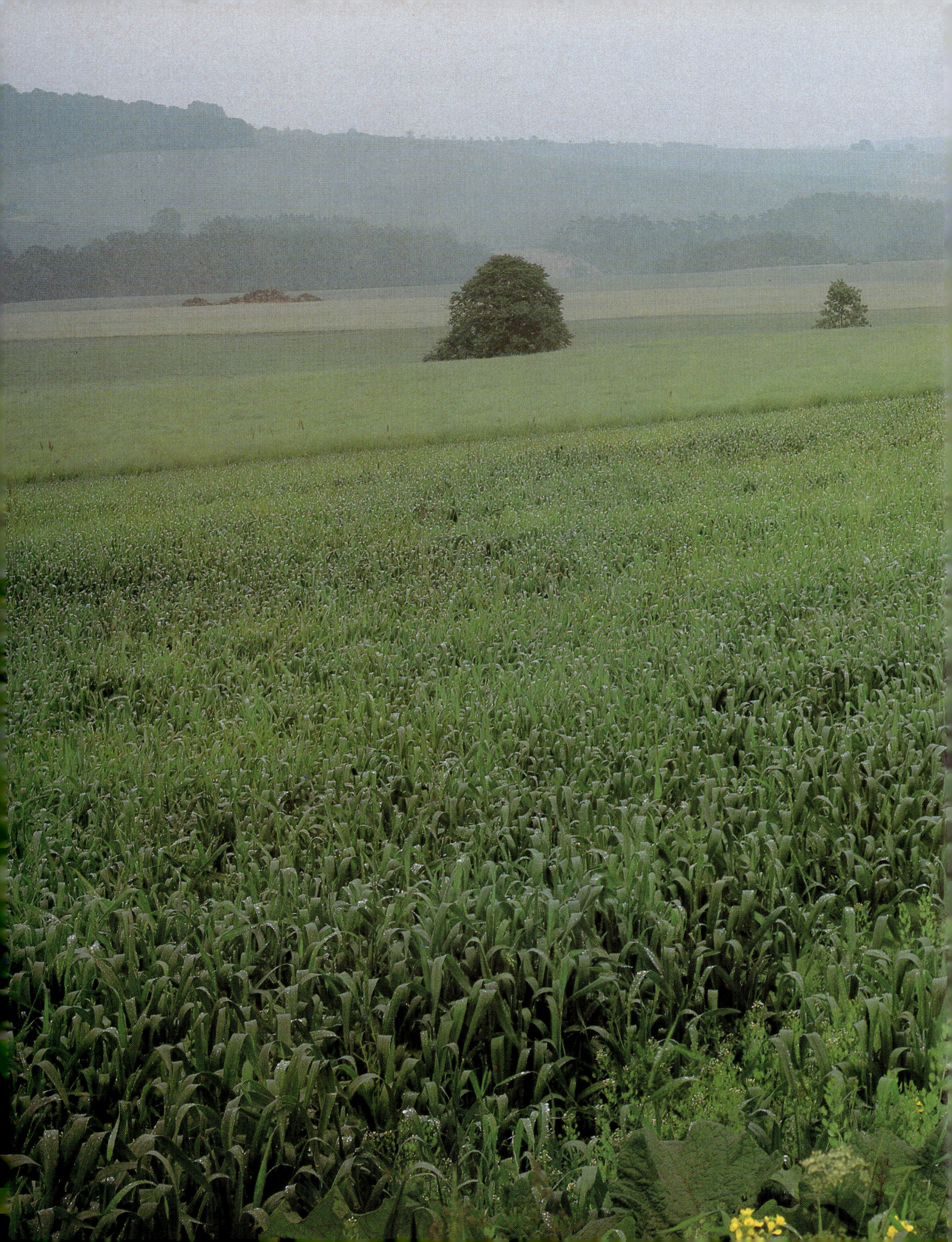

Weimarer Landschaft

Schillers Wohnhaus an der Esplanade (heute Schillerstraße). Hier wohnte Schiller während der Jahre 1802 bis 1805.

Das Gesellschaftszimmer im Schillerhaus.

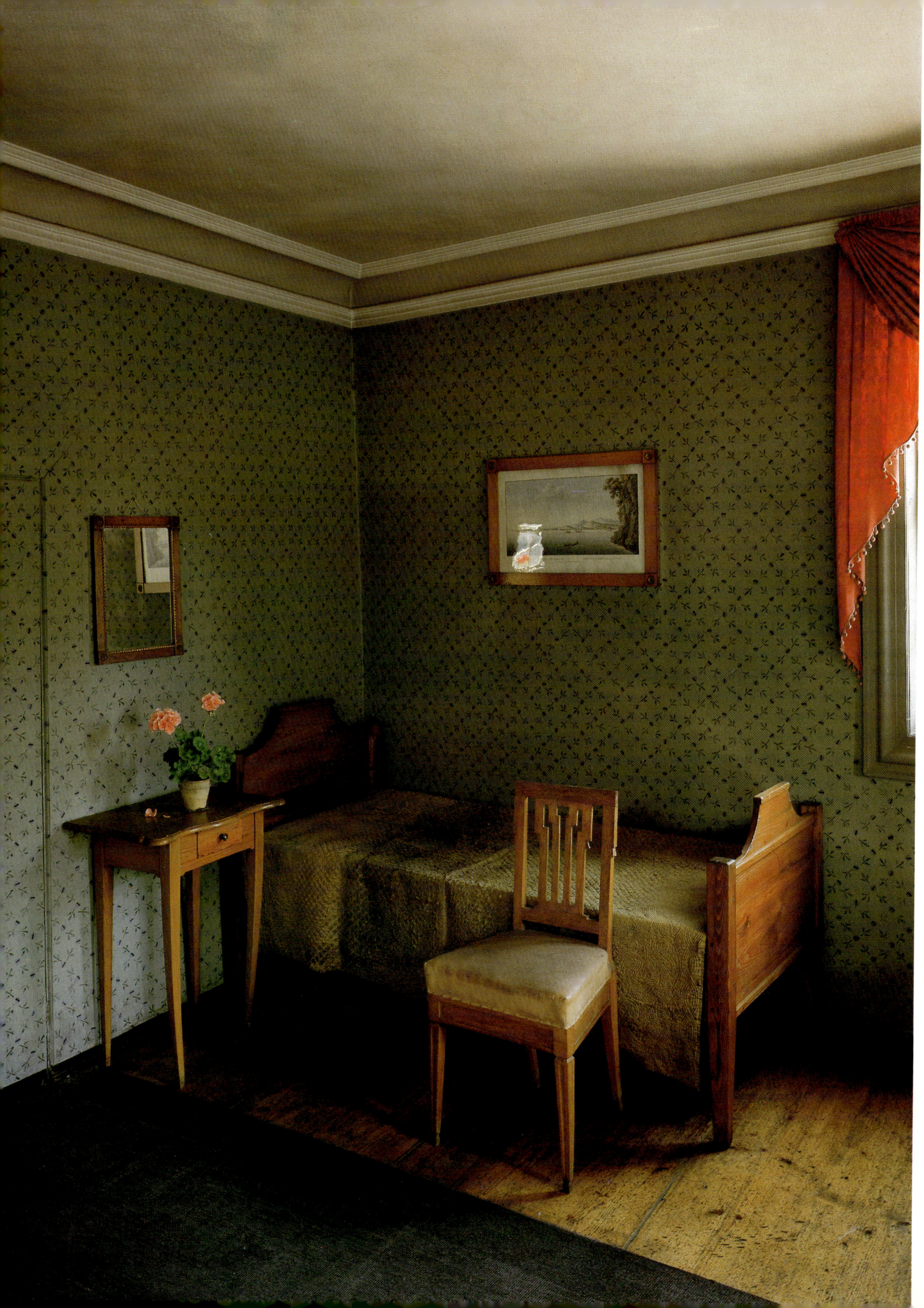

Blick in Schillers Arbeits- und Schlafzimmer.

Flur im Schillerhaus.

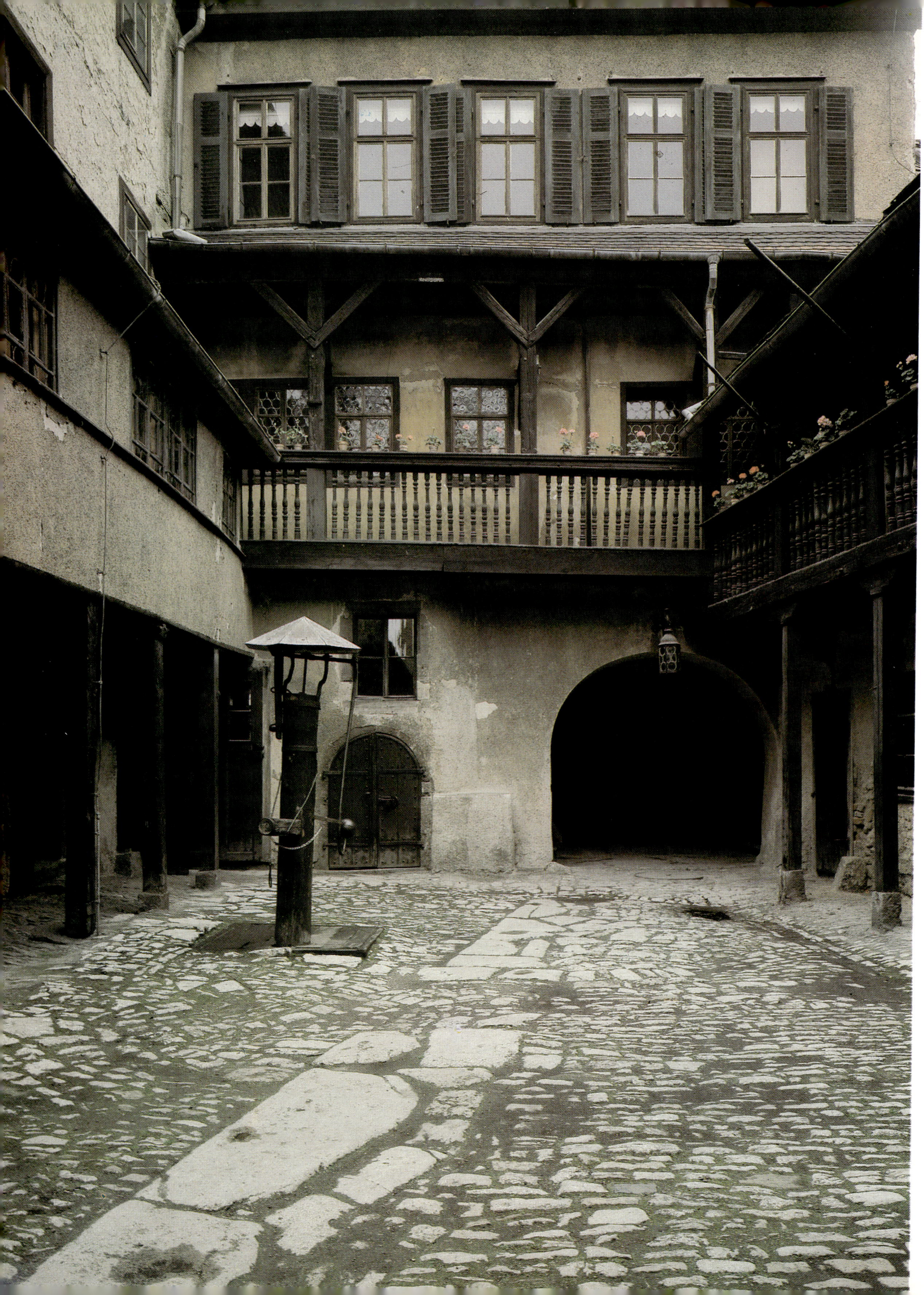

Das Kirms-Krackow-Haus. Wohnhaus des Goethe vertrauten Hofkammerrates Franz Kirms, ein herausragendes Beispiel bürgerlicher Wohnkultur (links). Innenhof und Balustrade im ersten Stock (rechts).

Seite 42: Die Jakobskirche mit Sakristei, Ansicht von Osten.
Der Jakobskirchhof diente lange Zeit als Friedhof. Hier finden sich auch die Gräber Christianes, Chr. Gottlieb Voigts.

Das hier gelegene Kassengewölbe war die erste Begräbnisstätte Schillers.

Seite 43: Das ehemalige Gymnasium an der Herderkirche.

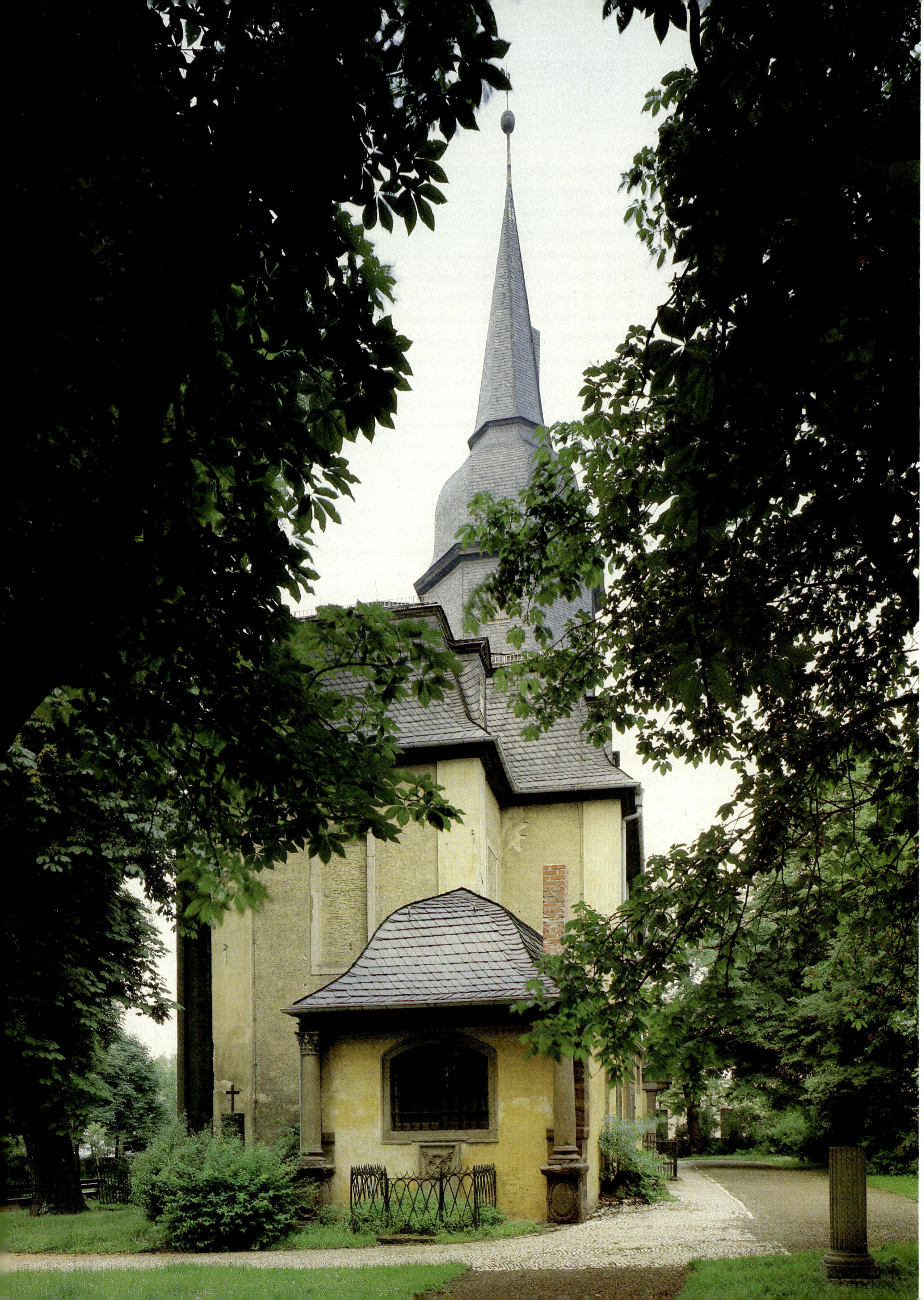

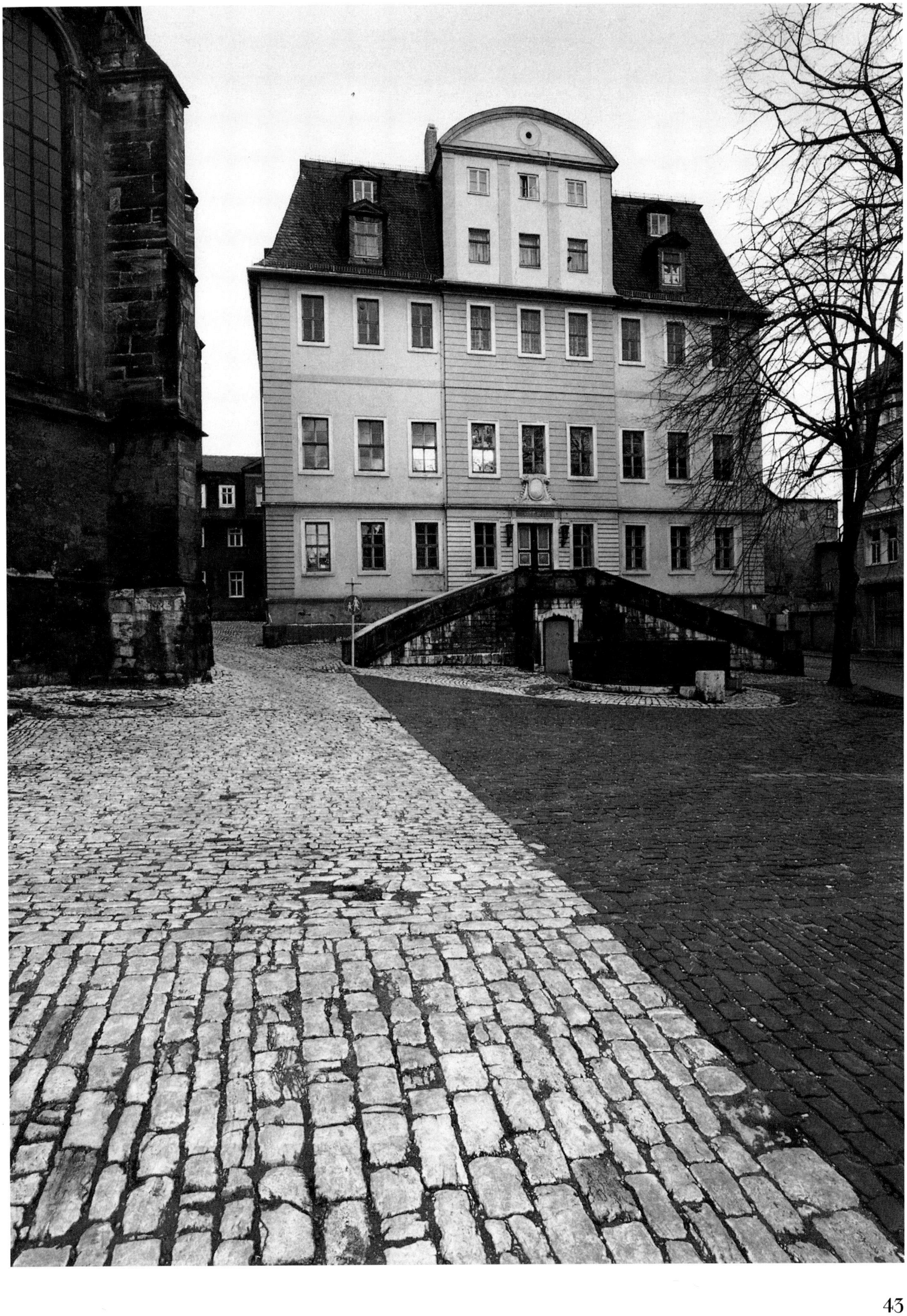

Der kulturelle Aufschwung zeigte sich auch in anderen Bereichen. So wurden die herzoglichen Kunstsammlungen erweitert, und die Bibliothek – 1732 bereits einen Buchbestand von 11086 Bänden aufweisend – rückte auf den dritten Platz in Deutschland vor. Beachtlich war auch die Weiterentwicklung des Schulwesens. Zur Verbesserung der Erziehung und des Unterrichts wurde 1619 Johannes Kromayers Weimarische Schulordnung eingeführt, die Besoldung der Lehrer erhöht und 1712 die Stadtschule zum Gymnasium erhoben, das 1716 in das von Christian Richter geschaffene Gebäude am heutigen Herderplatz übersiedelte. Von den durch den Hof angezogenen Künstlern ist vor allem Johann Sebastian Bach, der schon 1703 als Violinist für kurze Zeit in Weimar gewirkt hatte und von 1708 bis 1717 als Hoforganist und Konzertmeister tätig war, zu nennen – eine ganze Anzahl später weltbekannter Kantaten und Fugen entstanden in dieser Zeit. Hier wurden auch seine Söhne Wilhelm Friedemann, im Jahr 1710, Carl Philipp Emanuel, 1714, und Johann Gottfried Bernhard, 1715, geboren.

Die wirtschaftliche Entwicklung dagegen verlief viel langsamer, der Charakter als Hof- und Beamtenstadt prägte sich noch stärker aus. 1699 setzten sich die 4659 Einwohner zu 45,5 Prozent aus Handwerksgesellen, Tagelöhnern und Bedienten, zu 33 Prozent aus Handwerksmeistern, Fuhrleuten und Händlern und zu 21,5 Prozent aus Beamten, Hofbediensteten und Militärpersonen zusammen.

Das städtische Gewerbe befriedigte vorwiegend nur den örtlichen Bedarf. Der Verkauf der Waren erfolgte in offenen Ständen, den sogenannten Bänken, die zunächst dem Bäcker-, Fleischer- und Ledergewerbe dienten und im Erdgeschoß des Rathauses, später im Stadthaus untergebracht waren. Der Hauptumschlag erfolgte jedoch während der auf dem Marktplatz stattfindenden Wochen- und Jahrmärkte, die ursprünglich zu Pfingsten und Mitte September, später am Sonntag vor Pfingsten und am Sonntag nach Michaelis (29. September) durchgeführt wurden. Sie dauerten jeweils drei Tage, und alle Güter konnten abgabenfrei gehandelt werden. 1729 kam noch ein dritter Jahrmarkt hinzu, der am Montag nach Margarethae (13. Juli) in Verbindung mit einem Roß- und Viehmarkt gehalten wurde. Daneben erfreute sich vor allem der schon 1653 urkundlich erwähnte Zwiebelmarkt eines ständig wachsenden Zuspruchs.

Versuche, in Weimar eine Industrie aufzubauen, erwiesen sich als Fehlspekulationen. 1690 führte der Händler und Wirker Georg Dorn die Strumpffabrikation ein, und 1694 wurde eine brabantische Samtmanufaktur gegründet. Zunächst ging die Entwicklung sprunghaft aufwärts. 1724 arbeiteten bereits 171 Meister mit 316 Wirkstühlen für 11 Verleger. Dann aber wirkten sich die Hemmnisse absolutistischer Rückständigkeit so massiv aus, daß Apolda der Residenz den Rang ablaufen konnte. Ebenso wie das Betreiben einer Tabakfabrik scheiterte 1716 auch das Bemühen, durch die Ansiedlung einer französischen Kolonie das Manufakturwesen mit der Einrichtung neuer Gewerbe, wie einer Seidenweberei, zu beleben, an den höfischen Schranken und am Widerstand der im Zunftgeist befangenen Handwerker.

Der nur zögernde wirtschaftliche Aufschwung widerspiegelte sich im äußeren Bild der Stadt. Obwohl die Einwohnerzahl gewachsen war, hatte der Ort seine engen mittelalterlichen Grenzen noch immer nicht zu sprengen vermocht. Die bescheidenen Bauleistungen blieben vor allem auf den höfischen Bereich beschränkt und hatten beispielsweise 1650 einen wegen seiner spiralförmig aufwärtsführenden Gänge »Schnecke« genannten Aussichtsturm in der Gegend des heutigen Beethovenplatzes entstehen lassen. 1662 endlich konnte die Wiedererrichtung des 1618 abgebrannten Schlosses als Wilhelmsburg vollendet werden.

Mit Beginn des 18. Jahrhunderts setzte eine im Zeichen des Barocks stehende verstärkte Bautätigkeit ein. So entstanden von 1702 bis 1704 das Gelbe Schloß, 1706 bis 1711 Schloß Ettersburg, 1713 der Neubau der ein Jahr vorher abgerissenen Jakobskirche und in den Jahren 1724 bis 1732 Schloß Belvedere. Außerdem wurden zahlreiche repräsentative Bürgerhäuser erbaut, zum Beispiel 1709 das später von Johann Wolfgang Goethe bewohnte am Frauenplan. Ausgehend von wirtschaftlichen Überlegungen war Herzog Wilhelm Ernst besonders um eine Stadterweiterung in südlicher Richtung und damit um die rasche Besiedlung der Gebiete vor dem Frauentor bemüht. Doch obwohl er 1718

Einheimischen wie Fremden neben freiem Grund und Boden erhebliche Bauerleichterungen versprach und 1717 selbst mit der Errichtung eines großen Jägerhauses begonnen hatte, fanden seine Pläne bei der Bevölkerung kaum Resonanz.

Erst Mitte des 18. Jahrhunderts begann Weimar über seine ursprünglichen Grenzen hinauszuwachsen und zählte 1757 insgesamt 724 Häuser. Im selben Jahr nahm die Entfestigung ihren Anfang, hatte doch der Mauerring längst seine Aufgabe

Weimarer Bürgerbrief für Goethe.
Weimar, 26. April 1776.

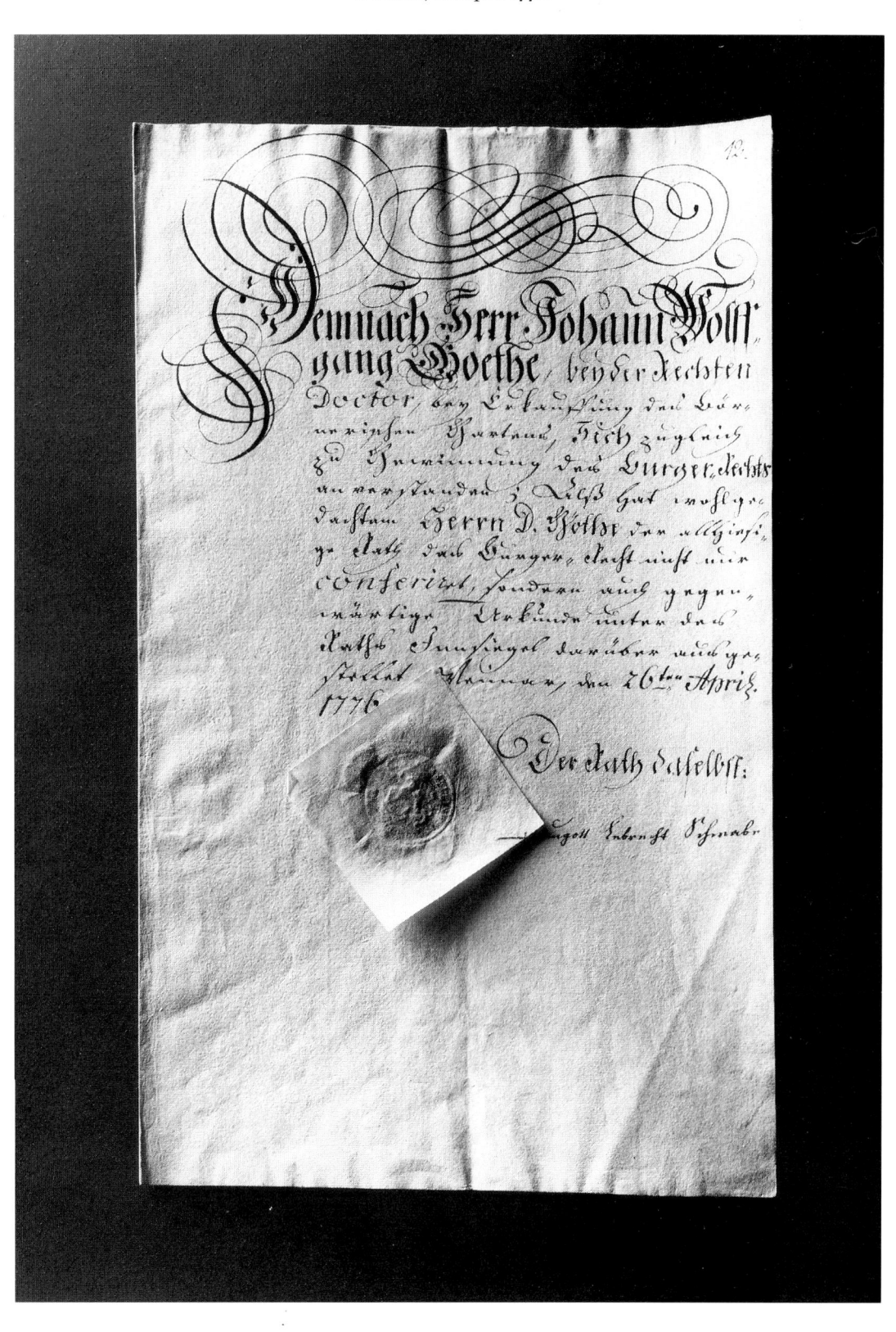

verloren. Nach der Zuschüttung der Rehmenteiche zwischen dem doppelten Schutzwall in der heutigen Schillerstraße entstand eine großzügige Esplanade, und 1758 wurde gegen den Willen des Stadtrats die Niederlegung des inneren Frauentors angeordnet. Repräsentative Bauten wie das 1767 entstandene spätere Wittumspalais und das von 1770 bis 1774 errichtete und nach dem Schloßbrand von 1774 drei Jahrzehnte lang als Fürstenhaus genutzte Landschaftsgebäude beeinflußten das Stadtbild ebenso wie neue, bepflanzte Plätze und Alleen und gepflasterte Straßen, die sich deutlich von der verwinkelten Altstadt abhoben. Doch die Besiedlung der Gebiete außerhalb der einstigen Befestigung vollzog sich nur langsam. So blieb Weimar auch in dieser Zeit die stille, verkehrsentlegene Residenz eines unbedeutenden Herzogtums, wenngleich sich dieses 1741 durch die Angliederung der Eisenacher Besitzungen wieder auf den Stand vor der Dreiteilung von 1672 vergrößert hatte.

1762 zählte die Stadt 6323 Einwohner, deren soziale Zusammensetzung sich kaum von der des 17. Jahrhunderts unterschied. 35 Prozent waren Bedienstete und Tagelöhner, 26 Prozent Staats- und Hofbeamte, Geistliche, Lehrer und Ärzte, 22 Prozent Handwerksmeister und Handeltreibende,

Urkunde über die Verleihung des Weimarer Bürgerrechts an den Sohn und die Enkel Goethes sowie an deren männliche Nachkommen. Weimar, 7. November 1825.

17 Prozent Handwerksgesellen; 1756 wurden insgesamt 523 Handwerker in 44 Innungen erfaßt. Fast zwei Drittel der Bevölkerung waren unmittelbar vom Hofe abhängig, das restliche Drittel – vorwiegend kleine Handwerker und Händler – indirekt auf ihn angewiesen.

Politisch war die Zeit von fortschreitender Entrechtung der Bürger durch die landesherrliche Macht und den weiteren Niedergang der kommunalen Selbständigkeit gekennzeichnet. Noch immer galten die 1736 letztmalig bestätigten Stadtstatuten von 1590 und bezeugen solchermaßen den Stillstand der verwaltungsmäßigen Entwicklung. Die ständigen Eingriffe in die inneren Angelegenheiten der Stadt hatten eine »sehr konfuse Ratswirtschaft« entstehen lassen, die Herzog Ernst August Constantin beispielsweise dazu ausnutzte, der Kommune für Jahrzehnte das Verfügungsrecht über ihre Finanzen zu entziehen. So schien der künftige Weg Weimars als Gemeinwesen festgeschrieben im Sinne der von Johann Gottfried Herder gegebenen Einschätzung über das »unselige Mittelding zwischen Hofstadt und Dorf«.

Im Gegensatz zur politischen und wirtschaftlichen Bedeutungslosigkeit des im aufgeklärten Absolutismus regierten Herzogtums und seiner Residenz zeichnete sich auf kulturellem Gebiet eine Entwicklung ab, die Weimar bald über vergleichbare andere deutsche Residenzstädte hinauswachsen ließ. Dabei wirkten fürstliche Bemühungen zur Befriedigung kultureller, künstlerischer und geselliger Bedürfnisse persönlichen wie höfisch-repräsentativen Charakters ebenso wie die Ausstrahlungs- und Anziehungskraft herausragender Persönlichkeiten wie geistig-künstlerischer Initiativen und Unternehmungen. Dazu zählte in Weimar die 1763 erfolgte Berufung des Pädagogen und Schriftstellers Johann Karl August Musäus als Pagenerzieher an den weimarischen Hof. 1772 wurde Christoph Martin Wieland, Autor des »Agathon« und des Erziehungsromans für Fürsten »Der goldene Spiegel«, als Lehrer des Erbprinzen Carl August berufen. Wenige Jahre später, 1774, folgte der gewesene preußische Offizier, Philosoph und Liebhaber der schönen Künste Karl Ludwig von Knebel als Hofmeister des jüngeren Prinzen, Carl Augusts Bruder Constantin. Und seit 1773 gab Wieland, dem Vorbild des »Mercure de France« folgend, die Zeitschrift »Der Teutsche Merkur« heraus, die sehr schnell zu einem führenden, von der jungen, aufstrebenden Generation heftig umstrittenen Organ im literarischen Leben Deutschlands wurde.

Seit dem 7. November 1775 gehörte auch Johann Wolfgang Goethe diesem Zirkel an. Wenige Jahre vorher noch hatte er zu den entschiedensten Kritikern Wielands und seines »Teutschen Merkurs« gehört. Für den Ruf der Stadt Weimar, deren Bürgerrecht Goethe am 26. April 1776 erwarb und die ihn am 7. November 1825 zu ihrem Ehrenbürger ernannte, war dies ein folgenreiches Ereignis.

Seite 48: Großherzogin Maria Pawlowna von Sachsen-Weimar-Eisenach. Gipsbüste von Friedrich Tieck (1805) im Majolikazimmer des Goethehauses.

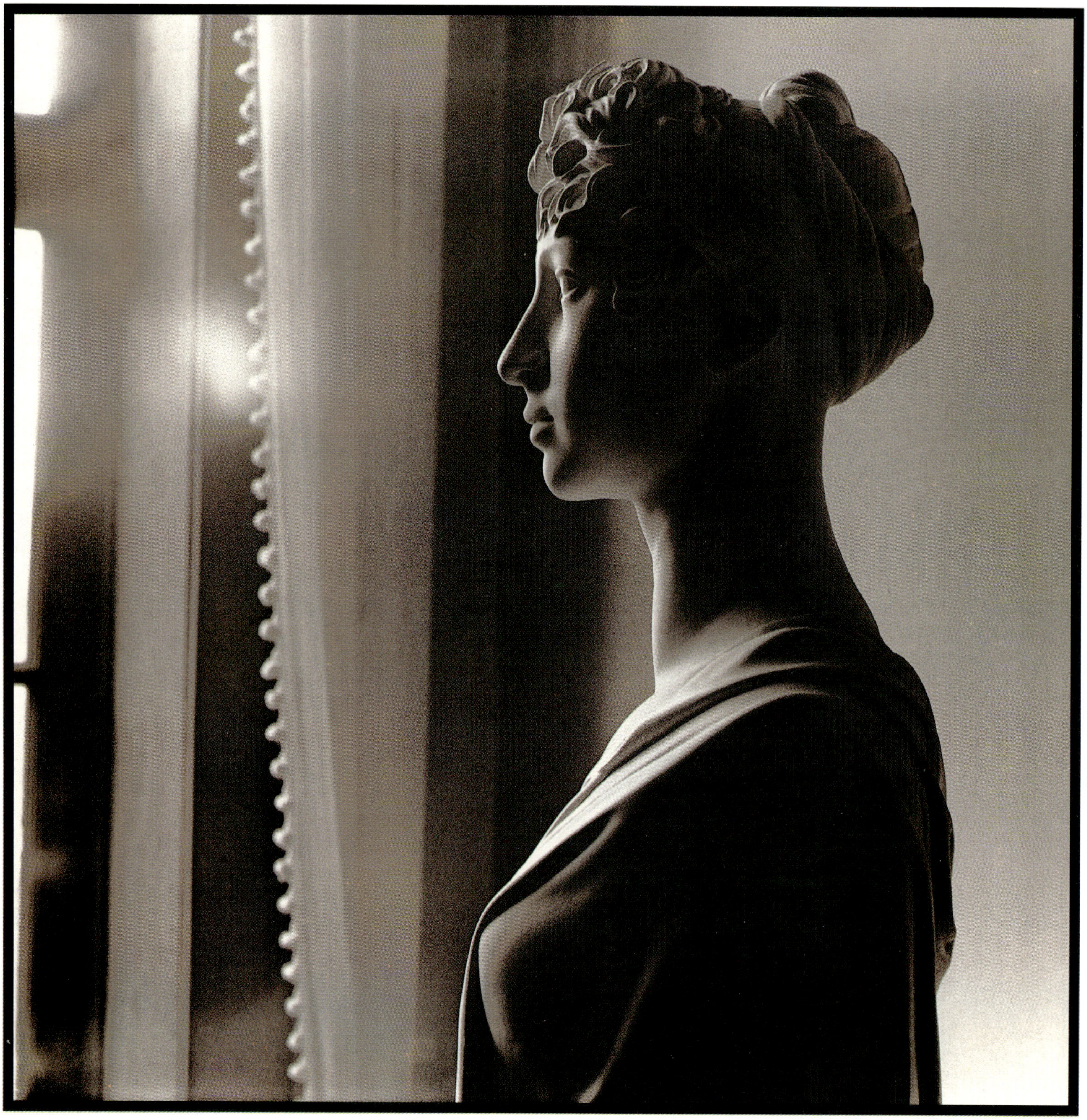

BEI HOFE

Bürger Weimars war Goethe seit dem 26. April 1776. Damals erwarb er im Zusammenhang mit der durch Herzog Carl August vermittelten Inbesitznahme eines alten Küferhauses und des dazugehörigen Gartengrundstückes an der Ilm das Bürgerrecht der Stadt. Nun stand unwiderruflich fest, daß er vorerst in Weimar bleiben werde. Daß es 56 Jahre werden würden, daran glaubte er damals gewiß noch nicht.

Doch die Zahl täuscht. Mehr als zehn Jahre währten allein die Reisen, die ihn nach Böhmen, in die Schweiz und nach Italien, in den Harz, ins nahegelegene Bad Tennstedt oder aber ins schlesische Heerlager, in die Campagne nach Nordfrankreich sowie zur Belagerung von Mainz führten. Rechnet man die oft Wochen, ja auch Monate dauernden Aufenthalte in Jena sowie dienstliche Reisen nach Ilmenau, Süd- und Südwestthüringen hinzu, so bleiben knapp vierzig Jahre, die er tatsächlich in Weimar verbracht hat; aufs Ganze gesehen eine beachtliche Zeit.

Bürger Weimars im strengen Wortsinn, das heißt Bürger der Kommune Weimar, war er dennoch nicht. Gewiß, er lebte hier, anfangs im Hause der Kalbs, nahe der Stadtkirche St. Peter und Paul, dann kurze Zeit gegenüber der Ruine des 1774 ausgebrannten Schlosses, ab Mai 1776 im Gartenhaus an der Ilm und seit 1783 im Haus am Frauenplan; vorübergehend nur – während der Jahre 1789 bis 1792 – wechselte er noch einmal das Quartier. In dieser Zeit diente ihm eines der Jägerhäuser in der heutigen Marienstraße als Wohnsitz. Dennoch bildeten nicht die Stadt und ihre Bürger, nicht die Kommune Weimar die Szene, auf der er agierte; sein Lebenskreis war der Weimarer Fürstenhof.

Daß er anfangs, das heißt unmittelbar nach seinem Eintreffen in Weimar, häufig an der Hoftafel speiste, kann nicht überraschen, schließlich war er Gast des jungen Herzogs. Doch das änderte sich auch nicht, als er sich entschlossen hatte, in Weimar zu bleiben. Jeden zweiten oder dritten Tag sah man ihn an der Hoftafel, auch dann, wenn das Fourierbuch seinen Namen nicht ausdrücklich vermerkte, war es doch üblich, die Sitzungen des Geheimen Consiliums, dem er seit dem 11. Juni 1776 als Geheimer Legationsrat mit Sitz und Stimme angehörte, mit einer Mahlzeit an der fürstlichen Tafel zu beenden. Dazu kam die Teilnahme an Redouten, Konzerten und Hofveranstaltungen der verschiedensten Art an den Abenden. Und hielt er sich tatsächlich nicht bei Hofe auf, so war er in seinem Gartenhaus oder im Haus des Oberstallmeisters Josias von Stein anzutreffen, auch eine Dépendance des Hofes. So blieb es während der ersten zehn Jahre, und Herder hatte so unrecht nicht, wenn er am 11. Juli 1782 sarkastisch bemerkte, daß Goethe »überall der erste Akteur, Tänzer, kurz das fac totum des Weimarschen u. so Gott will, bald der maior domus sämmtlicher Ernestinischer Häuser«[1] sei. Zur gleichen Zeit, da dieser Brief geschrieben wurde, distanzierte sich Goethe allerdings innerlich mehr und mehr von der Welt des Hofes, begann er zu unterscheiden zwischen dem »Geheimderath« und seinem anderen »selbst, ohne das ein Geh. R. sehr gut bestehen kann«[2]. Die Herders, Karl Ludwig von Knebel und Charlotte von Stein bildeten fortan den bevorzugten Freundeskreis; die regelmäßige Anwesenheit bei Hofe durfte dadurch jedoch nicht beeinträchtigt werden.

Genaugenommen bahnte sich damals die Entwicklung an, die schließlich mit dem Aufbruch nach Italien im September 1786 ihren Höhepunkt erreichte. Fast zwei Jahre verbrachte er hier im Kreise bürgerlicher Kunstgenossen, unabhängig von Hofzwang und Amtsverpflichtungen, und nur sehr schweren Herzens machte er sich seit Anfang des Jahres 1788 mit dem Gedanken vertraut, sich wieder in die Weimarer Gegebenheiten fügen zu müssen.

Nach der Rückkehr aus Italien war er wieder regelmäßiger Gast an der fürstlichen Hoftafel. Fast täglich sah man ihn da, auch nachdem er die Lebensgefährtin Christiane Vulpius und ihre Angehörigen in sein Haus aufgenommen hatte. Erst seit Beginn des neuen Jahrhunderts, genauer seit 1805, bahnte sich ein Wandel an. Hatten ihn vorher schon wochenlange Aufenthalte in Jena sowie Krankheiten häufig vom Hofe ferngehalten, so beschränkte sich seine Anwesenheit dort von nun an auf offizielle Anlässe wie Geburtstage der fürstlichen Familie, herausragende Staatsbesuche oder auch repräsentative Empfänge wie etwa anläßlich der Konstituierung des Landtages am 7. April 1816. Als dienstältester Geheimrat nahm er jetzt auch bei Hofe den höchsten Rang ein und wurde – gewiß nicht ohne geheimen Widerspruch anderer – regelmäßig in der nächsten Umgebung des Großherzogs plaziert.

Ein »Hofmann« zu werden war Goethes Absicht gewiß nicht, als er der Einladung nach Weimar folgte. Auch wenn Freunde schon 1774 meinten, »Goethe wär ein herrliches handelndes Wesen bey einem Fürsten«,[3] dahin gehöre er, hegte er Zwei-

Ansicht des Platzes vor dem Fürstenhaus mit Fürstenhaus, Bibliothek (links) und Rotem Schloß (rechts).
Aquarell von L.B. Koenig, um 1790.

fel, ob er es je lernen werde, »politische Subordination« zu praktizieren.[4] Der Auftakt in Weimar war denn auch alles andere als hofgemäß. »Sie sollten nicht glauben wie viel gute Jungens und gute Köpfe beysammen sind«, schrieb er im Februar 1776 einer Frankfurter Freundin, »wir halten zusammen, sind herrlich untereins und dramatisiren einander, und halten den Hof uns vom Leibe«[5]. Bemerkungen wie »Ich hab bey Hofe abgesagt, denn auf's gute Leben das ich wieder gestern im Wasser getrieben habe mag ich daoben nicht im Sande herumdursten«[6] begegnen in dieser Zeit häufig.

Die zeitgenössischen Urteile über Goethes Anfänge in Weimar sind widersprüchlich. Freunde, Wieland zum Beispiel und anfangs auch die Grafen Stolberg, fanden nur anerkennende Worte. Von Gotha »nach Weimar, wo wir unsern geliebten Göthe fanden ... Wir genossen ihn 8 Tage, und lebten in Weimar mit ihm mit dem Herzog der ein trefflicher junger Mann ist, und mit den beiden Herzoginnen die sind wie Herzoginnen nicht sind, herlich und in Freuden. Der ganze Hof ist sehr angenehm, man kann vergessen dass man mit Fürstlichkeiten umgeht«, so Christian Graf zu Stolberg am 21. Januar 1776.[7] Und Wieland berichtete am 24. Juli 1776: »Göthe hat freylich in den ersten Monaten die Meisten (mich niemals,) oft durch seine damalige Art zu seyn scandalisirt, und dem Diabolus prise über sich gegeben.«[8]

Charlotte von Stein bemerkte: »Göthe est ici un objet aimé, et hais ... ich wünschte selbst er mögte etwas von seinen wilden Wesen darum ihn die Leute hier so schieff beurtheilen, ablegen, daß im Grund zwar nichts ist als daß er jagd, scharff reit, mit der grosen Peitsche klatscht, alles in Geselschaft des Herzogs. Gewiß sind dies seine Neigungen nicht, aber eine Weile muß ers so treiben um den Herzog zu gewinnen und dann gutes zu stiften, so denk ich davon; er gab mir den Grund nicht an, vertheidigte sich mit wunderbaren Gründen, mir bliebs als hätt er unrecht.«[9] Sie habe »erstaunlich viel« auf dem Herzen, was sie ihm sagen müsse, schrieb sie wenige Tage später. »Es ist nicht möglich mit seinen Betragen kömt er nicht durch die Welt ... Warum sein beständiges pasquilliren, es sind ja alles Geschöpffe des großen Wesens das duldet sie ja, und nun sein unanständges betragen mit Fluchen mit pöbelhafften niedern Ausdrücken. Auf sein moralisches so bald es aufs Handeln ankomt, wirds vielleicht keinen Einfluß haben, aber er verdirbt andre; der Herzog hat sich wunderbar geändert, gestern war er bey mir behauptete daß alle Leute mit Anstand mit Manieren nicht den Namen eines ehrlichen Mannes tragen könten ... daher er auch niemanden mehr leiden mag der nicht etwas ungeschliffnes an sich hat. Das ist nun alles von Goethen von den Menschen der von tausende Kopff, und Hertz hat, der alle Sachen so klar ohne Vorurtheile sieht so bald er nur will der über alles kan Herr werden was er will. Ich fühls Goethe und ich werden niemahls Freunde; auch seine Art mit unßern Geschlecht umzugehn gefält mir nicht er ist eigendlich was man coquet nent es ist nicht Achtung genug in seinen Umgang.«[10]

So behutsam urteilten andere nicht. Für sie waren Goethe und seine Freunde »Hofteufel«,[11] über die sie sich nicht genug erregen konnten. Ihre Ablehnung galt Goethe vor allem, aber auch Charlotte von Stein, dem Minister Friedrich Freiherr von Fritsch, der Familie von Kalb und dann vor allem Anna Amalia, der Mutter des Herzogs. Carl August selbst und seine Ehefrau wurden zurückhaltend beurteilt; schließlich waren sie der Quell der Gnaden, dessen Wirkung man trotz aller Verdrießlichkeit noch hoffte.

Wieland hatte nicht unrecht, wenn er im Juli Johann Heinrich Merck gegenüber meinte, daß »fehlgeschlagne Hofnungen« die Ursache solcher Mißgunst seien.[12] Zu nennen sind da vor allem der ehemalige Hofmeister Carl Augusts, Eustachius Graf Schlitz, genannt von Görtz, und sein Anhang. Vierundzwanzigjährig hatte er 1762 das Amt des Hofmeisters der beiden weimarischen Prinzen angetreten. Den Ideen eines »aufgeklärten Despotismus« zugetan, war es sein Anliegen gewesen, den künftigen Herzog zu einem pflichtbewußten Landesvater, dem das Wohl seiner Landeskinder oberstes Gebot sein würde, zu erziehen. Vertraut mit den geistigen Strömungen seiner Zeit, mit den Thesen der Aufklärung vor allem, setzte er auf die Macht der Vernunft, war aber zugleich zutiefst religiös und forderte auch von einem Fürsten Gottesfurcht und christliches Mitgefühl. Ganz gewiß war Görtz ein guter Erzieher des heranwachsenden Herzogs und seines Bruders gewesen. Aber er war auch nicht frei von Ehrgeiz, und bestimmt hatte er sich erträumt, später einmal als Premierminister seines einstigen Zöglings sein Hofmeisteramt in anderer Form weiterführen zu können. Dieses Ziel zu erreichen, war er seit 1772 bemüht, eine vorzeitige Mündigkeitserklärung Carl Augusts durchzusetzen und Anna Amalia schon 1773 zur Aufgabe ihrer Obervormundschaftlichen Regierung zu bewegen. Die Pläne, die ursprünglich auch von Wieland befürwortet worden waren, scheiterten am Widerstand des Geheimrats von Fritsch, am Widerspruch Anna Amalias und schließlich an Carl August selbst.

Bei der Neuordnung der Weimarer Verhältnisse nach dem Regierungsantritt Carl Augusts ging Görtz leer aus, beziehungsweise hatte er sich mit einem einflußlosen Hofamt zu begnügen. Selbst einer alten Adelsfamilie angehörend, mußte er sehen, wie statt dessen der bürgerliche Emporkömmling Goethe avancierte. Kein Wunder, daß er und sein Anhang, die Oberhofmeisterin Gianini, die Familie seiner Frau, eine ursprünglich in Gotha ansässige Adelsfamilie, und weitere Angehörige hoffähiger Adelsfamilien nur mit Mißvergnügen beobachteten, was in Weimar geschah.

Nicht, daß sich da klare Fronten herausgebildet hätten. Mißgunst trennte sowohl diejenigen, die als Kritiker auftraten, wie auch die, gegen die sich die Attacken richteten. Entschieden lehnten Görtz und die Seinen zum Beispiel Sigismund von Seckendorff ab, ein ehemals in sardinischen Diensten stehender Oberst, der 1775 in Weimar mit der Aussicht auf eine angesehene Position festgehalten wurde, der nun aber, bitter enttäuscht, ebenfalls einer der schärfsten Kritiker des neuen Kurses war. Von Fritsch wiederum leistete energischen Widerstand gegen die Aufnahme Goethes ins Geheime Consilium und erklärte, »... in einem Collegio dessen Mitglied gedachter D. Goethe anjetzt werden soll, länger nicht sizen« zu können.[13] Und der gleiche Fritsch sah wiederum in der Familie von Kalb seine entschiedensten Widersacher. Sich hier genau auszukennen und sich unangefochten zu behaupten, war schon ein Kunststück.

Goethe selbst täuschte sich nicht über diese Situation. »Der Oberstallmeister v. Stein geht ehstens durch Frankfurt und wird Vater und Mutter besuchen«, meldete er am 19. Februar 1776 nach Hause. »Es ist ein braver Mann, den ihr wohl empfangen mögt, nur muss man über meinen hiesigen Zustand nicht allzu entzückt scheinen. Ferner ist er nicht ganz mit dem Herzog zufrieden, wie fast all der Hof weil er ihnen nicht nach der Pfeife tanzt, und mir wird heimlich und öffentlich die Schuld gegeben...«[14] Zur gleichen Zeit, da er dies schrieb, entschied sich in Weimar, daß er hier bleiben und ein Amt übernehmen würde, ungeachtet aller Schwierigkeiten, die dabei noch zu bewältigen waren. Die Entscheidung für Weimar, für eine verantwortliche Tätigkeit im Regierungsapparat des kleinen Herzogtums, bedeutete zugleich eine Wende in seinem Verhältnis zum Hof. Wie Carl August selbst, war auch er nun gewillt, sich als »echter Weltmann«[15] aufzuführen und jeden Anstoß zu vermeiden. Denn auf die Dauer konnte er sich der Einsicht in die Realität nicht entziehen. Schließlich wurden am Hof und nicht in den Amtsstuben, auch nicht ausschließlich im Conseil, die Weichen der Politik gestellt; der Hof bildete auch in Weimar – wie im Zeitalter des Absolutismus überhaupt – das Parkett politischer Manipulation und Meinungsbildung, mochte er nach außen hin noch so sehr als das Zentrum protokollarisch geregelter, exklusiver Geselligkeit erscheinen. Um dies verstehen zu können, ist es notwendig, über das Wesen des Hofes im Zeitalter des Absolutismus, seine Funktion und seine Genesis Klarheit zu gewinnen.

Der Hof, das war die Vereinigung der durch Geburt, Herkommen und Amt tatsächlich oder auch potentiell Mächtigen des Landes im Hause des Fürsten, deren Rangfolge und Verkehr untereinander ein strenges, beinahe Gesetzeskraft beanspruchendes und daher als heilig und unumstößlich geltendes Zeremoniell regelte. Zum Hofstaat im weiteren Sinne zählte darüber hinaus das für das Funktionieren einer solchen praktisch ununterbrochen fortdauernden Vereinigung notwendige personelle Arrangement an ehrenamtlichen und berufsmäßigen Verwaltern, Künstlern, Handwerkern und Bediensteten.

Hofgesellschaft und Hofstaat bildeten eine Welt für sich. Dazuzugehören oder auch nur von Zeit zu Zeit zugelassen zu werden bedeutete Ehre, von dort begünstigt zu werden Auszeichnung. Große Höfe, Versailles etwa oder auch Wien, zählten bis zu 20000 Mitglieder, der bayrische Hof in München etwa 10000, andere Höfe zwischen 1000 und 2000 Mitglieder. Damit waren die weimarischen Verhältnisse freilich nicht zu vergleichen. Doch die Größenordnung hatte nichts mit der Funktion des Hofes zu tun, die Macht des absolutistisch regierenden Fürsten, der die Spitze der Hofhierarchie bildete, zu repräsentieren. Das war Selbstrepräsentation von Macht ebenso wie Demonstration von Macht gegenüber den »Untertanen«, das heißt dem gewerbetreibenden Bürgertum der Städte und der Masse der bäuerlichen Landbevölkerung, wie schließlich auch Darstellung von Macht und Vermögen gegenüber den – ebenfalls absolutistisch regierenden – Königen und fürstlichen »Vettern« Europas. Der Hof war somit das eigentliche Machtzentrum, das Parkett, auf dem, über die offiziellen Regierungsentscheidungen hinausgehend, Einflüsse geltend gemacht wurden und sich Parteiungen bildeten, deren Mit- und Gegeneinander gewiß nicht vorrangig dem Ansehen und Gedeihen des Staates,

Souvenir de la Cour de Weimar.
Stich nach Zeichnung von B. von Arnswaldt, um 1835.

geschweige denn dem Wohl der Regierten, diente, sondern der Behauptung und Durchsetzung partikularer Interessen. Hier mußte bestehen, wer im öffentlichen Leben des Landes etwas bewirken wollte, hier galt es Haltung zu bewahren, um nicht im Strudel einander widersprechender Interessen zu straucheln und unterzugehen.

Der Hof war ein Instrument zur Domestizierung des grundherrlichen Adels, dessen Macht nicht mehr ausreiche, das erstarkende Bürgertum zu beherrschen, und der sich daher bereitwillig dem unterordnete, der ob seines umfangreichen Grundbesitzes und anderer historisch legitimierter Vorrechte, wie zum Beispiel der Steuermonopole, über ausreichende Machtmittel verfügte, um den Bestand überlieferter Besitz- und Herrschaftsverhältnisse zu gewährleisten. Die Institution des Hofes hatte sich im 17. Jahrhundert zunächst in Westeuropa entwickelt. Schiller schildert diesen Prozeß in der »Geschichte des Abfalls der vereinigten Niederlande von der Spanischen Regierung« sarkastisch in folgender Weise: »Der zahlreiche, sonst so mächtige Adel folgte dem Souverain jezt willig in seinen Kriegen, oder buhlte in Aemtern des Friedens um das Lächeln der Majestät. Die verschlagene Politik der Krone hatte neue Güter der Einbildung erschaffen, von denen sie allein die Vertheilerin war. Neue Leidenschaften und neue Meinungen von Glück verdrängten endlich die rohe Einfalt republikanischer Tugend. Stolz wich der Eitelkeit, Freiheit der Ehre, dürftige Unabhängigkeit einer wollüstigen lachenden Sklaverei. Das Vaterland als unumschränkter Satrap eines unumschränkten Herrn zu drücken, oder zu plündern, war eine mächtigere Reizung für die Habsucht und den Ehrgeiz der Großen, als den hundertsten und tausendsten Theil der Souverainität auf dem Reichstag mit ihm zu theilen.«[16]

In Frankreich vollzog sich diese Entwicklung, die um 1680 ihren Höhepunkt erreichte, seit etwa 1640. Das Versailles Ludwigs XIV. wurde zum europäischen Vorbild. Im letzten Drittel des 17. Jahrhunderts folgten die Höfe in Wien und München, während in den kleineren deutschen Fürstentümern diese Entwicklung erst um 1720 einsetzte. Seit der Jahrhundertmitte etwa zeichnete sich eine Wende ab. Romantitel wie »Der brave Mann am Hofe«, die Szenen am Bamberger Hof in Goethes »Götz von Berlichingen« oder auch Schillers »Kabale und Liebe« können stellvertretend für eine kaum überschaubare Zahl von literarischen Werken stehen, die den eingetretenen öffentlichen Autoritätsverlust widerspiegeln. Die Funktion des Hofes, Grauzone der Macht zu sein, war dadurch nicht wesentlich beeinträchtigt worden. In Deutschland und Österreich-Ungarn, aber auch anderswo in Europa, behaupteten Höfe diese Position bis zum Ende des ersten Weltkrieges. Zentren unmittelbarer Machtausübung wie in der Blütezeit des Absolutismus waren sie aber schon seit dem beginnenden 19. Jahrhundert nicht mehr. Ökonomisch-soziale Wandlungen in der Gesellschaft, Strukturveränderungen in der staatlichen Verwaltungspraxis, durch die die Autonomie der Fürsten beeinträchtigt und ihre Entscheidungsbefugnis durch neuere staatsrechtliche Auffassungen und Normen beziehungsweise durch die administrative Praxis spürbar beschränkt wurde, wirkten sich aus. Was schließlich blieb, waren Möglichkeiten der ideologischen Einflußnahme auf das öffentliche Leben mittels kultureller Patronate über Theater, Museen, Bibliotheken und Kunstakademien sowie gelegentliche Förderungsmaßnahmen für Autoren und Komponisten. Goethes Eintritt in Weimar fiel mit den Anfängen dieser Entwicklung zusammen, seine künftige öffentliche Wirksamkeit wurde dadurch maßgeblich mitbestimmt.

Als Goethe in Weimar eintraf, gab es dort genaugenommen drei Hofhaltungen. Da war einmal der Fürstenhof im eigentlichen Sinn des Wortes, die Hofhaltung Carl Augusts und seiner Ehefrau Luise. Sitz des Hofes war, da ein Brand das Weimarer Schloß im Herbst 1774 zerstört hatte, das sogenannte Fürstenhaus, ein Gebäude, das ursprünglich als Sitz und Tagungsort der Landstände gedacht war, von diesen aber widerspruchslos dem Herzog überlassen wurde. Heute beherbergt es, im vorigen Jahrhundert durch Baumaßnahmen verändert, die Hochschule für Musik »Franz Liszt«. Daneben gab es die Hofhaltung der Herzoginmutter Anna Amalia. Ihr Domizil war das Wittumspalais, das der Minister von Fritsch ursprünglich für sich und seine Familie in Auftrag gegeben hatte, das er aber – aus finanzieller Not – gern der Herzogin abtrat. Und dann gab es noch die recht bescheidene Hofhaltung des Prinzen Constantin in Tiefurt. Als Bruder des regierenden Herzogs hatte er in einem Fürstentum, in dem es das Prinzip der Primogenitur gab, kaum Aussicht, jemals eine bedeutende Stellung im Lande einzunehmen; aber er war auch nicht gewillt, die Rolle des Sonderlings am Hofe zu übernehmen, wie sie nachgeborene Prinzen andernorts vielfach spielten.

Etwa 270 Personen bildeten um 1780 den weimarischen Hofstaat. Das waren ungefähr 170 Hofbedienstete, davon 40 Angehörige des Marstalls, 11 Hofchargen für die Bibliothek, die Kunstkammer und das Münzkabinett und 20 Mitglieder der Hofkapelle. 29 Angehörige des Adels leisteten Hofdienste. Sie gehörten den etwa 40 in Weimar ansässigen Adelsfamilien an, die jederzeit Zutritt zum Hof hatten. Schauplätze des höfischen Lebens in Weimar waren außer dem Fürstenhaus, dem Wittumspalais und Schloß Tiefurt die an der Peripherie der Stadt gelegenen Schlösser Belvedere und Ettersburg.

Das war die Welt, zu der Goethe seit 1775 Zugang fand und der er sich anzupassen versuchte: bescheidene Verhältnisse, die wenig Anziehungskraft ausstrahlten. Vielleicht war dies der Grund dafür, daß sich der Hof allmählich öffnete und hin und wieder auch Angehörigen des Bürgertums Zugang gewährte. Das betraf zuerst natürlich die Mitglieder des Geheimen Consiliums, die außer dem ersten Geheimen Rat, dem Freiherrn von Fritsch, alle bürgerlicher Herkunft waren, aber auch Persönlichkeiten wie Christoph Martin Wieland, Johann Gottfried Herder, Johann Karl August

Goethes Gartenhaus im Weimarer Park.
Radierung von Jakob Wilhelm Christian Roux, um 1830.

Musäus, später auch Friedrich Schiller und andere mehr.

Regelmäßig fanden in der Zeit zwischen dem Weihnachtsfest und der Karnevalszeit Redouten außerhalb des Fürstenhauses statt, für die Einlaßkarten an ausgewählte Bürger ausgegeben wurden, auch hatten diese Zugang zu den Aufführungen des höfischen Liebhabertheaters, wenn sie nicht gerade in Ettersburg oder Tiefurt beziehungsweise im Fürstenhaus stattfanden.

Das waren nicht Anzeichen für den Abbau von Standesschranken, die wurden in Weimar streng gewahrt. Ehen zwischen Angehörigen des Adels und Bürgerlichen waren noch lange Zeit unüblich und bildeten die Ausnahme. Sorgfältig achtete die Aristokratie darauf, daß ihre bevorrechtete gesellschaftliche Stellung nicht beeinträchtigt wurde, und dabei konnte man jederzeit mit der Unterstützung des Herzogs rechnen. Auch Goethe hätte da, selbst wenn er es gewollt hätte, kaum etwas ändern können.

So aufgeschlossen sich Carl August dem neuen Freund, Goethe, gegenüber zeigte, so bereitwillig er sich dessen Ansichten und Vorbehalte gegenüber der Hofgesellschaft zu eigen machte, im Grunde seines Wesens war und blieb er Aristokrat. 1757 geboren, hatte er – intellektuell begabt und mit musischen Neigungen ausgestattet – von seinem fünften Lebensjahr an eine sorgfältige Ausbildung erfahren, nicht nur in gängigen Unterrichtsfächern wie Schönschreiben, Musik und Tanzen, Fechten, Erdkunde, Mathematik und Physik, Latein, Französisch und natürlich Geschichte, sondern auch in Natur- und Völkerrecht, Staatsrecht, Polizeiwissenschaft und Verwaltungskunde. Die Kavalierstour nach Südwestdeutschland und Frankreich bildete den Abschluß dieses umfassenden Ausbildungsganges. Neben Görtz, der die Ausbildung leitete, ist vor allem Wieland als Lehrer zu nennen, der seit 1773 in Weimar lebte. Selbstverständlich unterwies man schon das Kind in höfischen Repräsentationspflichten. Von der Regierungspraxis wurde er jedoch lange ferngehalten. Am 24. Oktober 1774 erst wurde er feierlich in das Geheime Consilium eingeführt. Wenige Wochen danach erfolgte die Reise, so daß kaum Gelegenheit war, sich eingehender mit den be-

Johann Gottfried Herder.
Kopie eines unbekannten Künstlers nach dem Ölgemälde von Friedrich Rehberg (um 1784), undatiert.

treffenden Aufgaben vertraut zu machen. Wie Goethe 1776, war Carl August selbst ein Anfänger, als ihm das Geschäft des Regierens zufiel.

Guter Wille, herkömmliche Routine durch einen neuen Geist zu ersetzen, sein Land zu modernisieren, Handel und Gewerbe zu fördern, um Wohlstand und Wohlbehagen seiner »Landeskinder« zu heben, kann ihm nicht abgesprochen werden. Daß es bei einem stürmischen Anfang blieb, war nicht seine Schuld. Die Enge des drei selbständige und durch andere Territorien voneinander getrennte Landesteile umfassenden Fürstentums mit seinen 120 000 Einwohnern – von denen der überwiegende Teil in der Landwirtschaft tätig war, abgelegen von den Hauptverkehrsstraßen und nicht begünstigt durch Bodenschätze und andere Reichtümer – beeinträchtigte jeden Versuch wirtschaftlicher und sozialer Reformen im Alleingang von vornherein und verurteilte sie zum Scheitern. Auch Carl August und Goethe mußten dies erfahren.

Daß der anfängliche Eifer bald erlahmte, kann daher nicht überraschen.

Carl August, eine aktive Natur, drängte spätestens seit 1780 nach einem anderen Betätigungsfeld. Er fand es im Bemühen um eine Reform des Heiligen Römischen Reiches Deutscher Nation. Zehn Jahre lang engagierte er sich als Diplomat und Organisator eines Deutschen Fürstenbundes. Dabei ging es um die Vereinigung der vielen deutschen Territorialfürsten zu einem selbständigen Korpus deutscher Reichspolitik neben – und ursprünglich unabhängig von den dominierenden Mächten – dem Habsburgerstaat und neben Brandenburg-Preußen. Als sich der preußische König Friedrich II. in die Verhandlungen einschaltete und die Initiative an sich zog, verzagte Carl August dennoch nicht und glaubte, seine Pläne auch unter preußischem Protektorat verwirklichen zu können. Das war ein Irrtum. Das Ganze endete damit, daß er sich als General im preußischen Heeresdienst einordnete und mit kurzer Unterbrechung bis 1806 an den Feldzügen gegen die revolutionäre Armee Frankreichs und schließlich gegen Napoleon teilnahm. Erst danach, noch einmal durch die Befreiungskriege unterbrochen, widmete er sich wieder intensiv der Verwaltung seines 1815 zum Großherzogtum avancierten Landes. Die Einführung einer landständischen Verfassung im Jahre 1816, die Krise um das Wartburgfest und die Karlsbader Beschlüsse wie schließlich der Versuch der Gründung eines mitteldeutschen Zollvereins bildeten herausragende Ereignisse der letzten zwei Jahrzehnte seiner Regierungszeit.

Seine persönliche Neigung gehörte dem Theater, der Poesie und den Naturwissenschaften. Das waren die Bereiche, die ihn zeitlebens mit Goethe einten, nachdem das gemeinsame politische Bestreben schon in den frühen achtziger Jahren in eine fortschreitende Distanzierung auslief. An den diplomatisch-politischen Plänen wie auch an dem militärischen Engagement des Herzogs nahm Goethe kaum Anteil.

Ungeachtet seines lebenslang anhaltenden Interesses an modernen Tendenzen der politischen wie der Entwicklung der Naturwissenschaften beharrte Carl August entschieden auf den Positionen seines Standes. Den Adel als Institution in Frage zu stellen oder Kriterien für einen Adel des Verdienstes im Unterschied zum Adel der Geburt auch nur zu diskutieren, wie dies um 1800 in Deutschland – auch unter Angehörigen des Adels – häufig geschah, das war für ihn undenkbar. Ebenso blieb dynastische Hausmachtpolitik zeit seines Lebens ein Grundzug seines politischen Handelns. Für ihn waren das unumstößliche Gegebenheiten, an denen zu zweifeln ihm nie in den Sinn kam. Nachfahre eines Fürstengeschlechtes, das im 16. Jahrhundert zu den angesehensten des Reiches gehörte, war es der Traum seines Lebens, zurückzugewinnen, was seine Vorfahren nach der Schlacht bei Mühlberg im Jahre 1547 eingebüßt hatten – den sächsischen Thron und damit die Kurwürde beziehungsweise nach 1815 die Königskrone und die Vorrangstellung vor allen sächsischen und thüringischen Fürsten. In diesem Sinne entschied er auch in Familienangelegenheiten, so etwa, als sein Bruder, Prinz Constantin, den Versuch unternahm, die dem Kleinadel zugehörende Caroline von Ilten zu heiraten und sich ins Privatleben zurückzuziehen. Entschieden wußte dies der Herzog, von Goethe unterstützt, zu verhindern. Und ebenso achtete er auf die Einhaltung der gesellschaftlichen Vorrechtsstellung des Adels, wenn Herder, der sich im Interesse seines Sohnes Adelbert den in Weimar nicht anerkannten bayrischen Adelstitel erworben hatte, die Hoffähigkeit nur aus juristischen Gründen und auch dann nur inoffiziell zuerkannt wurde.

In dieser Gesinnung fand er volle Unterstützung durch seine Ehefrau Luise. Sie war, am 30. Januar 1757 in Berlin geboren, die Tochter des damals im preußischen Militärdienst agierenden künftigen Landgrafen Ludwig IX. von Hessen und seiner Ehefrau Caroline, der »großen Landgräfin«, wie Goethe sie gelegentlich genannt hat. Kindheit und Jugend hatte sie fast ausschließlich unter der Aufsicht der Mutter und ihres Hofstaates zusammen mit vier Schwestern und drei Brüdern in Darmstadt verbracht. Die militärischen Neigungen des Vaters, der meist in Pirmasens lebte, ließen kaum finanzielle Mittel für die ohnehin bescheidene Hofhaltung übrig. Herkunft und materielle Beschränktheit der Lebensverhältnisse bildeten einen merkwürdigen Widerspruch.

Die Erziehung entsprach durchaus höfischen Gegebenheiten. Religiös veranlagt, war sie in der durch die Mutter geförderten literarisch-geistigen Atmosphäre in Darmstadt, wo Friedrich Gottlieb Klopstock, Wieland, Sophie von La Roche und andere gern gesehene Gäste waren, wo Herder 1770 in der Schloßkirche predigte, heimisch und ließ schon frühzeitig Neigung zu Literatur und Kunst erkennen. Nach dem Tode der Mutter, am 30. März 1774, siedelte sie nach Karlsruhe über, zu ihrer Schwester, die mit dem Erbprinzen von Baden verheiratet war. Hier erfolgte am 9. Dezember 1774 die Verlobung und am 3. Oktober 1775 die Eheschließung mit Carl August.

Das Schicksal von Töchtern fürstlicher Familien zählt zu den traurigsten Kapiteln der Humange-

Großherzog Carl August von Sachsen-Weimar-Eisenach.
Ölgemälde von Heinrich Kolbe, 1822.

schichte. Einzig dazu bestimmt, nach dynastischen Gesichtspunkten verheiratet zu werden, waren eigene Vorstellungen, Neigungen und Gefühle nicht gefragt. Luise bildete da keine Ausnahme. Zu ihren gravierenden Jugenderlebnissen gehörte es zweifellos, daß sie 1773 unter Aufsicht der Mutter nach Petersburg reisen mußte, um sich dort, gemeinsam mit zwei ebenfalls noch unverheirateten Schwestern, einer Kommission zu stellen, die die Wahl für die Frau des Sohnes Katharinas I., des späteren Zaren Paul I., zu entscheiden hatte. Auch wenn durch Herkunft und Erziehung auf ihr selbstverständliches Schicksal vorbereitet, dürfte das für ein sechzehnjähriges Mädchen eine bittere Erfahrung gewesen sein. Die Wahl fiel damals auf ihre Schwester Natalie.

Sie selbst blieb dem Erbprinzen von Weimar vorbehalten, der, gerade achtzehnjährig, im Vollgefühl seiner eben erwachenden Männlichkeit kaum geeignet war, der zurückhaltenden, eher schüchternen, in ihren Gefühlsäußerungen gehemmten, wenn nicht verkrampften jungen Frau in angemessener Weise zu begegnen. Trotz anfänglicher Begeisterung von seiner Seite kam da keine gute Ehe zustande. Begreiflich, daß dies ein schier unerschöpflicher Gesprächsgegenstand der Hofgesellschaft war. Frühzeitig schon dürfte der jungen Herzogin bewußt geworden sein, daß ihr ein gleiches Schicksal wie ihrer mit dem preußischen Kronprinzen, dem späteren König Friedrich Wilhelm II., verheirateten Schwester bevorstand, die zusehen mußte, daß der König eine Nebenehe einging. Kurz vor der Jahrhundertwende nahm Carl August ein ähnliches Verhältnis mit der Weimarer Sängerin und Schauspielerin Karoline Jagemann auf. Doch diese Situation hinderte nicht, daß sich zwischen den alternden Ehepartnern zusehends ein echtes Freundschafts- und Vertrauensverhältnis ausbildete. Als Gesprächspartner und Ratgeber hat Carl August insbesondere in den Kriegsjahren von 1806 bis 1815 in seiner Frau einen echten Freund gefunden. Auch der Kaiser der Franzosen, Napoleon, dem sie nach der Schlacht bei Jena in würdevoller Haltung begegnete, konnte ihr seine Anerkennung nicht versagen.

Es überrascht nicht, daß diese Frau entschieden an den Vorstellungen und Gepflogenheiten ihres

Herzogin Luise Auguste von Sachsen-Weimar-Eisenach, geborene Prinzessin von Hessen-Darmstadt. Ölgemälde von Johann Friedrich August Tischbein, um 1810.

Standes festhielt und dort, wo ihr das möglich war, die Einhaltung der Hofetikette durchsetzte. Wie Carl August auch war ihr die überkommene Standesordnung heilig. Das schloß Teilnahme an Geselligkeit, wie sie sich am Weimarer Hof nach 1775 einbürgerte, nicht aus, ebensowenig wie den vertrauten Umgang mit den Repräsentanten bürgerlicher Literatur und Kunst. Insbesondere Johann Gottfried und Caroline Herder gehörten lange Zeit zu ihren bevorzugten Partnern. An ihrer Grundeinstellung änderte sich dadurch nichts; die zunehmende Distanz gegenüber den Herders in den neunziger Jahren des 18. Jahrhunderts belegt das zur Genüge.

Verglichen mit dem Fürstenhof, nahm sich die Hofhaltung des Prinzen Friedrich Ferdinand Constantin recht bescheiden aus.[17] Knapp ein Jahr jünger als sein Bruder, hatte er die gleiche Ausbildung wie dieser erhalten, ohne dem gemeinsamen Unterricht immer mit derselben Aufmerksamkeit folgen zu können wie der Bruder. Überraschen konnte das nur den Hofmeister; den rückschauenden Beobachter wundert es keineswegs, wenn er sich das gutaussehende zarte, musisch veranlagte sechs- bis siebenjährige Kind im Latein- und Französischunterricht vorstellt. Für das geschwisterliche Verhältnis aber war diese Erfahrung abträglich. Carl August hat den Bruder immer als schwächlich und lebensuntüchtig angesehen, und sicher war auch eine gewisse Eifersucht im Spiel, wenn er den frühzeitig erwachten Wunsch des Jüngeren, sich im preußischen Militärdienst zu engagieren, zu verhindern wußte.

Constantin hat früh erkannt, welche Rolle ihm als nachgeborenem Prinzen beschieden sein würde, und zeitig danach gestrebt, sich als Partikulier zurückziehen, um seinen Neigungen, der Musik und der Literatur, leben zu können. Dazu reichten die Mittel aber kaum, und vor allem hatte er sich, solange Carl August noch keinen männlichen Erben hatte, für den Fall, daß dem Bruder etwas zustieß, für das Regierungsamt bereit zu halten. 1783 war er dieser Sorge enthoben. Doch da lebte er schon nicht mehr in Weimar. 1775 war ihm zunächst Wohnung im Wittumspalais, dem Haushalt seiner Mutter, zugewiesen worden, bis ihm 1776 das Pächterhaus in Tiefurt als Wohnsitz zufiel. Hier lebte er gemeinsam mit seinem Hofmeister Karl Ludwig von Knebel, mit dem ihn bald eine kaum erwiderte freundschaftliche Gesinnung verband, sowie acht Hofbediensteten. Tiefurt entsprach ganz seinem Geschmack, und zeitlebens hat er sich nach dort zurückgesehnt, doch seit 1783 okkupierte seine Mutter das bescheidene Schlößchen als Sommersitz. Gemeinsam mit Knebel widmete sich der Prinz der Gestaltung seiner Umwelt, indem er den Grund für den heutigen Park legte.

Natürlich nahm er auch am Hofleben seines Bruders teil und war insbesondere in das sich seit 1776 entfaltende Liebhabertheater integriert. 1782 jedoch ließ man ihn reisen. Nicht mit Knebel, sondern begleitet von einem seiner Lehrer, dem Hofrat Albrecht, brach er nach Italien auf, reiste in die Schweiz, nach Frankreich und England.

Wiederholt versuchte er, sich im Ausland ein privates Domizil zu schaffen. Doch da die Mittel nicht ausreichten, Carl August auch nicht bereit war, ihm mehr Geld zuzubilligen, dachte er daran, sich in Eisenach niederzulassen. Schließlich aber kehrte er nach Weimar zurück und war glücklich, als ihm endlich zugestanden wurde, Militärdienste in der sächsischen Armee aufzunehmen. Bis 1793 lebte er als Regimentskommandeur in Querfurt. Dann lockte ihn – sehr zum Kummer des Bruders – noch einmal die preußische Armee. Erfolg hatte er nicht. Gemeinsam mit Carl August und Goethe erlebte er die Belagerung von Mainz. Wenige Wochen später, am 6. September 1793, starb er im Feldlager an der Ruhr.

Besser als ihr jüngerer Sohn wußte sich die Mutter des Herzogs, Anna Amalia, einzurichten. Siebzehnjährig war sie im März 1756 als Ehefrau des eben neunzehnjährigen, kränklichen Ernst August Constantin nach Weimar gekommen. Als zweite Tochter Herzog Karls von Braunschweig hatte sie die für Fürstentöchter übliche Erziehung genossen. Gern hatte sie sich – auch wenn sie keine besondere Neigung zu dem jungen weimarischen Herzog empfand – verheiraten lassen, bot sich doch so für sie die Chance, den Braunschweiger Hof zu verlassen, wo sie sich vernachlässigt und zurückgesetzt fühlte. Eineinhalb Jahre später wurde ihr erster Sohn, Carl August, geboren, knapp ein Jahr danach der zweite. Doch da war sie schon Witwe.

Es hätte nicht die Periode Maria Theresias sein dürfen, die Zeit, in der das Exempel der weiblichen Erbfolge statuiert worden war, wenn der Reichshofrat in Wien nicht dahingehend entschieden hätte, daß auch in Weimar eine Frau, die Witwe des verstorbenen Herzogs und Mutter eines Erbprinzen, mit der Wahrnehmung »Obervormundschaftlicher« Regierungsbefugnis betraut worden wäre. Knapp neunzehnjährig, in Regierungsgeschäften unerfahren, wurde sie zur Regentin der Herzogtümer Sachsen-Weimar und Eisenach, und das in der Zeit des Siebenjährigen Krieges.

Keine leichte Aufgabe, die ihr zufiel. Daß da unter den Großen des Hofes manche Ambitionen geweckt wurden, war beinahe selbstverständlich, und es wäre nicht verwunderlich gewesen, wenn die junge Fürstin im höfischen Intrigenwesen gestrauchelt wäre. Anna Amalia hat diese Gefahr gemeistert. Gewiß, zunächst führte noch der beinahe allmächtige Graf Heinrich von Bünau, Verfasser einer deutschen Reichshistorie, bei dem Johann Joachim Winckelmann einst Bibliothekar gewesen war, der vormalige Hofmeister Ernst August Constantins, die Regierungsgeschäfte. Doch Anna Amalia wußte sich seiner Übermacht – auf nicht ganz faire Weise – zu entledigen. Sie nahm, seit 1760 etwa, gestützt auf einen väterlichen Freund, den biederen Geheimen Rat Johann Poppo Greiner, die Regierung selbst in die Hand. Quertreibereien und Intrigen erlebte sie während ihrer Regentschaft wiederholt; aber sie wußte sich ihrer stets zu erwehren. Nach Greiners Tod fand sie in dem Geheimen Rat Jakob Friedrich Freiherr von Fritsch einen zuverlässigen Partner, der seit 1767 den Vorsitz im Geheimen Consilium führte.

Während der Regentschaft Anna Amalias stabilisierten sich die Verhältnisse in dem kleinen Fürstentum beachtlich. Nicht, daß da spektakuläre Vorkommnisse zu verzeichnen wären. Worum es ging, war, einen gut funktionierenden Behördenapparat aufzubauen, Ruhe und Ordnung zu sichern, die soziale Sicherheit der Bevölkerung in Katastrophenfällen zu gewährleisten sowie schließlich gute nachbarliche Verhältnisse zu anderen Fürstenhöfen wie im Verband des Heiligen Römischen

Schloß Tiefurt.
Tuschzeichnung von Conrad Westermayr, 1793.

Augusts und ab 1776 ebenfalls Pensionär. Aber auch die übrigen Schöngeister Weimars hatten häufig Zugang zu ihren Soireen und nahmen regelmäßig teil. Da begegnete man dem ehemaligen Pagenhofmeister Musäus, dem Maler Georg Melchior Kraus, Johann Gottfried Herder, Goethe und dem Kreis um Carl August, auch Knebel selbstverständlich und den Hofdamen Charlotte von Stein und Luise von Goechhausen. Das Wittumspalais mit seiner berühmten Tafelrunde und seit 1783 auch Tiefurt wurden gesuchte Zentren geistig-literarischen Verkehrs.

Nicht, daß es da nicht auch Plattheiten und Oberflächlichkeiten gegeben hätte, ebenso höfische Intrige wie anderswo auch, doch im allgemeinen überwog der Charakter kultivierter Geselligkeit. »Wir waren zwei Stunden dort« (in Tiefurt), berichtete Schiller am 28. Juli 1787, »es wurde Tee gegeben und von allem möglichen viel schales Zeug geschwatzt ... Nachher gingen wir in ihr

Herzogin-Mutter Anna Amalia,
geborene Prinzessin von Braunschweig.
Pastellgemälde von unbekanntem Künstler
nach Johann Ernst Heinsius (1780), undatiert.

Christoph Martin Wieland.
Ölgemälde von Ferdinand Jagemann, 1805.

Reiches Deutscher Nation zu wahren. All das wurde geleistet, so daß Carl August bei seinem Regierungsantritt günstige Voraussetzungen vorfand.

Wie sie – beinahe noch ein Kind – sich überraschend konfrontiert sah mit der Verpflichtung, das Regierungsamt zu übernehmen, sah sie sich nun, 1776 – eben siebenunddreißigjährig – in den Zustand eines Pensionärs versetzt. Aller Regierungspflichten ledig, mußte sie versuchen, ihrem Leben einen neuen Inhalt zu geben. Dabei kamen ihre musischen Neigungen so recht zur Geltung. Musikalisch veranlagt und selbst als Komponistin sich versuchend, begabt im Zeichnen und literarisch interessiert, verstand sie es, jetzt ihrer Hofhaltung den Charakter eines kulturellen Zentrums zu geben. Ihr bevorzugter Gesprächspartner war Christoph Martin Wieland, seit 1772 der Lehrer Carl

Die Herzoginnen Anna Amalia (ganz rechts) und Luise (zweite von links)
und die Hofdame Luise von Goechhausen (ganz links).
Getuschte Silhouette von unbekanntem Künstler aus Goethes Besitz, undatiert.

Wohnhaus, das überaus einfach und in gutem ländlichen Geschmack möbliert ist. Hier wurden mir einige schöne Landschaften von Kobell gezeigt. Gegen Abend empfahlen wir uns und wurden mit Herrschaftspferden nach Hause gefahren.« Sein Urteil über die Herzoginmutter war zwiespältig. »Sie selbst hat *mich* nicht erobert. Ihre Physiognomie will mir nicht gefallen. Ihr Geist ist äußerst borniert, nichts interessiert sie, als was mit Sinnlichkeit zusammenhängt; diese gibt ihr den Geschmack, den sie für Musik und Malerei und dergleichen hat oder haben will ... Sie spricht wenig, doch hat sie das Gute, keine Steifigkeit des Zeremonielles zu verlangen.« Am meisten verdroß es Schiller natürlich, daß Anna Amalia seine »Schriften« nicht liebte und er ihr praktisch immer »fremd war«.[18]

Goethe urteilte milder: »Das ruhige Bewußtsein ihre Pflicht gethan, das was ihr oblag, geleistet zu haben, begleitete sie zu einem stillen, mit Neigung gewählten Privatleben, wo sie sich, von Kunst und Wissenschaft, so wie von der schönen Natur ihres ländlichen Aufenthalts umgeben, glücklich fühlte. Sie gefiel sich im Umgang geistreicher Personen, und freute sich Verhältnisse dieser Art anzuknüpfen, zu erhalten und nützlich zu machen: ja es ist kein bedeutender Name von Weimar ausgegangen, der nicht in ihrem Kreise früher oder später gewirkt hätte.«[19]

Seit 1804 gab es in Weimar wieder eine dritte fürstliche Hofhaltung. In diesem Jahr hatte man den eben einundzwanzigjährigen Erbprinzen Carl Friedrich mit der achtzehnjährigen russischen Zarentochter Maria Pawlowna, Enkelin Katharinas und Schwester von Zar Alexander, verheiratet. Mit großem Aufwand feierlich begrüßt – unter anderem steuerte Schiller »Die Huldigung der Künste« bei –, wurde dem jungen Paar das am südlichen Stadtrand gelegene Schloß Belvedere als Wohnsitz zugewiesen. Von Carl Friedrich ist wenig zu berichten. Dem Vater war er kaum vergleichbar. Freundlich und bescheiden hat er die ihm obliegenden Repräsentationspflichten als Erbprinz wahrgenommen, wobei ihm immer deutlicher bewußt wurde, daß Weimars große Zeit sich ihrem Ende näherte. Vielleicht war diese Einsicht der Anlaß für sein ausgeprägtes Interesse am Sammeln von persönlichen Erinnerungen und Zeugnissen jener Periode kultureller Blüte. Dabei galt sein Interesse vor allem der Regierungszeit Anna Amalias; aber auch Zeugnisse der Zeit Carl Augusts, mitunter recht kritischen Charakters, gehören zu der Dokumentation, die heute im Staatsarchiv Weimar bzw. im Goethe- und Schiller-Archiv verwahrt wird. Doch weder im Hofleben noch in der politischen Praxis hat er bemerkenswerte Spuren hinterlassen.

Anders Maria Pawlowna. Sie war zunächst eine recht naive und unbefangene Beobachterin der Weimarer Szenerie, wobei sie einen klaren Blick für die Enge und Bescheidenheit dieses Hofes bewies. Unbekümmert berichtete sie darüber nach Petersburg. »Würden Sie, liebe Mama, es für möglich halten, daß Weimar eine unglaubliche Mischung von Hohem und Niedrigem ist? Einerseits diese drei kapitalen Köpfe [d.h. Goethe, Schiller und Wieland], außergewöhnliche Menschen, jeder von ihnen durch seine Eigenart von den anderen unterschieden und kenntnisreich; andererseits der Herzog, der denkbar originellste Mensch, der glücklich ist, wenn ihm ein Bonmot einfällt, das so amüsant ist, daß seine Zuhörer sich darüber totlachen; die Herzogin, gebildet, liebenswert, wenn man sie näher kennt, ehrwürdig, geistreich; die Herzoginmutter, die das bewundernswerte Talent besitzt, daß Jung und Alt sie gern aufsuchen und sich bei ihr wohlfühlen, die einen mit ihrer Weisheit, die anderen mit ihrer lärmenden Heiterkeit. Auf der anderen Seite ... Männer und Frauen die recht unbedeutend oder geradezu unangenehm sind ... und schließlich, um das Ganze zu krönen, – eine mittlere Sorte von Menschen, die sich nur in der Richtung bewegen, in die sie gestoßen werden, und die sich die Zeit vertreiben, daß sie gaffen oder die geistreichen Menschen beschauen und bestaunen, sowie auf die Dummköpfe achtgeben: und dies ist eben Weimar!«[20]

Dennoch lebte sie sich schnell in der neuen Umgebung ein. In den Krisenjahren nach 1806 und auch später noch zog es sie zwar immer wieder nach Petersburg, doch bildete sie in Weimar schließlich einen Mittelpunkt höfischen Lebens. Politisch vertrat sie eigene, in der Regel mit den Zielstellungen ihres Bruders, Zar Alexander I., übereinstimmende Auffassungen und verärgerte damit nicht selten den Schwiegervater. Zugleich spürte sie die Wandlungen in der Stellung des Hofes sehr genau. Sie betätigte sich als Mäzen – übernahm beispielsweise die Kosten für die Ausbildung von Schillers Kindern –, trat an die Spitze eines sich bildenden Frauenvereins. Dabei gab sie nie ihre aristokratische Grundeinstellung preis; ein Bürgerkönigtum lag ihr absolut nicht.

Goethe beschränkte seinen Umgang auf die nötigen Formalien. Er erwies der jungen Fürstin Ehrerbietung, beriet sie in Fragen von Kunst und Wissenschaft, empfing sie auch häufig in seinem Haus, half bei der Erziehung und Ausbildung ihrer Töchter und unterstützte sie vor allem bei ihrem Bestreben, sich in deutsche Kultur und Kunst einzuleben. Eine gewisse Distanz wurde dabei nie überwunden.

Das waren die wichtigsten Repräsentanten des Hofes, zu dem Goethe 1775 Zutritt erhielt und dem er sich seitdem anzupassen versuchte und der ihm – wenn man seine Eckermann gegenüber geäußerte Bemerkung ernst nimmt, daß das, was man Heimat nennt, die Menschen sind, mit denen man Umgang hat[21] – zur Heimat werden sollte. Daß er im Grunde nicht hierher gehörte, hat aber wohl auch er nie ganz vergessen. Im Grunde seines Wesens war er Bürger, und nicht ohne Beklommenheit bemerkte er am 7. September 1779, als er zum Geheimen Rat avancierte, daß es ihm »wunderbar« vorkomme, »so wie im Traum, mit dem 30ten Jahre die höchste Ehrenstufe, die ein bürger in Teutschland erreichen« könne, zu betreten.[22] Als ihm drei Jahre später das Adelsdiplom zufiel, hat er diesem Vorgang kaum Beachtung geschenkt. Selten nur verwandte er die neue Form seines Namens als Briefunterschrift, und es fiel ihm nie ein, Werke unter dem Titel Johann Wolfgang von Goethe herauszugeben.

Thomas Mann hatte so unrecht nicht, als er Goethe als das Urbild deutscher Bürgerlichkeit charakterisierte, so wie auch Walter Benjamins These, Goethe sei gewissermaßen Deputierter des Bürgertums an einem Fürstenhof gewesen, wenn

Goethe.
Ölgemälde von Ferdinand Jagemann, 1818.

man nur keine unangemessenen Vorstellungen mit dem Begriff »Deputierter« verbindet, zutreffen dürfte. Bürger bei Hofe, so etwa läßt sich seine Situation in Weimar kennzeichnen. Was er unter Bürgerlichkeit verstand, hat er in einem Brief aus der Schweiz vom 9. Oktober 1779 zum Ausdruck gebracht, in dem er Bern als die schönste Stadt bezeichnete, Häuser »in Bürgerlicher Gleichheit eins wie das andere gebaut, all aus einem graulichen weichen Sandstein, die egalitaet und Reinlichkeit drinne thut einem sehr wohl, besonders da man fühlt, dass nichts leere Decoration oder Durchschnitt des Despotismus ist . . .«.[23] An dieser Gesinnung hat er immer festgehalten, wie staatspolitische Auffassungen auch in späterer Zeit noch belegen.

Wieso aber hielt er es an einem Fürstenhof aus, der ein Abweichen von seiner aristokratischen Grundstruktur niemals zuließ? Auf diese Frage eine erschöpfende Antwort zu erhalten ist schwer, wenn nicht überhaupt unmöglich. Zwei Überlegungen helfen da vielleicht weiter. Da war einmal sein nicht zu überwindender Zweifel daran, daß es in der menschlichen Gesellschaft je möglich sei, die Prinzipien von Freiheit und Gleichheit uneingeschränkt zu verwirklichen. In der unmittelbar nach der Rückkehr aus Italien entstandenen und noch vor Ausbruch der Französischen Revolution publizierten Schilderung »Das Römische Carneval«, die er mit der »Aschermittwoch«-Betrachtung schloß, »daß . . . da das Leben im Ganzen, wie das Römische Carneval, unübersehlich, ungenießbar, ja bedenklich« bleibe, findet sich der Satz, »daß Freiheit und Gleichheit nur in dem Taumel des Wahnsinns genossen werden können«. Deutlicher ließ sich diese Grundauffassung, die auch seine Haltung der Revolution gegenüber bestimmen mag, nicht artikulieren.

Und damit korrespondierte eine andere Auffassung, die ein Brief seines Dieners Philipp Seidel aus der Anfangszeit des Weimarer Aufenthalts überliefert hat. »Wir schlafen nun zu dreien in einer Kammer [Goethe, Johann August Alexander Kalb und Seidel]. Da kamen wir ins Gespräch aus einem ins andere bis zu allen Teufeln. Stell Dir die erschreckliche Wendung vor: von Liebesgeschichten auf die Insel Korsika, und auf ihr blieben wir in dem größten und hitzigsten Handgemenge bis morgens gegen viere. Die Frage, über die mit soviel Heftigkeit als Gelehrsamkeit gestritten wurde, war diese: ob ein Volk nicht glücklicher sei, wenn's frei ist, als wenn's unter dem Befehl eines souveränen Herrn steht. Denn ich sagte: ›Die Korsen sind wirklich unglücklich‹. Er sagte: ›Nein, es ist ein Glück für sie und ihre Nachkommen. Sie werden nun verfeinert, entwildert, lernen Künste und Wissenschaften, statt sie zuvor roh und wild waren‹«.[24]

Freiheit und Barbarei oder Despotismus und Kultur, so lautete offensichtlich die Alternative, um die hier gestritten wurde. Gewiß, der Bericht Seidels darf nicht überbewertet werden. Vergegenwärtigt man sich jedoch Goethes Wirksamkeit nach der Rückkehr aus Italien, so drängt sich doch die Vermutung auf, daß der Brief eine seiner Grundüberzeugungen andeutet. Förderung von Kultur und Wissenschaft kennzeichnen diese Wirksamkeit, die er im Namen des Hofes als selbstgewählten Auftrag betrieb, auf diese Weise seine Bürgerlichkeit bewahrend und zugleich den Prozeß der gesellschaftlichen Umfunktionierung des Hofes befördernd. Niemand wird übersehen können, daß sie aufs Ganze gesehen den Geschichtsprozeß des 18. und 19. Jahrhunderts vorangetrieben hat, auch wenn eingeräumt werden muß, daß die auf der Tagesordnung stehenden Probleme der gesellschaftlichen Neuordnung auf diesem Weg nicht zu lösen waren. Doch daß er allein dies vermöchte, daran hat Goethe niemals geglaubt.

Über sein Leben bei Hofe wie über die Institution des Hofes hat Goethe sich so gut wie gar nicht ausgesprochen. Und die wenigen Äußerungen sind durch einen kritischen Ton gekennzeichnet. »Das Hofleben gleicht einer Musik, wo jeder seine Takte und Pausen halten muß«, bemerkte er einmal, fügte aber gleich hinzu: »Die Hofleute müßten vor Langerweile umkommen, wenn sie ihre Zeit nicht durch Zeremonie auszufüllen wüßten.« Daß »ein fürstlicher Hof einer der Kreise ist, in denen sich jeder geistige Fortschritt am langsamsten auswirkt«, äußerte er ein andermal.[25] Dennoch hat er die Institution des Hofes nie in Frage gestellt. Ja, es ist bekannt, daß er in der inneren Aushöhlung der höfischen Form, ihrem allmählichen Verfall, eine

Ursache für die Französische Revolution sah. Vom »Sansculottismus der Großen« sprach er in solchem Zusammenhang. »Die Königin von Frankreich entzieht sich der Etikette. Diese Sinnesart geht immer weiter bis der König von Frankreich sich selbst für einen Misbrauch hält«, ist in den Vorarbeiten zu »Dichtung und Wahrheit« zu lesen.[26] Der gleiche Gedanke bestimmt die Fabel des »Großkophta«.

Was ihn, den Bürger, zu solchem Urteil bewog, ist schwer zu sagen. Nur Vermutungen lassen sich andeuten. Als 1785 der Vorschlag eingebracht wurde, die Schriftformen der Geheimen Kanzlei zu vereinfachen, auf scheinbar inhaltslos gewordene Formeln zu verzichten und entsprechende Schriftsätze in nüchterner Sachlichkeit abzufassen, vertrat Goethe die Auffassung, daß »eine solche Veränderung eher schädlich als nützlich« sei, »indem sich an solche willkürlich scheinende Formen so mancherley Verhältnisse anknüpfen, die nunmehr zerrissen werden und die sich doch eine andre Gestalt suchen müssen«. Ein »groser Herr«, fuhr er fort, »ist dem Anstande etwas schuldig. Er entscheidet so offt über Schicksale der Menschen, er nehme ihnen nicht durch eilige Expeditionen den Glauben an Gesetztheit der Rathschläge.«[27] Wenn auch als Antwort auf eine spezielle Frage formuliert, drückt dieses Votum doch eine Grundhaltung aus, die Goethes Auffassung auch vom Hof, ungeachtet aller Schattenseiten, als einer Repräsentation von Macht, Recht und Ordnung kennzeichnet.

Seite 68: Goethes Adelsdiplom. 1782.

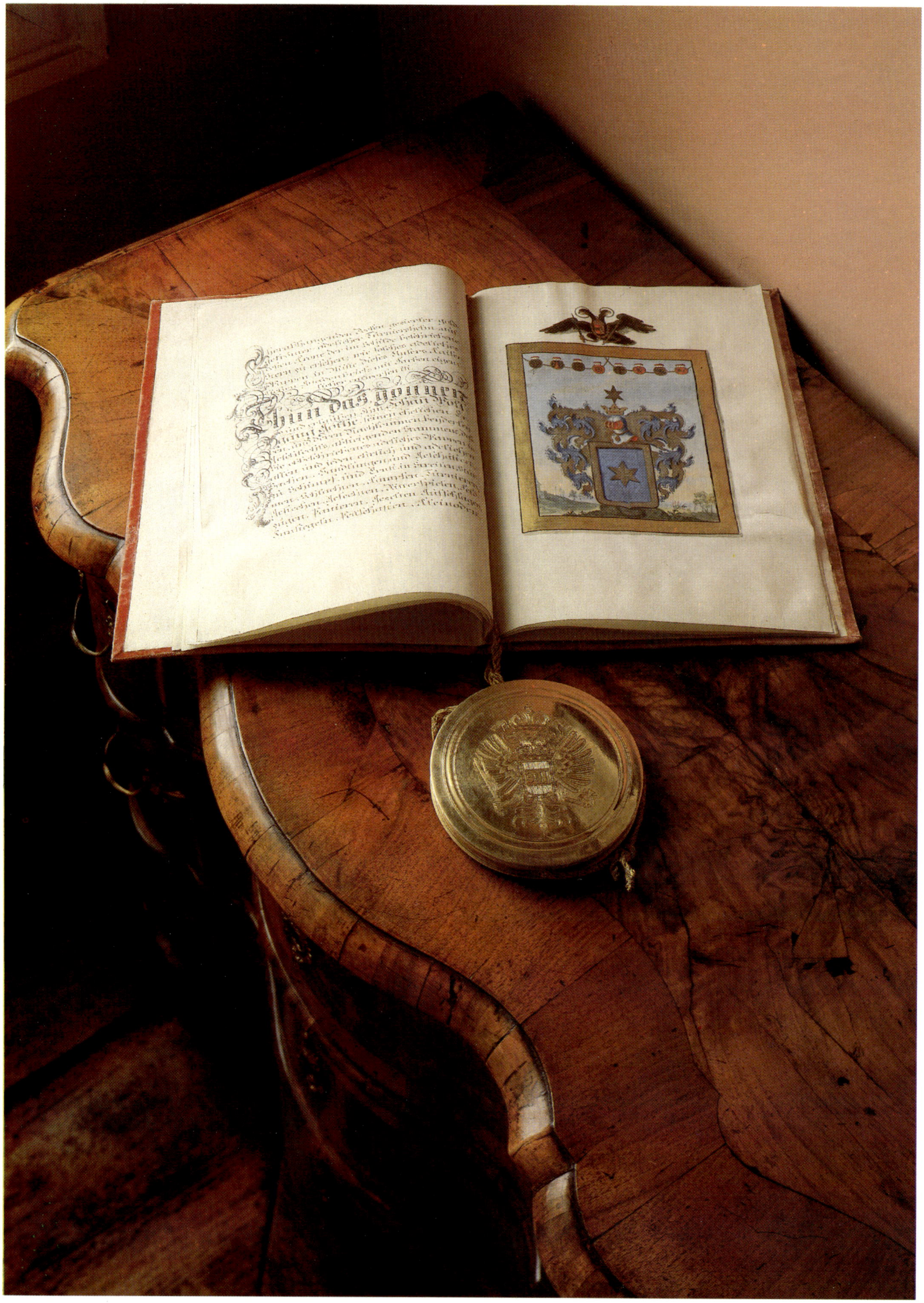

POLITISCHES AMT
UND LANDESVERWALTUNG

Am 16. Juni 1776 nahm Goethe zum ersten Mal an einer Beratung des Geheimen Consiliums teil. Mitglied dieses Gremiums war er von nun an bis zu dessen Umbildung im Dezember 1815 in ein Geheimes Staatsministerium, dem er fortan – nominell wenigstens – als Staatsminister angehörte. An der Arbeit des Consiliums hat er, von späteren Ausnahmen abgesehen, jedoch nur in der Zeit von 1776 bis 1785 teilgenommen. 517 Sitzungen absolvierte er in diesen Jahren, monatlich in der Regel sechs bis sieben. 1785 war er nur noch gelegentlich anwesend, seit Oktober dieses Jahres überhaupt nicht mehr. Zehn Jahre war er aktives Mitglied des Ratskollegiums, das unter unmittelbarer Leitung des Herzogs oder auch – bei dessen Abwesenheit – in dessen Stellvertretung die Regierung der Herzogtümer Sachsen-Weimar und Eisenach ausübte.

Das Geheime Consilium war keine Behörde mit festumrissenen Fachbereichen. Aufgabe der Geheimen Räte war es, in gemeinsamer Beratung die Entscheidungen und Machtsprüche des Fürsten vorzubereiten, die dieser als alleiniger Inhaber der obersten Regierungsgewalt zu treffen hatte. Da kam alles zur Sprache, die Finanzen ebenso wie staatsrechtliche Entscheidungen, Rechtsfragen, Gnadensachen und Militärangelegenheiten, Auswärtiges und Angelegenheiten des Fürstenhauses, Kirchen- und Schulbelange, Fragen der Universität Jena sowie schließlich auch »Dienersachen«, das heißt Personalfragen, kurzum alles, was das weite Feld staatlicher Verwaltung und Regierung ausmacht. Wenn irgendwo überhaupt, dann bot sich hier die Gelegenheit zu erfahren, was Regieren, was Ausübung von Macht heißt.

Wie in anderen Territorien hatten sich in Sachsen-Weimar und in dem bis 1741 selbständigen Herzogtum Sachsen-Eisenach seit dem 17. Jahrhundert Kollegialbehörden für die wichtigsten Zweige der Staatsverwaltung ausgebildet. Da gab es die Regierung, die – selbst Berufungsinstanz – für die Justizverwaltung sowie für allgemeine Verwaltungsfragen zuständig war. Für die Finanzen, die Verwaltung des staatlichen Grundbesitzes, der Forste und der Steuereinnahmen war die Kammer zuständig. Kirchen- und Schulfragen lagen in der Obhut des Consistoriums. Eine Regierung, eine Kammer und ein Consistorium gab es jeweils in Weimar (für die Landesteile Weimar mit Jena und Apolda und die in Ostthüringen gelegenen Besitzungen sowie für das im Thüringer Wald gelegene Amt Ilmenau) und in Eisenach (für die das ehemals selbständige Herzogtum Sachsen-Eisenach ausmachenden Landesteile). Daneben wirkten seit 1763 eine »Kriegskommission« und seit 1770 eine Generalpolizeidirektion, die für das ganze Fürstentum zuständig waren. Die Lokalverwaltung wurde von »Amtmännern« wahrgenommen.

Jede dieser Behörden arbeitete selbständig, nur im Bedarfsfall miteinander kooperierend. Eine übergeordnete, solche Kooperation organisierende, dem modernen Kabinett oder Ministerrat vergleichbare Instanz gab es nicht. Diese Aufgabe fiel allein dem Fürsten zu, der sie entweder mit wenigen vertrauten Ratgebern im »Kabinett« wahrnahm oder aber – wie dies in Weimar der Fall war – ein eigenes Ratskollegium, den Geheimen Rat beziehungsweise das Geheime Consilium, konstituierte, von dem er sich beraten oder auch vertreten ließ. Die Mitglieder des Geheimen Consiliums waren ausschließlich in diesem Gremium tätig, nur ausnahmsweise nahmen sie nebenher andere Verwaltungsfunktionen wahr, jedoch bisher niemals innerhalb der klassischen Behördentrias Regierung, Kammer und Consistorium.

Das Geheime Consilium in Weimar war 1756 durch den Grafen Heinrich von Bünau gegründet worden. Ihm gehörten 1776, als Goethe seine Tätigkeit aufnahm, ein Geheimer Rat mit dem Ehrentitel Exzellenz und zwei Geheime Legationsräte sowie ein Geheimer Referendarius an. Und selbstverständlich war dem Consilium eine Geheime Kanzlei mit sieben Sekretären, Registratoren und Kanzlisten beigeordnet. Das Conseil tagte regelmäßig im Roten Schloß. Amtszimmer für die Geheimen Räte gab es hier nicht. Der Arbeitsstil des Gremiums machte das überflüssig, da die erforderlichen Aktenvorgänge mit den Konzepten der zu verabschiedenden Schriftsätze ins Haus gebracht wurden. Lediglich zur Beratung traf man zusammen; das schloß persönliche Konsultationen bei zufälligen Begegnungen, bei Hofe etwa, nicht aus.

War der Herzog nicht anwesend, was selten vorkam, so führte der Geheime Rat Jakob Friedrich von Fritsch den Vorsitz. Er war praktisch der Premierminister des Landes. Geboren am 22. März 1731 in Dresden als Enkelsohn eines Leipziger Buchhändlers und Sohn des kursächsischen Hof- und Justitienrates, späteren Konferenzministers, Thomas Freiherr von Fritsch, war er in einer durch künstlerische und literarische Neigungen geprägten Familienatmosphäre aufgewachsen. Seit Herbst 1749 absolvierte er in Göttingen ein Jurastudium, war zeitweise Hörer bei Johann Stephan Pütter, dem bekanntesten Fachgelehrten für deutsches Reichs- und Staatsrecht, und trat 1751 in die Kanzlei des Grafen Bünau ein. Damit war sein Weg nach Weimar vorgezeichnet. 1752 übernahm Bünau die Statthalterschaft für das ehemalige Fürstentum Sachsen-Eisenach und zugleich die Aufsicht über die Erziehung des noch unmündigen Ernst August Constantin. Mit dessen Regierungsantritt zu Beginn des Jahres 1756 siedelte auch Bünau, und mit ihm Fritsch, nach Weimar über. Der Graf übernahm den Vorsitz im eben neu konstituierten Geheimen Consilium, während Fritsch zum Hofrat und Geheimen Referendarius avancierte. Von nun an war er gut fünf Jahrzehnte im Dienste des weimarischen Herzoghauses tätig. Sein hauptsächliches Wirkungsfeld blieb das Geheime Consilium. 1762 zum Geheimen Legationsrat, 1766 zum Geheimen Rat und 1772 zum Geheimen Rat mit dem Ehrennamen Exzellenz ernannt, nahm er seit 1767 den ersten Rang im Consilium ein.

Goethe. Ölgemälde von Joseph Friedrich August Darbes, 1785.
Unten: Ernennungsdekrete
Herzogs Carl August von Sachsen-Weimar-Eisenach für Goethe. [2]

Fritsch war keine herausragende Persönlichkeit. Sein Amt verstand er immer als Dienst für den Fürsten und hielt ein gutes Einvernehmen und vertrauensvolles Miteinander von Fürst und Staatsdiener für eine unabdingbare Voraussetzung für ein gedeihliches Wirken. Solange Anna Amalia die Obervormundschaftliche Regierung ausübte, war das gewährleistet. Seit dem Regierungsantritt Carl Augusts änderte sich die Situation jedoch grundlegend.

Besondere Sympathien für Fritsch empfand der Herzog zu keiner Zeit. Unter dem Einfluß seines Hofmeisters, des Grafen Görtz, und seines Anhangs, aber auch von seiten anderer Hofparteien, insbesondere durch den Kammerpräsidenten Johann Karl Alexander von Kalb, war schon der Junge gegen den Premierminister seiner Mutter eingestellt. Fritsch wußte das und war entschlossen, sich zurückzuziehen oder ein anderes Amt in Weimar zu übernehmen. Als dann Goethe nach Weimar kam und es sich deutlich abzeichnete, daß der Herzog, wie Wieland es ausdrückte, »nicht mehr ohne ihn schwimmen, noch waten«[1] könne, schritt Fritsch zur Tat. Schon am 9. Dezember 1775 unterbreitete er dem Herzog die Bitte, ihn den Platz des Vorsitzenden im Geheimen Consilium mit dem eines Präsidenten in der Regierung vertauschen zu lassen. Carl August wäre sicher geneigt gewesen, diesem Wunsch zu entsprechen. Doch da erhob seine Mutter Einspruch, und mit ihr plädierte der kurmainzische Statthalter von Erfurt, Karl Theodor Anton Maria von Dalberg, ein Freund des weimarischen Hofes und Ratgeber des jungen Herzogs, für das Verbleiben Fritschs in seinem Amt. Der junge Herzog fügte sich, brachte aber zugleich den Plan einer Umbildung des Conseils in ein Beratungsgremium der Chefs von Regierung, Kammer und Consistorium ein und präsentierte Goethe und einen von Dalberg empfohlenen Rat als neue Mitglieder des Conseils.

Es war vorauszusehen, daß Fritsch das Angebot nicht akzeptieren würde, doch es verging noch einige Zeit, bis er seinen Vorschlag erneut unterbreitete und damit den berühmt gewordenen Briefwechsel mit Carl August und Anna Amalia einleitete, der schließlich damit abschloß, daß Fritsch im Amt blieb, Goethe Mitglied des Consiliums

Jakob Friedrich von Fritsch.
Geschnittener Schattenriß von unbekanntem Künstler, undatiert.

wurde, der Rat aber im übrigen sich nicht veränderte. Entschieden lehnte Fritsch ab, in einem Collegio ferner mitzuwirken, dessen Mitglied »gedachter D. Goethe« sein solle. Die Berufung Goethes sei eine Kränkung für »alle Ihro treuen und verdienten Diener, so auf dergleichen ansehnliche Stelle Anspruch machen könnten«. Carl August replizierte mit einem bewundernswürdigen Plädoyer für Goethe. »Wäre der D. Göthe ein Mann eines zweydeütigen Charakters, würde ein jeder Ihren Entschluß billigen, Göthe aber ist rechtschaffen, von einem außerordentl. guten und fühlbaren Hertzen ... Sein Kopf, und Genie ist bekant. Sie werden selbst einsehen, daß ein Mann wie dieser nicht würde die langweilige und Mechanische Arbeit, in einem Landes Collegio von untenauf zu dienen außhalten. Einem Mann von Genie, nicht

Christian Friedrich Schnauß.
Ölgemälde von Johann Ernst Heinsius, 1775.

an den Ort gebrauchen, wo er seine außerordentl. Talente nicht (sic) gebrauchen kan, heißt denselben mißbrauchen ...«[2] Fritsch reagierte – wie hätte er anders gekonnt – auch auf diesen Brief ablehnend und wiederholte seine Bitte. Nun übernahm Anna Amalia die Verhandlungsführung, und ihr gelang es, den Minister umzustimmen.

Man hat diesen Schriftwechsel in der Vergangenheit stets als einen Akt entschiedener Goethe-Feindschaft gedeutet. Fritschs Insistieren auf seiner Ablehnung der Berufung Goethes rechtfertige solche Deutung wohl auch. Genaugenommen war Fritschs Argumentation gegen Goethe jedoch mehr ein Vorwand, der ihm erlaubte, seine eigentlichen Bedenken, gewissermaßen indirekt, auszudrükken, die Sorge, daß der Herzog zu ihm nie ein Vertrauensverhältnis finden werde.

Obgleich diese Befürchtung des Ministers immer berechtigt blieb – sein Verhältnis zu Carl August war stets distanziert –, hat er sich nach der Lösung des Konflikts vom Frühjahr 1776 ehrlich bemüht, sein Amt korrekt wahrzunehmen. Er suchte den Kontakt zu Goethe, und wenn es auch in Zukunft hin und wieder komplizierte Situationen gab, blieb er bis zu seinem Rücktritt im Frühjahr 1800 ein redlicher Partner.

Fritsch sei »stets redlich gegen ihn gewesen« – bemerkte Goethe am 31. März 1824, wie der Kanzler von Müller berichtet. Er habe »Goethes reinen Willen, uneigennütziges Streben und tüchtige Leistungen anerkannt. Seine Gegenwart, seine Äußerlichkeit sei nie erfreulich gewesen, vielmehr starr, ja hart, bouffu; er habe nichts Behagliches oder Feines in seinen Formen gehabt, aber viel Energie des Willens, viel Verstand.« Ähnlich urteilten andere Zeitgenossen auch. Als starr bis zur Unnahbarkeit, zum Mürrischen neigend, empfand man ihn allgemein, und selbst die Enkelkinder spürten Unbehagen, wenn sie »mit den Eltern der Einladung zum Mittagstisch des Großvaters, an welchem« ihnen »strengstens verboten war, ein Wort zu sprechen«, folgten. »Nach aufgehobener Tafel flüchteten wir uns auf den Gang im Hofe des Hauses, obgleich uns da ein aufgestelltes Skelett neue Schauer verursachte, welche durch die im Hofe spielenden Ratten erhöht wurden.« Er habe das Unglück gehabt, »ein deutscher Patriot zu sein«, und sei »von glühendem Haß der Franzosen und alles französischen Wesens erfüllt« gewesen.[3]

Dabei war er ein gebildeter Mann. Aufgewachsen mit Dichtungen Christian Fürchtegott Gellerts, Friedrich von Hagedorns und Gottlieb Wilhelm Rabeners, die im elterlichen Hause freundschaftlich verkehrten, liebte er Michel Eyquem de Montaigne, war zutiefst religiös und engagierter Freimaurer. Eine Beziehung zu der neuen, sich seit den siebziger Jahren entfaltenden, durch Namen wie Goethe, Herder, Wieland repräsentierten Geistesbewegung hat er nie gefunden und blieb so zwangsläufig in Weimar immer ein Außenseiter.

Neben Fritsch wirkte der 1722 geborene, einer mittleren Beamtenfamilie aus Eisenach entstammende Christian Friedrich Schnauß als Geheimer Assistenzrat, seit 1779 als Geheimer Rat mit Sitz und Stimme im Geheimen Consilium. Nach juristischen Studien in Jena war er in die Geheime Kanzlei des Herzogs Ernst August eingetreten und wurde nach dessen Tod zum Sekretär im Geheimen Kanzlei-Departement in Eisenach, einer Vorläuferbehörde der späteren Geheimen Kanzlei, berufen. In Eisenach blieb er bis 1772; dann folgte er, widerwillig nur, dem Ruf nach Weimar als Geheimer Assistenzrat mit Sitz und Stimme im Geheimen Consilium.

Schnauß repräsentierte den Typus des treuen, pflichtbewußten Beamten, der sich in jahrzehntelanger Praxis hochgedient hatte. Zuverlässig im Umgang mit den Akten, nüchtern, wenn auch durchaus patriarchalisch-wohlwollend im Urteil, und allezeit bemüht, nicht Anstoß zu erregen. Geistig war er an der frühen Aufklärung und dem Rationalismus orientiert, dabei nicht uninteressiert – Universitätsangelegenheiten und die Aufsicht über die Bibliotheken zählten zu seinen bevorzugten Aufgabengebieten –, jedoch nicht bereit oder auch nicht fähig, der geistig-literarischen Entwicklung seiner Zeit zu folgen. Politisch war er ein entschiedener Vertreter des aufklärerischen Despotismus mit Tendenzen zum dirigistischen Wohlfahrtsstaat, und das heißt, auch ein entschiedener Gegner der Französischen Revolution.

In der Auseinandersetzung des Herzogs mit Fritsch hielt er sich zurück, bemühte sich dann aber, den Minister zum Bleiben zu überreden. Goethe unterhielt ein freundliches Verhältnis zu dem Amtskollegen, verkehrte in dessen Familie, doch geistige Gemeinsamkeiten gab es kaum.

Zu diesen zwei Räten gesellte sich Goethe als dritter Rat mit Sitz und Stimme. Eine merkwürdige Konstellation, die man sich mit dem jungen, aktiven Herzog und seinem nicht weniger engagierten Dichter-Freund Goethe auf der einen und den in jahrzehntelanger Amtsführung gealterten Geheimräten Fritsch und Schnauß auf der anderen Seite vorstellen muß.

Die Situation wurde kaum ausgewogener durch den vierten Mann im Conseil, den Geheimen Referendarius Johann Christoph Schmidt, der die Verbindung zwischen Consilium und Geheimer Kanzlei regelte und für die Organisation des Geschäftsablaufs zu sorgen hatte. 1727 als Kind einer Langensalzaer Kaufmannsfamilie geboren, war er nach juristischen Studien in Jena zunächst in Eisenach und 1756 als Geheimer Sekretär bei der Geheimen Kanzlei in Weimar angestellt worden. 1766 avancierte er zum Geheimen Referendarius; 1784 wurde er zum Geheimen Legationsrat ernannt und erhielt nun Sitz und Stimme im Consilium. 1788 erfolgte die Ernennung zum Geheimen Rat, damit erreichte er die höchstmögliche Stufe seiner Beamtenlaufbahn.

Schmidt war literarisch kein unbeschriebenes Blatt. Als Bruder von Friedrich Gottlieb Klopstocks Fanny hatte ihn der Dichter einst mit Versen, die mit »Schmidt der mir gleich ist« einsetzen, besungen. Beide hatten Schulpforte absolviert und blieben auch während der Studienzeit in Jena befreundet; erst Mitte der fünfziger Jahre stellte sich eine Entfremdung ein. Die eigene poetische Begabung hielt sich in Grenzen und erschöpfte sich in Parodien und Komik. Um so ausgeprägter war seine Begabung für Fragen der Finanzwirtschaft und Haushaltsführung. Selbst der vielleicht reichste Bürger Weimars – in einer frivolen Laune erwog 1787 Schiller einmal, die einzige Tochter des Rates zu heiraten, um sich aus seiner fortdauernden

Johann Christoph Schmidt.
Pastellminiatur von unbekanntem Künstler, undatiert.

finanziellen Misere zu befreien –, eignete ihm ein realer Blick für die zur Debatte stehenden Sachfragen, wobei – seit 1788 Goethes Nachfolger im Amt des Kammerpräsidenten – vor allem der Finanzwirtschaft des Fürstentums seine Aufmerksamkeit galt. Sein »patriotischer Eifer« war sprichwörtlich; dazu kam Umgänglichkeit, die es Goethe leicht werden ließ, gute persönliche Beziehungen zu Schmidt zu unterhalten. Wie Schnauß gehörte er dem Consilium bis gegen Ende des Jahrhunderts an; 1797 starb Schnauß und 1807 Schmidt, beide typische Repräsentanten des Beamtentums zur Zeit des aufgeklärten Absolutismus.

Beratungsgegenstand des Geheimen Consiliums waren überwiegend Vorgänge und Angelegenheiten, die alle Teile des Fürstentums betrafen. Weimar, die Stadt Weimar, stand da relativ selten zur Debatte. Da ging es einmal um die Errichtung eines Brunnens in der Jakobsvorstadt, um den Bau von Fleischbänken an dem am Markt gelegenen Stadthaus, um den Bau eines Komödien-

Goethe. Vor Gericht. Frühe literarische Beschäftigung mit dem Problem der ledigen Mutter. [3]

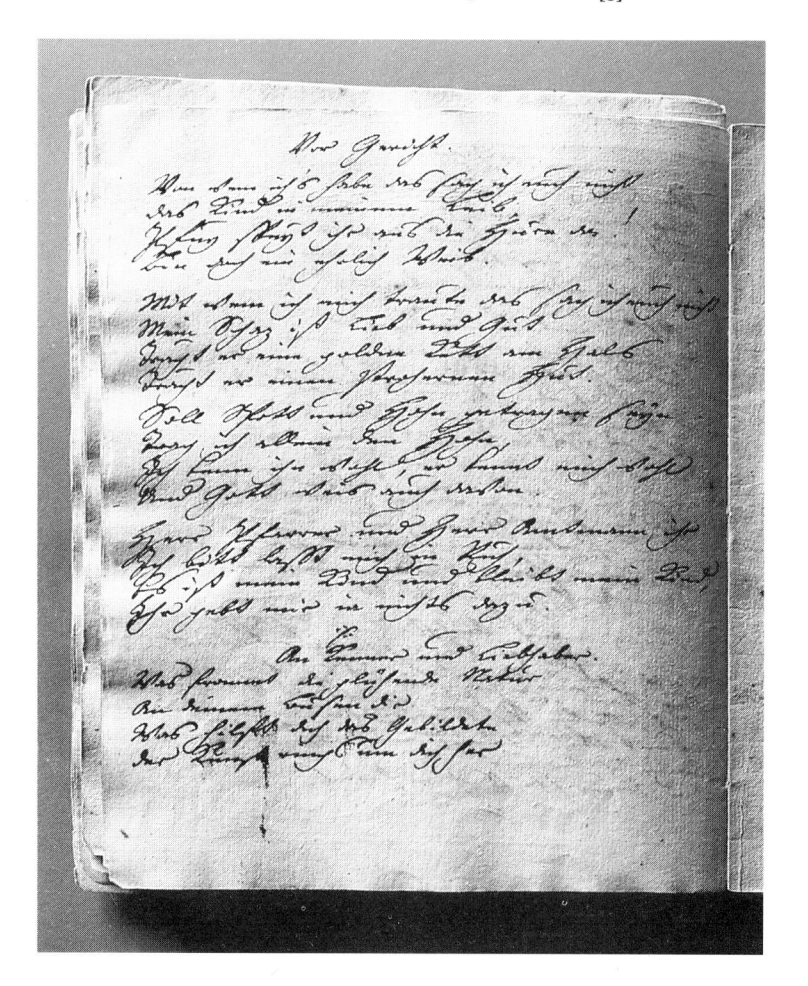

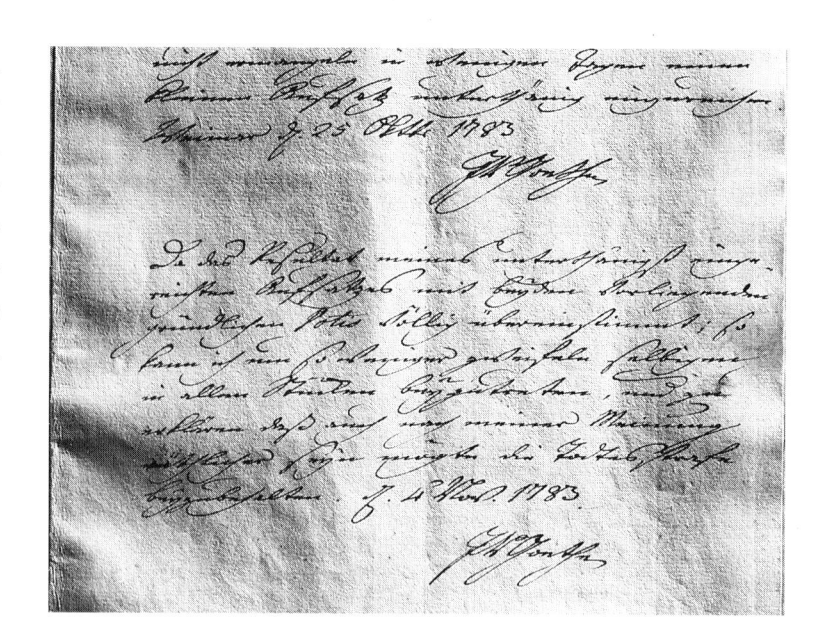

Geheimes Consilium, 1783. Akte, den von Johanna Höhne in Tannroda begangenen Kindesmord und die sich daraus ergebende Frage nach der künftigen Bestrafung dieses Delikts betreffend. Eigenhändige Voten Goethes. [4]

hauses an der Stelle des jetzigen Nationaltheaters oder auch um die Einrichtung und Vermietung von Pferdeställen an dem in der Nähe der Stadtkirche gelegenen Geleithaus, alles Vorgänge, die kaum geeignet waren, Leidenschaft und Engagement zu wecken. Goethes Anteilnahme beschränkte sich auf die Beobachtung einer korrekten Bauaufsicht und auf die finanzielle Seite der verschiedenen Maßnahmen.

Spektakuläre Beratungsgegenstände, wie die Entscheidung in einem Kindsmordprozeß, gehörten zu den Seltenheiten. Goethes Plädoyer für das Todesurteil ist seitdem immer wieder mit Befremden registriert worden. Der Herzog hatte 1783 einen Kindsmord zum Anlaß genommen, die Frage erörtern zu lassen, ob es nicht möglich sei, die Todesstrafe durch eine andere Form der Bestrafung mit nicht weniger abschreckender Wirkung zu ersetzen. Fritsch und Schnauß gelangten nach ausführlichen Erörterungen zu dem Schluß, daß es ratsam sei, es bei der Todesstrafe zu belassen. Goethe hätte es gern gesehen, wenn ihm ein Votum erspart geblieben wäre. Als er sich der Pflicht schließlich doch nicht entziehen konnte, beschränkte er sich auf die kurze Bemerkung, daß »das Resultat« seines »unterthänigst eingereichten [merkwürdigerweise nicht überlieferten] Aufsatzes mit beyden vorliegenden gründlichen Votis völlig« übereinstimme. So könne er »um so weniger zweifeln selbigen in allen Stücken beyzutreten, und zu erklären daß auch nach« seiner »Meinung räthlicher seyn mögte die Todtesstrafe beyzubehalten«.

Der Vorgang bleibt, ungeachtet der entscheidenden Worte, daß auch er rate, die Todesstrafe beizubehalten, dunkel. Fritsch und Schnauß hatten ihre Stellungnahme am 25. beziehungsweise 26. Oktober 1783 vorgelegt, während Goethe am 25. Oktober erklärte, daß er sich nicht »getraue«, seine »Gedancken hierüber in Form eines Voti zu fassen«. Er kündigte aber »in wenigen Tagen einen kleinen Aufsatz« an. Doch es vergingen noch drei Sitzungstage des Conseils, ehe er sein beistimmendes Votum am 4. November zu den Akten gab.[4] Ein Tagebuch führte er um diese Zeit nicht, und Briefe geben ebenfalls kaum Auskunft über seine Seelenlage, es sei denn, man bezieht die Bemerkung zu Charlotte von Stein vom 30. Oktober 1783 »Heut Abend ist mir's traurig« auf die Forderung, sich zu einer Frage äußern zu müssen, die ihn zutiefst bewegte. Den Hof mied er, wenn es auch zu Gesprächen mit dem Herzog kam. Lediglich Gedichte, die in diesen Tagen entstanden, deuten auf eine verzweifelte Gemütslage, Gedichte wie »Wer sich der Einsamkeit ergibt«, »Wer nie sein Brot mit Tränen aß« und »Kennst Du das Land«, Gedichte, die in den Wilhelm-Meister-Roman eingefügt wurden; auch »Edel sei der Mensch/ Hilfreich und gut« beschäftigte ihn um diese Zeit.

Leicht hat er sich die Entscheidung bestimmt nicht werden lassen, auch ein moralischer Druck der Kollegen ist nicht auszuschließen, und ganz gewiß focht er in diesen Tagen den inneren Kon-

Goethe. Das Göttliche.
Das Gedicht entstand vermutlich im Zusammenhang mit der Kindsmordaffäre 1783. [5]

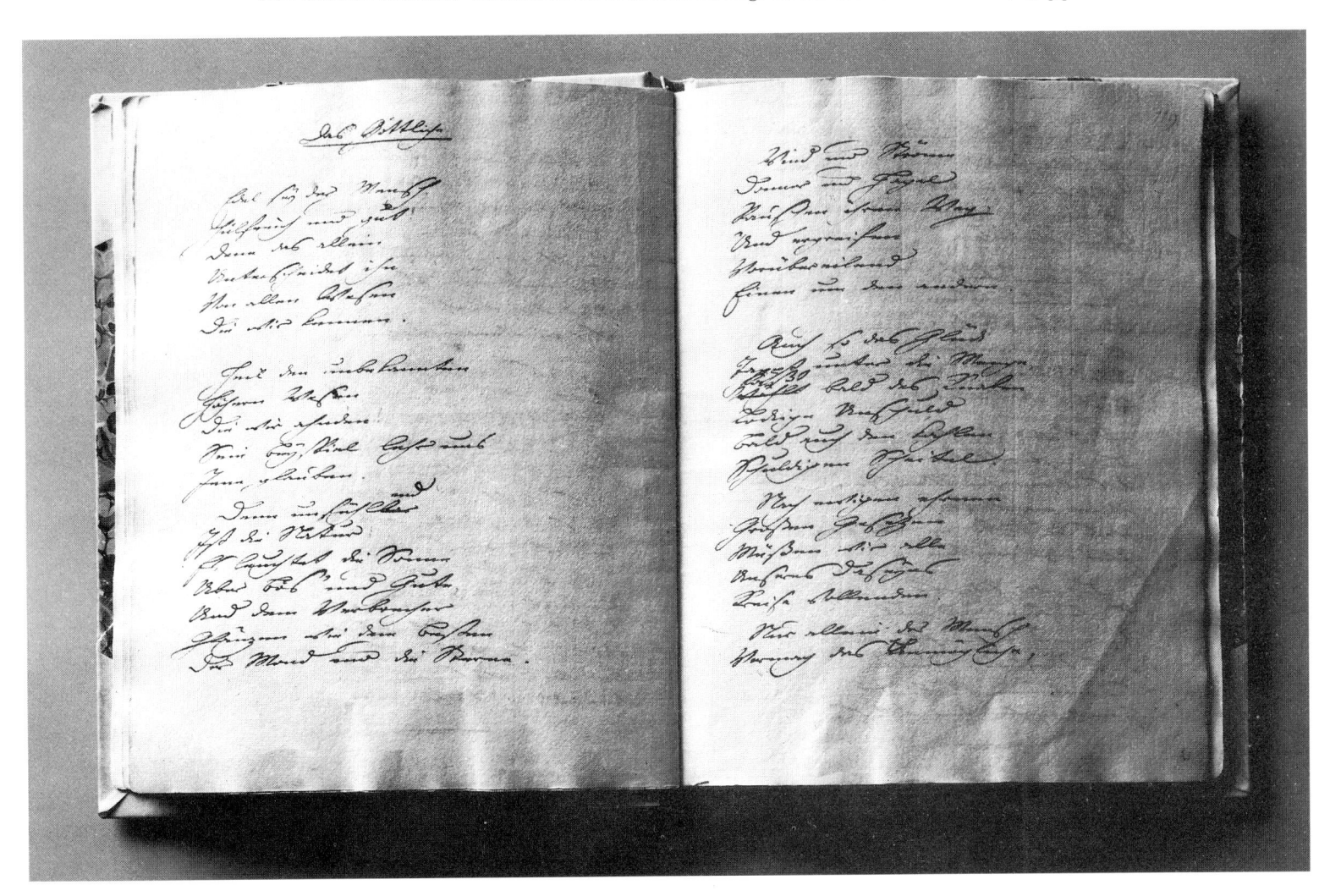

flikt zwischen persönlichem Empfinden und aus dem Amt resultierender Notwendigkeit aus, Persönliches hintenanzustellen und sich – vielleicht aus taktischen Erwägungen – dem Urteil der Amtskollegen anzuschließen.

Das sind Mutmaßungen, was bleibt, ist das von Goethes Hand geschriebene, so erschreckende Votum, daß es nach seiner »Meinung räthlicher sein mögte die Todtesstrafe beyzubehalten«.

Auch Angelegenheiten der großen Politik nahmen in der Alltagsarbeit des Consiliums nur wenig Raum ein. Zweimal hatte sich Goethe aber doch mit hochpolitischen Fragen zu befassen und war zum Handeln herausgefordert.

1778 zeichnete sich im Heiligen Römischen Reich Deutscher Nation eine bedenkliche Situation ab. Kaiser Joseph II. versuchte, die Vormachtstellung des Hauses Habsburg im Reich auszubauen, indem er darauf aus war, das Land Bayern durch Vereinbarung mit dem rechtmäßigen Nachfolger des 1777 verstorbenen letzten Kurfürsten von Bayern für Habsburg zu erwerben. Friedrich II. von Preußen reagierte mit Mobilmachung. Ein neuerlicher Krieg schien bevorzustehen. Das Herzogtum Weimar war unmittelbar betroffen, denn wieder – wie schon während des Siebenjährigen Kriegs – kümmerte sich Friedrich II. nicht um Landesgrenzen und schickte seine Werbekommandos dorthin, wo es ihm beliebte. Auch Weimar blieb da nicht verschont. Erneut spürte man die eigene Ohnmacht. In dieser Situation wurde ein Gedanke erwogen, der bereits zu Beginn des Siebenjährigen Kriegs erörtert worden war, nämlich ein Bündnis aller Reichsstände mit Ausnahme von Habsburg und Brandenburg-Preußen zu fördern, um gemeinsam den Übergriffen der Großen mit Nachdruck begegnen zu können. Am 9. Februar 1779 beriet das Geheime Consilium die Situation, Goethe fiel die Aufgabe zu, das Ergebnis der Beratung in Gestalt eines Gutachtens für den Herzog auszuarbeiten. »Zuerst wird man an Hannover, Maynz, Gotha, die übrigen Sächsischen Höfe schreiben« – hieß es da – »und ihnen vorlegen, dass es Ew. Durchlaucht bey gegenwärtigen Umständen, Pflicht, Gesinnung und Wunsch sey, Ihre Lande und Untherthanen vor den Beschwerden des benachbarten Kriegs ... zu schüzen, und an denen öffentlichen Angelegenheiten keinen Theil als gesammt mit den übrigen Ständen des Reichs zu nehmen«. Man sei gewiß, daß bei den übrigen Höfen die gleiche Gesinnung dominiere, und es sei zu bedauern, daß man bisher noch nicht nach einem gemeinsamen Plan vorgehe: »Durchlaucht seyen iezzo ... bewogen mehr als iemals ein näheres Band mit den übrigen Fürsten zu wünschen und eine neue Überlegung der so nothwendigen Vereinigung unter sich zu veranlassen.«[5]

Man hat dieses Schreiben Goethes, ohne die Bedingungen seines Entstehens zu beachten, in der Vergangenheit oft als Zeugnis einer politischen Konzeption Goethes gedeutet, ihn gewissermaßen zum geistigen Urheber der Idee eines Fürstenbundes erklärt. Neuere Forschungen klärten eindeutig den wirklichen Sachverhalt. Gewiß, die politische Idee, die hier ausgesprochen wurde, bewegte progressive Geister in Deutschland während der achtziger Jahre vielerorts. Doch daß sich Goethe mehr, als seine Amtspflicht gebot, engagierte, ist schwer nachzuweisen. Ja, man gewinnt den Eindruck, daß er sich um so zurückhaltender verhielt, je mehr sich sein herzoglicher Freund, Carl August, für den Plan erwärmte.

Doch einmal noch wurde er dennoch mit dieser Fragestellung konfrontiert. Das war im September 1785. Der Vorstoß von 1779 war ohne Ergebnis geblieben, vor allem deshalb, weil Joseph II. angesichts der preußischen Drohung seine Pläne in bezug auf Bayern vorerst fallen ließ. Wenige Jahre später aber erfolgte ein neuerlicher Vorstoß, ohne daß sich für Preußen ein Vorwand für ein militärisches Eingreifen ergeben hätte. Die Situation war dennoch bedenklich. Und wiederum bewegte die Idee einer Vereinigung der deutschen Reichsstände die Gemüter. Initiatoren waren jetzt der Markgraf Karl Friedrich von Baden und sein leitender Minister, Wilhelm Freiherr von Edelsheim, Fürst Franz von Anhalt Dessau und bald auch Carl August. Ursprünglich als vertraulicher Gedankenaustausch gedacht und betrieben, blieb die Angelegenheit dennoch nicht geheim. Der preußische König erfuhr davon und erblickte in diesen Plänen eine günstige Möglichkeit zu eigener diplomatischer Aktivität, indem er sich selbst zum Befürworter und Initiator der Idee eines Fürstenbundes machte.

»Fürstenplatz« (heute Platz der Demokratie) mit Fürstenhaus (heute Hochschule für Musik »Franz Liszt«), Bibliothek und Denkmal Carl Augusts von Adolf Donndorf.

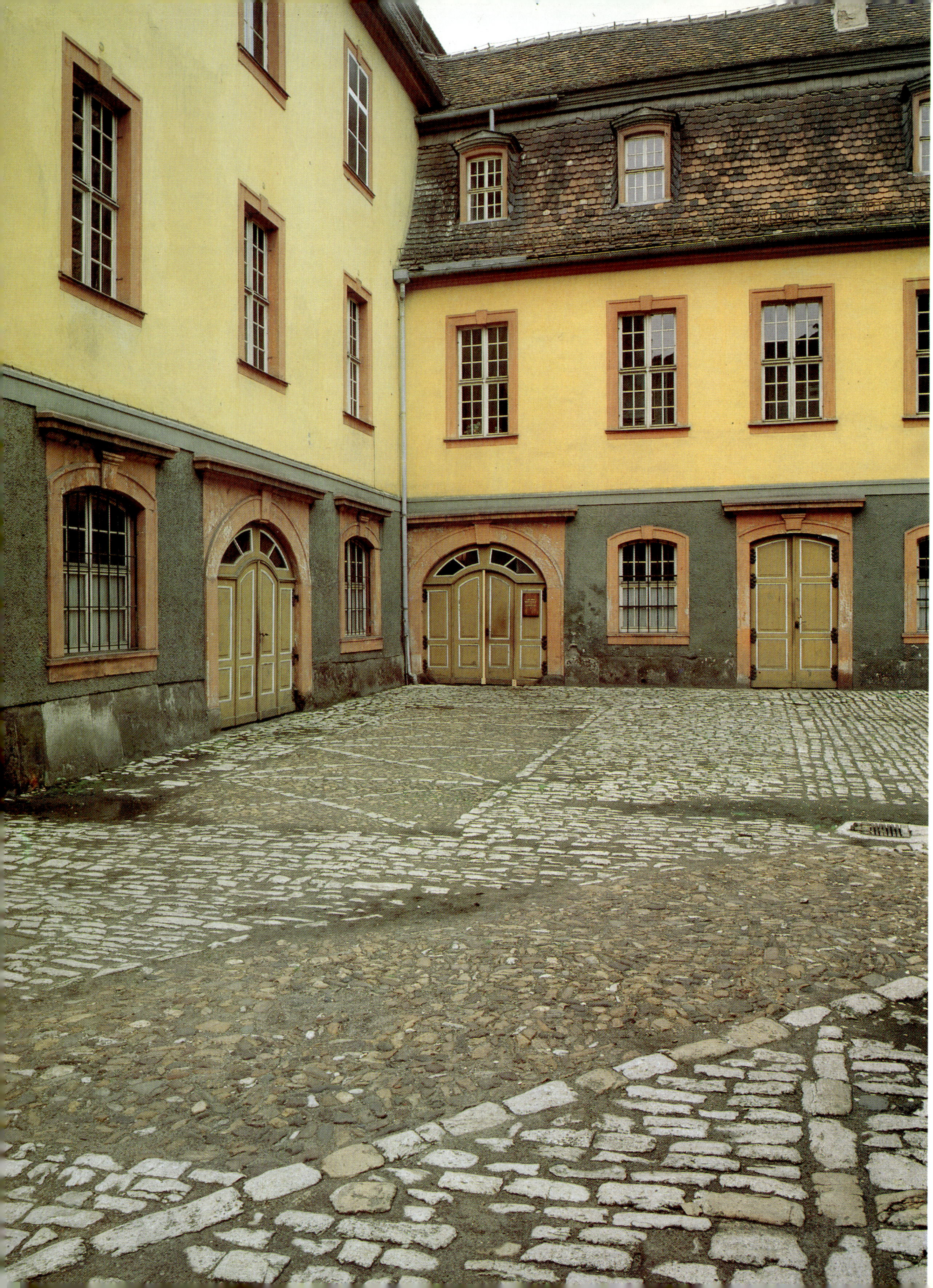

Hof des Wittumspalais', Witwensitz
der Herzogin-Mutter Anna Amalia
seit 1775.

Blick in den Hof von Schloß Tiefurt.

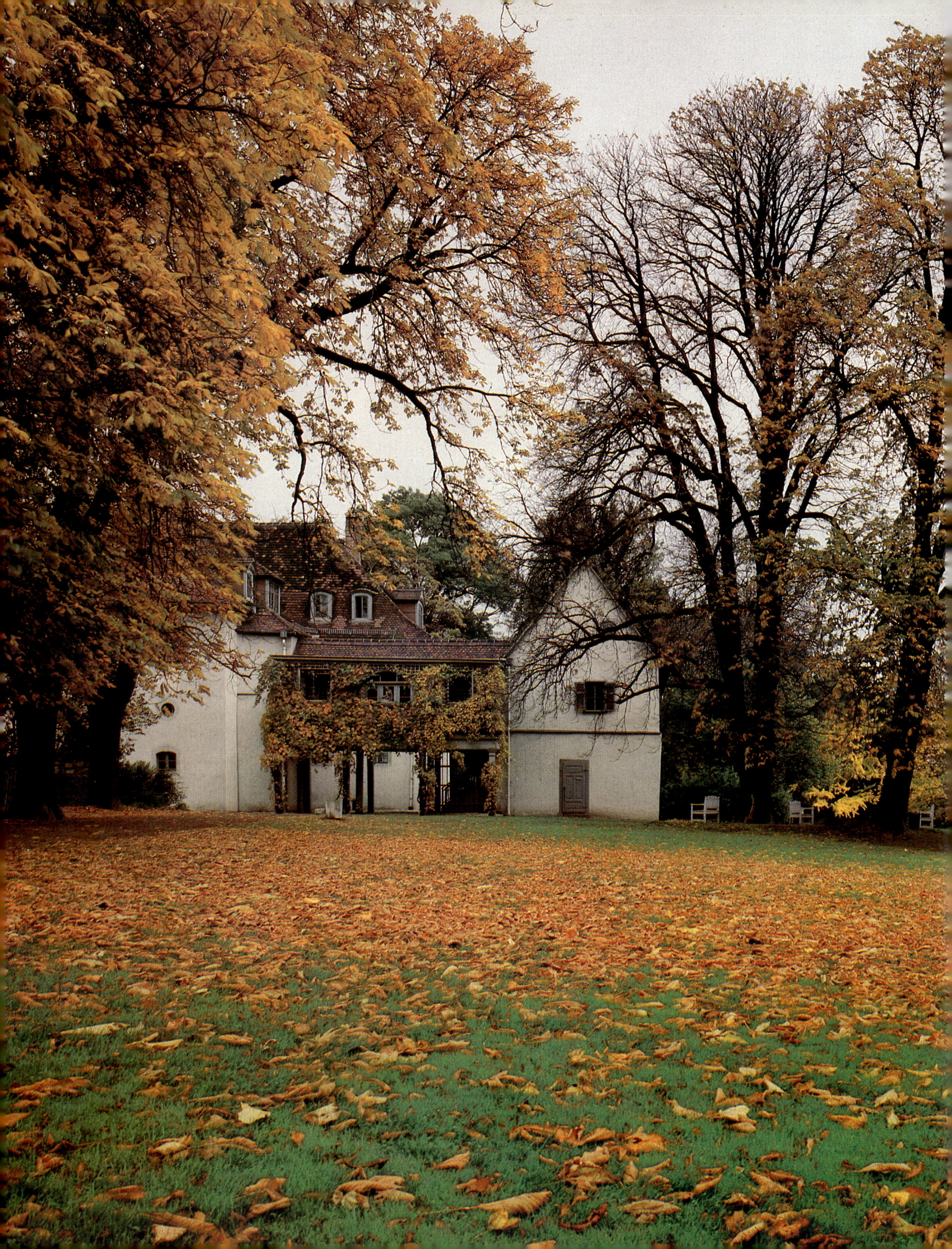

Schloß Tiefurt,
bis 1781 Residenz des Prinzen Constantin,
dann Sommersitz Anna Amalias.

Seite 82: Schloß Tiefurt, Goethezimmer.

Seite *83*: Schloß Tiefurt, Blick in das Speisezimmer.

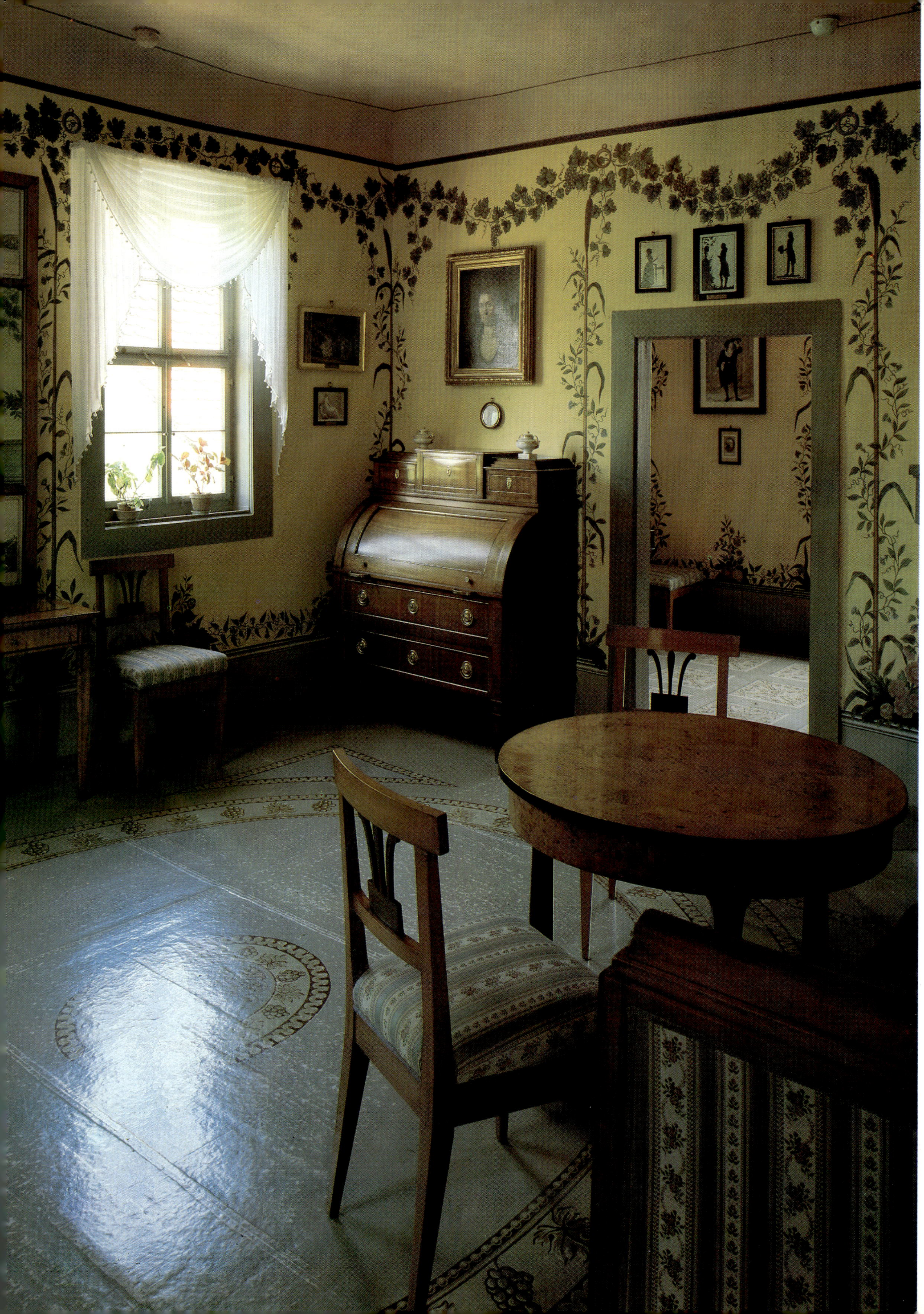

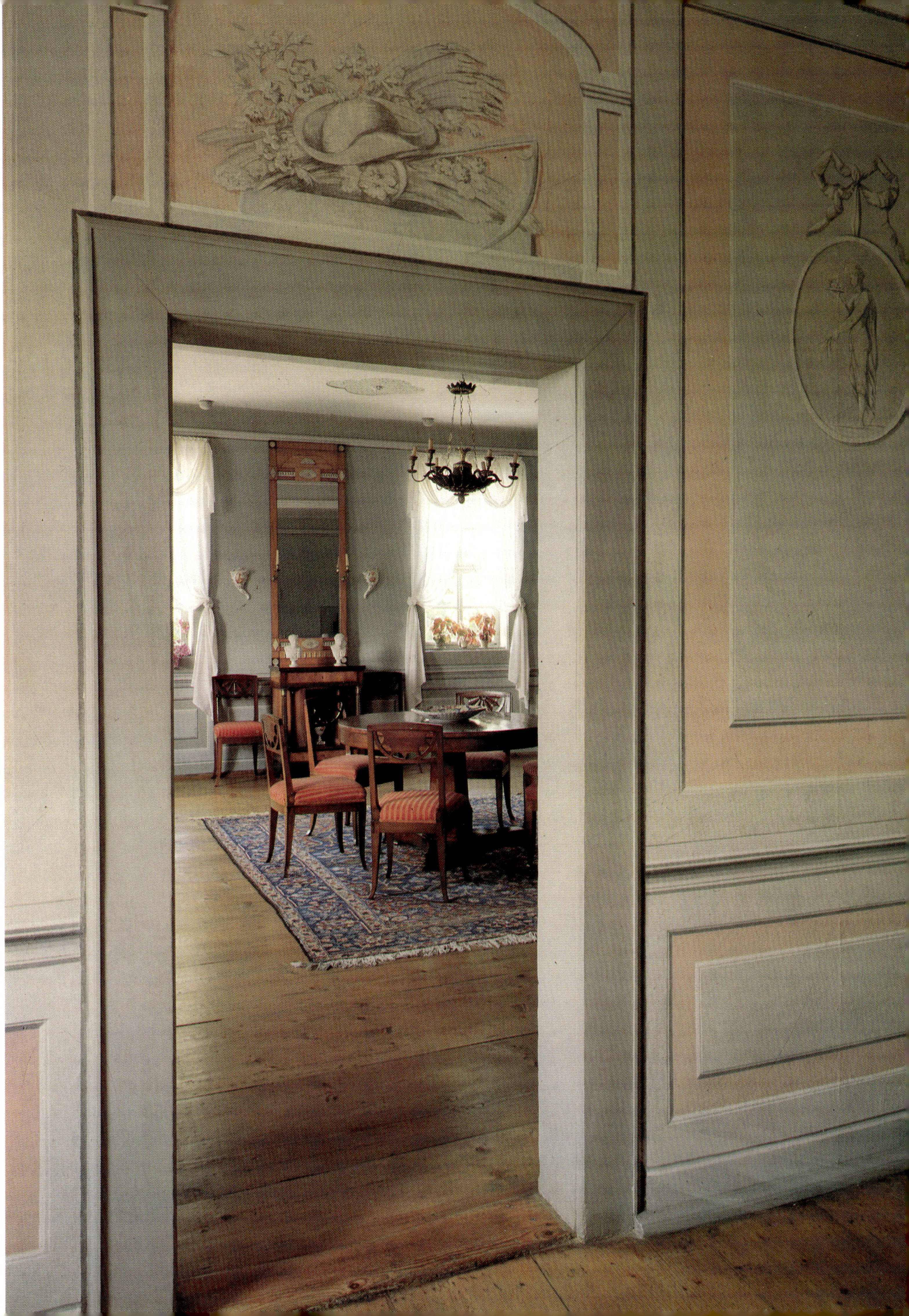

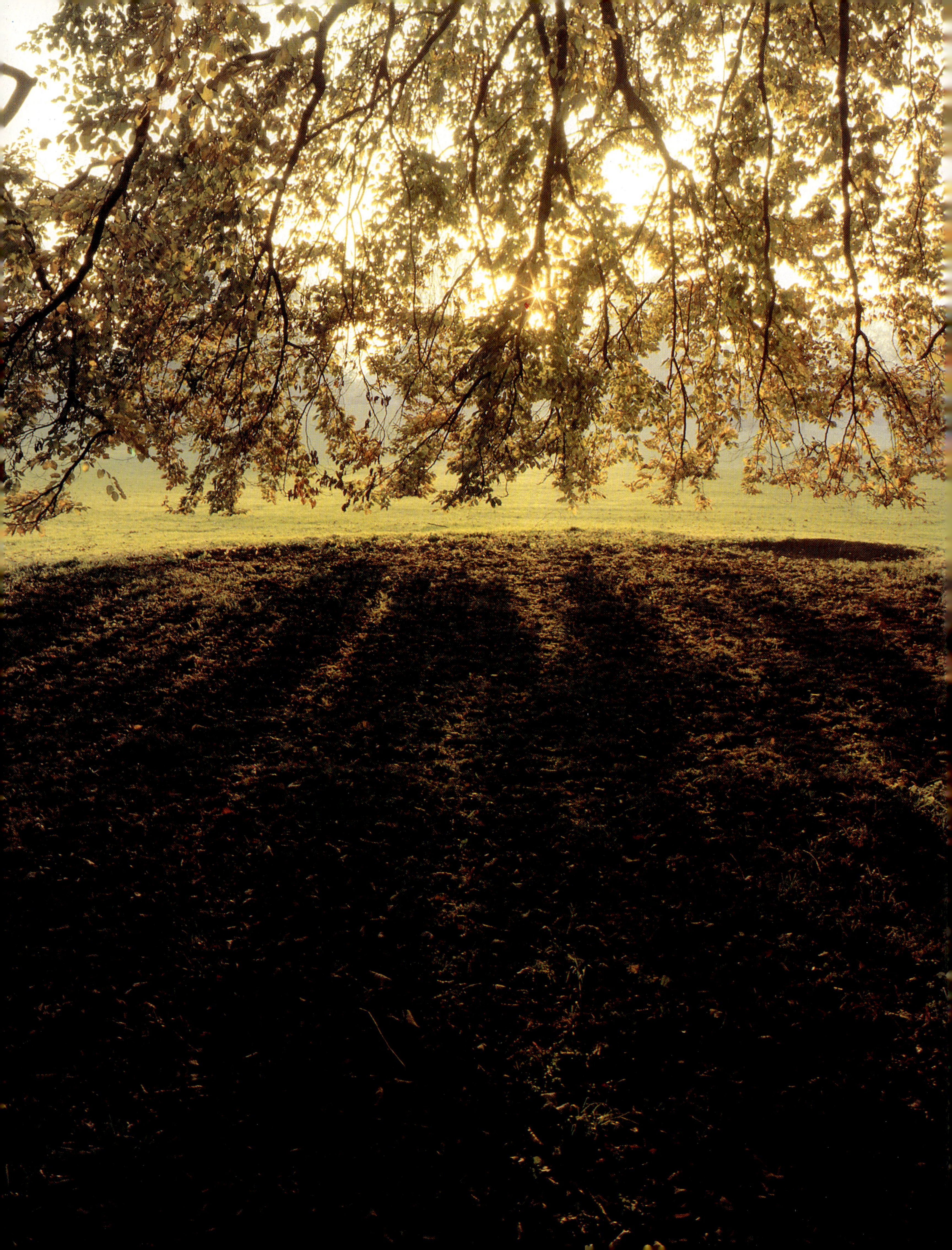

Im Tiefurter Park.

Schloß Tiefurt. Die Knöchelspielerin
(um 1790 aus der Werkstatt von M. G. Klauer).

Im Park von Tiefurt.

Musentempel im Tiefurter Park.

Seite 88: Schloß Tiefurt. Die Frierende. Nachbildung einer Plastik von Antoine Houdon.

Seite 89: Schloß Belvedere bei Weimar. Hier residierten Erbgroßherzog Carl Friedrich und Maria Pawlowna.

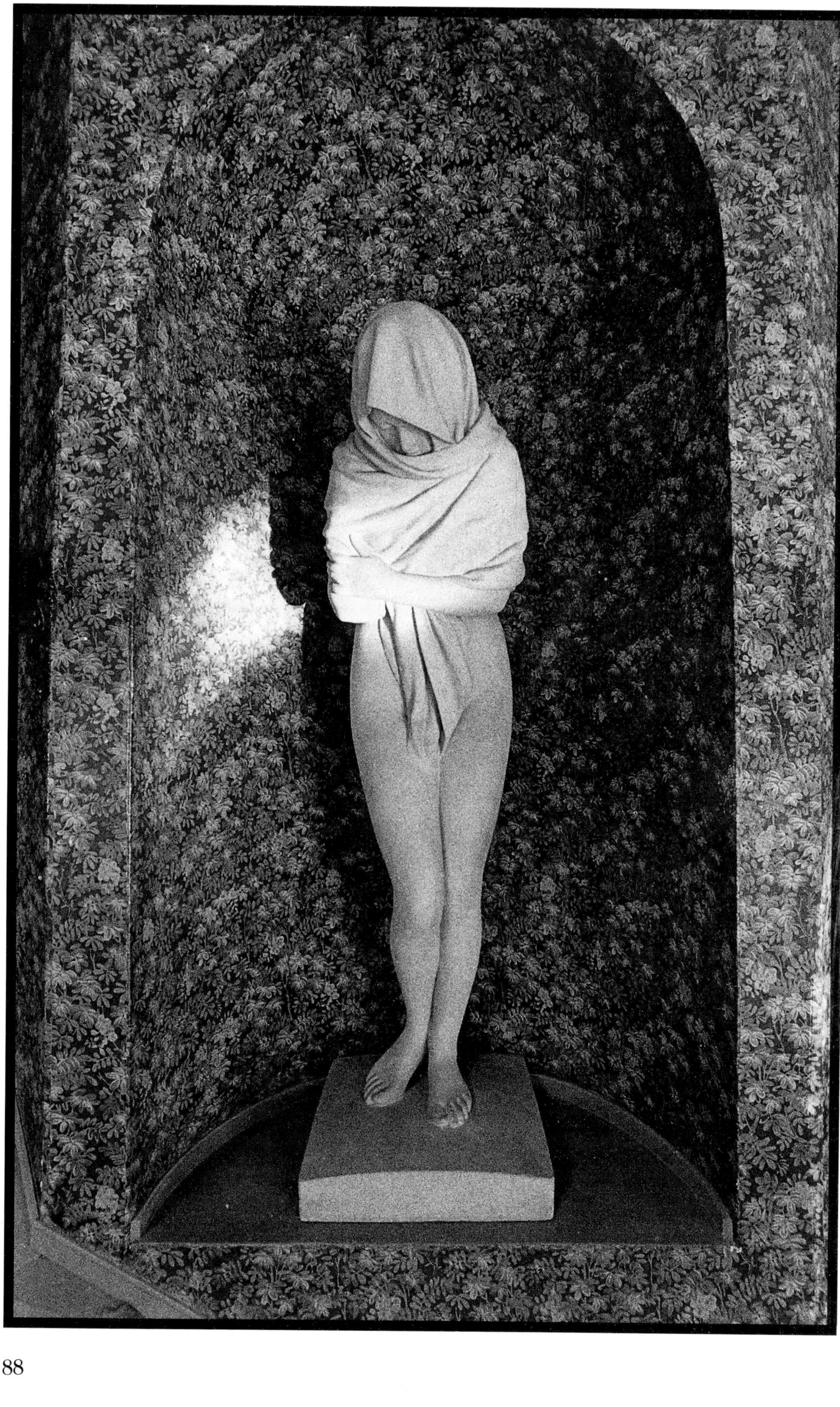

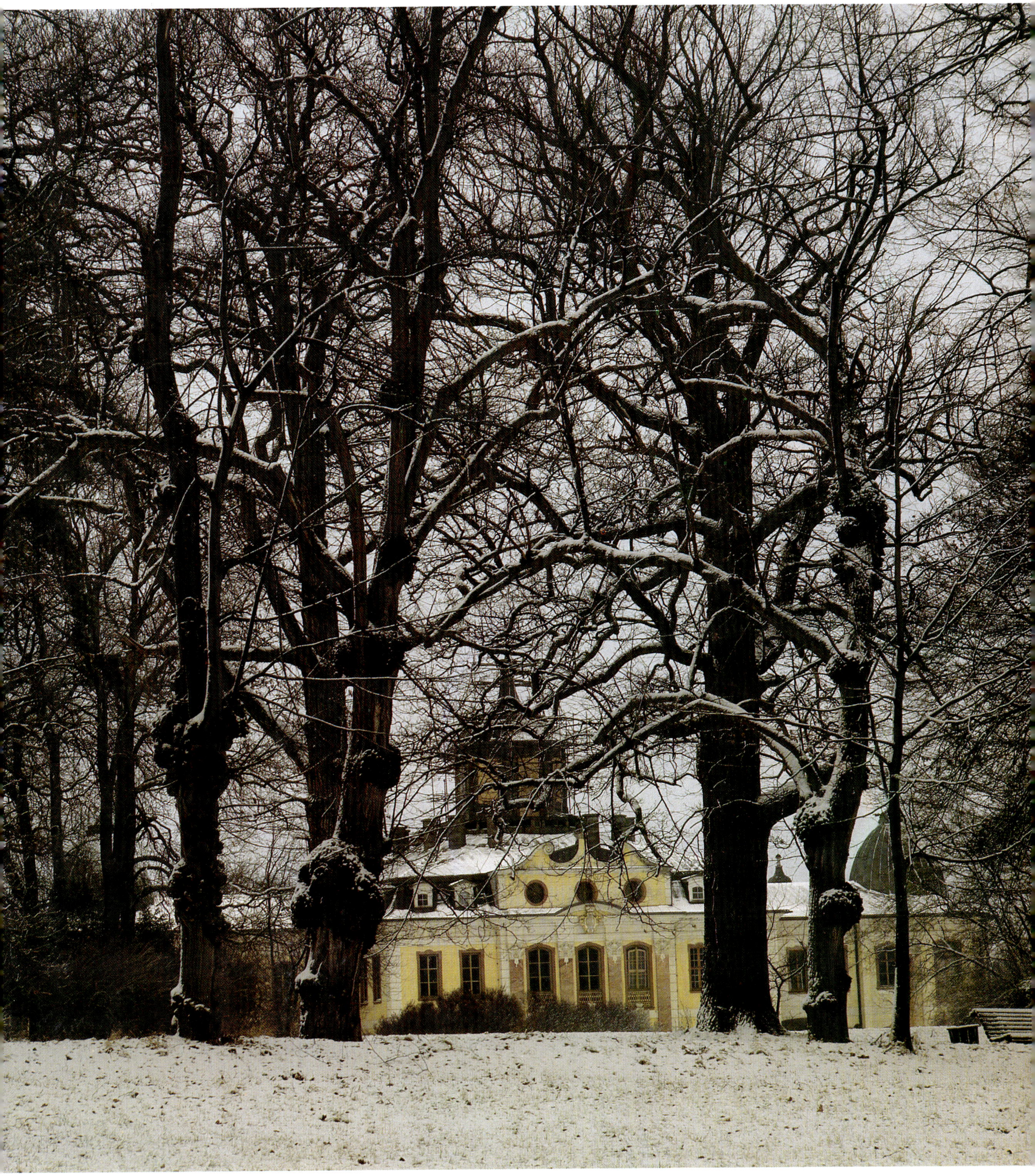

Ein Kavaliershaus
in der Schloßanlage von Belvedere.

Schloß Belvedere, Orangerie.
1733 angelegt als »Botanischer Garten zu Belvedere«.

Allee im Park von Belvedere.

Im Park von Belvedere.

Im Park von Schloß Ettersburg.   Blick von Schloß Ettersburg aus in den Park.

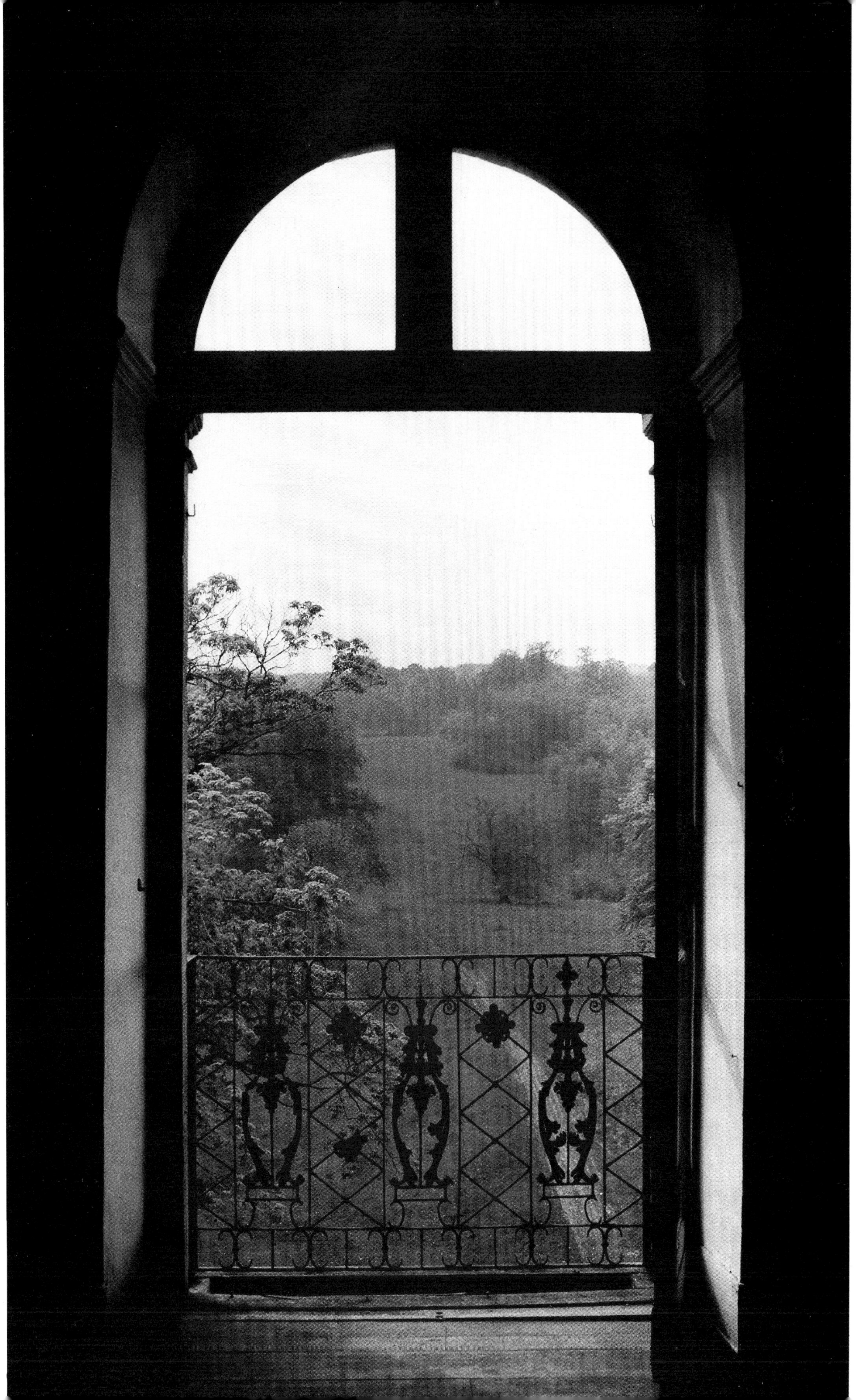

Schloß Ettersburg, Freitreppe.
1776 bis 1780 diente das Schloß
der Herzogin-Mutter Anna Amalia
als Sommersitz.

Bei Ettersburg.

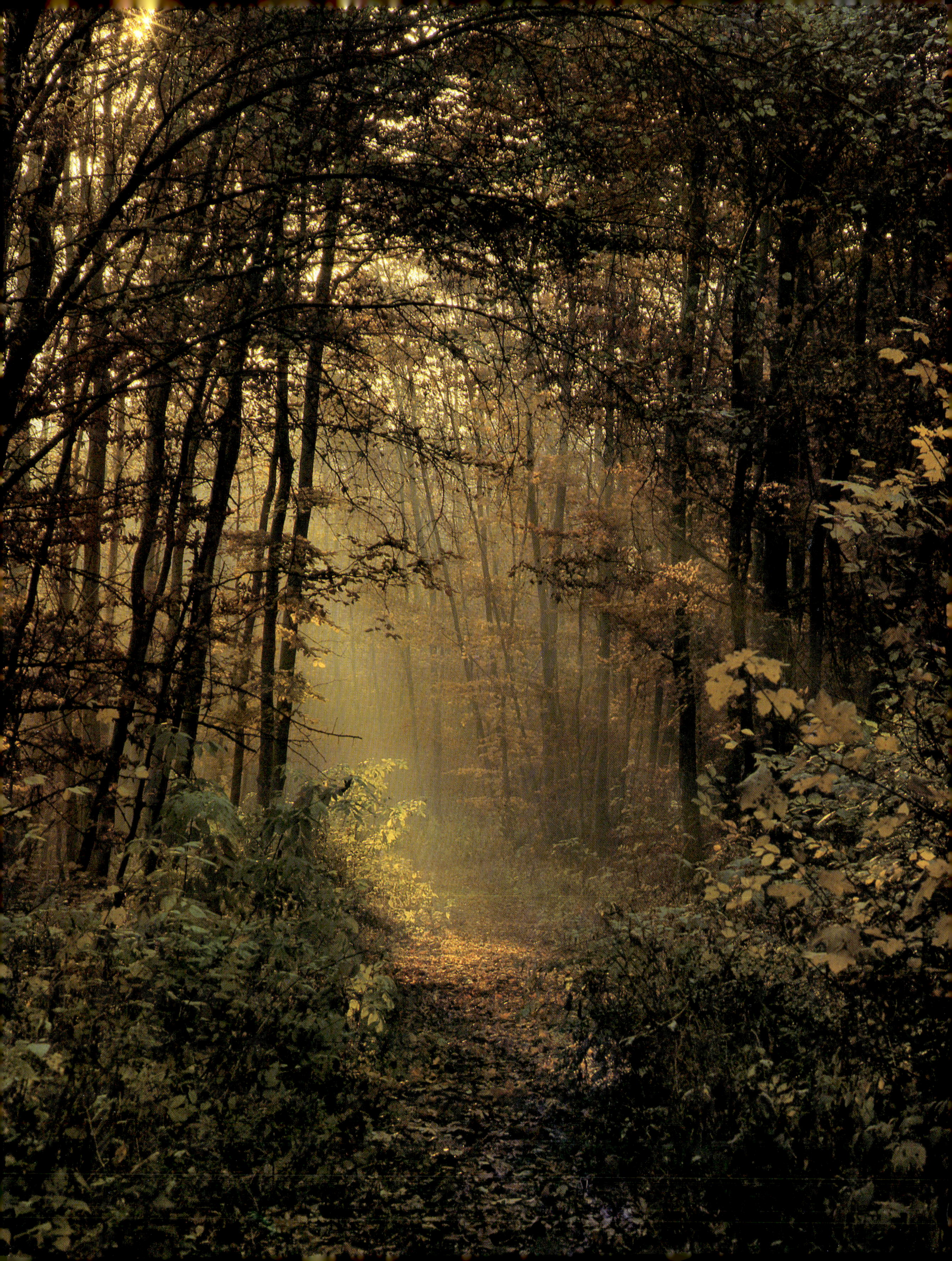

Blick auf das Haus der Frau von Stein, zur Bibliothek, zum Fürstenhaus und zum Schloß.

Blick vom Park aus auf das Haus der Frau von Stein.

Im Ilmpark. Blick auf Goethes Gartenhaus.　　　　　　　　　　　　　　　　　　　　In den Anlagen der Dornburger Schlösser.

101

Dornburg. Renaissanceschloß.
Hierher zog sich Goethe 1828 nach dem Tod
Carl Augusts zurück.

Plastik im Park der Dornburger Schlösser.

Bei Stützerbach.

Renaissanceschrank im Schloß Stützerbach, Goethezimmer.

Seite 106: Jagdhaus Gabelbach, Goethezimmer. Das 1782 in kürzester Zeit errichtete, im Amt Ilmenau gelegene Jagdhaus diente oft als Unterkunft während der Streifzüge zum Hermannstein und zum Kickelhahn.

Seite 107: Jagdhaus Gabelbach, Speisezimmer.

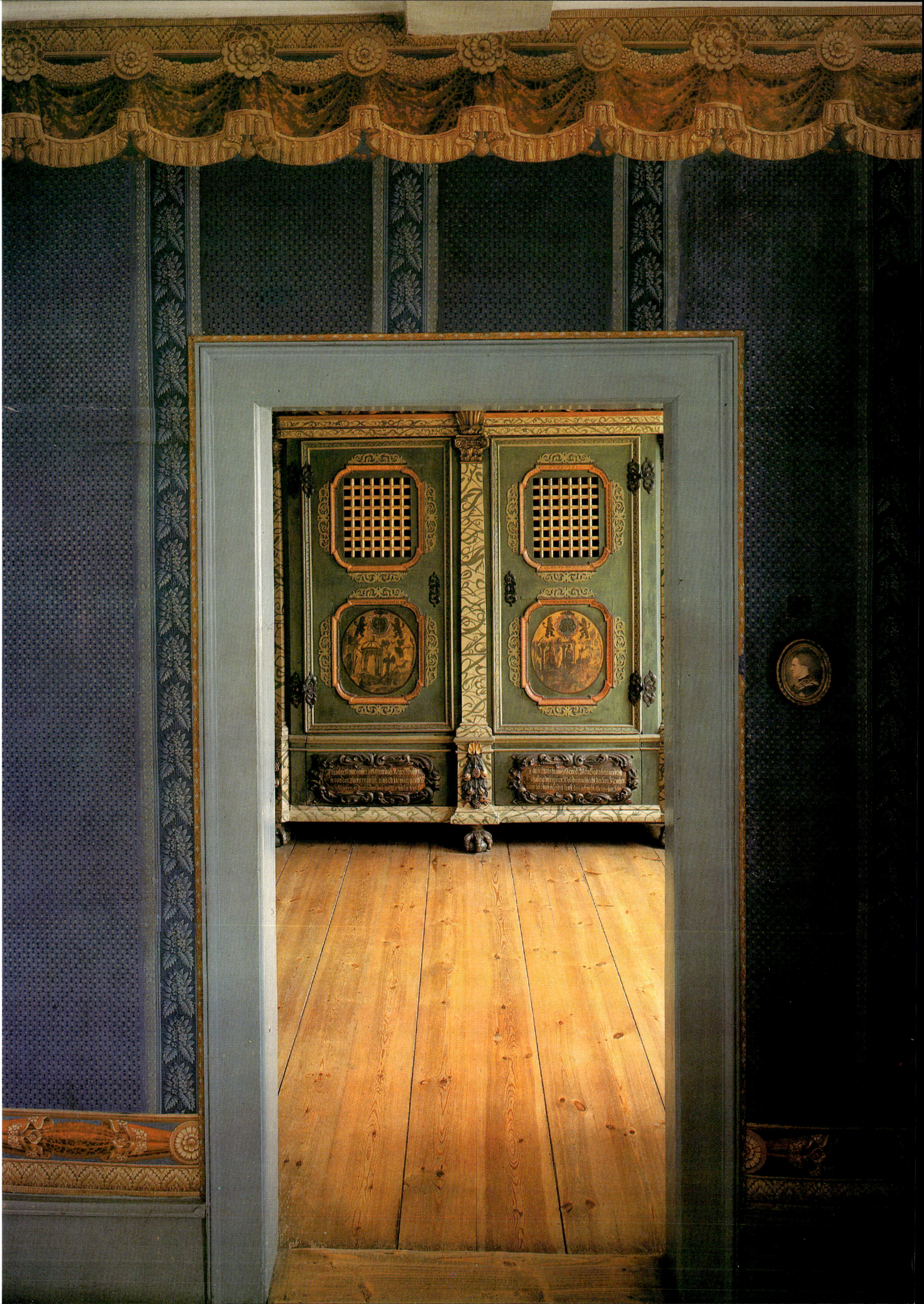

106

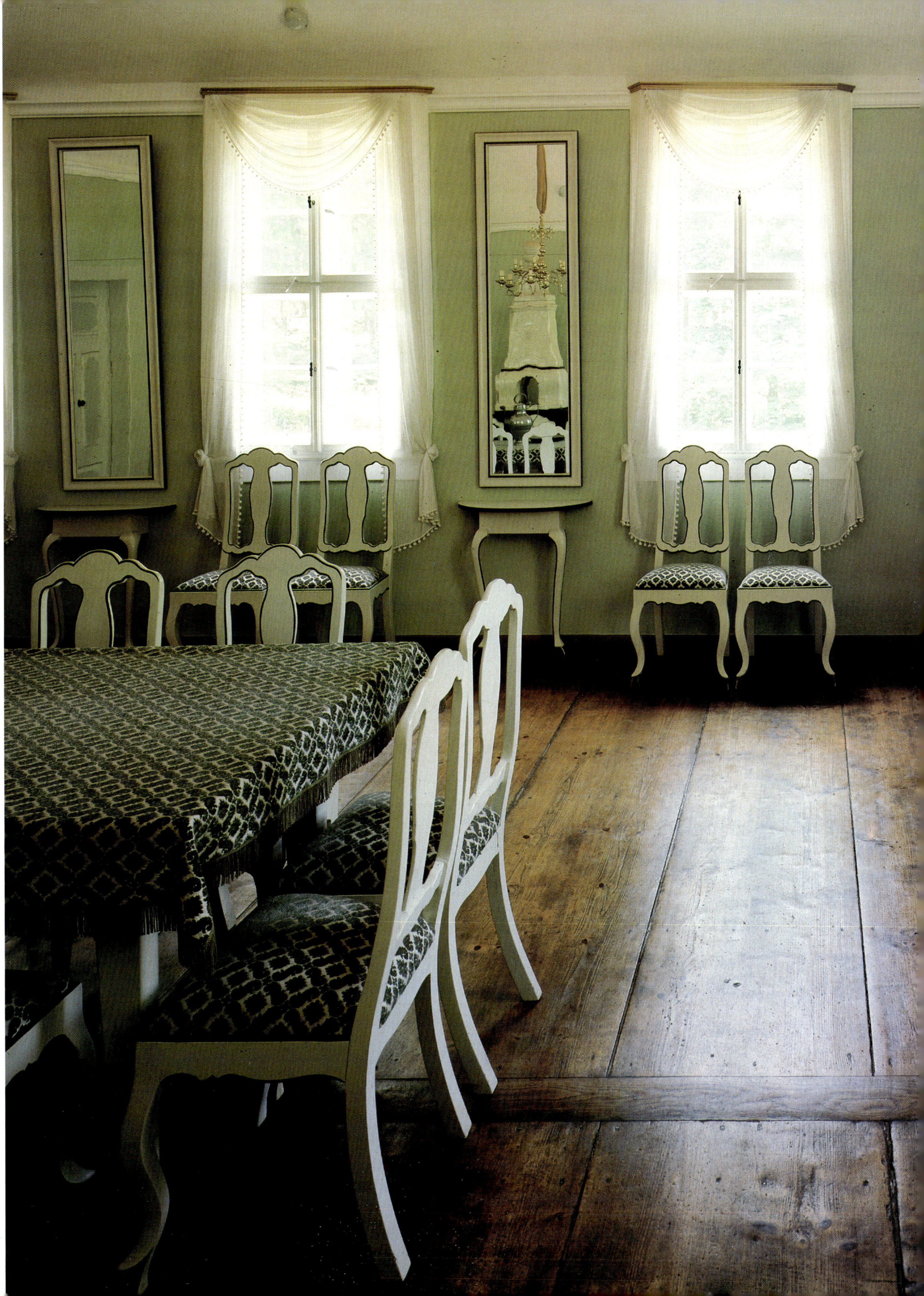

Kuranlagen in Bad Lauchstädt. Dies im heutigen Industriegebiet Halle-Merseburg gelegene Bad zählte um 1800 zu den bevorzugten Kurorten. Hier gastierte das Weimarer Theater während der Sommermonate regelmäßig.

In verhältnismäßig kurzer Zeit gelang es ihm, mit den Höfen in Dresden und Hannover ein Bündnis herbeizuführen, dem beizutreten auch die übrigen Reichsstände aufgefordert wurden. Ende August 1785 traf dann ein preußischer Diplomat in Weimar ein, den Beitritt Carl Augusts zu bewirken. Der Herzog beriet sich umgehend mit seinen Geheimräten und beauftragte sie, sowohl die Vollmacht des Gesandten wie auch den Text der Beitrittsurkunde genau zu prüfen. Letztere Aufgabe fiel Goethe zu. Er unterzog den Vertragstext einer exakten Prüfung, empfahl eine Reihe von stilistischen Änderungen und trat mit dem leitenden Minister im benachbarten Gotha in Verbindung, um sich der Haltung dieses Partners zu vergewissern. »Es macht diese Verbindung gewiß Effect und Epoche in dem deutschen System, alles wird Ernst machen da man sieht daß es Ernst ist.«[6] Mit diesen Worten kommentierte er den Vorgang.

Doch zur gleichen Zeit schied er praktisch aus dem Geheimen Consilium aus. Wenige Sitzungen nur nahm er noch wahr, bis er sich völlig zurückzog; neun Monate später wird er Weimar verlassen und insgeheim nach Italien aufbrechen.

Sehr zeitig schon hatte Goethe erkannt, daß Struktur und Arbeitsweise des Geheimen Consiliums wenig Möglichkeiten für ein produktives Engagement boten. Was hier zur Debatte stand, waren vorrangig Berichte und Anfragen der Zentralbehörden, der Regierung, der Kammer und des Consistoriums, Berichte und Anfragen, die die zu entscheidenden Sachfragen selten direkt wiedergaben, sondern stets aus der Sicht des jeweiligen Kollegiums, Berichte und Anfragen der Art, wie sie zu allen Zeiten von administrativen Instanzen an übergeordnete Stellen gegeben wurden und werden, auf deren Grundlage Entscheidungen zu fällen, ohne eine genaue Kenntnis der Details und Nebenumstände zu haben, eine zwar notwendige, doch immer etwas problematische Angelegenheit bleibt. Goethe sprach vom »Filtriertrichter der Expeditionen« beziehungsweise von »mechanischen Papier-Expeditionen« und kennzeichnete damit nicht nur die Schwierigkeit büromäßig betriebener Administration, sondern auch sein sich allmählich steigerndes Unbehagen an der Rolle, die er übernommen hatte. Es überrascht daher nicht, daß er – frühzeitig schon – seinen Wirkungskreis zu verändern, ja sogar zu erweitern bestrebt war.

Fachreferenten gab es – der Struktur des Consiliums entsprechend – nicht. Alles, was anfiel, wurde von den Geheimräten gemeinsam beraten; von ihnen wurde erwartet, daß sie alle anliegenden Vorgänge mit gleicher Intensität und gleicher Sachkunde zu bearbeiten in der Lage waren. Das schloß dennoch gewisse Vorlieben und eine damit einhergehende Eingrenzung auf die Dauer nicht aus. Die künftige Form fachorientierter Spezialbehörden, die sich seit dem beginnenden 19. Jahrhundert durchsetzte, kündigte sich bereits an.

Für Goethe wurden es die Fragen der Staatsfinanzen, des Steueraufkommens und der Ökonomie, die sein besonderes Interesse wachriefen, ein Interesse, das ihn frühzeitig schon weitere Verwaltungsaufgaben übernehmen ließ, so im Januar 1779 die Aufsicht über den Straßenbau und die Leitung der Militärökonomie.

Eine besondere Behörde für den Straßenbau, die »Wegebaudirektion«, gab es in Weimar seit 1756. Damals wurde der Auftrag erteilt, die Verbindungsstraße von der Stadt Weimar zu dem an der Peripherie gelegenen Schloß Belvedere, bevorzugte Residenz des jungen Fürstenpaares, auszubauen. Binnen kurzem fiel der neuen Instanz die Betreuung des Straßenbaues im gesamten Herzogtum einschließlich des Stadtpflasterbaues in Weimar zu. Die Direktion war unmittelbar der Kammer, das heißt der obersten Finanzbehörde, unterstellt, eine Situation, die für das Mitglied des Geheimen Conseils und den Geheimen Rat Goethe wohl nicht akzeptabel war.

Goethes Aufmerksamkeit galt vorrangig drei Aspekten. Da ging es einmal darum, die Oberaufsicht der Wegebaudirektion gegenüber Eigenmächtigkeiten anderer Instanzen durchzusetzen und zugleich das Straßenaufsichtswesen so zu organisieren, daß durch relativ sparsame Vorbeugungsmaßnahmen sehr kostenaufwendige, auf Witterungseinwirkungen zurückzuführende Straßenschäden vermieden wurden. Darüber hinaus ging es ihm um die Bereinigung des Etats und um einen rationellen Einsatz der ohnehin sehr geringen Mittel für den Straßenbau. Und schließlich widmete er dem Bau der Straßen von Weimar nach

Erfurt und von Weimar nach Jena sein Hauptaugenmerk, wobei ihn offenbar der Gedanke bewog, das von den herkömmlichen Handelsstraßen abgelegene Herzogtum Weimar allmählich für den Durchgangsverkehr von Leipzig nach Erfurt zu erschließen. Den letzten Schritt zu tun, nämlich die Verbindungsstraße von Jena nach Naumburg zu schaffen, blieb ihm versagt. Im Jahresbericht für das Jahr 1785, den letzten, der unter seiner Aufsicht entstand, konnte er den Plan noch andeuten. Doch da war sein Engagement bereits erloschen.

Eine Kriegskommission, die »sämtliche oeconomica bei unserem Obervormundschaftlichen Militari« wahrzunehmen hatte, war 1763 als Nachfolgebehörde für das vormalige »Kriegskollegium« konstituiert und dem Geheimen Legationsrat Jakob F. von Fritsch die Leitung übertragen worden. Zur Militärökonomie zählte die Verwaltung der Kriegskasse, die Musterung der Truppen, die Aufsicht über die Waffen einschließlich der Betreuung der Zeughäuser.

Vorliebe für militärische Angelegenheiten war es gewiß nicht, die Goethe veranlaßte, dieses Ressort zu übernehmen, eher die Aussicht, radikale Sparmaßnahmen durchsetzen zu können. Als er das Amt antrat, hatte er über einen Etat von etwa 75000 Reichstalern zu verfügen, als er es abgab, waren es noch 30000. Er erreichte dies, indem er – gegen den Willen seines Herzogs – die Truppenzahl erheblich reduzierte, die Inhaber der freiwerdenden Offiziersstellen pensionierte und auch erhebliche Materialeinsparungen erreichte.

Durchsetzen aber konnte er diese Maßnahmen erst, als ihm 1782 ein weiteres Fachgebiet übertragen wurde, die Kammer. Die Umstände, die diese Entscheidung herbeiführten, werden wohl immer im dunkeln bleiben. Nur soviel kann festgestellt werden, daß sein Amtsvorgänger, der Kammerpräsident Johann August Alexander von Kalb, derselbe, der ihn Anfang 1775 von Frankfurt nach Weimar begleitet hatte, die Finanzverwaltung wenig glücklich handhabte. Ein Mann großer Projekte, war er zugleich großzügig im Umgang mit Vorgängen und verlor auf diese Weise nur gar zu leicht den Überblick. Schon 1779 zeichnete sich ein Finanzdebakel ab. Damals gelang es, durch die Aufnahme eines bedeutenden Kredits in Bern – dies war der eigentliche Anlaß für die Reise in die Schweiz, die Carl August und Goethe im Herbst 1779 unternahmen –, das Verhängnis abzuwenden. 1782 ergab sich die gleiche Situation. Besondere, nicht aufzuklärende Umstände führten zur Entlassung Kalbs aus dem Amt. Zur selben Zeit erging an Goethe die Aufforderung, sich der Kammergeschäfte anzunehmen. Ohne den Titel eines Kammerpräsidenten zu führen, unterzog sich Goethe auch dieser Pflicht. Durch einen geschickten Schachzug wußte er Abhilfe zu schaffen, indem er die Schuldenlast der Kammer den Landständen, die über ein eigenes Kassedirektorium verfügten, übertrug und ihnen, die allein den Militärhaushalt zu finanzieren hatten, dessen Reduzierung um jährlich 45000 Taler als Äquivalent anbot. Der Herzog konnte sich kaum widersetzen, da andernfalls ein Staatsbankrott nicht auszuschließen war. Durch strikte Sparsamkeit gelang es Goethe auch während der folgenden Jahre, einen ausgeglichenen Etat zu erreichen. Mehr war nicht möglich.

Die Schuld an der prekären Finanzlage kann Kalb allerdings nicht allein angelastet werden. Ebensowenig wie dieser wußte der Herzog selbst hauszuhalten. Unbekümmert um die engen Grenzen seines Hofetats, war er stets großzügig im Geldausgeben und nicht gewillt, sich einzuschränken. Solche Haltung belastete das Verhältnis zu dem Freund, und nicht zufällig finden sich gerade in Goethes Briefen der frühen achtziger Jahre häufig kritische Anmerkungen über Carl August wie etwa die folgende Knebel gegenüber: »Du weißt aber wenn die Blattläuse auf den Rosenzweigen sitzen und sich hübsch dick und grün gesogen haben, dann kommen die Ameisen und saugen ihnen den filtrirten Safft aus den Leibern. Und so gehts weiter, und wir habens so weit gebracht, daß oben immer in einem Tage mehr verzehrt wird, als unten in einem beygebracht werden kann.«[7] Von solchen Betrachtungen aus war es nur noch ein kleiner Schritt zu der resignierten Feststellung, daß, wer »sich mit der Administration« abgäbe, »ohne regierender Herr zu seyn ... entweder ein Philister oder ein Schelm oder ein Narr« sei.[8] Unverkennbar kündigte sich in solchen Betrachtungen auch die Entscheidung des Jahres 1786 an, der Aufbruch nach Italien.

Doch Straßenbau, Kriegskommission und Kammer bildeten nicht die einzigen Aufgaben neben der Mitgliedschaft im Conseil. 1777 bereits wurde ihm der Auftrag erteilt, die Reorganisation und Wiederinbetriebnahme des Ilmenauer Bergbaues zu betreiben, eine Aufgabe, der er sich mit Interesse und unter Aufbietung aller Kräfte hingab. Auch nach der Rückkehr aus Italien blieb er diesem Wirkungsfeld verbunden, bis das mit viel Aufwand geförderte Unternehmen zu Beginn des neuen Jahrhunderts schließlich ergebnislos aufgegeben werden mußte.

Während seiner häufigen Aufenthalte in Ilmenau beobachtete er mit Befremden, wie hier eine korrumpierte staatliche Steuerbehörde und Landesverwaltung zu Lasten der bäuerlichen Bevölkerung für den eigenen Vorteil sorgte. Er setzte durch, daß die Schuldigen bestraft wurden und veranlaßte die Bildung einer »Ilmenauer Steuerkommission«, der die Aufgabe zufiel, durch Neuvermessung des Landes die Grundlage für eine gerechte Steuerausschreibung zu schaffen. Auch diesem Auftrag widmete sich Goethe mit ganzem Herzen und erlebte die Genugtuung, sie zum erfolgreichen Abschluß geführt zu sehen.

Die amtlichen Verpflichtungen in Ilmenau führten ihn mit dem Mann zusammen, der besonders nach der Rückkehr aus Italien sein Vertrauter und Gewährsmann in der Staatsverwaltung und administrativen Praxis werden sollte, mit Christian Gottlob Voigt, seit 30. Januar 1807 von Voigt.

1744 in Allstedt in Nordthüringen als Kind einer seit langem in weimarischen Diensten bewährten Beamtenfamilie geboren, hatte Voigt zunächst im Elternhaus, später auf der Klosterschule Roßleben eine gediegene humanistische Ausbildung erfahren. Schon in dieser Zeit bildeten sich sein Interesse für die Historie, insbesondere für die politische Geschichte Thüringens, und seine Neigung zur Numismatik aus, ein Gebiet, auf dem er später als Fachmann weithin reichendes Ansehen erlangte. 1761 nahm er juristische Studien in Jena auf und wurde nach deren Beendigung als ordentlicher Hofadvokat und zugleich als Akzessist an der Fürstlichen Bibliothek angestellt, ein Doppelamt, das seinen wissenschaftlichen Neigungen durchaus entsprach. 1769 übernahm er als Nachfolger seines Vaters die Stellung eines Amtmanns in Allstedt und folgte 1777 einem neuerlichen Ruf nach Weimar, wo er als Regierungsrat »cum voto« bei der Regierung angestellt wurde. Trotz anfänglicher – offensichtlich kollegial bedingter – Schwierigkeiten wußte er sich zu behaupten, und 1783 übernahm er die Leitung des Fürstlichen Archivs, dessen wichtigsten Teil das sogenannte »Ernestinische Gesamtarchiv« bildete, eine der bedeutendsten Quellensammlungen zur Geschichte der Reformation.

Beziehungen zu Goethe gab es bis dahin nicht. Wie andere Weimarer Zeitgenossen auch, beobachtete Voigt den steilen Aufstieg des Dichters bis hin zur Übernahme der Kammergeschäfte kritisch. Doch sein Urteil wandelte sich schnell, nachdem er mit Goethe in zunächst amtliche Beziehungen getreten war. Als zwei Mitglieder der Bergwerkskommission ausschieden, schlug Goethe 1785 Voigt und dessen Bruder Carl Wilhelm, ein Sachkundiger des Bergwesens, als neue Mitglieder vor. In Ilmenau lernten die neuen Partner einander schnell kennen, und in dieser Zeit bildete sich Goethes Urteil, das er 1787 von Neapel aus dem Herzog gegenüber mit folgenden Worten aussprach: »Können Sie gelegentlich etwas für Voigten thun, der manches für mich trägt und dem Sie selbst wegen seiner Brauchbarkeit immer mehr auflegen müssen; so werden Sie Ihrem Dienste gewiß Vortheil bringen.«[9] Goethes Appell hatte Erfolg. 1788 erhielt Voigt unter Beibehaltung seiner bisherigen Ämter Sitz und Stimme im Kammerkollegium. 1790 bediente sich Carl August seiner als Geheimsekretär und beauftragte ihn in diplomatischer Mission wegen weimarischer Erbschaftsansprüche, und 1791 schließlich erfolgte die Berufung als Geheimer Assistenzrat mit Sitz und Stimme im Geheimen Consilium, dessen Geschäfte er infolge häufiger Ausfälle der älteren Kollegen während der neunziger Jahre zeitweise ganz allein führte. 1816 schließlich übernahm er den Vorsitz im Geheimen Staatsministerium.

Während Goethes Aufenthalt in Italien hatte Voigt die Ilmenauer Angelegenheiten – er gehörte auch zur Steuerkommission – in eigener Regie weitergeführt. Seitdem datiert die Partner- und bald Freundschaft zwischen Goethe und Voigt. Der

Ministerkollege unterrichtete Goethe, der nach der Rückkehr aus Italien dem Conseil fernblieb, über alle gravierenden Angelegenheiten, war bereitwilliger Helfer bei der Lösung juristischer Spezialfragen und war nicht wegzudenkender Partner in allen Fragen, die die Universität Jena betrafen. Gemeinsam agierten sie, als es 1796 um den Anschluß Sachsen-Weimar-Eisenachs an den Sonderfrieden von Basel ging, gemeinsam mußten sie den schwierigen Schritt der Entlassung Johann Gottlieb Fichtes aus seinem Jenaer Lehramt vollziehen, und gemeinsam versuchten sie, die Universitätskrise des Jahres 1803 zu bewältigen.

Aber Voigt half auch in privaten Fragen, so beim Erwerb eines Gutes in Niederroßla, bei der durch Goethe in freundschaftlicher Gesinnung geförderten Ehescheidung von August Wilhelm und Caroline Schlegel. Vieles wäre da noch zu nennen, gemeinsame numismatische Interessen, Austausch über literarische und künstlerische Fragen bis hin zur Teilnahme an familiärem Geschehen. Der Briefwechsel, der gegen Ende der achtziger Jahre zögernd einsetzte, reichte bis zum Tode Voigts am 22. März 1819. Unter all den Amtskollegen, mit denen Goethe zusammenwirkte, war Voigt der einzige, dem er sich – gewiß nicht immer in theoretischer und praktisch-politischer Übereinstimmung, doch aber der Loyalität und uneingeschränkter Verständnis- und Hilfsbereitschaft vertrauend – als Mensch und Partner erschloß. Man kann hier wohl von einer aus gemeinsamem praktischen Wirken erwachsenen und auf gegenseitiger Achtung beruhenden Freundschaft sprechen.

Seit Herbst 1785 blieb Goethe dem Geheimen Consilium fern. Lediglich die im Lauf der Jahre übernommenen Aufträge im Straßenbau, in der Kriegskommission, in der Kammer sowie in den Ilmenauer Kommissionen führte er, wenn auch weitgehend lustlos, weiter. Am 24. Juli 1786 trat er eine Badereise nach Karlsbad an, und von hier brach er in früher Morgenstunde des 3. September zur lang ersehnten Italienreise auf.

Ein Jahrzehnt angestrengter, aufs Ganze gesehen aber doch relativ erfolgloser Arbeit lag hinter ihm. Als Mitglied des Geheimen Consiliums hatte Goethe Einblick in die – mitunter ernüchternde – Praxis des Regierens erhalten. Hier war er mit Fragen in Berührung gekommen, die den Staat, das Land und dessen Bewohner betrafen. Das reichte von den Problemen der großen Politik jener Zeit über Entscheidungen in peinlichen Strafangelegenheiten, Fragen der Staatsfinanzen bis hin zu Gewerbekonzessionen, Zunftangelegenheiten und bis zur Beschaffung von Feuerlöschgeräten. Nichts wurde ausgelassen, Entscheidungen in den großen wie in Bagatellsachen waren gefordert, und Goethe wich solchen Entscheidungen nie aus.

Doch die vom Realen weitgehend abgeschirmte Atmosphäre des Conseils sagte ihm auf die Dauer nicht zu, und so übernahm er gern die vielen Spezialaufgaben, die ihm übertragen wurden und die ihn mit der Lebenswirklichkeit in den Herzogtümern Sachsen-Weimar und Eisenach in unmittelbare Berührung brachten. Nun war er gezwungen, Land und Leute kennenzulernen, nicht als Besucher, sondern stets unter dem Blickwinkel ganz bestimmter Projekte und Arbeitsprobleme. Da kam er zusammen mit den Wegeknechten, den Straßenaufsehern und Straßenbaufachleuten, mit Rekruten, Gemeinen, Unteroffizieren und Offizieren, mit Bergleuten und Bergbauinspektoren, mit den Bauern und Waldarbeitern. Mit allen mußte er sich arrangieren und wußte stets ein produktives Verhältnis zu schaffen. Da passierte es oft, daß er sich mit persönlichen Problemen der Menschen konfrontiert sah; selten versagte er seine Hilfe, und er suchte nach Wegen, echter Not abzuhelfen.

Allergisch aber reagierte er auf Liederlichkeit und Ordnungswidrigkeit. Ein manchmal geradezu fanatisch anmutender Ordnungssinn, ebenso wie Korrektheit in der Amtsführung waren kennzeichnend für den Beamten Goethe. Das waren Eigenschaften, die er überall, unbekümmert um unangebrachte Rücksichtnahme und Protektion, zur Geltung zu bringen suchte, im Consilium ebenso wie in den von ihm geleiteten Ressorts, eine Haltung, die uneingeschränkte Anerkennung fordert.

Der größte persönliche, auch sein künftiges öffentliches Wirken bestimmende Gewinn dieser Jahre war wohl das Bewußtsein eigener Leistungsfähigkeit. Goethe war ja weder Fachmann im Straßenbau oder im Bergbau noch Spezialist in der Handhabe von Fragen der Militärökonomie und militärischer Sachfragen, die ihm zur Entscheidung vorgelegt wurden. Aber er verstand es, fähige Spezialisten auf all diesen Gebieten sich zu verbinden und zu begeistern. Sein Wissen selbst stetig erweiternd und spezialisierend, erwarb er sich Urteilsfähigkeit, die es ihm ermöglichte, ein echter Partner von Fachvertretern der verschiedenen Sachgebiete zu werden, die er zu betreuen hatte, und, diese motivierend und mit ihnen kooperierend, mitunter schwierige Arbeiten zu meistern. Diese Fähigkeit kam ihm auch später bei der Lösung völlig andersgearteter Aufgaben zugute.

Doch auch diese erfolgreich praktizierte Art der Amtsführung verhinderte nicht das allmähliche Erlahmen seines Engagements. Ganz gewiß korrespondierte dies mit der wachsenden Einsicht, daß die Administration nicht die ihm bestimmte Lebensaufgabe sein konnte, daß er auf diesem Gebiet am Ende immer Dilettant bleiben würde, ohne je den Genuß absoluter Meisterschaft erfahren zu können. Unverblümt hat er das rückblickend in einem leider nicht ausgeführten Schema zu »Dichtung und Wahrheit« ausgesprochen. »Thätiges Selbstvertrauen«, heißt es da, »Sisyphisches Übernehmen. Unbegriff des zu Leistenden. Sichre Kühnheit, daß es zu überwinden sey. Eigentlich constructiv, nicht empirisch thätig. Zum technischen Geschäft gleichsam untauglich. Nicht homme à ressource. Geschickter zu allem was auferbaut, planmäßig behandelt werden sollte. – Dabey vorschnell im Entschließen wie im Antworten. – That steht mit Reue, Handeln mit Sorge in immerwährendem Bezug. – Hauptaperçu daß zuletzt alles ethisch sey. Parvenus sind theils von Natur, theils aus Maxime redlich und uneigennützig. Dies giebt eine Art von Würde, welche alle übrigen balancirt ... Außerdem Mitwirkung derer, die sich poussiren wollten. Ihr eigner Vortheil mich in die Höhe zu bringen, mir zu schmeicheln, meine Unarten zu fördern.«[10] – Eine Einschätzung von kaum zu überbietender Nüchternheit.

Nach der Rückkehr aus Italien nahm Goethe lediglich an den Problemen des Ilmenauer Bergbaus weiterhin Anteil. Und dann fiel ihm noch einmal eine Aufgabe, ähnlich der des Wegebaues, zu. Im Oktober 1790 wurde ihm die Leitung einer Wasserbaukommission übertragen. Mitglieder waren außer ihm Voigt und ein im Wasserbau erfahrener Offizier. Hauptaufgabe der Behörde sollte die Regulierung der Saale in und bei Jena sein. Wenn Voigt rückblickend auch einmal bemerkte, daß die Jenaer Flußregulierung Goethe praktisch »alles zu verdanken« habe, läßt sich doch der Gedanke nicht völlig verdrängen, daß es sich gewissermaßen um eine Alibi-Funktion handelte, die Goethe das Recht zusprach, ihm auch die Pflicht auferlegte, sich häufig und lange in Jena aufzuhalten, um hier in der durch die Auswirkungen der fernen Revolutionsereignisse aufgeregten Universitäts- und Studentenstadt seinen Einfluß geltend machen und für Ruhe und Ordnung sorgen zu können. Das schloß gelegentliche Teilnahme am Wasserbau-Geschäft nicht aus, doch blieb diese Pflicht schließlich Nebenzweck. Gewiß nicht zufällig fällt der Rücktritt aus diesem Amt im Jahre 1803 mit Ereignissen an der Universität zusammen, die die Existenz dieser hohen Schule aufs äußerste gefährdeten. Goethe half zwar noch, die Krise zu überwinden, doch dann zog er sich entschieden von allen Aufgaben der Landesverwaltung zurück.

Die Aufgaben, die er 1788 noch übernahm, waren ausschließlich künstlerisch-kultureller oder auch wissenschaftlicher Art. Neben der Neugründung und Förderung wissenschaftlicher Institutionen in Jena war es die Leitung des Theaters in Weimar, die Mitwirkung beim Weimarer Schloßbau, die Aufsicht über die Bibliotheken in Weimar und Jena sowie die Aufsicht über ein von ihm in Weimar begründetes Kunstmuseum. Im Zusammenhang mit der Umwandlung des Geheimen Consiliums in ein Geheimes Staatsministerium im Winter 1815/16 wurden die verschiedenen Wirkungsbereiche Goethes organisatorisch vereint zu einer »Oberaufsicht über die unmittelbaren Anstalten für Wissenschaft und Kunst in Weimar und Jena«. Dieses Amt hat Goethe, seit 1816 Staatsminister, bis zu seinem Tode ausgeübt.

Seite 114: Oberes Treppenhaus im Goethehaus.

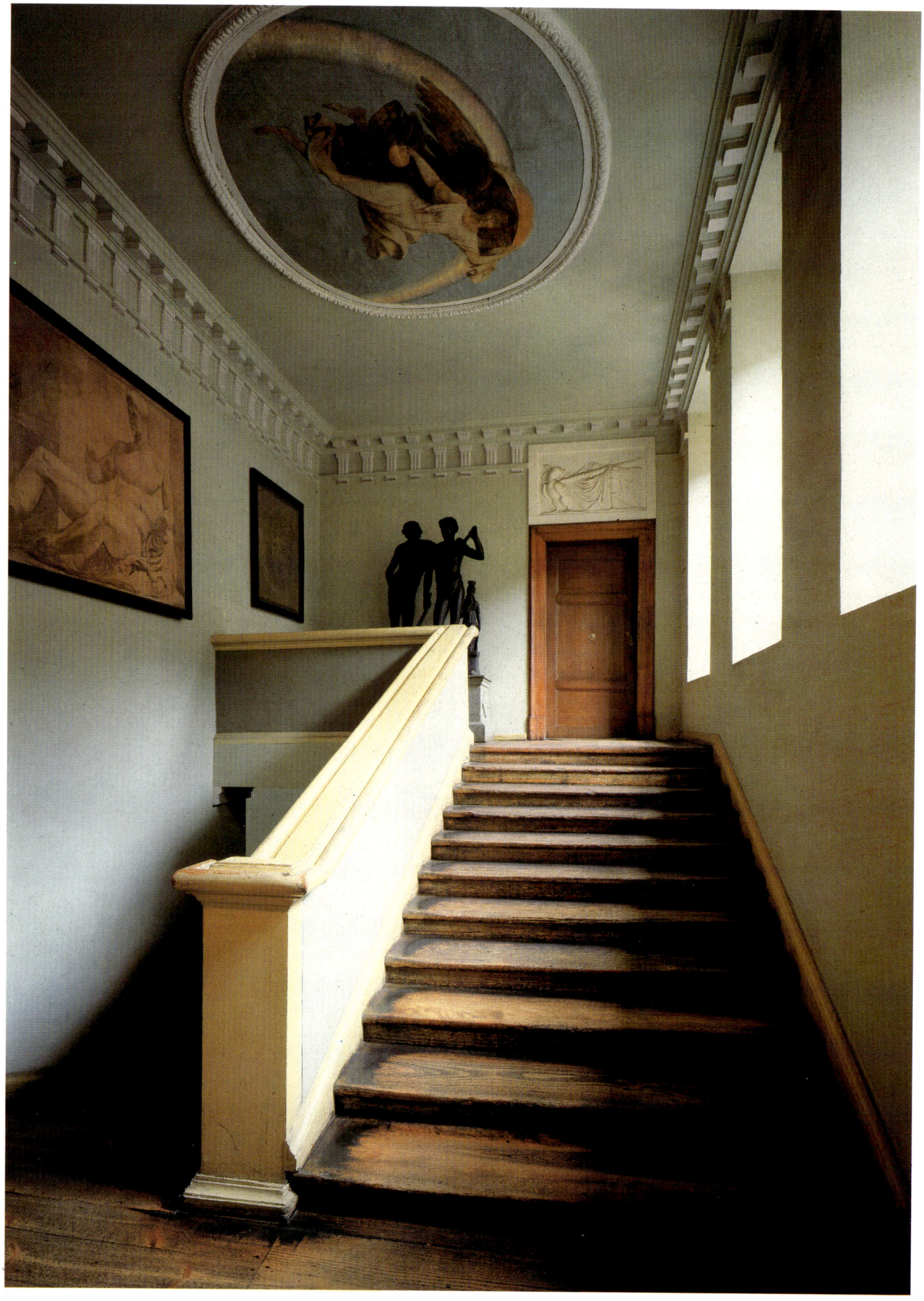

BAUHERR UND ARCHITEKT

Mit Beginn der siebziger Jahre des 18. Jahrhunderts vollzogen sich bedeutende, das äußere Bild der Stadt Weimar bestimmende Veränderungen. Die meisten dieser baukünstlerischen Maßnahmen, die Neugestaltung von Parkanlagen, die Errichtung von Einzelbauwerken und die Bildung von städtebaulichen Ensembles, sind auf irgendeine Weise mit der Tätigkeit und dem Wirken Goethes verbunden.

Für das Weimarer Baugeschehen wurde besonders bedeutungsvoll, daß sich Goethe, über reine architekturgeschichtliche und -theoretische Überlegungen hinausgehend, mit Eifer und Neigung der praktischen Seite des Bauwesens seiner Zeit annahm. Er verfertigte eigene Entwürfe oder verwirklichte seine Vorstellungen mit Hilfe junger Architekten, die er nach Weimar führte. An allen großen Bauvorhaben des Landes war er lenkend oder direkt leitend beteiligt, er bemühte sich um viele praktische Fragen der Bauausführung und beschäftigte sich mit der Lösung von Baudetails. In dieser ganzen Breite seines universalen Wirkens spielte Goethe eine bemerkenswerte Rolle für die Weimarer Baukunst und darüber hinaus für die Herausbildung und Entwicklung der klassizistischen Architektur in Deutschland.

Die ersten architektonischen Eindrücke erhielt Goethe in seiner Geburtsstadt Frankfurt mit ihren repräsentativen Bürgerhäusern, die sich durch Gediegenheit auszeichneten und mit ihren Formen am Althergebrachten hafteten. Bald begegnete er jener Strömung architektonischer Anschauung, die in der Wiederbelebung der Kunst der Alten ihr Ziel sah und die seine Kunst- und Architekturauffassung entscheidend prägen sollte. In Leipzig erhielt er Zeichenunterricht bei Adam Friedrich Oeser, einem abgesagten »Feind des Schnörkel- und Muschelwesens und des ganzen barocken Geschmacks«,[1] der ihn mit der Lehre und den Werken seines verehrten Freundes Johann Joachim Winckelmann vertraut machte. Die Schriften Winckelmanns und besonders die 1764 erschienene »Geschichte der Kunst des Altertums« wurden mit Enthusiasmus studiert, die berühmte Formulierung von der »edlen Einfalt und stillen Größe«[2] wurde eines der Leitbilder Goethescher Architekturauffassung und -betrachtung.

Besonderen Eindruck machten auf ihn die Parkanlagen des Fürsten Franz von Dessau in Wörlitz, wo er während seiner ersten Weimarer Jahre häufig zusammen mit Carl August weilte. »Hier ists jetzt unendlich schön«, schrieb er in einem Brief an Charlotte von Stein, »in der sachtesten Mannigfaltigkeit fliest eins in das andre, keine Höhe zieht das Auge und das Verlangen auf einen einzigen Punckt, man streicht herum ohne zu fragen wo man ausgegangen ist und hinkommt«[3].

Hier traf er aber auch den erfahrenen und weitgereisten Architekten des Fürsten, Friedrich Wilhelm Erdmannsdorff. Die Begegnung mit dessen bedeutendstem Gebäude – dem Wörlitzer Schloß, einem der frühesten klassizistischen Bauwerke in Deutschland – wurde für ihn zu einem Erlebnis, das ihn zu aktiver Beschäftigung mit der Architektur anregte. »Viel Liebe zur Bau kunst«, vertraute er am 9. Dezember 1778 seinem Tagebuch an. Wenige Tage später schrieb er: »Architektur gezeichnet um noch abgezogner zu werden. Leidlich reine Vorstellung von vielen Verhältnisse.«[4] Seit längerem beschäftigte er sich schon mit dem »Bauunwesen des Landschaftshauses«[5], befaßte er sich »mit Grillen zum neuen Schloßbau« und hatte Ideen zum Theater, für das er unablässig Risse kritzelte.[6]

Während seines ersten Weimarer Jahrzehnts gingen von ihm entscheidende Anstöße zur Neu- und Umgestaltung der Weimarer Parkanlagen im

Adam Friedrich Oeser.
Stich von Schultze nach einem Ölgemälde von Anton Graff, 1775.

Sinne des Landschaftsparks englischer Prägung aus. Das begann mit den aktiven gärtnerischen Bemühungen um den eigenen Hausgarten, in dem Goethe seine gartenkünstlerischen Ideen zu verwirklichen suchte; er verfertigte 1776 Skizzen zu einer englischen Gartenanlage, legte Wege und Rasenbänke an und pflanzte. Bereits ein Jahr später ließ er in seinem Garten den Stein des guten Glücks, der agathe tyche, errichten, der aus einer Kugel auf einem Kubus besteht. Auch im Belvederer Schloßpark war Goethe einer der Initiatoren der neuen Gartenideen; er errichtete im Jahre 1776 eine Einsiedelei »allerley Plätzgen drinn für arme Krancke und bekümmerte Herzen« und beteiligte sich an der mutwilligen Zerstörung der verfallenden barocken Anlagen am Schloß.[7]

Mit dem Jahre 1778 begann die Gestaltung des Weimarer Ilmparkes. Zur Erinnerung an den Freitod des Hoffräuleins Christiane von Laßberg errichtete Goethe zusammen mit dem Hofgärtner Gentzsch in einem aufgelassenen Steinbruch am Ufer der Ilm eine »wunderbar künstliche, anmuthig wilde, ... Art von Felsen und Grottenwerk«[8] mit einer verwinkelten Treppe und einem Felsentor, dem heutigen Nadelöhr. »Es waren Arbeiter unten, und ich erfand ein seltsam Plätzgen, wo das Andencken der armen Cristel verborgen stehn wird ... Ich hab mit Gentschen ein gut Stück Felsen ausgehölt, man übersieht von da, in höchster Abgeschiedenheit, ihre lezte Pfade und den Ort ihres Tods. Wir haben bis in die Nacht gearbeitet, zulezt noch ich allein bis in ihre Todes Stunde ...«, schrieb er am 19. Januar 1778 an Charlotte von Stein.

Ebenfalls noch ganz im Geist der Empfindsamkeit arrangierte er im gleichen Jahr eine Festlichkeit anläßlich des Geburtstages der Herzogin Luise. Ein alter Pulverturm, ein halbverfallener Mauerrest und eine mit Stroh gedeckte und Moos bekleidete Holzhütte bildeten die Szenerie einer Einsiedelei, die später den Namen Luisenkloster erhielt. Herzog Carl August ließ die Mooshütte in ein schindelgedecktes Holzhaus, das sogenannte Borkenhäuschen, umbauen und nutzte es als bevorzugten Sommeraufenthalt bis zum Bau des Römischen Hauses.

Gemeinsam gestalteten nun in den Folgejahren Carl August und Goethe das südwärts verlaufende linke Steilufer der Ilm um, das die Bezeichnung Kalte Küche trug. Es wurde gerodet und gepflanzt, Wege und Plätze wurden angelegt und im Sinne einer neuen englischen Anlage mit Erinnerungsmalen, Gedenksteinen und anderen Elementen ausgestattet. Am 5. August 1778 schrieb Goethe an Merck: »In meinem Thal wird's immer schöner, das heißt es wird mir näher und Andern und mir genießbarer, da ich die vernachlässigten Plätzchen alle mit Händen der Liebe polstre und putze ...« Je mehr sich jedoch Carl August der Parkgestaltung annahm, desto mehr zog sich Goethe zurück, so wie er sich auch sehr bald von der sentimentalen empfindsamen Naturschwärmerei distanzierte. Beratend und helfend war er jedoch auch künftig noch tätig, vor allem wenn es um Angelegenheiten der Parkarchitekturen ging. So nahm er zum Beispiel noch in den Jahren 1816 und 1823, als das Tempelherrenhaus einen gotischen Turm erhielt und zu einem Sommerhaus für die großherzogliche Familie umgebaut wurde, bestimmenden Einfluß auf die Gestaltfindung.

Sein Einfluß als Initiator und Mitgestalter der Weimarer Parks und als Förderer der neuen englischen Parkgestaltungsideen erstreckte sich auch auf die Parkanlagen am Schloß Ettersburg und am Sommersitz der Herzoginmutter Anna Amalia in Tiefurt. Mit der Aufführung Friedrich Hildebrand von Einsiedels Nachtstück »Adolar und Hilaria« 1780 auf der Naturbühne in Ettersburg und seines eigenen Singspieles »Die Fischerin« im Park an der Ilm in Tiefurt im Jahre 1782 wußte Goethe die höfischen Kreise für seine Bemühungen und Tätigkeiten zu interessieren. Seine gestalterische Mitwirkung für den Tiefurter Park geht aus einem Schreiben Anna Amalias an Knebel hervor, in dem sie von einem Plan spricht, den ihr Goethe für das Entree im Garten habe machen lassen.

Die Reise nach Italien war für Goethes künftiges Leben von bestimmender Bedeutung, vor allem die Begegnung mit der antiken Kunst, den antiken Monumenten blieb von nachhaltiger Wirkung. Er beschäftigte sich außerordentlich intensiv mit der Architektur, er beobachtete, zeichnete sehr viel und verglich. »Einen großen Teil der Zweifel über die Baukunst, werde ich bey meiner Rückkunft lösen können«, schrieb er am 3. Februar 1787 seinem Diener Philipp Seidel. Doch vorerst war es die Be-

Felsentreppe im Ilmpark.
Tuschlavierte Bleistiftzeichnung von Goethe, 1777.

gegnung mit den Bauwerken Andrea Palladios, dessen Gebäude er schon seit langer Zeit studiert hatte und deren Erlebnis für ihn zu einem ersten Prüfstein seiner architektonischen Anschauungen wurde. Goethe sah in Palladios Werk eine Möglichkeit, im Sinne der Alten zu bauen. Er bewunderte die berühmte Villa Rotonda, die »von weitem ganz köstlich« sei, aber »beinahe ein wenig zu toll gemacht«, fand das Olympische Theater in Vicenza »unaussprechlich schön« und beschäftigte sich – wie das Tagebuch vom September 1786 meldet – intensiv mit den zahlreichen Palast-, Villen- und Kirchenbauten des Architekten im oberitalienischen Raum. Goethe betrachtete diese Bauwerke unter dem Gesichtspunkt der Zweckdienlichkeit, der Zweckbestimmtheit, und verstand die Schönheit als Folge und Ausdruck, nicht als Ursprung und Ziel eines Baumeisters. So brachte er auch wenig Verständnis auf für die venezianische Gotik, die ihm in der Markuskirche und im Dogenpalast in Venedig begegnete. Diese Bauart ist ihm »jeden Unsinns wert« und ist das »sonderbarste was der Menschen Geist ... hervorgebracht hat«[9]. Eiligst durchlief er die Kunststadt Florenz mit ihren Frührenaissancepalästen, mit dem gotischen Dom und dem romanischen Baptisterium. Hier tat sich ihm eine ganz neue, unbekannte Welt auf, in der er nicht verweilen wollte.

Für Goethes Anschauung der Architektur und bildenden Kunst wurden der Rom-Aufenthalt und die sizilianische Reise zum Höhepunkt. Unter den Bauwerken des alten und neuen Rom waren es vor allem der Kuppelbau des Pantheon und der gewaltige Bau des Kolosseums, die ihn wegen ihrer »inneren Großheit« beeindruckten. Er ergötzte sich zwar an der Größe und Pracht der Peterskirche, aber die antiken Bauwerke hatten sein Gemüt so eingenommen, daß er daneben die prachtvollen Bauten der Hochrenaissance und des Barock oder die frühchristlichen Basiliken kaum sah.

Waren bisher für die Betrachtung und Beurteilung von Gebäuden die Kriterien der Zweckmäßigkeit, der Übereinstimmung der Form mit dem Inhalt eines Hauses, maßgebend gewesen, so wurde er nun in Rom auf die Bedeutung des Materials aufmerksam. Die Verbindung von wahrem Zweck und ihm angemessenem Material ist notwendig, um eine gemäße Form zu bilden. In dieser Einheit von Inhalt und Materie lag für Goethe der Begriff des Klassischen, der sich ihm in den Bauwerken der griechischen Antike in Süditalien am eindringlichsten offenbarte. In den Tempeln von Paestum, Agrigento und Segesta sah er hellenische Harmonie und Klarheit am reinsten verkörpert. Das Theater von Taormina begeisterte ihn gleichermaßen als Natur- und als Kunstwerk, und Paestum wurde für ihn »die herrlichste Idee«[10], die er nun nordwärts vollständig mitnahm.

Goethe erkannte in der klassisch-griechischen Baukunst ein ideales Vorbild, dessen Prinzipien für die zeitgenössische künstlerische Tätigkeit zum Maßstab werden sollte. Seine Ideen- und Gedankenwelt wirkte befruchtend auf den befreundeten Künstlerkreis in Rom und besonders auf die deutschen Architekten – Heinrich Abraham Wolff aus Kassel, Peter Joseph Krahe aus Düsseldorf, Johann August Arens aus Hamburg und Hans Christian Genelli aus Berlin –, die hier die entscheidenden Anregungen für ihr späteres Schaffen erhielten und zu Trägern der hochklassizistischen Baukunst in Deutschland werden sollten.

Er selbst war voller Pläne und Gedanken und bat seine Bekannten in Weimar, bauliche Veränderungen bis zu seiner Rückkehr aufzuschieben. Dem Herzog schrieb er, daß er neue Pläne für auszuführende Bauten mitbringen werde. Nach der Rückkehr beschäftigte er sich eingehender mit Architekturpublikationen und veröffentlichte zunächst seine in Italien gewonnenen kunsttheoretischen Erkenntnisse in einer Reihe von Aufsätzen.

Bald aber kam es mit dem Aufleben der Bautätigkeit auch zur praktischen Nutzanwendung und Verwirklichung seiner Architekturgesinnung. Als Mitglied der Schloßbaukommission besaß Goethe bedeutende Möglichkeiten der Einwirkung auf die Wiedererrichtung des im Mai 1774 abgebrannten Residenzschlosses, auf den Neubau des Römischen Hauses und den Bau des Lauchstädter Theaters; er beeinflußte maßgeblich den Umbau des Hoftheaters und die Errichtung des Schießhauses der Schützengesellschaft.

Auch die Umbaumaßnahmen in seinem eigenen Wohnhaus am Frauenplan fallen in diesen Zeitraum. Das ist in unserem Zusammenhang bemer-

Luisenkloster im Ilmpark.
Tuschlavierte Bleistiftzeichnung von Goethe, 1778.

kenswert, da Goethe für den Umbau, vor allem für den Einbau eines neuen Treppenhauses, selbst die Rolle des Architekten übernahm.

Bei allen anderen Aufgaben hat er seine Kunstauffassung und seine Intentionen in das Können der Baukünstler eingehen lassen. Auch aus diesem Grund wird man bevorzugt junge Architekten für die Weimarer Bauaufgaben herangezogen haben, die sich in Rom oder Paris mit der klassizistischen Kunstauffassung vertraut gemacht hatten und, am Beginn ihrer Laufbahn stehend, in der Zusammenarbeit mit Goethe einen Gewinn für ihre Arbeit sahen. Goethes Verhältnis zu den Künstlern war von einem tiefen Verständnis für ihre künstlerische Art bestimmt; es waren durch ein gegenseitiges Geben und Nehmen charakterisierte Bindungen, die Goethe mit seiner persönlichen und amtlichen Autorität prägte.

Mit der Einberufung der Schloßbaukommission im März 1789 durch Herzog Carl August war der entscheidende Schritt zum Wiederaufbau des 1774 ausgebrannten Residenzschlosses getan. Neben Goethe, in den Augen des Herzogs der erste Mann in diesem Gremium, wurden Hofrat Christian Gottlob Voigt, damals noch Regierungsrat und Mitglied des Kammerkollegiums, sowie Kammerpräsident Johann Christoph Schmidt und Oberforstmeister von Wedel berufen. Während Goethe sich bevorzugt um die künstlerischen Aufgaben beim Wiederaufbau bemühte, besorgten vor allem Voigt und Schmidt – nicht immer frei von bürokratischen Sonderneigungen – die finanzielle Seite des Bauens. Die Mitwirkung des Weimarer Baukonstrukteurs Johann Friedrich Rudolph Steiner blieb auf die »mechanische Ausführung«, d.h. auf die praktische Leitung des Baues, beschränkt. Bereits in der ersten Sitzung wurden in zwölf Verhandlungspunkten entscheidende Festlegungen getroffen, zum Beispiel zur funktionellen Grundrißordnung, der Anordnung der Wohnraumfolgen und der Treppenhäuser und zur Trockenlegung des Schloßgrabens und des Küchteiches. Am 1. August 1803, fast 30 Jahre nach dem verheerenden Brand und nach einer vierzehnjährigen Bauzeit, konnte die herzogliche Familie das mit einem Gesamtaufwand von rund 690000 Reichstalern neu erbaute Schloß beziehen.

Da es in Weimar keinen geeigneten Baumeister für die Realisierung des Schloßbauvorhabens gab, trat Goethe für die Berufung eines auswärtigen Architekten ein. Diesen fand er in dem jungen Hamburger Architekten Johann August Arens, dessen künstlerische Haltung er ja in Rom kennengelernt hatte. Anfang Juni 1789 traf Arens in Weimar ein, und Goethe äußerte sich am 9. Juni befriedigt gegenüber Charlotte von Stein: »Der Baumeister Arens ist jetzt hier und ich erfreue mich jetzt wieder der Nähe eines Künstlers«; und am 6. Februar 1790 berichtete er dem Herzog: »Arens hat uns recht schön aufs Klare geholfen und wir können die ersten Schritte mit Zutrauen und gutem Muth wagen.« Im Herbst des gleichen Jahres konnte das Richtfest für einen ersten Gebäudeteil festlich begangen werden. Die Hauptleistung des Hamburger Architekten, der zu drei Besuchen bis 1791 die entscheidenden Risse und Detailzeichnungen lieferte, liegt in der Neuordnung der Grundrisse und in der Gestaltung der Fassaden, von denen vor allem die Ostfassade zur Ilm mit dem eingefügten Zwischenbau, der neuen Haupttreppe, hervorzuheben ist.

Der Tempel von Segesta.
Radierung von A. Duncker nach Philipp Hackert, undatiert.

Für den unteren Teil dieses Treppenhauses lieferte Arens die innenarchitektonischen Entwürfe.

Obwohl sich der Rohbau infolge politischer Ereignisse und finanzieller Schwierigkeiten noch bis 1797 hinschleppte, erforderte der Innenausbau des Schlosses bereits jetzt Aufmerksamkeit. Goethe widmete sich dieser Aufgabe mit großem Eifer und war fast täglich auf der Baustelle anzutreffen, wo er sich um den Fortgang der Glaser- und Tischlerarbeiten oder um das Setzen der Öfen und das Tünchen der Wände kümmerte.

1798 klagte er: »Wir sind freylich bey unserm großen Schloßbau ... übel dran daß wir nicht einen eignen Mann haben, sondern sie immer mit ansehnlichen Kosten auswärts borgen müssen.«[11] Er erkannte die Gefahren, die durch den ständigen Wechsel in der architektonischen Leitung für die Kontinuität des Baues und seine gestalterische Qualität entstehen konnten.

Für die Ausstattung der Innenräume wurde die Hand eines fähigen Architekten notwendig. Die eingeleiteten Verhandlungen mit dem berühmten Pariser Architekten Charles Louis Clérisseau, der bereits einen Entwurf für die Ausgestaltung des großen Saales geliefert hatte, sowie mit dem Leipziger Baudirektor Johann Friedrich Carl Dauthe wurden von Goethe wohl vor allem aus künstlerischen Erwägungen unterbrochen. In Stuttgart fand er in Nicolaus Friedrich Thouret einen geschickten Mann für die Innendekoration des Weimarer Schlosses, der sich dieser Aufgabe bis in das Jahr 1800 mit großem Fleiß unterzog. Durch Mißgunst verärgert, zog sich Thouret zurück und verzichtete auf seinen dritten Besuch im Herbst 1800.

Bereits im Januar 1799 wurde auf Vorschlag Goethes Johann Heinrich Meyer mit der stetigen künstlerischen Leitung betraut. Entscheidend für die Fortführung der Arbeiten an der Innendekoration der Räume wurde jedoch die Gewinnung des Berliner Oberhofbauinspektors Heinrich Gentz, der, zeitweise von seinem Lehramt an der Königlichen Bauakademie beurlaubt, in den Jahren von 1800

Das Weimarer Schloß nach dem Brand von 1774.
Radierung von G. Schenck, 1774.

bis 1803 den Schloßbau zu einem glücklichen Abschluß führte und das Weimarer Baugeschehen auch an anderen Stellen anregte und beeinflußte. Bei seinem Weggang am 8. August 1803 hinterließ er in Weimar eine der schönsten Raumschöpfungen des deutschen Klassizismus.

Die Zusammenarbeit mit Heinrich Gentz verlief harmonisch und war von großer gegenseitiger Achtung sowie der Gleichgerichtetheit ihrer Auffassungen und ihres Handelns geprägt. So schrieb Gentz, daß er »sich der Leitung Ihres bewährten Geschmacks und Ihres so vorzüglichen Kunstsinnes ganz überlasse«[12]. Goethe setzte vollstes Vertrauen in den bedeutenden Architekten und zeichnete ihn über die amtlichen Geschäfte hinaus durch vielfältigen persönlichen Umgang aus. Goethes Aufzeichnungen über die zwei Wochen des ersten Aufenthaltes von Gentz in Weimar geben ein anschauliches Bild seiner aktiven Anteilnahme am Schloßbau und verdeutlichen die intensive Zusammenarbeit beider.

»Kurzgefaßtes Tagebuch von dem, was bey des Herrn Prf. Gentz hiesigem Aufenthalt geschehen:
Freytag den 28. Nov. Kam derselbe hier an.
Sonnabend, den 29ten. Besuchte mich derselbe früh u ging mit Prf. Meyer u Baumeister Steiner ins Schloß um sich das Geschäft im Allgemeinen bekannt zu machen. Nachmittag 3 Uhr besuchte er mich wieder. Einleitendes Gespräch.
Sonntags, den 30ten. Früh Serenissimo aufgewartet. Mittags Gesellschaft bey mir.
Montags, den 1ten December. Anfang die Zimmer des kleinen Flügels aufzunehmen. Wir durchgingen das Schloß beredeten manches. Darauf in die Möbelkammer nachher noch Serenissimo auf kurze Zeit ins Schloß Sodann ins römische haus ferner nach Belvedere um die Meublen zu sehen. Herrn Mounier besucht.
Dienstags, den 2ten Dec. Fortsetzung der Aufmessung. Lämmerhirt und Müller wurden zugegeben. Abends brachte ich Herrn Gentz zu Gores sodann zu mir wo er in kleiner Gesellschaft zu Nacht speißte. Mittwoch den 3ten. War H. Gentz morgens bey mir Thourets Riße wurden durchgegangen u überhaupt das ganze Geschäft besprochen.
Donnerstag den 4ten. Gingen wir früh das ganze Schloß nochmals durch und wurden mehrere Puncte wiederholt besprochen u ins Klare gesetzt.
Freytag den 5ten. Früh Vortrag der Commission bey Serenissimo. H. Professor Genz war gegenwärtig. Nachmittag besucht derselbe Herrn Hofrath Wieland in Osmannstädt.
Sonnabend den 6ten. Brachte derselbe den Hauptplan zu mir. Nähre Bestimmung der Decoration des kleinen Flügels. Mittag bey H. Geheimde Rath Voigt.
Sonntag den 7ten. Setzte H. Prof. Genz nach den bisherigen Verabredungen und seinen Überlegungen ein Promemoria auf welches ich abends erhielt.
Montag den 8ten. brachte Prof. Gentz einige Stunden des Vormittags bey mir zu. Die Hauptpuncte des Promemoria's sowie verschiedenes was sonst auf den Bau Bezug hat wurden durchgesprochen. Nach Tafel legte ich gedachtes Promem: Serenissimo vor.
Dienstag den 9ten. Setzte ich die Note dagegen auf und kommunicirte sie meinen Herrn Mitcommissarien, sodann in das Schloß, wo sich Herr Gentz und Herr v. Wolzogen einfand. Nachdem auch Serenissim. gekommen waren wurde Verschiedenes durchgegangen und durchgesprochen.
Mittwoch den 10ten. Die Note an Sereniss: zur Approbation eingesendet. Die Reisekosten berichtigt. Mit Despartes wegen der seidenen und Sammet-Tappeten.«[13]

Noch im Jahre 1803 schloß Goethe auf Vermittlung von Gentz einen Vertrag mit dem Berliner Bildhauer Christian Friedrich Tieck zur Ausführung von acht Gipsstatuen für den Festsaal und das Treppenhaus.

So wie sich Goethe als drängende und vorwärtstreibende Kraft in der Schloßbaukommission erwies, die Wahl und die Bindung der Architekten, Maler, Bildhauer und anderer ausstattender Künstler beeinflußte und selbst betrieb, so engagiert kümmerte er sich auch um viele gestalterische Details. Er legte zum Beispiel mit Thouret die Lösung der Deckenanschlüsse ohne Hohlkehle in den Vorzimmern zum Saal fest und wirkte vereinfachend auf die frühklassizistische, noch dem Rokoko verbundene Dekorationsweise.

Rückblickend auf diese Zeit sagte er am 12. Februar 1829 über seine Mitwirkung am Schloßbau zu Eckermann: »Der Weimarische Schloßbau hat mich vor allem gefördert. Ich mußte mit einwirken und war sogar in dem Fall, Gesimse zeichnen zu müssen. Ich tat es den Leuten vom Metier gewissermaßen zuvor, weil ich ihnen in der Intention überlegen war.« Darüber hinaus lag ihm die städtebauliche Einbindung und gartenkünstlerische Gestaltung der Umgebung der neuerrichteten Schloßgebäude sowie die Verbindung zum Fürstenhaus, zur Bibliothek und zum Park besonders am Herzen.

Im Römischen Haus im Ilmpark, dem Sommerhaus Herzog Carl Augusts, spiegelte sich Goethes Architekturauffassung am deutlichsten und unmittelbarsten wider. Nicht nur in der theoretischen Motivation, sondern auch für das Gestaltungsprogramm und die planerische Vorbereitung dieser Bauaufgabe und für die Phase der Bauausführung und Innenausstattung ist seine bestimmende Mitwirkung nachweisbar. Am 27. Dezember 1792 schrieb der Herzog aus dem Feldlager in der Campagne an den vorzeitig zurückgekehrten Freund: »... ich muß ... alle neue Baue übers Jahr einstellen; diesen Ruheort möchte ich aber nicht darein begreifen ... Nimm Dich der Sache ernstlich an. Den Bau des Gartenhauses übergebe ich Dir gantz ... thue, als wenn du für dich bautest, unsere Bedürfnisse waren einander immer ähnlich. Da ich wünschte, bey meiner Rückkunft einen Ruhe Platz fertig zu finden, so erzeige mir den Gefallen, daß endlich einmahl der Plan des Dinges zu Stande komme und schnell ausgeführt werde.«[14]

Bereits in Italien hatte sich Goethe mit Gedanken zum Bau eines solchen Gartenhauses befaßt.

Landhaus und Zypressen am Albaner See.
Lavierte Bleistift- und Tuschzeichnung von Goethe, 1787.

Das Borkenhäuschen im Ilmpark.
Das anstelle des 1778 improvisierten
Luisenklosters errichtete Borkenhäuschen
diente Herzog Carl August lange Zeit
als Sommersitz.

Die Felsentreppe mit dem »Nadelöhr« im Ilmpark. 1778 auf Goethes Veranlassung gestaltet zur Erinnerung an eine unglücklich Liebende, die hier freiwillig aus dem Leben geschieden war.

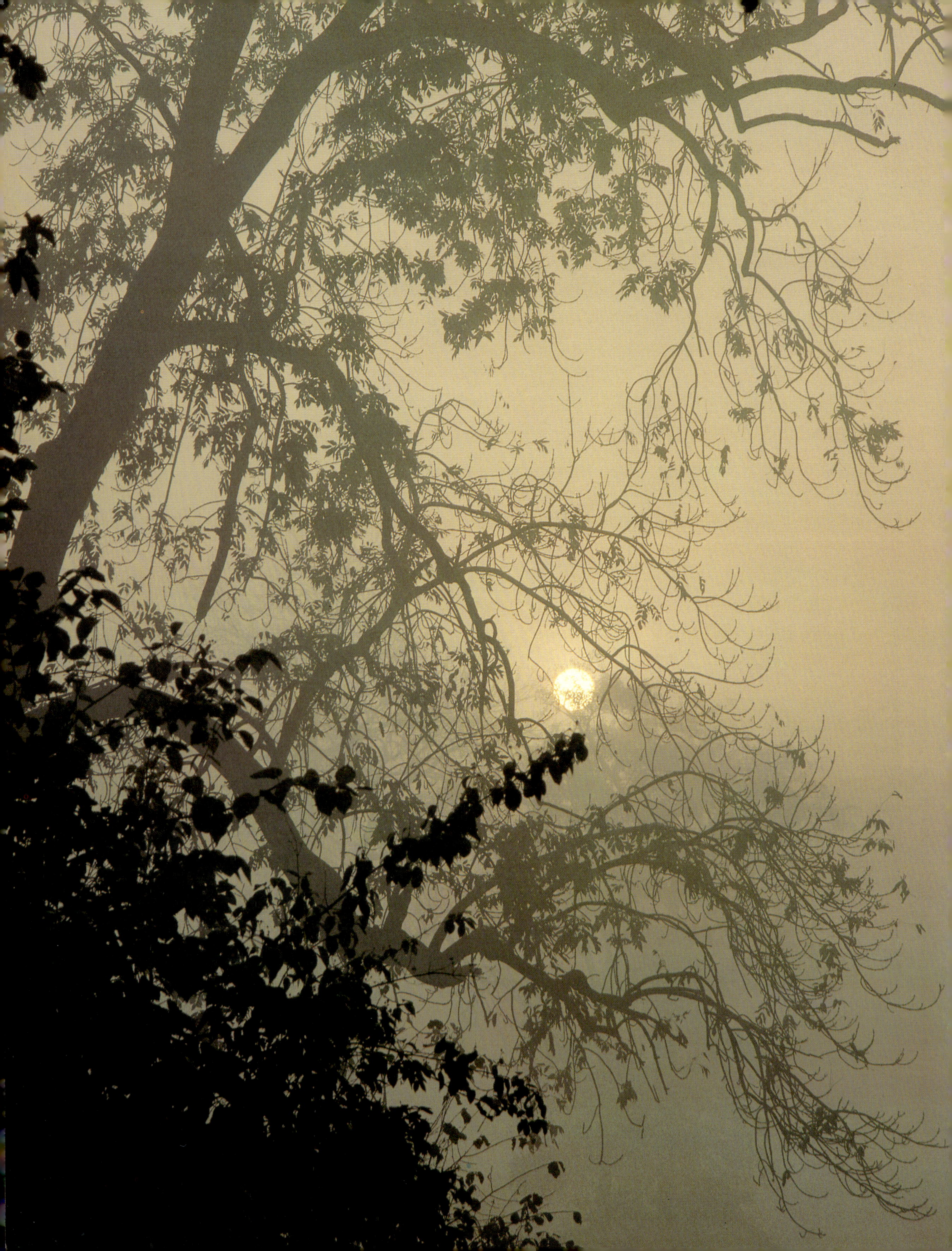

Im Ilmpark.

Der Schlangenstein im Ilmpark.
1787 errichtete, einem herkulanischen
Opferaltar nachgebildete Parkplastik.

Künstliche Ruine im Ilmpark.

Die Ilm.

Seite 130: Die Sternbrücke im ältesten Teil des Weimarer Parks.

Seite 131: Ilmpark. Blick über die Floßbrücke zum Römischen Haus.

Künstliche Ruine im Ilmpark.

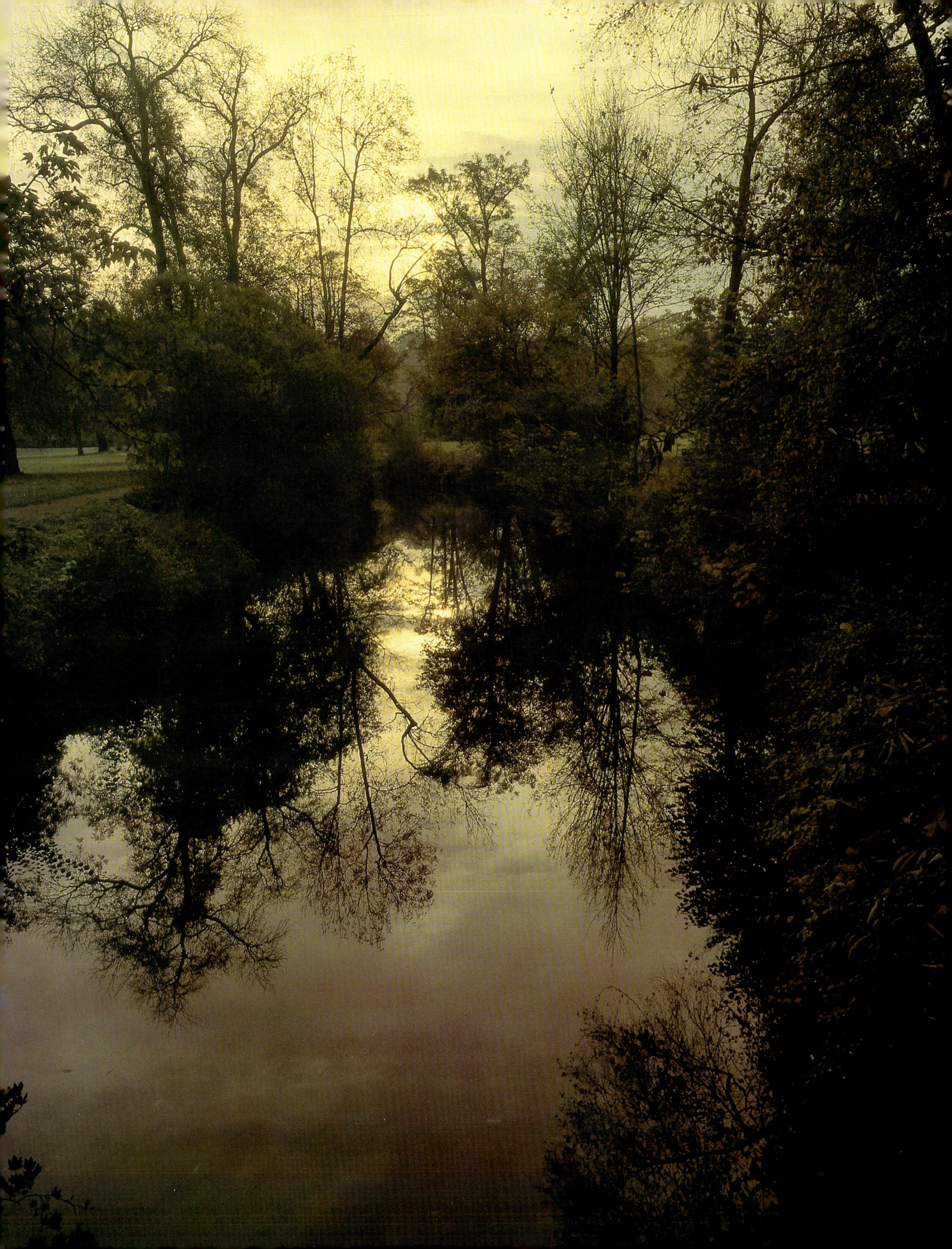

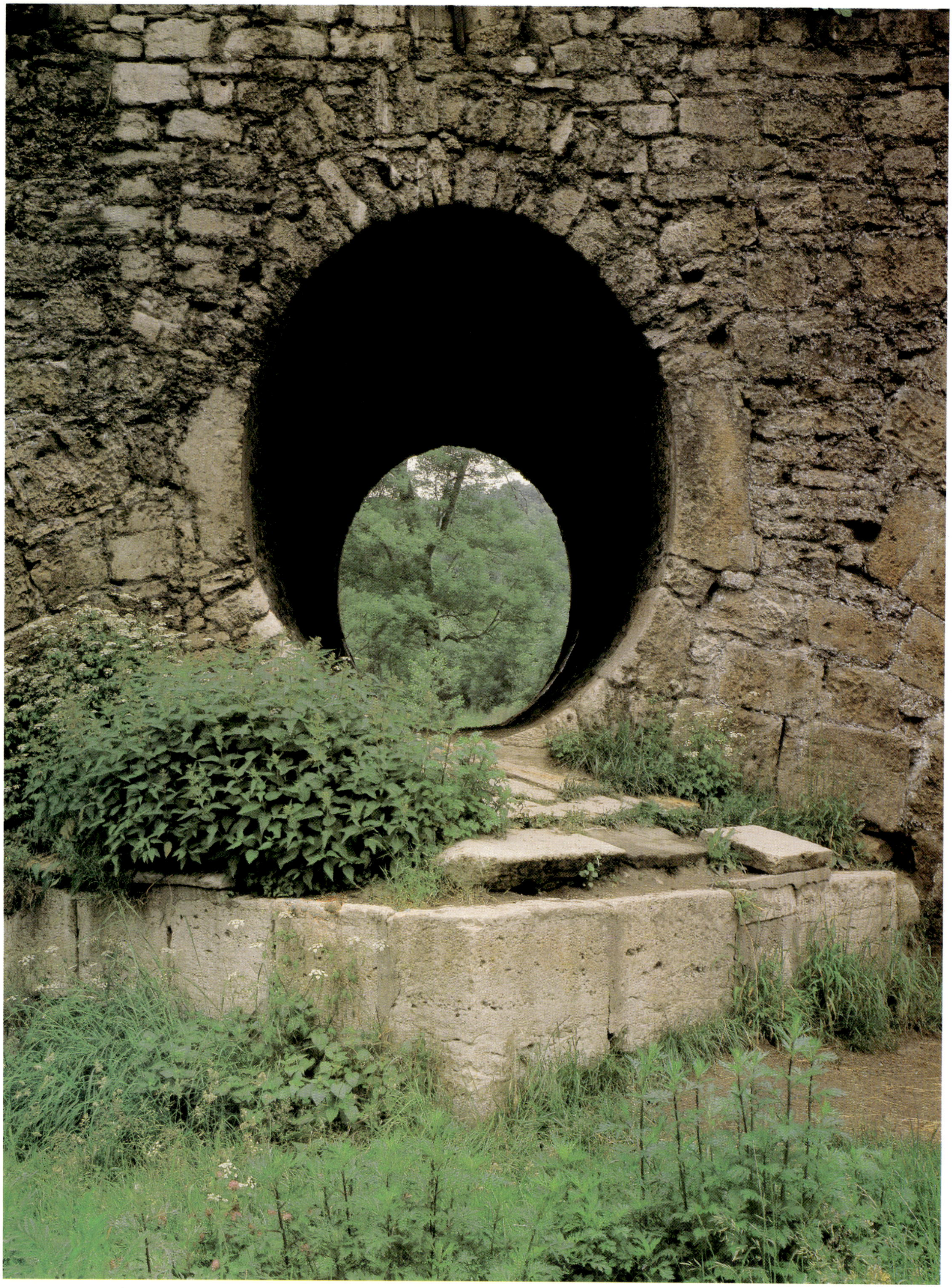

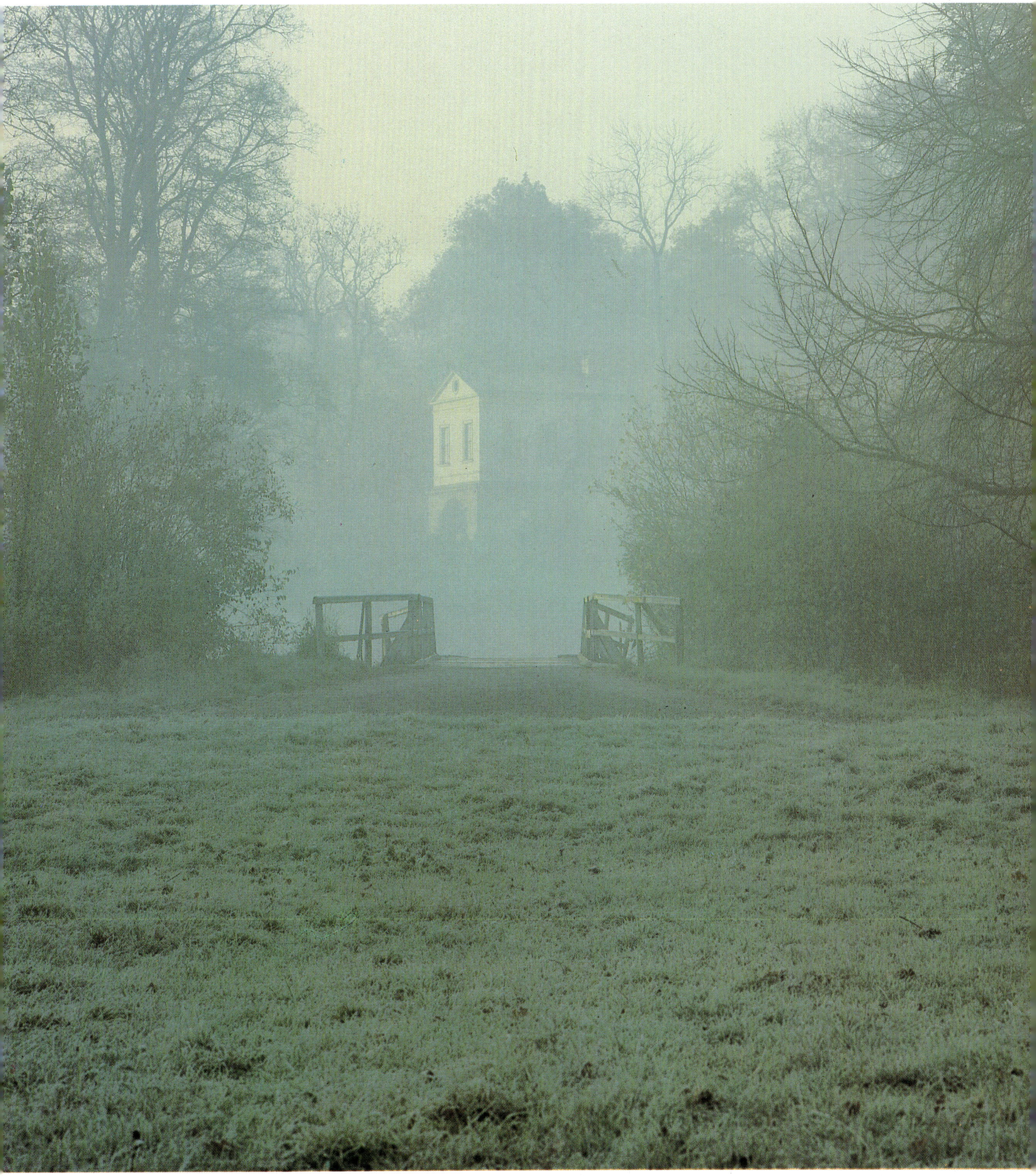

Blick aus dem Park zum Schloß.

Seite 134: Schloß, Innenhof.

Seite 135: Schloß, Falkengalerie.

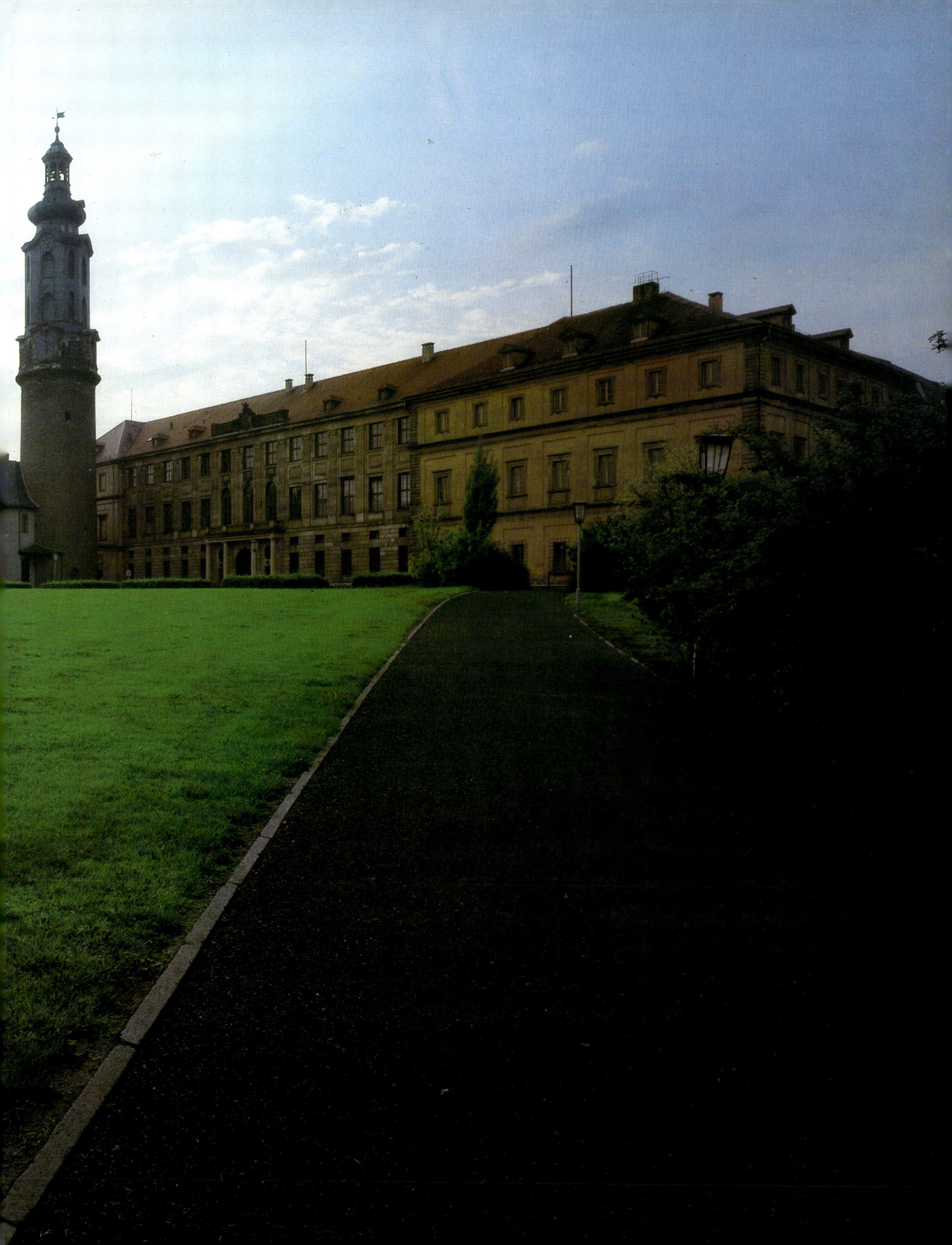

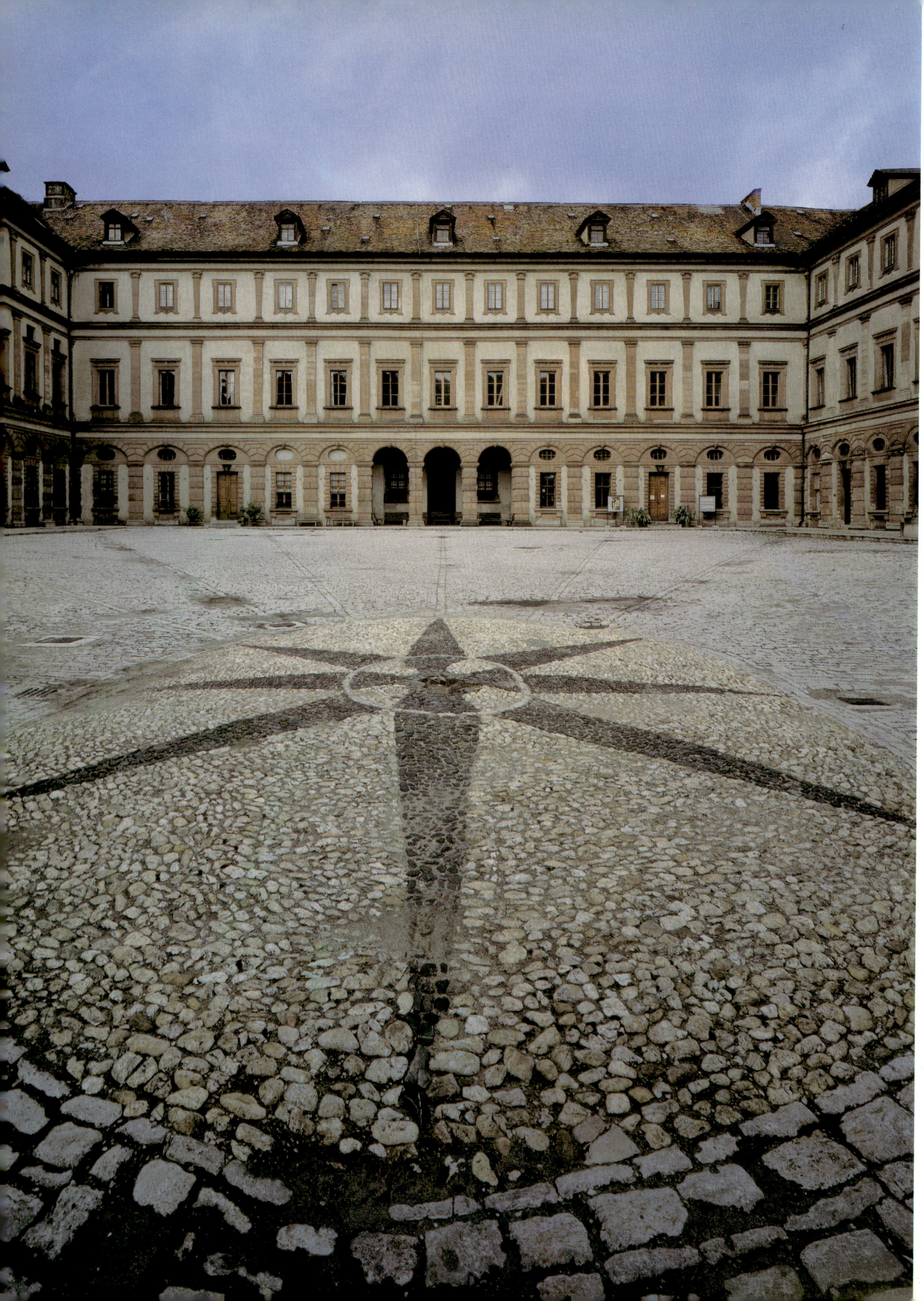

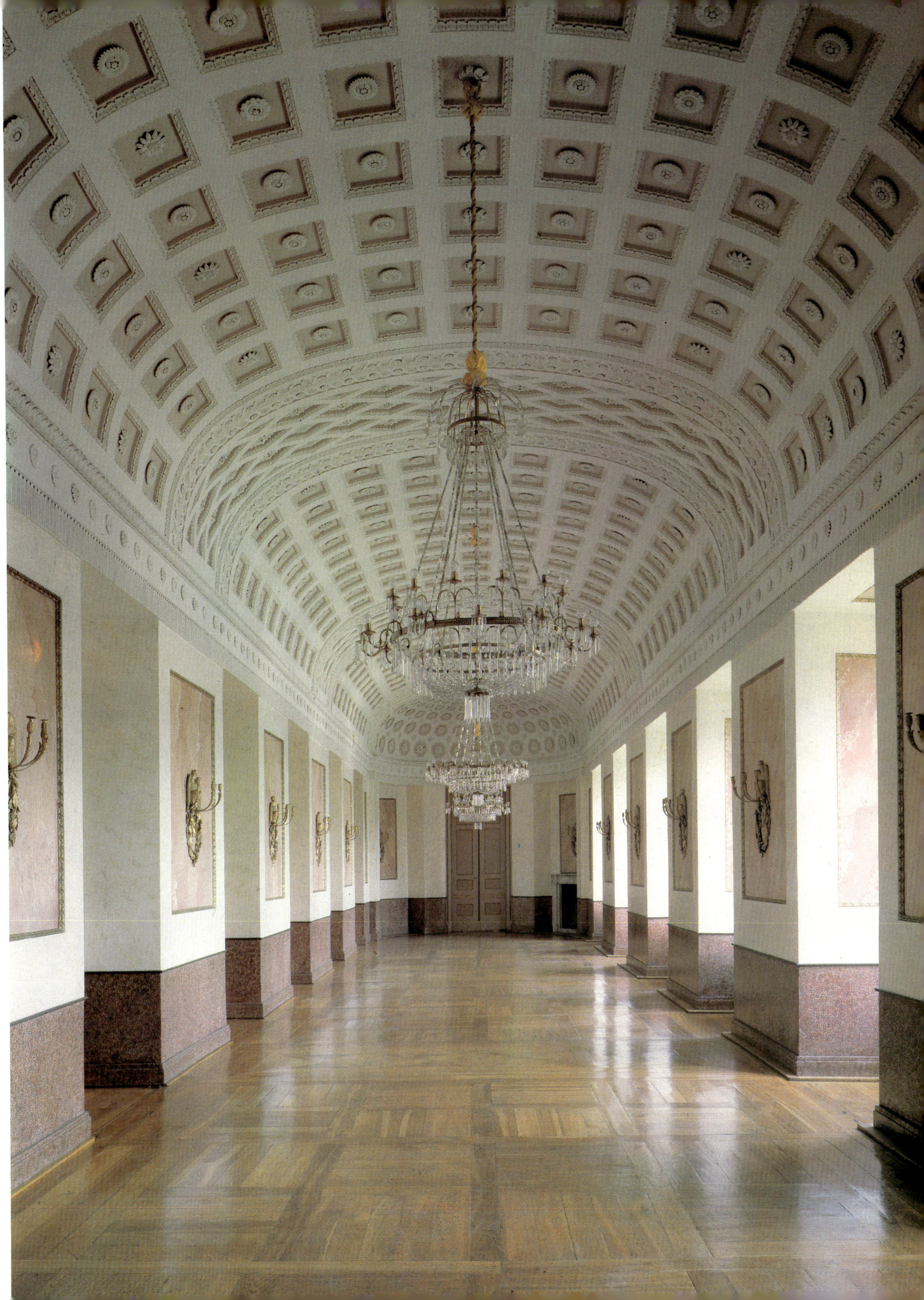

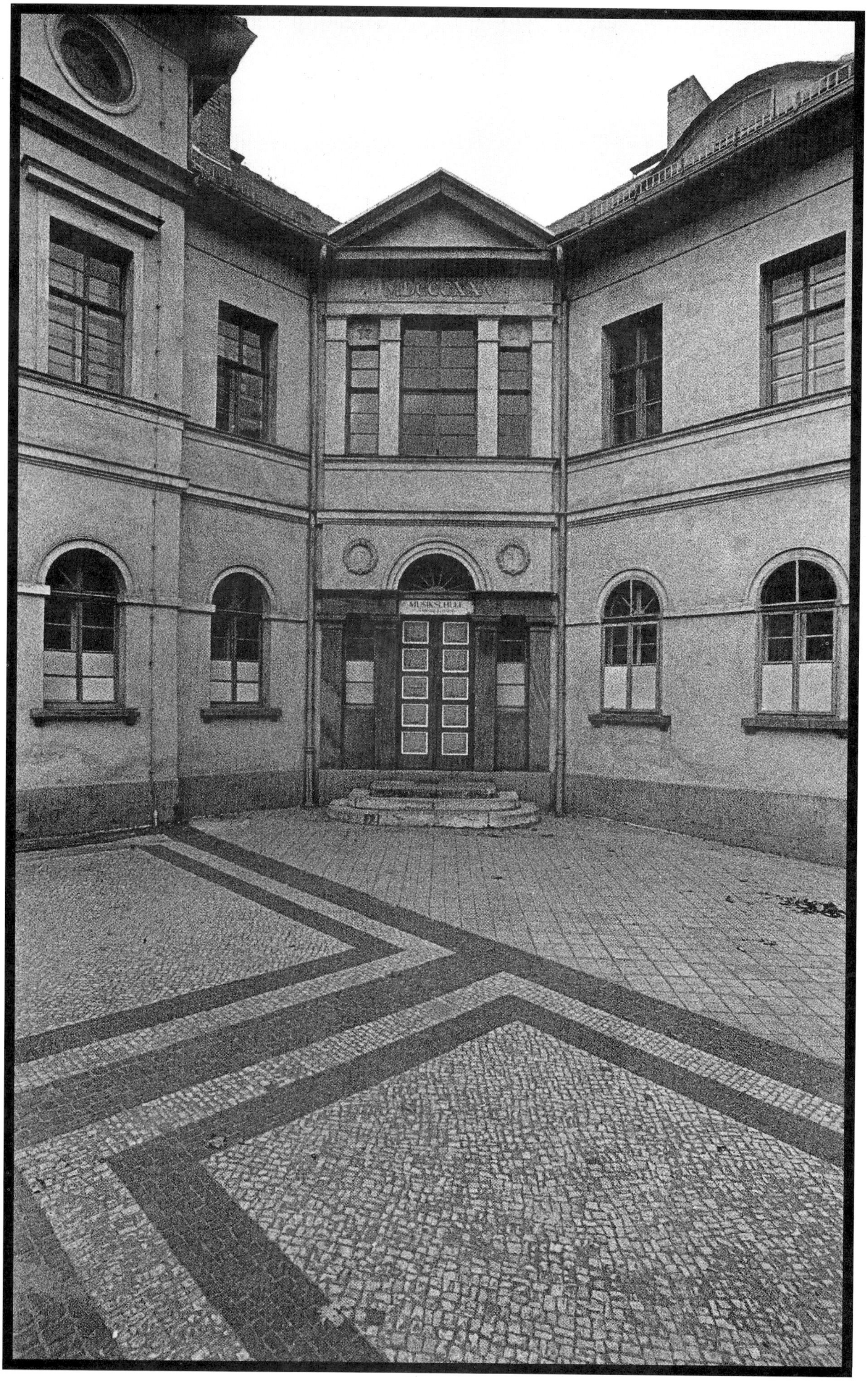

Ehemalige Bürgerschule.　　　　　　　　　　　　　　　　　　　　　　　　　　　　Wielands Grab in Oßmannstedt.

Die »maison de campagne«, das Landhaus, war eine in Mode gekommene Bauaufgabe; Vorbilder dazu fand man vor allem in den in die Landschaft eingebundenen Villenbauten in Italien. Er zeichnete in der Umgebung Roms einfache Fassaden von Gartenhäusern und schrieb nach seinen Architekturerlebnissen in Süditalien und Sizilien an den Herzog: »An Ihre Anlagen habe ich oft gedacht ... Gartenhäuser und Brunnen bringe ich mit.«[15] Entscheidend für die Gestaltfindung und die konkrete Fortführung des Gartenhausbaus wurde die Begegnung Goethes mit Arens in Rom; beide gingen in ihren Bemühungen um eine neue Architektur von gleichen Intentionen und Vorstellungen aus. Vom Jahr 1788 datiert eine erste Zeichnung des Architekten für ein »project d'une maison de campagne«, die Goethe mit nach Weimar brachte.

Aber erst im Sommer 1791 wurde mit den Vorbereitungsarbeiten zu dem Gartenhaus begonnen, und am 28. März 1792 wurde der Grundstein gelegt, nachdem von Arens, der seine Arbeit am Wiederaufbau des Schlosses bereits abgeschlossen hatte, die Zeichnungen aus Hamburg angekommen waren. Zwei Jahre später konnte das Lusthaus, das zum Vergnügen des Herzogs an Natur und Park und ganz nach dem soliden Geschmack der Baukunst der Alten auszuführen sei, gerichtet werden. Da Arens zu weiterer Mitarbeit nicht zu gewinnen war, zog man für den Innenausbau den Dresdner Hofbaukonduktor Christian Friedrich Schuricht heran. Die Verhandlung mit dem Architekten, Beratungen zu den Entwurfsideen und dem ikonographischen Programm und die Bindung der einheimischen Handwerker und Künstler wurden von Goethe selbst betrieben oder mit großer Anteilnahme verfolgt.

Besonders die künstlerische Arbeit des mit Goethe freundschaftlich verbundenen Johann Heinrich Meyer, der sich mit Entwürfen an der malerischen Ausgestaltung der Innenräume beteiligte und die Ausmalung des unteren Durchganges mit einem Musentanz und einer illusionistischen Deckenmalerei, alles in einer etwas steifen Haltung, selbst besorgte, war häufig Gegenstand gedanklichen Austausches. Bitter beklagte man sich über die mangelhafte künstlerische Ausführung durch die Weimarer Maler, zum Beispiel die Arabeskenmalerei im Gelben Zimmer sei »auf eine rettungslose Weise verpfuscht ... mit dem kleinlichsten Jammer, und der elendesten manierten Stricheley, ohne Sinn und ohne Effect gemahlt«[16]. Im Sommer 1797 erfolgte nach etwa fünfjähriger Bauzeit der feierliche Einzug des Herzogs.

Im Bau des Römischen Hauses versuchte Goethe seine beim Studium von Bauwerken der griechischen und römischen Antike gewonnenen Erkenntnisse und Erfahrungen in eine neue Architektursprache umzusetzen. Als Spiritus rector beeinflußte er in diesem Sinne die Architekten und Künstler. In einem Vortrag in der Weimarer Freitagsgesellschaft im Jahre 1795 unterstrich er die Bedeutung, die er diesem Gebäude als Ausdruck der neuen klassizistischen Architekturgesinnung beimaß: »Das Gartenhaus Durchl. des Herzogs kann man das erste Gebäude nennen, das im Ganzen in dem reinen Sinne der Architektur aufgeführt wird, und es würde belehrend sein, sowohl über die Risse als über die Ausführung Betrachtungen anzustellen.«[17]

Wir können annehmen, daß die dem Bau zugrunde liegende Idee eines neueren, römischen Landhauses unter Verwendung von Bauformen der römischen Antike auf einem Sockelbau von Bauresten älterer Zeit, gekennzeichnet durch den Einsatz dorischer Elemente, auf Goethes Intentionen zurückzuführen ist. Anregungen haben sicher auch die zeitgenössischen Bemühungen und die Hinweise zur Parkgestaltung gegeben, die in Hirschfelds Theorie der Gartenkunst (1778–1785) formuliert sind und die der landschaftlichen Einbindung eines Bauwerkes und der Herstellung von Blickbeziehungen und Ausblicken in die freie unverstellte Natur besondere Beachtung schenken.

Mit dem baulichen Ergebnis war Goethe nicht in allen Punkten zufrieden. Er sah den Widerspruch der kostbaren, auf Schurichts Entwurf zurückgehenden Ausstattung mit den Nutzungsanforderungen eines Landhauses (»zu schön, um mit Bequemlichkeit drinnen wie zu Hause seyn zu können«[18]) und kritisierte die Treppenlösung auf der Nordseite des Hauses: »Das Römische Haus wird mit jedem Tage unrömischer und die Seite der Luft- und Hühnertreppe immer abscheulicher je fertiger alles darum herum wird.«[19]

Im Jahre 1792, zur gleichen Zeit, als in Weimar die bedeutendsten klassizistischen Bauwerke, das Schloß und das Römische Haus, im Entstehen begriffen waren, ging Goethe auch daran, das Haus am Frauenplan nach seinen persönlichen Bedürfnissen umzugestalten. Hier konnte er seine Architekturvorstellungen – im Rahmen eines barocken Bürgerhauses – verwirklichen; und so wurde das Haus mit seinen charakteristischen Innenräumen zu einem Spiegel seines Lebens und Wirkens, seiner Eigenheiten und seiner Anschauungen.

Die baulichen Veränderungen und Renovierungen, die insgesamt von 1792 bis zum Dezember 1798 dauerten, beanspruchten eine Summe von fast 4000 Reichstalern. Der weitestgehende Eingriff in die barocke Substanz und den barocken Charakter des Hauses erfolgte durch den Einbau eines großzügigen neuen Treppenhauses. Sicher angeregt und beeinflußt durch die schönen Renaissance-Treppenanlagen in Italien, fertigte Goethe Entwurfsskizzen für den Umbau an. Genau nach diesen Zeichnungen wurde die breite Treppe, mit den drei behäbig ansteigenden Läufen, den drei Podesten und den flächigen glatten Brüstungen und fast schmucklosen Wänden in den Jahren 1792 bis 1795 errichtet. Zur Verbesserung der inneren Kommunikation ließ Goethe nach seinen Vorstellungen ein weiteres, gewendeltes, Treppenhaus und das tonnengewölbte Brücken- oder Büstenzimmer als Verbindung zwischen dem Vorder- und dem Hinterhaus neu bauen. Die Farbigkeit vor allem der Repräsentationsräume des Vorderhauses ist, soweit sie auf der Grundlage restauratorischer Untersuchungen und Behandlungen bisher wiederhergestellt wurde, als ein Ergebnis von Goethes physiologischer Farbendeutung anzusehen.

Von besonderem Interesse ist auch die Änderung der Fassade zum Frauenplan im klassizistischen Sinne, die im Jahre 1802 beabsichtigt war und zu der Johann Friedrich Rudolph Steiner den Entwurf lieferte. Wir wissen nicht, ob ökonomische Überlegungen oder stilistische Bedenken die Ausführung verhinderten.

Neben seinen vielfältigen amtlichen und persönlichen Bemühungen um die Errichtung und Gestaltung von Einzelbauwerken für den Herzog in Weimar, für das Schloß und das Römische Haus,

Das obere Treppenhaus in Goethes Haus am Frauenplan.
Entwurfsskizze von Goethe, 1792.

das Theater, die Bibliothek und das Reithaus, und um die Verwirklichung eigener Bauideen beim Umbau seines Hauses am Frauenplan engagierte sich Goethe auch für ein geplantes und geordnetes Wachstum der Stadt. Besonders das Fehlen einer allgemeinen Bauordnung veranlaßte ihn im Jahre 1798, als es um die Bebauung des ehemaligen Schweinsmarktes am heutigen Goetheplatz ging, mit einer Eingabe mit selbstgezeichnetem Lageplan, architektonischen Rissen und Erläuterungen in das beabsichtigte Baugeschehen einzugreifen: »Wer unsere Baulustigen und Handwerker kennt, wird von der neuen Anlage wohl schwerlich etwas architektonisch Befriedigendes erwarten. ... Nur eine allgemeine feste Vorschrift« könne die künftigen Erbauer abhalten, »in die neue Anlage nichts ganz Ungeschicktes einzumischen.«[20] In dieser Eingabe formulierte er Forderungen zur städtebaulichen Lösung, zum Straßenverlauf, zur Anlage des Platzes und Grünraumgestaltung, machte gleichzeitig Vorschläge für die Bebauungsform, die Hausarchitektur, die Farbigkeit der Häuser und vergaß auch die Wegebefestigung nicht. Wenn seine architektonischen Einzelforderungen auch unberücksichtigt blieben, so kann man doch feststellen, daß die heutige städtebauliche Situation des Goetheplatzes, die Gesamtanlage des Platzes, die Straßenführung und die Baufluchten auf die Goetheschen Forderungen zurückzuführen sind. In der gleichen Eingabe setzte er sich für die weitere Bebauung der Ackerwand, der Esplanade, der heutigen Schillerstraße, und des Platzes der Geheimen Kanzlei, gegenüber dem Schlosse, ein.

»... es hindern mich eifrige Gedanken an einen Theater Bau dazu ich ohnablässig Risse krizzle und verkrizzle, nächstens ein Modell hinstellen werde dabey's bleiben wird«, schrieb Goethe am 3. November 1778 an Charlotte von Stein, und fast 50 Jahre später, am 24. März 1825, soll er – nach Eckermann – erzählt haben, daß er schon lange vor dem Brand in »langen Abendstunden ... mit Coudray« sich damit beschäftigt habe, den Riß eines für Weimar passenden und sehr schönen Theaters zu machen.

Sehr oft setzte sich Goethe mit dem Theaterbau als Bauaufgabe auseinander, hatte er doch zum Theater als Stückeschreiber und Dichter, als Schauspieler und langjähriger Theaterleiter außerordentlich enge Bindungen. Leider ist von diesen vielfachen Bemühungen kein bauliches Zeugnis in Weimar entstanden.

Beim Brand des herzoglichen Schlosses im Jahre 1774 war auch das Schloßtheater vernichtet worden. Die Ersatzlösungen für Theaterspiele im Fürstenhaus und im Redoutenhaus wie auch die Liebhaberaufführungen in Ettersburg und Tiefurt genügten nicht den Anforderungen, und es entstand

Das Komödienhaus in Weimar 1779/80.
Zeichnung eines unbekannten Künstlers, 1820.

bald der Wunsch nach einem festen Theater. Vom Mai 1779 bis zur festlichen Eröffnung am 7. Januar 1780 entstand auf dem Platz des heutigen Theaters nach einem Entwurf von Johann Friedrich Rudolph Steiner ein erster bescheidener Bau eines Komödienhauses, an dessen Errichtung Goethe kaum Anteil nahm. Mit Engagement betrieb er dagegen 18 Jahre später, nun als Direktor der Herzoglichen Hofschauspieler-Gesellschaft, zusammen mit dem für den Schloßbau gewonnenen Baumeister Thouret den Umbau des Innenraumes, des Theatersaales. Am 6. September 1798 schrieb er an Friedrich Schiller: »Mich hält das Theater fest, bei dessen Bau und Einrichtung alle Tage etwas zu ordnen vorkommt ...« Mit einem Prolog Schillers zu »Wallensteins Lager« erhielt das Haus am 12. Oktober 1798 seine Weihe.

Im März des Jahres 1825 brannte dieses Theater vollständig ab. Über Goethes Bemühungen um die Errichtung eines neuen Theaters wird an anderer Stelle ausführlicher zu sprechen sein. Lediglich das Lauchstädter Sommertheater, für das Heinrich Gentz die Risse fertigte und das im Sommer 1802 eröffnet wurde, in dem Goethe als Theaterleiter wirkte und bei dessen Bau seine Intentionen im Zusammenwirken mit einem Baumeister zur Verwirklichung kamen, blieb bis heute im Originalzustand erhalten.

Die fast drei Jahre währende Tätigkeit dieses fähigen Architekten wirkte – über den Schloßbau hinaus – belebend auf das Baugeschehen. »Die Gegenwart eines Baumeisters« errege »Baulust«, schrieb Goethe in seinen Annalen zum Jahr 1798 über die besondere Situation in Weimar, als er mit Thouret den Theaterumbau vorbereitete.

Im Auftrag der Schloßbaukommission fertigte Gentz auch die Zeichnungen für den Umbau des Reithauses und für einen Anbau an die Bibliothek. Diese Projekte, die vor allem der städtebaulichen Umgestaltung und Verschönerung der unmittelbaren Umgebung des neuen Schlosses zum Ilmpark und bis zum ehemaligen Fürstenplatz dienten, wurden von Goethe gefördert und in den Jahren 1803 und 1804 realisiert. Noch in den letzten Monaten seines Weimarer Aufenthaltes erhielt Gentz von Goethe den Auftrag, einen Entwurf für den Bau eines neuen Schießhauses für die Weimarer Büchsenschützen-Gesellschaft am Stadtrand von Weimar anzufertigen. Auch dieses Gebäude wurde noch unter Leitung des Architekten im Jahre 1803 begonnen und ist, mit mancher Veränderung, bis heute erhalten geblieben. Die Weimarer Bauten von Heinrich Gentz entstanden unter größter Anteilnahme des Dichters, sie zeugen von einer aus zutiefst verwandter Gesinnung gewachsenen Architekturauffassung.

Nach den napoleonischen Kriegen kam es zu einer erneuten Belebung der Bautätigkeit in Weimar. Sie war nicht zuletzt Clemens Wenzeslaus Coudray zu verdanken, der ab 1816 als Großherzoglicher Oberbaudirektor die Geschicke des Baugeschehens in die Hände nahm und maßgeblich an der charakteristischen Ausprägung des Weimarer Stadtbildes, so wie es heute noch in wesentlichen Bereichen erlebbar ist, beteiligt war. Die Beziehung Goethes zu Coudray war von einer hohen gegenseitigen Achtung getragen. Coudray erkannte in Goethe den »Patron der Künstler ... den Kunstbeschützer und Kunstkenner«, wie er ihn in einem Schreiben an seine Frau bezeichnete, und Goethe äußerte am 12. Februar 1829 in einem Gespräch mit Eckermann: »Coudray ist einer der geschicktesten Architekten unserer Zeit. Er hat sich zu mir gehalten, und ich mich zu ihm, und es ist uns beyden von Nutzen gewesen. Hätte ich den vor fünfzig Jahren gehabt.«

Auf der Basis solcher gegenseitigen Achtung und bald enger werdender freundschaftlicher Bindungen entwickelte sich eine produktive Zusammenarbeit. Coudray war ein häufig und gern gesehener Gast im Haus am Frauenplan, wo über alle größeren Bauten dieser Zeit intensiv beraten wurde. Am 22. März des Jahres 1829 schrieb Goethe in sein Tagebuch: »Herr Baudirektor Coudray, Gespräch über die diesjährige Baudisposition. Sonstige Bauangelegenheiten, Belvedere und Tiefurt«, und auch noch im Jahre 1831 findet Eckermann bei einem Besuch Coudrays die beiden in der Betrachtung architektonischer Zeichnungen.

Eine der ersten großen Aufgaben für den neuen Oberbaudirektor war die Vervollständigung des Schloßbaus zu einer hufeisenförmigen Anlage mit der Errichtung des Westflügels. Die Arbeiten an diesem Gebäude und insbesondere der Ausbau der Innenräume zogen sich schleppend über 30 Jahre, bis 1847, hin. Goethe war besonders an der gartenkünstlerischen und städtebaulichen Einbindung des Schlosses, an der Ausbildung des städtebaulichen Raumes bis hin zum Landschaftskassengebäude und der Bibliothek am ehemaligen Fürstenplatz interessiert und unterstützte den Baumeister bei der Durchsetzung seiner Entwürfe. Goethe und Coudray sind auch die treibenden Kräfte für die Errichtung der ersten städtischen Bürgerschule in Weimar gewesen. Als zweigeschossige Dreiflügelanlage wurde die Schule auf der von der Schwansee- und der heutigen Karl-Liebknecht-Straße gebildeten Ecke nach Zeichnungen des Architekten gebaut und zum fünfzigjährigen Regierungsjubiläum Carl Augusts 1825 eröffnet. »Das Gebäude bewirkt schon selbst Cultur, wenn man es von außen ansieht und hineintritt«, schrieb Goethe an den in Wilhelmstal weilenden Herzog.[21]

Ein wichtiges Thema des architekturfachlichen Gedankenaustausches mit Coudray war der Theaterbau. Es wurden Risse zeitgenössischer Theater studiert, man bemühte sich um theoretische Erkenntnisse und Verbesserungen zur Optik und Akustik. Goethe korrespondierte mit Karl Friedrich Schinkel und interessierte sich für den 1818 bis 1821 ausgeführten Neubau des Schauspielhauses in Berlin, zu dessen Eröffnung er einen Prolog verfaßte. Rückblickend sprach er davon, daß er sich von »einigen der vorzüglichsten deutschen Theater Grund- und Durchschnittsrisse« habe kommen lassen, und das Beste benutzend, das fehlerhaft Erscheinende vermeidend, sei ein Riß zustande gekommen, der sich sehen lassen könne.[22]

Das Hoftheater in Weimar 1798, Blick in den Zuschauerraum.
Rekonstruktionszeichnung von A. Pretzsch, 1959.

Als dann das Weimarer Theater in der Nacht vom 21. zum 22. März 1825 in Flammen aufging, konnte das Ergebnis dieser langjährigen Bemühungen in Gestalt eines bemerkenswerten Entwurfs vorgelegt werden.

Obwohl dieses Projekt mit einigen Veränderungen vom Herzog bestätigt wurde, erhielt schließlich doch ein mittelmäßiger und bedeutungsloser Entwurf des Baurates Carl Friedrich Christian Steiner den Vorzug und wurde realisiert. Goethe und Coudray zogen sich von der weiteren Mitarbeit zurück. »Ein neues Theater« sei »am Ende doch immer nur ein neuer Scheiterhaufen, den irgendein Ungefähr über kurz oder lang wieder in Brand« stecke; damit tröste er sich,[23] sagte Goethe in einem Gespräch zu Eckermann.

Neben den zahlreichen Entwürfen für Einzelgebäude oder städtebauliche Situationen, seiner Tätigkeit für die Entwicklung und Reorganisierung des Weimarer Bauwesens, gibt es in Coudrays Schaffen manches interessante Zeugnis für die Beschäftigung mit dem »kleinen« Gegenstand. So war zum Beispiel im Jahre 1827 Wielands Grab in Oßmannstedt »vielbesprochener Gegenstand der Unterhaltung« im Haus am Frauenplan, und Coudray erläuterte zeichnend seine Ideen für das einfassende Gitter. Letzte Zeichen des freundschaftlichen und fruchtbaren Zusammenwirkens des Dichters mit dem Architekten sind das Mosaikpflaster aus Saale-Kieseln und die hölzernen Gartentüren zum Gartenhaus im Ilmpark, zu denen Coudray im Jahre 1830 die Entwürfe fertigte.

Goethe hat der Architektur als notwendigem und bestimmendem Bestandteil der Umwelt des Menschen größte Bedeutung zugemessen. In ihrer Wirkung auf den Menschen sei sie derjenigen der Musik vergleichbar, sie führe »am schnellsten und unmittelbarsten von der Materie zur Form, vom Stoff zur Erscheinung« und entspreche dadurch der »höchsten Anlage im Menschen«[24]. Sie beeinflußte alle anderen Künste und hatte dadurch dem bürgerlichen Zeitalter ein besonderes Gepräge gegeben. In den Weimarer klassizistischen Bau-

Clemens Wenzeslaus Coudray.
Zeichnung von Johann Joseph Schmeller, 1825.

werken sind Goethes gestalterische Gesinnung und sein Wollen durch das Können der von ihm nach Weimar gerufenen Architekten zum Ausdruck gekommen. Manche Veränderung hat die Stadt seitdem erfahren, sie ist gewachsen, und die alte Substanz wurde entsprechend den Bedürfnissen ihrer Bewohner verändert oder durch Zerstörungen dezimiert. Nach wie vor aber ist der Anteil der klassizistischen Architektur im Stadtbild Weimars bemerkenswert, die als einstige Lebensumwelt und Betätigungsfeld der Weimarer Klassiker besondere Bedeutung besitzt, und gibt mit ihren hervorragenden Bauwerken Zeugnis vom vielseitigen Schaffen und Wirken Goethes.

Seite 144: Das Goethetheater in Bad Lauchstädt.

144

THEATERDIREKTOR

Als Ende 1790 dem Prinzipal Joseph Bellomo der Vertrag aufgekündigt wurde, weil seine Truppe den künstlerischen Ansprüchen des Weimarer Publikums nicht mehr genügte, hatte das Hoftheater in Weimar praktisch aufgehört zu existieren. Der Weimarer »Musenhof« ohne Theater? So wichtig war die Frage, daß sich der Herzog höchst persönlich ihrer dringend gebotenen Lösung annahm. Selbst theaterbegeistert, glaubte er, daß es ihm – gestützt auf das für Theaterangelegenheiten zuständige Hofmarschallamt – gelingen könne, neue, bessere Kräfte zu gewinnen und aus ihrem Kreis auch einen geeigneten Leiter für das neu zu begründende Hoftheater zu finden.

Doch so einfach ließen sich die Dinge nicht an. Als er sich in dieser Situation an Goethe wandte, der die Vorgänge bisher lediglich abwartend beobachtet hatte, erklärte sich der Dichter zwar schnell bereit, dem Freund zu helfen, übernahm jedoch nur die Leitung im »Kunstfache«. Die Regelung aller ökonomischen und administrativen Angelegenheiten sollte auch weiterhin dem Hofmarschallamt überlassen bleiben. »Es dringen schon von allen Ecken potenzen ein welche den od. jenen Ackteur, die u. die Acktrice begünstigen u. annehmen machen wollen; diesem unwesen zu steuern, u. zu verhindern daß nicht schon bey der ersten empfängniß der Embryo verunstaltet werde, habe ich mit Göthen die Abrede genommen, daß ich schon öffentl. bekenne ich habe ihm die direcktion dieser Sache übertragen. Laßen auch Sie also diesen vorsatz kund werden, u. behandeln nun das Geschäfte ganz öffentl. u. mit Göthen: ich werde dadurch aller zudringlichkeiten loß u. schiebe alles lezterem zu.« Mit diesem, an den Hofkammerrat Kirms gerichteten Schreiben vom 17. Januar 1791 teilte der Herzog dem Hofmarschallamt seine Entscheidung mit.[1]

Über Nacht beinahe war Goethe also zum künstlerischen Leiter des neu zu konstituierenden Hoftheaters geworden; genaugenommen aber war er dessen Intendant, denn natürlich konnte er seine Einflußnahme – wollte er die Aufgabe erfolgreich bewältigen – nicht ausschließlich auf die künstlerischen Angelegenheiten beschränken. Lange Zeit versuchte er im Zusammenwirken mit dem Hofmarschallamt, die auf ihn einstürmenden künstlerischen, organisatorischen und ökonomischen Probleme zu bewältigen. Doch es erwies sich schnell, daß eine solche Teilung der »Macht« der Entwicklung des Theaters weit mehr schadete als nutzte. Deshalb setzte es Goethe 1797 durch, daß unter seiner Leitung eine selbständige, »zur Direktion des hiesigen fürstlichen Hoftheaters gnädigst verordnete Kommission« konstituiert wurde, in der zwar das Hofmarschallamt noch maßgeblich vertreten war, in der jedoch ausschließlich Goethe Weisungsbefugnis besaß. Seit 1816 trug diese Kommission den Namen Hoftheaterintendanz.

In den 26 Jahren, während der Goethe das Weimarer Hoftheater leitete, gewann es ständig an Bedeutung und Ausstrahlungskraft. Davon legen nicht nur der Umbau und die damit verbundene Neugestaltung des Theaterraumes in Weimar Zeugnis ab, sondern auch regelmäßige Gastspiele in Lauchstädt, Naumburg, Rudolstadt und Erfurt. Goethe beteiligte sich maßgeblich an den Debatten über organisatorische, disziplinarische und wirtschaftliche Fragen; vor allem aber widmete er sich zielstrebig der Lösung anstehender künstlerischer Probleme.

»Die Ihnen erteilte Nachricht, daß Herr Geheimerrath von Goethe Intendant des neuerrichteten Theaters geworden sey, ist zum Vortheil des hiesigen Theaterwesens völlig begründet. Es ist nicht zu läugnen, daß im Durchschnitt unser Geschmack durch die sonst hier spielende Bellomosche Schauspielergesellschaft ein wenig verstimmt worden ist, aber es gewinnt jetzt doch den Anschein, als wollte die gute Stimmung wieder kommen. Verbessert haben wir uns in Ansehung vieler Mitglieder der neuen Entreprise völlig, und es ist zu hoffen, daß dieses auch in Zukunft der Fall in der Wahl der Schauspiele seyn wird. Wie viel läßt sich überhaupt nicht bei einer kleinen Vermehrung der Gesellschaft mit einigen noch fehlenden Subjekten, und bei einer Direktion, wie die unsrige jetzt ist, für unsern Geschmack so wohl, als für unsere Unterhaltung, hoffen.«[2]

Die Erwartungen in Goethes Fähigkeiten als Theaterleiter waren also, will man der »Zuschrift« in den Berliner »Annalen des Theaters« vom 6.Juli 1791 trauen, bedeutend.

Das hing natürlich vor allem mit dem elenden Zustand zusammen, in dem sich die weimarischen Theaterangelegenheiten vor seinem Amtsantritt befanden: Zwar leistete sich der weimarische Hof bereits um die Mitte des 17.Jahrhunderts eigene »Musici«, wohl gastierten so angesehene Prinzipale wie Carl Theophil Döbbelin und Abel Seyler mit ihren Truppen gelegentlich auch in Weimar (und in der Seylerschen Gesellschaft wirkte immerhin kein Geringerer als Konrad Ekhof!), auch die Aufführungen des Liebhabertheaters, das unter Goethes Leitung Damen und Herren der vornehmen Gesellschaft und des Hofes zu Theaterveranstaltungen zusammenführte, durfte sich durchaus eines gewissen Erfolges erfreuen – insgesamt jedoch konnten weder die vorgestellten Stücke noch die Leistungen der Schauspieler auf die Dauer genügen. Goethe war es, von dessen Wirken sich alle eine Wende zum Besseren erhofften. Daß ihm dabei allerdings von vornherein gewisse Beschränkungen auferlegt waren, wird aus dem Postskriptum deutlich, das der Herzog dem bereits zitierten Brief an das Hofmarschallamt angefügt hat: »Wenn ein plan über das Gantze wird gemacht seyn dann werde ich solchen nach geschener Durchlesung signiren; nach diesem wird dann gearbeitet werden.«[3]

Rückblickend hat Goethe in den »Tag- und Jahresheften« versichert, er habe »mit Vergnügen die Leitung des Hoftheaters« übernommen. Schon am 20. März 1791 hatte er an Friedrich Heinrich Jacobi geschrieben, er gehe zwar, was die »Oberdirecktion des Theaters« anlange, »sehr piano zu Wercke«, aber vielleicht komme doch »fürs Publikum« und für ihn selbst »etwas heraus«. Und an den Herzog berichtete er am 17. Mai 1791: »Das Schauspiel überwindet alle feindseligen Einflüsse, die Einnahme

Goethe als Adolar in Einsiedels »Adolar und Hilaria«.
Kreideskizze von Georg Melchior Kraus, 1780. Staatliche Kunstsammlungen Weimar.

ist gut, die Menschen im Durchschnitte genügsam und wer ihnen den Spas verderben will behält immer Unrecht. Ich habe die besten Hoffnungen, in einem Jahre soll es anders aussehen.«

Worauf sich diese Hoffnungen bezogen, ist in einem Brief vom 30. Mai 1791 an Johann Friedrich Reichardt zu lesen: »Im Ganzen, macht mir unser Theater Vergnügen, es ist schon um Vieles besser, als das vorige, und es kommt nur darauf an, daß sie sich zusammen spielen, auf gewisse mechanische Vortheile aufmerksam werden und nach und nach aus dem abscheulichen Schlendrian in dem die mehrsten deutschen Schauspieler bequem hinleiern, nach und nach herausgebracht werden. Ich werde selbst einige Stücke schreiben, mich darinne einigermaßen dem Geschmack des Augenblicks nähern und sehen, ob man sie nach und nach an ein gebundenes, kunstreicheres Spiel gewöhnen kann.«

Doch der »Anfang ist an allen Sachen schwer«. Beziehungsvoll leitete Goethe mit diesen Worten den Prolog ein, der am 7. Mai 1791 vor der Eröffnungsvorstellung des neuen Hoftheaters (im übrigen mit Ifflands »Jägern«, einem Stück, das bereits Bellomo in seinem Repertoire gehabt hatte) gesprochen wurde. Und daß er für nötig fand, auf dem Personenzettel ausdrücklich darauf hinzuweisen, daß – »da die Gesellschaft meistenteils neu zusammengetreten« sei – die »Anfangsrollen nicht als Debüts zu betrachten« seien, sondern daß »jedem einzelnen noch Gelegenheit gegeben« werde, »sich dem Publikum zu empfehlen«, macht ebenfalls deutlich, vor welche Schwierigkeiten und Probleme sich der neue Intendant gestellt sah und wie genau er sich dieser Schwierigkeiten und Probleme bewußt war.

Erfahrungen, die er als Leiter des »Liebhabertheaters« hatte sammeln können – die Schönheit und Natürlichkeit des Ausdrucks in Haltung und Bewegung ebenso betreffend wie das klare, ästhetisch anspruchsvolle Arrangement und die sinngemäß akzentuierte Deklamation –, kamen ihm jetzt außerordentlich zustatten. Zunächst suchte er das Ensemble zu formen, es zu disziplinieren und zu bilden. Dem Ehrgeiz einzelner, nur auf sich und ihren »Ruhm« bedachter Darsteller, die sich um das Gesamtkunstwerk und seine Wirkung nicht die mindesten Gedanken machten, stellte er von Anfang an das Ideal des Ensemblespiels entgegen:

Denn hier gilt nicht, daß einer athemlos
Dem andern heftig vorzueilen strebt,
Um einen Kranz für sich hinweg zu haschen.
Wir treten vor euch auf, und jeder bringt
Bescheiden seine Blume, daß nur bald
Ein schöner Kranz der Kunst vollendet werde,
Den wir zu eurer Freude knüpfen möchten.[4]

Dies, in dem bereits erwähnten »Prolog« vom 7. Mai 1791, zu fordern, war viel in einer Zeit, die die meisten Schauspieler bisher ausschließlich gelehrt hatte, auf Egoismus bedacht zu sein. Ungeachtet aller Erfolge seiner Amtsführung hatte diese Forderung bis ans Ende der Goetheschen Epoche Gültigkeit – und hat sie noch heute.

Jahre später noch zweifelte der Dichter am Erfolg seiner Bemühungen. Eckermann gegenüber bemerkte er am 27. März 1825: »Ich hatte wirklich einmal den Wahn, als sei es möglich, ein deutsches Theater zu bilden. Ja ich hatte den Wahn, als könne ich selber dazu beitragen, und als könne ich zu einem solchen Bau einige Grundsteine legen. Ich schrieb meine Iphigenie und meinen Tasso und dachte in kindischer Hoffnung, so würde es gehen. Allein es regte sich nicht und rührte sich nicht und blieb alles wie zuvor. Hätte ich Wirkung gemacht und Beifall gefunden, so würde ich euch ein ganzes Dutzend Stücke wie die Iphigenie und den Tasso geschrieben haben. An Stoff war kein Mangel. Allein ... es fehlten die Schauspieler, um dergleichen mit Geist und Leben darzustellen, und es fehlte das Publikum, dergleichen mit Empfindung zu hören und aufzunehmen.«

Also wäre die Bilanz schließlich negativ? Die Frage ist nicht einfach mit Ja oder Nein zu beantworten: Ja, wenn man sie ausschließlich unter biographischem Aspekt erörtert – Nein, wenn man den bleibenden Gewinn in Rechnung stellt, den Beispiel und Erfahrung des »Goethe-Theaters« in theoretischer wie in praktischer Hinsicht für die Entwicklung des deutschen Theaters bis in die Gegenwart bedeuten.

»Das Theater ist eines der Geschäfte, die am wenigsten planmäßig behandelt werden können; man hängt durchaus von Zeit und Zeitgenossen in jedem Augenblicke ab; was der Autor schreiben, der Schauspieler spielen, das Publicum sehen und hören will, dieses ist's, was die Directionen tyrannisirt und wogegen ihnen fast kein eigner Wille übrig bleibt.«[5] Goethe selbst hat dafür gesorgt, daß in diesem nach etwa zehnjähriger Amtszeit unter dem Titel »Weimarisches Hoftheater« formulierten »Rechenschaftsbericht« im Hinblick auf die mögliche Wirkung des Theaters trotz aller Schwierigkeiten keine Resignation aufkam. Als Künstler sich sehr der Gegenwart bewußt und ihrer gesellschaftlichen Umwälzungen verbunden fühlend, sah Goethe, auch darin mit den bedeutendsten seiner Zeitgenossen in Übereinstimmung, gerade im Theater ein vorzügliches »Instrument« der Bildung und Erziehung, eine Schule des »Großartigen, des Tüchtigen, des Gesunden, des Menschlich-Vollendeten, der hohen Lebensweisheit, der erhabenen Denkungsweise«.

Allerdings war das Weimarer Theater zu der Zeit, da Goethe die Leitung übernahm, von solcher Qualität weit entfernt. Zwar fanden sich im Repertoire unter anderem auch Werke von Schiller (»Don Carlos«, »Kabale und Liebe«, »Die Räuber«), Shakespeare (»Heinrich IV.«, »König Lear«, »König Johann«), Lessing (»Emilia Galotti«, »Minna von Barnhelm«), Mozart (»Die Zauberflöte« und »Die Entführung aus dem Serail«); Goethes »Großkophta« und seine kleinen Revolutionsstücke fehlten ebenfalls nicht – aber in jedem Fall kam es nur zu wenigen, vereinzelten Aufführungen. Wirklich beherrscht wurde der Spielplan durch Stücke von Kotzebue, Iffland, Schröder, Jünger, Anton-Wall, Dittersdorf, Gotter, Dalberg, Hagemeister und anderen, und die Schauspiel-»Kunst« beschränkte sich auf einen groben Naturalismus, der vor allem in grellen Effekten seine Wirkung suchte. Lautstärke herrschte anstelle von Kraft und Intensität, äußerliches Chargieren triumphierte über realistische Gestaltung.

Es spricht sehr für Goethes taktisches Geschick, daß er angesichts dieser Zustände behutsam vorging, daß er seine Absichten, auf eine entscheidende Verbesserung des Niveaus abzielende »wohlbedachte Maximen«, Schritt für Schritt zu realisieren suchte. Da wurden zunächst die schlechtesten Stücke aus dem Repertoire entfernt; da achtete der

August Wilhelm Iffland.
Ölgemälde (Miniatur) von unbekanntem Künstler, undatiert.

Regisseur Goethe streng darauf, daß nicht die guten Darsteller rücksichtslos auf Kosten der schlechteren brillierten, sondern daß sich möglichst alle dem Niveau der besseren annäherten. Da wurden einfachste Grundsätze einer neuen ethischen Haltung zum Beruf überhaupt aufgestellt, die Fragen der Disziplin, des Fleißes und der handwerklichen Perfektion ebenso betrafen wie solche der allgemeinen Moral und der bürgerlichen Bildung. Dem Publikum sollten qualitativ hochwertige Aufführungen geboten werden, weil nur von solchen die erwünschte »bildende« Wirkung ausgehen konnte, und die »Produzenten« dieser Aufführungen, die bisher in der gesellschaftlichen Achtung außerordentlich niedrig stehenden Schauspieler, sollten durch Leistung selbst für die Verbesserung ihrer Position in der Gesellschaft sorgen.

Diesen Intentionen entsprachen auch die von dem Schauspieler Johann Andreas Heinrich Vohs ausgearbeiteten Theatergesetze vom 17. März 1793. In 17 Paragraphen wurden, unter der Androhung empfindlicher Geldstrafen für den Fall der Nichtbefolgung, Verordnungen erlassen, die die künstlerische Arbeit und die Disziplin während der Lese-, Theater- und Generalproben regelten, das Vertauschen der Rollen und das willkürliche Einfügen oder Fortlassen von Texten und Arien untersagten, die auf die unbedingte Einhaltung des Spielplanes drangen und die Zeit für das Studium einer Rolle festlegten, die alle Mitglieder zur Mitwirkung als Statisten verpflichteten, die die Rechte der Regisseure regelten und von allen »sittliches Betragen« und strenge Pflichterfüllung forderten und die schließlich den Umgang mit Requisiten, Garderoben und anderen Theatermitteln regelten. Daß »Unbefugten« ab sofort der Aufenthalt auf der Bühne verboten wurde, versteht sich.

Goethe erhielt diese Gesetze zur »Confirmation« vorgelegt und bekräftigte sie am 18. März nachdrücklich: »Daß die hier bestehende Schauspieler Gesellschaft sich verpflichtet beyliegende Gesetze zu halten und nach selbigen gerichtet zu werden gereicht mir zu besonderer Zufriedenheit. Ich confirmire solche nicht allein hiermit sondern werde auch künftig alles was zu Ausübung und Aufrechterhaltung derselben dienen kann, von meiner Seite nicht fehlen lassen.«[6]

Damit war vieles gewonnen, damit waren die Schwierigkeiten jedoch noch längst nicht beseitigt. Ungeachtet des sich verbessernden Verhältnisses zwischen Ensemble und Leitung nach der Übernahme der Regie durch Vohs, kam es auch künftig immer wieder zu kleinlichen Auseinandersetzungen und Reibereien, die Goethe die Amtsführung derart verleideten, daß ihn der Herzog im Dezember 1795 nur mit großer Mühe daran hindern konnte, die Intendanz niederzulegen. Zunächst sollten organisatorische Veränderungen helfen, die Situation zu entspannen. Wurde am Anfang, nach der Demission von Vohs als Regisseur, lediglich ein System wöchentlich wechselnder Leitung durch drei Regisseure – sogenannte »Wöchner« – eingeführt, so brachte die Konstituierung der Theaterkommission im Juli 1797, die künftig, mit dem Hofmarschallamt kooperierend, die Geschäfte übernahm, weitgehende Befreiung von unproduktiver »Beschäftigung«.

Künstlerisch bedeuteten zwei Gastspiele August Wilhelm Ifflands (März/April 1796 und April/Mai 1798) glanzvolle Höhepunkte in der bisherigen Geschichte des Weimarer Hoftheaters. Goethe, durch Ifflands außerordentlich präzise, an der Wirklichkeit sich orientierende Charakterisierungskunst, durch seine Wandlungsfähigkeit und seine hohe Sprachkultur tief beeindruckt, hielt dieses Gastspiel für epochemachend: »Die Weisheit, womit dieser vortreffliche Künstler seine Rollen von einander sondert, aus einer jeden ein Ganzes zu machen weiß und sich sowohl in's Edle als in's Gemeine, und immer kunstmäßig und schön, zu maskieren versteht, war zu eminent, als daß sie nicht hätte fruchtbar werden sollen. Von dieser Zeit an haben mehrere unserer Schauspieler, denen eine allzu entschiedene Individualität nicht entgegenstand, glückliche Versuche gemacht, sich eine Vielseitigkeit zu geben, welche einem dramatischen Künstler immer zur Ehre gereicht.«[7] Ohne Zweifel setzte Iffland künstlerische Maßstäbe, deren Wirkung keineswegs auf die wenigen Tage seiner Anwesenheit in Weimar beschränkt blieb.

Theaterzettel zur Uraufführung der »Piccolomini« in Weimar am 30. Januar 1799.

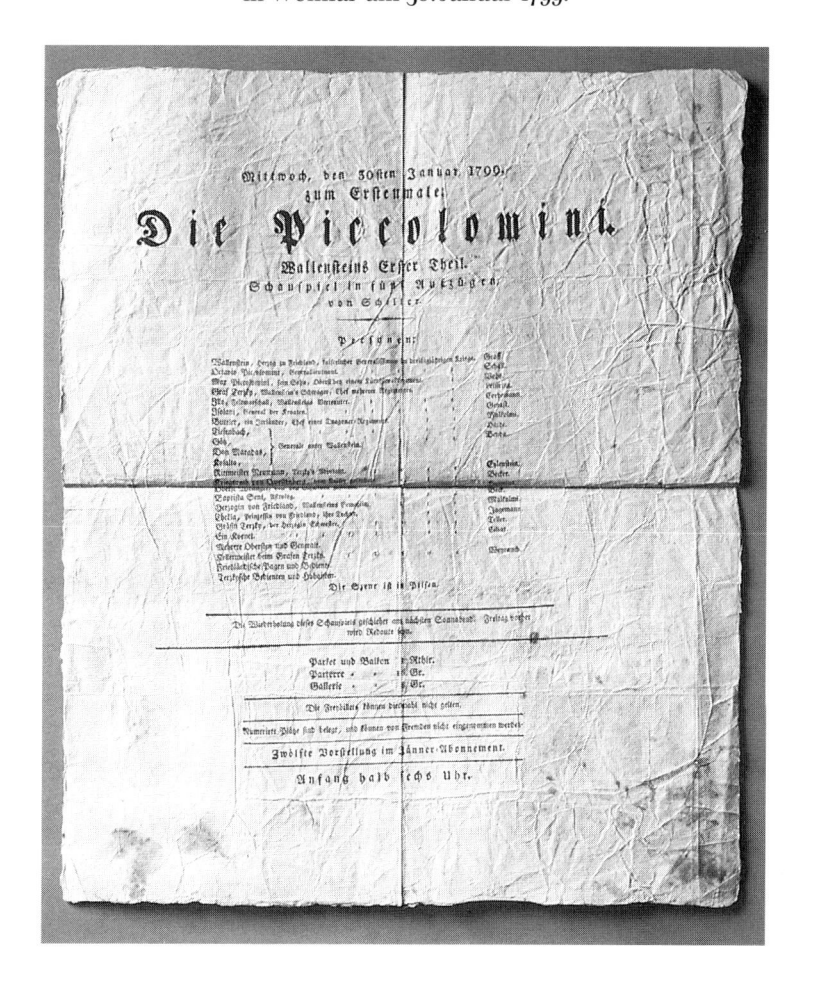

Friedrich Schiller.
Ölgemälde von Anton Graff, um 1790.

Aber das wirklich gravierende, die Entwicklung des Weimarer Theaters aufs nachhaltigste beeinflussende Ereignis muß doch in der neuerlichen Hinwendung Schillers zur praktischen Theaterarbeit gesehen werden, die mit jener denkwürdigen Uraufführung des »Wallenstein« anfing. Im rekonstruierten Theatersaal begann der Zyklus am 12. Oktober 1798 mit der Uraufführung von »Wallensteins Lager«. Den eigens für diesen Anlaß geschriebenen »Prolog« sprach Heinrich Vohs. Am 30. Januar 1799 folgten »Die Piccolomini« und am 20. April 1799 »Wallensteins Tod«. Ohne Übertreibung darf die Uraufführung der Trilogie in so rasch aufeinanderfolgenden Premieren ein theatralisches Weltereignis genannt werden. Der Erfolg war außerordentlich, der Andrang des einheimischen wie des auswärtigen Publikums so groß, daß man die Preise der Plätze erhöhen mußte. Den Wallenstein spielte Johann Jakob Graff, Heinrich Vohs den Max Piccolomini, und die Thekla wurde von Karoline Jagemann, die 1797 von Mannheim nach Weimar gekommen war, »vollendet« gestaltet.

Die folgenden Jahre waren die produktivsten des Weimarer Theaters unter Goethes Leitung. Das gilt im Hinblick auf die Gestaltung des Repertoires ebenso wie in bezug auf die systematische Entwicklung und Förderung der Schauspielkunst. In beiden Bereichen war der tätige Einfluß Schillers von nicht zu unterschätzender Bedeutung.

»Schiller hatte nicht lange ... einer Reihe von theatralischen Vorstellungen beigewohnt«, schrieb Goethe rückblickend in seinem Aufsatz »Über das deutsche Theater«, »als sein thätiger, die Umstände erwägender Geist, in's Ganze arbeitend, den Gedanken faßte, daß man dasjenige, was man an eigenen Werken gethan, wohl auch an fremden thun könne; und so entwarf er einen Plan, wie dem deutschen Theater, in dem die lebenden Autoren für den Augenblick fortarbeiteten, auch dasjenige zu erhalten wäre, was früher geleistet worden.«[8] Das Ziel solcher Bestrebungen war es, mit den besten Werken vergangener Epochen sowohl dem Publikum als auch den darstellenden Künstlern immer aufs neue Maßstäbe für die eigene schöpferische Arbeit zu vermitteln. »Altes Fundament« kam so zu Ehren, und gleichzeitig wurde dazu ermuntert, von dem Recht Gebrauch zu machen, »irgendwo wieder einmal von vorn zu gründen«. Programmatisch in diesem Sinne verfuhren Goethe und Schiller künftig bei der Repertoiregestaltung. Der Erfolg blieb nicht aus: Zunehmend gewann das Theater merklich sowohl an künstlerischem Profil als auch an Popularität.

Der Uraufführung des »Wallenstein« folgten bereits am 14. Mai 1800 Schillers Bearbeitung des »Macbeth« und am 14. Juli des gleichen Jahres »Maria Stuart«. Lessings »Nathan« und Gozzis »Turandot«, beide Werke in Schillers Bearbeitung, wurden

Wallensteins Lager. Kolorierter Stich von Christian Müller nach einem Aquarell von Georg Melchior Kraus zur Weimarer Uraufführung am 12. Oktober 1798.

1801/02 in den Spielplan aufgenommen und ebenso natürlich auch die in der Folgezeit entstehenden großen Dramen Schillers: 1802 »Die Braut von Messina«, 1803 »Die Jungfrau von Orleans«, 1804 »Wilhelm Tell«. Am 30. Januar 1805 erlebte die letzte vollendete Arbeit Schillers, seine Bearbeitung der Racineschen »Phaedra«, ihre festliche Uraufführung. Goethes »Iphigenie«, seit der berühmten Liebhaber-Aufführung im Jahre 1779 nicht wieder gespielt, hatte am 15. Mai 1802 Premiere, im April 1803 folgte »Die natürliche Tochter« und am 22. September 1804 »Götz von Berlichingen«. In den folgenden Jahren bereicherten »Egmont«, »Stella« und »Torquato Tasso« den Spielplan, in dem nun auch die Werke Shakespeares und Calderons zur Geltung kamen.

Daß neben solchen Dramatikern von weltliterarischem Rang auch – und das in jeder Phase der von Goethe verantworteten Theaterarbeit – Autoren von weit minderer Qualität im Spielplan vertreten waren, ja daß gerade sie ihn nach wie vor über große Strecken prägten, darf sicher nicht übersehen werden. Dennoch ist die Zusammensetzung des Spielplanes zum Beispiel im Mai und im Juni 1802 für das inzwischen vom Weimarer Theater erreichte Niveau sowohl in kulturpolitischer als auch in ästhetischer Hinsicht charakteristisch: Mozart war mit »Cosi fan tutte«, »Don Giovanni« und »Titus« vertreten, Schiller mit »Maria Stuart«, »Don Carlos«, »Wallensteins Lager« und »Wallensteins Tod«, Goethe mit »Iphigenie auf Tauris« und Lessing mit »Nathan der Weise«. Außerdem standen »Ariadne auf Naxos« (Benda), »Die Versuchung« (Meyer), »Die Müllerin« (Paisiello), »Das Kästchen mit der Chiffre« (Salieri), »Alarcos« (Schlegel), »Die Brüder« (Terenz), »Adolph und

Die Braut von Messina. Kolorierter Kupferstich von Christian Müller nach einem Ölgemälde von Friedrich Matthäi, 1812.

Clara« (d'Allayrac), »Der Taubstumme« (Kotzebue) und »Der Fremde« (Iffland) auf dem Plan.

Zu bewältigen war ein so anspruchsvolles Programm nur mit gebildeten und sorgfältig ausgebildeten Künstlern. Im Bestreben, ein in diesem Sinne leistungsfähiges Ensemble aufzubauen, dem er eindeutig den Vorzug vor dem aufkommenden Virtuosentum einzelner Starschauspieler gab, sorgte der Theaterleiter Goethe zunächst für eine Neufassung der alten Theatergesetze. Noch strenger als die bisher gültigen orientierten sie auf das Ziel, künstlerisch anspruchsvolle Inszenierungen zu erarbeiten. Fragen der Arbeitsmoral, der Disziplin und des persönlichen Engagements wurden jetzt unter dem Aspekt der Verantwortung jedes einzelnen für das Ganze der jeweiligen Aufführung gestellt.

Der Künstler und Regisseur Goethe ging noch einen Schritt weiter. Wohl vertraut mit dem höchst unterschiedlichen Niveau der Schauspieler und der Tatsache eingedenk, daß eine Änderung dieses Zustandes von außen kaum zu erwarten war, begann er, zunächst für einzelne Schauspieler – vor allem für den hochbegabten Pius Alexander Wolff und für Karl Franz Grüner, später aber auch für andere Anfänger – eine Art Trainings- und Lehrprogramm der Schauspielkunst zu entwerfen und in praktischen Übungen Schritt um Schritt zu verwirklichen. Aus den Mitschriften der Schüler entstanden später, redigiert durch Eckermann, jene seither berühmten »Regeln für Schauspieler«,[9] deren Hauptzweck darin bestehen sollte, in der künstlerischen Auseinandersetzung mit einem dramatischen Text, einem Vorgang, einer Figur, die »geheime Grundlinie des lebendigen Handelns« (§ 90) zu finden. Deshalb bezogen sie sich sowohl auf die Probleme der Sprachbehandlung – »Dialekt«, »Aussprache«, »Rezitation und Deklamation«, »Rhythmischer Vortrag« – als auch auf Haltungen und Gebärden der Schauspieler während des Spiels (»Haltung und Bewegung der Hände und Arme«, »Gebärdenspiel«, »Stellung und Gruppierung auf der Bühne«, »In der Probe zu beobachten«...).

Ausdrücklich in diese Regeln eingeschlossen war die Verpflichtung, daß sich der Schauspieler auch »im gewöhnlichen Leben« der für den Berufs-

Christiane A. L. Becker-Neumann.
Ölgemälde von unbekanntem Künstler, um 1795.

stand geforderten Würde entsprechend zu benehmen habe. Dies »darf zwar nicht übertrieben werden, weil er sonst seinen Mitmenschen zum Gelächter dienen würde, im übrigen aber mögen sie immerhin den sich selbst bildenden Künstler daraus erkennen. Dieses gereicht ihm keineswegs zur Unehre.« (§ 79) Bei all dem ging es Goethe niemals nur um die äußere Form, sondern immer darum, »diese technisch-grammatischen Vorschriften« (§ 90) sinngemäß und im Interesse der Wirkung des Stückes schöpferisch anzuwenden. Genereller Bezugspunkt aller Regeln war die Theaterpraxis, war das Publikum: »Denn der Schauspieler muß stets bedenken, daß er um des Publicums willen da ist.« (§ 38) Und: »Die Bühne und der Saal, die Schauspieler und die Zuschauer machen erst ein Ganzes.« (§ 82) Deshalb sollten die Schauspieler dialektfrei und verständlich sprechen; deshalb sollten sie sich hüten, durch willkürlich gesetzte Pausen »den wahren Sinn« (§ 28) einer Rede zu verletzen; deshalb war es verpönt, dem Publikum während des Spiels den Rücken zuzukehren, unschön wirkende, bedeutungslose Gesten zu gebrauchen, den »Charakter und die ganze Lage des Vorzustellenden« (§ 64) außer acht zu lassen und was dergleichen Vorschriften mehr sind.

Goethe hat diese »Regeln« – aus der Praxis erwachsen und ausschließlich für die Praxis festgehalten – niemals als starres Dogma verstanden. Und ein Schauspieler vom Format Pius Alexander Wolffs, der sie in diesem Sinne schöpferisch anwandte, vermochte im Laufe seiner Karriere Anerkennung sogar bei denen zu finden, die ansonsten der »Weimarer Schule« mit unverhohlener Ablehnung gegenüberstanden. Gründe für solche Aversion lieferten allerdings bald Aufführungen, in denen die »Regeln« nicht als die »geheime Grundlinie des lebendigen Handelns«, als Hilfsmittel gebraucht, sondern als Regel-Kanon zelebriert wurden. Was dazu gedacht war, platten Naturalismus zu überwinden, erstarrte zur steifen Regelmäßigkeit. Derart mißverstanden, gerieten in der Folgezeit die »Regeln« selbst in Verruf.

Dem muß entgegnet werden, daß – ungeachtet aller kritikwürdigen Details – die in den »Regeln« fixierten und von Goethe praktizierten Grundsätze wesentlich dazu beigetragen haben, das Weimarer Hoftheater für einige Jahre sowohl durch sein künstlerisches Programm wie auch durch die Art seiner Realisierung zum führenden Theater Deutschlands zu machen. »In dieser Epoche«, schrieb Goethe in

Anna Amalia Chr. Wolff-Malcolmi in einer Bühnenrolle.
Aquarellierte Bleistiftzeichnung von Friedrich Lortzing, um 1811.

Pius Alexander Wolff in Calderons »Standhafter Prinz«.
Aquarellierte Bleistiftzeichnung von Friedrich Lortzing, 1811.

den »Tag- und Jahresheften« für 1815, »durfte man wohl sagen, daß sich das Weimarische Theater, in Absicht auf seine Recitation, kräftige Declamation, natürliches zugleich und kunstreiches Darstellen auf einen bedeutenden Gipfel des inneren Werths erhoben hatte«.

Vom Publikum, im übrigen nicht nur von dem in Weimar ansässigen, wurde diese besondere Qualität durchaus erkannt und anerkannt. Ein ganz wesentlicher Beweggrund Goethes, sich über einen so langen Zeitraum hinweg der theoretischen und praktischen Theaterarbeit zu verbinden, fand damit – ungeachtet aller natürlich auch zu verzeichnenden Rückschläge – seine Rechtfertigung. »Man kann dem Publicum keine größere Achtung bezeigen, als indem man es nicht wie Pöbel behandelt«, hatte er schon 1802 in dem Aufsatz »Weimarisches Hoftheater« kategorisch festgestellt und seine Auffassung im weiteren so begründet: »Der Pöbel drängt sich unvorbereitet zum Schauspielhause, er verlangt, was ihm unmittelbar genießbar ist, er will schauen, staunen, lachen, weinen und nöthigt daher die Directionen, welche von ihm abhängen, sich mehr oder weniger zu ihm herabzulassen und von einer Seite das Theater zu überspannen, von der andern aufzulösen. Wir haben das Glück, von unsern Zuschauern ... voraussetzen zu dürfen, daß sie mehr als ihr Legegeld mitbringen und daß diejenigen, denen bei der ersten sorgfältigen Aufführung bedeutender Stücke noch etwas dunkel, ja ungenießbar bliebe, geneigt sind, sich von der zweiten besser unterrichten und in die Absicht einführen zu lassen.«[10] Dieses gebildete Publikum suchte Goethe zeitlebens als Partner – dieses Publikum selbst mit bilden zu helfen, begriff er als seine und des Theaters ethische und moralische Pflicht.

Daraus folgten unter anderem auch ganz pragmatische Konsequenzen. Am falschen Platz, etwa durch das Engagement eines »billigen« Schauspielers zu sparen, lehnte der Theaterdirektor Goethe grundsätzlich ab. Und er hielt es für einen großen Irrtum, zu denken, daß »ein mittelmäßiges Stück auch mit mittelmäßigen Schauspielern« besetzt werden könne. »Ein Stück zweiten, dritten Ranges kann durch Besetzung mit Kräften ersten Ranges unglaublich gehoben und wirklich zu etwas Gutem werden.« Im Prinzip aber hatte er auf zweitrangige Stücke am liebsten ganz verzichten wollen. »Ich habe in meiner langen Praxis als Hauptsache gefunden, daß man nie ein Stück oder gar eine Oper einstudieren lassen solle, wovon man nicht einen guten Sukzeß auf Jahre hin mit einiger Bestimmtheit voraussieht.« Habe er aber ein solches Stück, dann würde er »auch die Sonntage spielen lassen«, und um ein solches Stück zu finden, würde er »bei der Nachricht von irgendeiner auswärts gegebenen und gepriesenen neuen Oper den Regisseur oder ein anderes zuverlässiges Mitglied der Bühne an Ort und Stelle schicken, damit er sich durch seine persönliche Gegenwart bei einer wirklichen Aufführung überzeuge, inwiefern

Goethe, Regeln für Schauspieler,
verfaßt für P. A. Wolff und K. Fr. Grüner
(Handschrift des Schreibers J. J. L. Geist), 1803. [6]

Originale Bühnentechnik im Goethetheater Bad Lauchstädt.

die gepriesene neue Oper gut und tüchtig, und inwiefern unsere Kräfte dazu hinreichen oder nicht. Die Kosten einer solchen Reise kommen gar nicht in Betracht im Vergleich der enormen Vorteile, die dadurch erreicht, und der unseligen Mißgriffe, die dadurch verhütet werden.«[11]

Daß diese Bemerkungen aus einer Zeit stammen, in der Goethe nicht mehr Theaterdirektor war, mindert ihre Bedeutung nicht. Auch die Tatsache, daß er, aller errungenen Erfolge ungeachtet, schließlich doch an den Kleinigkeiten und Kleinlichkeiten des Theateralltags scheiterte, daß sehr subjektive Interessen immer wieder über die von Goethe verfochtenen Prinzipien triumphierten und schließlich sogar – nach dem berühmtberüchtigten Auftritt eines Pudels in Castellis »Der Hund des Aubri de Mont-Didier«, von Karoline Jagemann gegen Goethes ausdrücklichen Willen beim Herzog erzwungen – am 13. April 1817 zu seiner Demission führten, das alles schmälert den Wert der von ihm geleisteten Arbeit in keiner Weise. Noch des Amtes waltend, hatte er am 12. März 1815 an den Grafen von Brühl geschrieben: »Das Theaterwesen ist ein Geschäft, das vorzüglich mit Großheit behandelt seyn will; eben weil es fast aus lauter Kleinheiten besteht, von denen zuletzt eine große Wirkung gefordert wird. Jene Kleinlichkeiten, Verschränkungen und Verfitzungen zu beseitigen, zurechtzulegen und durchzuhauen ist freylich ein unangenehmes Geschäft, es ist aber nicht undankbar, weil zuletzt das Gute und Rechte wie von selbst entspringt.«

Die nachfolgende Praxis scheint gerade diese Überzeugung Goethes Lügen zu strafen, denn nach seiner Abdankung verlor das Weimarer Hoftheater unter seinen Nachfolgern rasch an Qualität und damit an Attraktivität. Provinzialismus machte sich breit, Höhepunkte, mit dem Wirken so hervorragender Persönlichkeiten wie Franz Liszt oder Franz von Dingelstedt verbunden, wurden selten. Kamen sie aber zustande, dann gründeten sie sich auf jene humanistischen Prinzipien, die Goethe in der Zeit seiner Theaterleitung in Theorie und Praxis zu jeder Zeit vertreten hatte. Daran hat sich bis in die Gegenwart nichts geändert. »Weder ein Künstler noch eine Kunstschule ist isoliert zu betrachten, er hangt mit dem Lande, worin er lebt, mit dem Publiko seiner Nation, mit dem Jahrhundert zusammen, er muß, insofern er wirken, insofern er sich durch seine Arbeit einen Stand machen und Unterhalt verschaffen will, sich nach der Zeit richten und für ihre Bedürfnisse arbeiten.«[12] Das war, das ist die Aufgabe! Ihr hat alles Engagement zu dienen; denn allein dadurch, »daß alle mehr tun als zu erwarten und zu verlangen, kommt ein Theater in die Höhe«.

Henriette Karoline Friederike Jagemann.
Pastellgemälde von Luise Seidler, um 1810.

Seite 158: Blick in Goethes Bibliothek.

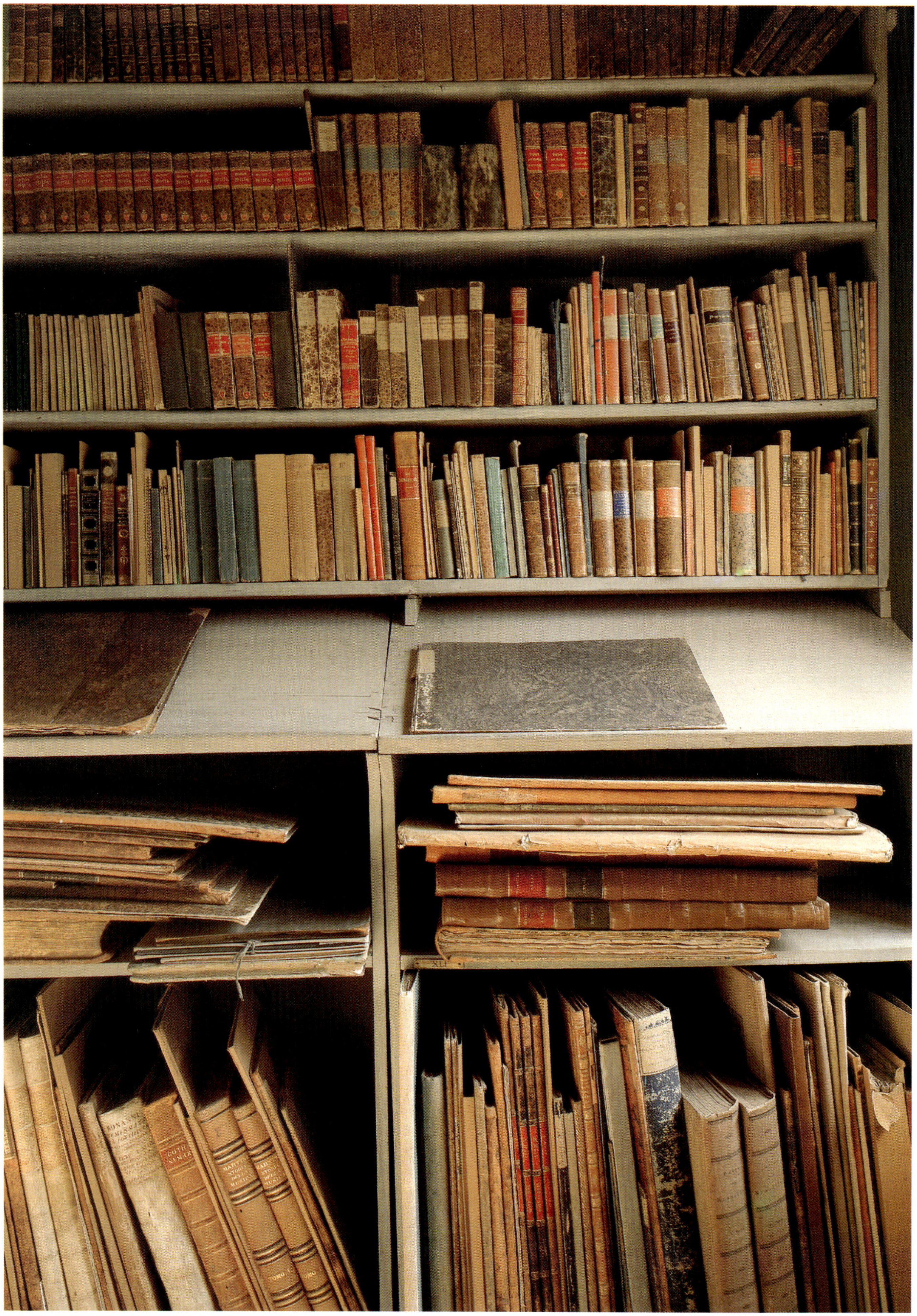

STAATSBEAUFTRAGTER FÜR DIE WEIMARER BIBLIOTHEK

Am 21. Oktober 1750 erstattete der im Mai des gleichen Jahres zum Bibliothekar berufene Hofprediger und Oberkonsistorialrat Wilhelm Ernst Bartholomaei einen deprimierenden Bericht über die große Unordnung und Verschmutzung der Räume der Bibliothek und den desolaten Zustand ihrer Verwaltung.

Als sich 1760 Anna Amalia in ihrem Residenzschloß, der Wilhelmsburg, ein weiteres Appartement einzurichten gedachte, ließ sie die Bibliothek aus jenen Räumen verbringen, in denen sie bislang aufgestellt war. Auf Anraten des Geheimen Assistenzrats Johann Poppo Greiner wurde erwogen, das in den Jahren von 1562 bis 1565 von Herzog Johann Wilhelm mit Hilfe französischer Subsidiengelder gebaute sogenannte Französische oder Grüne Schlößchen als Bibliothek einzurichten. Auf der Grundlage der ersten, von dem jungen Baukonduktor Christian Heinrich Bähr eingereichten Pläne und Kostenvoranschläge stellte Baumeister Johann Georg Schmid am 27. August 1760 einen neuen Entwurf zur Diskussion, der dem Eisenacher Landbaumeister August Friedrich Straßburger zur Begutachtung vorgelegt wurde, arbeitete sie erneut um und erhielt für seine Entwürfe den Zuschlag. 1761 begann der Umbau, der sich bis 1766 hinzog. Am 21. April 1766, nachmittags von 2 bis 6 Uhr, begann »unter göttlichem Beistand der Anfang« des Umzugs der Bibliothek in das neue Gebäude. Am 7. Mai war er abgeschlossen. Zu den Baukosten von 8263 Talern für die 10 500 Quadratschuh Fläche, etwa 2500 mehr als im alten Bibliothekslokal, kamen noch 161 Taler für den Umzug hinzu.

Die Baugeschichte der Bibliothek war damit nicht zum Abschluß gelangt. Der Fortgang sei hier vorweggenommen: 1803 wurde unter Goethes Leitung ein Anbau zwischen dem Bibliotheksgebäude und dem Altan über der Ilm errichtet. Am 15. März 1805 war er fertig. Ihm hatte der alte Treppenturm an der Südwestecke des Gebäudes weichen müssen. Bereits am 22. Juli 1804 charakterisierte Goethe das Baugeschehen so: »Gedachtes Gebäude ist nicht von einem Baumeister bis zu seiner Vollendung planmäßig durchgearbeitet worden, sondern man mußte sich dabei der neuen Einrichtung von Tag zu Tag durch die Umstände belehren lassen, um zweckmäßige Anordnungen zu treffen.«[1]

1818 entstand der Plan, den Altan über der Ilm für Bibliothekszwecke zu nutzen. Im gleichen Jahr wurde aus der Osterburg in Weida eine schöne, mit 1671 datierte Wendeltreppe ausgebaut, die für den neuen Bibliotheksturm – letzter Rest der ehemaligen Stadtbefestigung – vorgesehen war. Baurat Steiner hatte einige der Pläne des Umbaus entworfen, vor allem die feuerfeste Kuppel für den Turm konstruiert, weitere Pläne stammten von Clemens Wenzeslaus Coudray. In den Jahren von 1821 bis 1825 ging der Bau vor sich, der die Verbindung zwischen dem Anbau von 1803 und dem Bibliotheksturm herstellte. Noch während des Bauens war beschlossen worden, in den Turm eine Luftheizung zu installieren und die Überdachung des Vorbaus zu ändern. Hier bereits wurde immer wieder die Frage der Feuersicherheit des Gebäudes gestellt. Doch erst dem Nachfolger Goethes in der Oberaufsicht über die unmittelbaren Anstalten für Kunst und Wissenschaften in Jena und Weimar, dem Staatsminister Christian Wilhelm von Schweitzer, gelang es 1841, neue Pläne in Auftrag zu geben, um durch den Anbau einer feuerfesten Treppe sowohl der Feuergefahr beizukommen als auch weiteren Stellraum für die Zugänge zu erhalten. 1844 lagen die Pläne endlich vor; das Projekt wurde genehmigt und 1849 von den Weimarer Maurermeistern Röhr und Franke unter der Bauaufsicht des

Das Französische Schlößchen um 1564. Ölgemälde von unbekanntem Künstler, undatiert.

Ansicht von Bibliothek und Rotem Schloß. Aquarell von unbekanntem Künstler, um 1770.

Erbgroßherzogs Carl Alexander ausgeführt, gerade noch rechtzeitig zur Jahrhundertfeier von Goethes Geburtstag.

Als Goethe 1775 nach Weimar kam, war Friedrich Christoph Ferdinand Spilker als Akzessist in der Bibliothek tätig. Er folgte 1778 Johann Christian Bartholomaei im Amt des Bibliotheksdirektors. Der Eindruck, den Goethe bei seiner Ankunft in Weimar von der Bibliothek gewann, war kaum befriedigend. Wenn zunächst auch nur als gelegentlicher Benutzer mit der Problematik der Organisation und dem Aufbau einer Bibliothek konfrontiert, beschäftigten ihn diese Fragen doch offensichtlich nachhaltig. Äußerungen wie die in den »Tag- und Jahresheften« für das Jahr 1805, man fühle sich in einer Bibliothek »wie in der Gegenwart eines großen Kapitals, das geräuschlos unberechenbare Zinsen spendet«, oder im Abschnitt »Literarisches Metier« in der Winckelmann-Schrift des gleichen Jahres, daß Bibliotheken einst »wirkliche Schatzkammern« gewesen seien, »anstatt daß man sie jetzt, bei dem schnellen Fortschreiten der Wissenschaften, bei dem zweckmäßigen und zwecklosen Anhäufen der Druckschriften mehr als nützliche Vorratskammern und zugleich als unnütze Gerümpelkammern anzusehen hat«, zeugen von seinem anhaltenden Interesse.

Doch als er diese Sätze schrieb, war er bereits seit acht Jahren verantwortlicher Staatsbeamter für die Bibliotheken in Jena und Weimar. Ihm war sein Amtskollege, der Geheime Rat Christian Friedrich Schnauß, in diesem Amt vorausgegangen, und es hatte Goethe ferngelegen, den Kollegen etwa verdrängen zu wollen. Doch daß er länger schon mit dem Gedanken spielte, die Nachfolge anzutreten, läßt der Brief an Schiller vom 9. Dezember 1797 erkennen, in dem in beinahe frivolem Ton von Schnauß' Tod berichtet wird: »Unser guter alter Kollege Schnauß hat sich denn endlich auch davon gemacht. Vielleicht habe ich bei Bibliothekssachen künftig einigen Einfluß; sagen Sie, ob Sie die Idee vor tulich halten, mit der ich mich schon lange trage: die hiesige, die Büttnerische und die Akademische Bibliothek, virtualiter, in Ein Corpus zu vereinigen und über die verschiedenen Fächer so wie über einen bestimmtern und

Großherzogliche Bibliothek. Stich von A. Glaeser, um 1825.

zweckmäßigern Ankauf Abrede zu nehmen und Verordnungen zu geben. Bei der jetzigen Einrichtung gewinnt niemand nichts, manches Geld wird unnütz ausgegeben, manches Gute stockt, und doch sehe ich Hindernisse genug voraus, die sich finden werden, nur damit das Rechte nicht auf eine andere Art geschehe, als das Unzweckmäßige bisher gestanden hat.«

Das waren nicht zufällig geäußerte Gedanken, sondern da wurde ein Projekt erörtert, über das er seit langem nachgedacht hatte. Bereits im Frühjahr 1797 finden sich dafür Belege im Briefwechsel zwischen Goethe und seinem Amtskollegen Christian Gottlob Voigt, in dem es um die Einstellung von Christian August Vulpius als Registrator in der Bibliothek geht. Die Einstellung erfolgte nach dem 13. März 1797, und am 3. April vermerkte der Dichter bereits im Tagebuch, daß Vulpius ihm über Bibliotheksangelegenheiten berichtet habe.

Goethes Bibliotheksvorstellungen stießen bei Schiller auf viel Verständnis. »Ihre Idee wegen Vereinigung der 3 Bibliotheken in Einem Ganzen wird gewiß jeder Vernünftige in Jena und Weimar ausgeführt wünschen«, hieß es im Brief vom 12. Dezember 1797. »Fände man nur als dann auch ein Subjekt, welches fähig wäre, dem Ganzen vorzustehen und den Plan der Einheit und Vollständigkeit zu verfolgen. Es ist gewiß schon viel Materie da, vieles ist wohl doppelt und dreifach, womit Neues kann eingetauscht werden, auch sehe ich nicht, warum man nicht noch einige neue Bäche in den Bibliotheksfond leiten könnte.«

Genaugenommen interessierte Schiller der Plan jedoch nur, weil er sich von der Vereinigung der drei Bibliotheken eine Aufstockung der für die Bestandserweiterung vorhandenen Mittel versprach, die man durch Dublettenverkäufe erreichen könnte; weiter reichte sein Interesse allem Anschein nach nicht. Goethe dagegen spürte, daß das neue und gewiß seit längerem ins Auge gefaßte Betätigungsfeld eine kulturpolitische Aufgabe ersten Ranges war, eine Chance, die Allgemeinbildung zu fördern, der er sich ganz hinzugeben bereit war.

Am gleichen Tag, an dem Goethe seinen Brief an Schiller geschrieben hatte, war über die Nachfolge von Schnauß entschieden worden. Am 9. Dezember teilte Herzog Carl August in einem Reskript der Fürstlichen Kammer mit, daß von nun an die beiden Geheimen Räte Goethe und Christian Gottlob Voigt in der Nachfolge von Schnauß die Oberaufsicht über die Bibliotheken führen sollten. In dem Berufungsschreiben, das die Aufgaben umriß und deutlich machte, was erwartet wurde, hieß es unter anderem: »Ihr wollt Euch der Direction Unserer hiesigen öffentlichen Bibliotheksanstalt sowie der Oberaufsicht der Münzcabinetts unterziehen, die bisherige von dem dabey angestellten Personal besorgte Verwaltung der Bibliothek revidiren, alle zur Erhaltung einer guten innern und äußern Einrichtung nöthige Anordnungen treffen, bey der Anschaffung neuer Bücher in Verhältnisse gegen den dazu bestimmten Fond planmäßig zu Werke gehen und sonst alles das, was der Zweck erfordert, anordnen und verfügen.«[2] Der Herzog hatte mit dieser Doppelberufung einen guten Schritt zur besseren Verwaltung der Bibliothek getan. Er versicherte sich der Erfahrungen, die

Christian August Vulpius.
Ölgemälde von Karoline Bardua, undatiert.

Voigt, in den Jahren 1767 bis 1770 Akzessist in der Bibliothek, noch unter Bartholomaei hatte sammeln können ebenso wie der weitgespannten Interessen Goethes. Gemeinsam sollten sie den Bibliotheksbetrieb befördern.

Der Briefwechsel Goethes mit Voigt aus der nächsten Zeit belegt, mit welcher Interessiertheit sich die Partner der neuen Aufgabe annahmen. Als erste Schritte wurden die Ausarbeitung einer neuen Bibliotheksordnung eingeleitet und die Rückforderung ausgeliehener Bücher betrieben. Zu diesem Zwecke sollte in den »Weimarischen wöchentlichen Anzeigen« eine Annonce eingerückt werden, die auf die Rückgabetermine hinwies. Und am 28. Februar 1798 wurde eine Abschrift der neuen Bibliotheksordnung im Expeditionszimmer der Bibliothek ausgehängt. Sie trug den Titel »Vorschrift, nach welcher man sich bei hiesiger Fürstlicher Bibliothek, wenn Bücher ausgeliehen werden, zu richten hat«[3].

Das Reglement umfaßte 16 Punkte. Die ersten regeln innerbetriebliche Fragen wie Arbeitszeiten, Anwesenheiten, Ausleihezeiten, Verteilung der Arbeitsaufgaben, Führung des Ausleihbuches und die Leihmodalitäten. Fragen der Ersatzbeschaffung, die Bürgschaft der Eltern oder Lehrer für jugendliche Benutzer, Benutzungsmöglichkeiten durch auswärtige Interessenten, schließlich die Ausleihbedingungen für kostbare oder noch ungebundene Bücher, »rohe« Bücher, wie es in der Sprache der Zeit hieß, betrafen die Benutzer. Die getroffenen Anordnungen sind klar und einleuchtend; sie gelten im Prinzip noch heute, nicht nur für die Weimarer Bibliothek, sondern als Grund-

Ausleihjournal der Bibliothek.
Die aufgeschlagenen Seiten enthalten die Entleihungen Goethes
vom 21. Februar 1801 bis zum 2. April 1804.

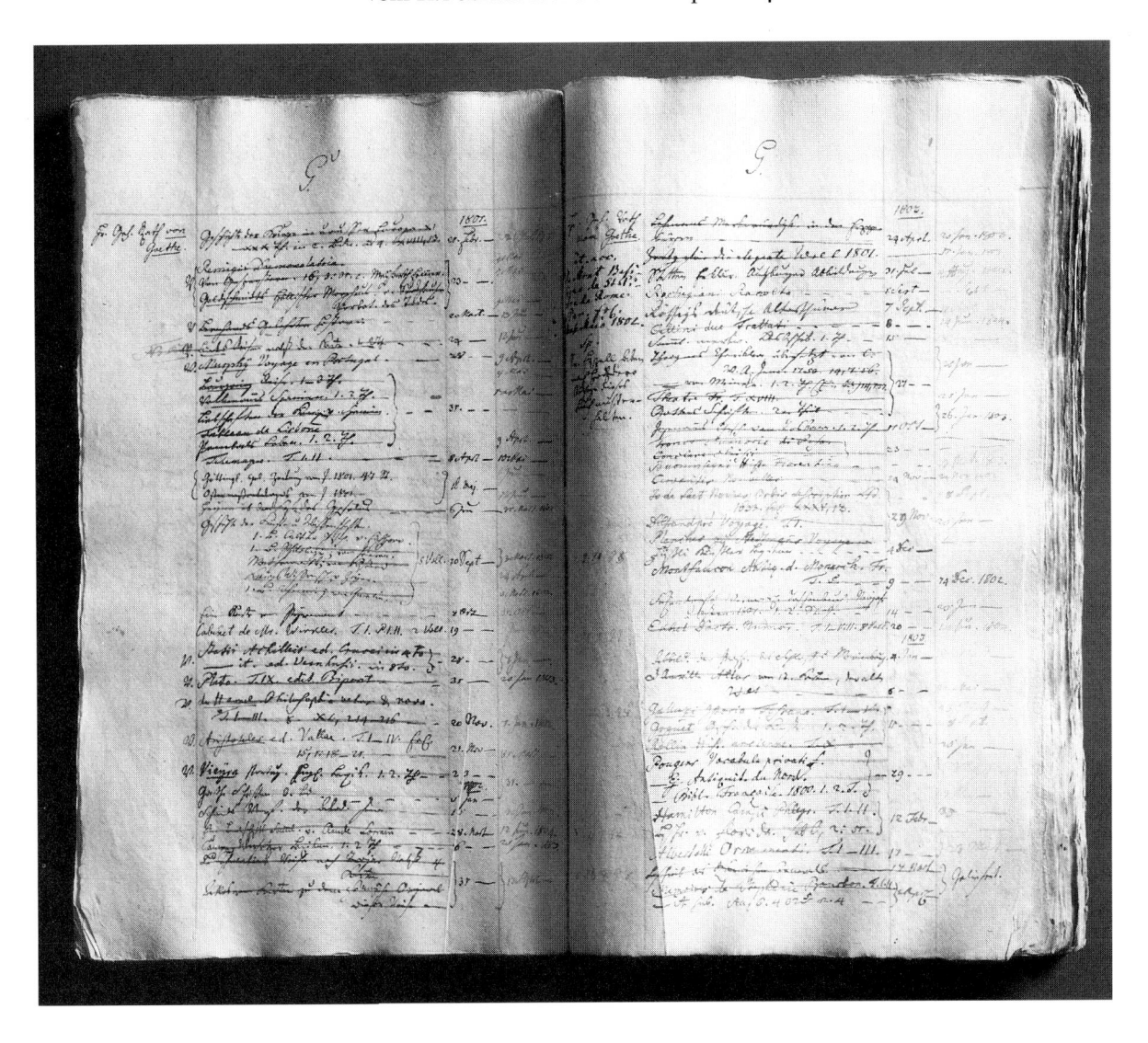

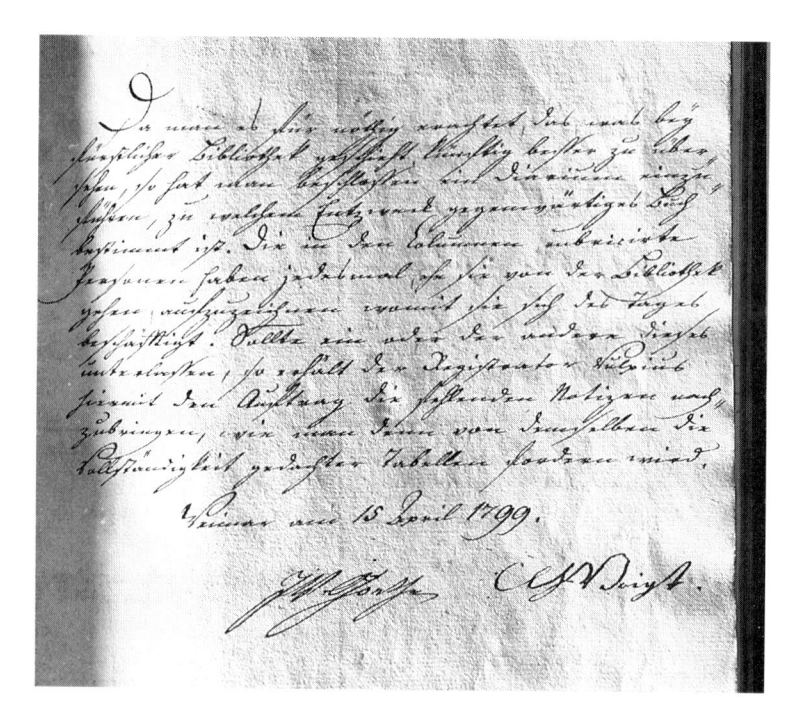

Erste Anweisung zum Führen des Diariums. [7]

gedanken in den Benutzungsordnungen öffentlicher Bibliotheken überhaupt.

Besonders hervorzuheben wegen seines heute nicht zu überschätzenden Quellenwertes ist das im Reglement genannte »Buch«. Gemeint ist das Ausleihbuch der Bibliothek, in das zusätzlich zur Ausleihverbuchung mittels Leihschein alle Ausleihen eingetragen werden mußten, geordnet nach dem Alphabet der Namen der Benutzer. Bei der Buchausgabe wurden Verfasser und Titel sowie Ausgabedatum eingetragen. Diese Eintragung strich man bei der Rückgabe, die wiederum mit dem Datum vermerkt wurde, aus. Damit ist nicht nur der Nachweis darüber, welche Benutzer welche Bände über welchen Zeitraum hinweg ausgeliehen haben, möglich, sondern es wird auch die erstaunlich differenzierte soziale Zusammensetzung der Leserschaft der Herzoglichen Bibliothek deutlich. Das deckte sich zweifellos mit den Bildungsbestrebungen Goethes. Nicht umsonst war die Bibliothek an den Markttagen, das war mittwochs und samstags, geöffnet; so sollte auch dem Marktbesucher die Möglichkeit geboten werden, die Bibliothek wenigstens zu besuchen, wenn nicht gar zu benutzen.

Gab dieses Reglement der Arbeit die große Richtung, so hatte die Kommission, hatten Goethe und Voigt, noch genügend Querelen mit der Bibliotheksleitung auszutragen. Am 28. März berichtete Voigt von Meinungsverschiedenheiten mit dem Rat Spilker über die Einrichtung der Reposituren. Goethe antwortete darauf wenige Tage später einigermaßen ungehalten. Am 30. März 1798 schrieb er aus Jena: »Unser guter Spilker hat, bei seinen übrigen Vorzügen, die böse Eigenschaft, daß Raum und Zeit ihm niemals breit und lang genug sind. Haben Sie die Güte, ihm womöglich den Wert von beiden fühlbar zu machen. Was die Repositorien betrifft, so war die Absicht, daß die unteren Fache bleiben sollten, wie sie sind, und daß, indem sie erhöht würden, erst noch ein Quartlocat, dann aber mäßige, nicht übertriebene Oktavhöhen folgen sollten. Die Übereinstimmung der Bretter mit den gegenüberstehenden Repositorien hielt man, da die Gänge eng sind, für kein bedeutendes Erfordernis, da sogar, wenn Bücherbretter auch von ferne angesehen und miteinander verglichen werden könnten, die absolut gleiche Höhe der Bretter mir nicht einmal unerläßlich scheint. Da nun aber jetzt von Foliobänden die Rede ist, so scheint mir, als wolle man die Bretter von unten auf verändern, wozu ich denn in der Entfernung keinen Rat zu geben weiß. Sie hätten ja wohl die Güte, sich das pro und contra in loco und in Gegenwart des Bibliotekars sowohl als des Registrators vom Baumeister vortragen zu lassen und zu entscheiden. Da ohnehin die Arbeit nicht so geschwind gehen wird, so ließe man einstweilen zwei Repositoria zum Versuch machen und könnte, wenn man diese sodann näher beurteilt, sich zu den übrigen entschließen. Unser Hauptprincip möchte immer bleiben, den möglichsten Raum zu gewinnen. Die Foliobände wachsen jetzt nicht in der Masse zu wie Oktav, ja noch kleineres Format, und wie künftig die Bücherreihen aneinander passen werden, läßt sich nicht voraussehen. Und ohnedies ist unsere Aufstellung keineswegs systematisch; doch kann ich, wie oben gesagt, da die Lage selbst verändert scheint, in der Entfernung kein bestimmtes Votum ablegen. Was den Hofkantor und dessen Schreiberei betrifft, so haben Sie ja die Güte solche zu beschleunigen, auch die retardierende Manier unseres Rat Spilkers ... zu kontre balancieren. Er fügt sich doch, wenn er sieht, das es nicht anders ist.«

Wenn Goethe bat, mit dem Bibliothekar, das heißt mit Spilker, und mit Vulpius, Registrator und Vertrauter Goethes in Bibliothekssachen, die Regalfrage an Ort und Stelle zu überprüfen und zu entscheiden, so deutete das darauf hin, daß er hinsichtlich des praktischen Vermögens der Bibliotheksangestellten Zweifel hegte. Der zitierte Brief zeugt von der Intensität, mit der sich die beiden Minister dem neuen Aufgabengebiet widmeten, indem sie sich zum Beispiel selbst solch scheinbar geringfügiger technischer Fragen wie der des Regalbaues annahmen, und er belegt die Denkweise Goethes, vom einfachen Exempel Repositorium, von der Betrachtung des besonderen Einzelfalles ausgehend, das Allgemeine zu abstrahieren.

Ein anderes Problem, das sich der Kommission stellte, war das des Zugangs zur Bibliothek durch das Personal. Die Bibliotheksschlüssel mußten in der Hofverwaltung abgeholt und nach Dienstschluß dort wieder abgegeben werden. Das war ein umständliches Verfahren und hatte zur Folge, daß sich das Personal nur zu den allgemeinen Amtsstunden in der Bibliothek aufhalten konnte. Was wunder, wenn Vulpius, der durch Nebenarbeiten sein karges Gehalt aufbessern mußte, für sich und seine Angehörigen den notwendigen Lebensunterhalt zu verdienen, um die Aushändigung eines Schlüssels einkam, über den er ständig verfügen könne. So schrieb Goethe am 18. April 1798 an Voigt: »Der Registrator Vulpius hat seine Bitte um einen Bibliotheksschlüssel wiederholt, damit er die Sommernachmittagsstunden nützen könne. Seine Tätigkeit verdient wohl dieses Zutrauen, und es wird in mehr als einem Betracht gut sein, wenn er aufs baldigste mit der Büchersammlung bekannt wird. Man empföhle ihm die vorsichtigste Verwahrung des Schlüssels; dann könnte man ihm allenfalls untersagen, zu einer solchen Zeit kein Buch mit nach Hause zu nehmen.«

Voigt antwortete umgehend: »Ich bin überzeugt, daß diese Vergünstigung zum Besten der Bibliothek selbst gereichen wird, außer dem literarischen Vorteil, der den Studien des Registrators sehr zu gönnen ist. Es bliebe übrigens ganz bei seiner Verpflichtung, in welcher schon enthalten ist, daß er ohne Anzeige bei dem Herrn Bibliothekario und ohne Annotierung nichts mit nach Hause nehmen darf.« Einen Tag später aber fügt er dem Brief vom Vortage noch eine Bemerkung hinzu: »Wegen des Bibliotheksregistrators trete ich Dero Meinung völlig bei, wiewohl Herr Spilker wegen der eingebildeten Prärogative etwas sauer aussehen, vielleicht auch der Sekretär Schmidt ein Gleiches verlangen wird. Die beiden könnten sich aber wohl zusammen behelfen, um die Schlüssel nicht ohne Not zu multiplizieren.«

Aus einer Bemerkung Goethes zu Voigt in einem späteren Brief vom 5. August 1805 wird die gesamte Schlüsselsituation noch einmal beleuchtet. Dort heißt es dann: »Ich würde daher bitten, daß Sie, wenn der Sekretär Vulpius nach Jena geht, den Hauptschlüssel dem Bibliotheksdiener dergestalt übergäben, daß er ihn frühmorgens, wo er sich ohnehin meldet, bei Ihnen abholte, um 9 Uhr die Bibliothek aufschlösse, sie um 1 Uhr zuschlösse und den Schlüssel wieder bei Ihnen abgäbe. Man hat doch alsdann einen Kastellan, an den man sich halten kann. Die mehreren Schlüssel in vorigen Zeiten haben nur Unordnung hervorgebracht und die Abneigung unter den Menschen vermehrt, von denen jeder nun glaubte, für sich zu bestehen.« Auch hier ist die deutliche Bevorzugung des Registrators Vulpius erkennbar, die zugleich mit der Überlegung verbunden war, daß die gute Kenntnis des Bestands, die er sich bei seinen zahlreichen literarischen Arbeiten aneignen konnte, für die gesamte Bibliotheksarbeit förderlich sein würde.

Die wirklichen Ursachen für Goethe und Voigt, die Arbeit des Bibliothekspersonals zu kontrollieren, werden wohl kaum zu ergründen sein, aber das Unzufriedensein mit dem Rat Spilker, das durch ständige Klagen in den Briefen und durch Beschwerden des ihm unterstellten Personals genährt wurde, war sicher ein Anlaß für eine am 15. April 1799 erlassene Verfügung. An diesem Tage wurde in der Bibliothek ein Tagebuch eingeführt, das Auskunft über die täglich geleistete Arbeit geben sollte. So, wie Spilker stets einen Anlaß zu Klagen bot, so war, wie es sich auch hier wieder zeigte, Vulpius der Vertrauensmann der Kommission. Das hatte aber zur Folge, daß Vulpius stets auch mit zusätzlichen Aufgaben betraut wurde.

Das Titelblatt des »Diarium über die bey fürstlicher Bibliothek gangbaren Geschäfte. Angefangen im April 1799« läßt den Zweck der Einrichtung durch die vorangestellten Anweisungen, von Goethe und Voigt eigenhändig unterzeichnet, deutlich werden. »Da man es für nöthig erachtet, das was bey fürstlicher Bibliothek geschieht künftig besser zu übersehen, so hat man beschlossen ein Diarium einzuführen, zu welchem Entzweck gegenwärtiges Buch bestimmt ist. Die in den Columnen rubricirte Personen haben jedesmal, ehe sie von der Bibliothek gehen, aufzuzeichnen womit sie sich des Tages beschäftigt. Sollte ein oder der andere dieses unterlassen, so erhält der Registrator Vulpius hiermit den Auftrag die fehlenden Notizen nachzubringen, wie man denn von demselben die Vollständigkeit gedachter Tabellen fordern wird. Weimar am 15. April 1799.«[4]

Dieses Tagebuch liegt noch heute für den Zeitraum vom 22. April 1799 bis zum 9. November 1822 vor, vier Foliobände, von denen die ersten drei gebunden sind, während der vierte, der unvermittelt abbricht, aus acht Lagen in einer Streckmappe besteht. Ein Grund für das abrupte Abbrechen ist nicht angegeben. Das ist um so erstaunlicher, als für die Akademische Bibliothek in Jena eine ähnliche Einrichtung getroffen worden war, die bis 1832 beibehalten wurde. Die Tagebücher mit ihren Raporten wurden anfangs genau geführt. Angesichts der Gleichförmigkeit bibliothekstechnischer Tätigkeit bestand allerdings von Anfang an die Gefahr, daß Wiederholungen nur verkürzt notiert wurden, was denn auch geschah. Einige Beispiele mögen den Charakter dieses Geschäftstagebuchs belegen.

Datum	Herr Rath Spilker	Secretarius Schmidt	Registrator Vulpius	Hofkantor Rudolph	Dornberger
April 22.	Ht. Bücher aufgeschrieben u. an Ort u. Stelle gebracht	ist in der Arbeit mit den Revolutionsschriften u. in Verfertigung der Zettel darüber fortgefahren.	22. Zettel über noch nicht einrangierte Bücher, u. unter Anleitung des Hrn. Raths Zahlen in einzurangierende Bücher geschrieben.	d. 22. Apr. Habe paginirt	22. Hat Bücher zum Einstellen aufgetragen u. geschrieben.
23.	desgl	Hat die gestrige Arbeit fortgesetzt, ist theils mit der vorigen Arbeit, teils mit Ausleihen der Bücher beschäftigt gewesen.	23. Wie gestern	23. Wie gestern	23. Bücher auf- u. abgetragen.
24.	war Bibliotheks-Tag, an dem zugleich einige Nebengeschäfte abgethan wurden.	Die vorige Arbeit fortgesetzt	24. Nebst dem Hauptgeschäft des heutigen Tages, der Führung des Buches, üb. die ausgeliehenen Bücher, habe ich einige Zettel über noch nicht eingetragene Bücher gemacht.	24. Ebenso	24. Bücher geholt u. die eingebrachten an ihren Ort gestellt.
25.	Hat Bücher an Ort u. Stelle gebracht	Desgleichen	25. Zeichen in einrangierte Bücher geschrieben.	25. Hat paginiert	25. wie gestern
26.	Hat Calender eingetragen	Ebenso	26. Bücher ins Vermehrungsbuch eingetragen, welche von Serenissimo auf die Bibliothek geschickt worden waren.	26. desgl.	26. Eben so
27.	war Bibliotheks-Tag, waren zugleich einige Parerga besorgt worden.	Wie am Mittwoch	27. Bibliothekstag, wo ich das Buch zu führen habe.	27. desgl.	27. desgl.

Bibliothek, Ansicht vom Park.

Bibliothek von Südosten aus gesehen.

Bibliothek, Rokokosaal.

Seite 170: Bibliotheksturm mit Wendeltreppe.

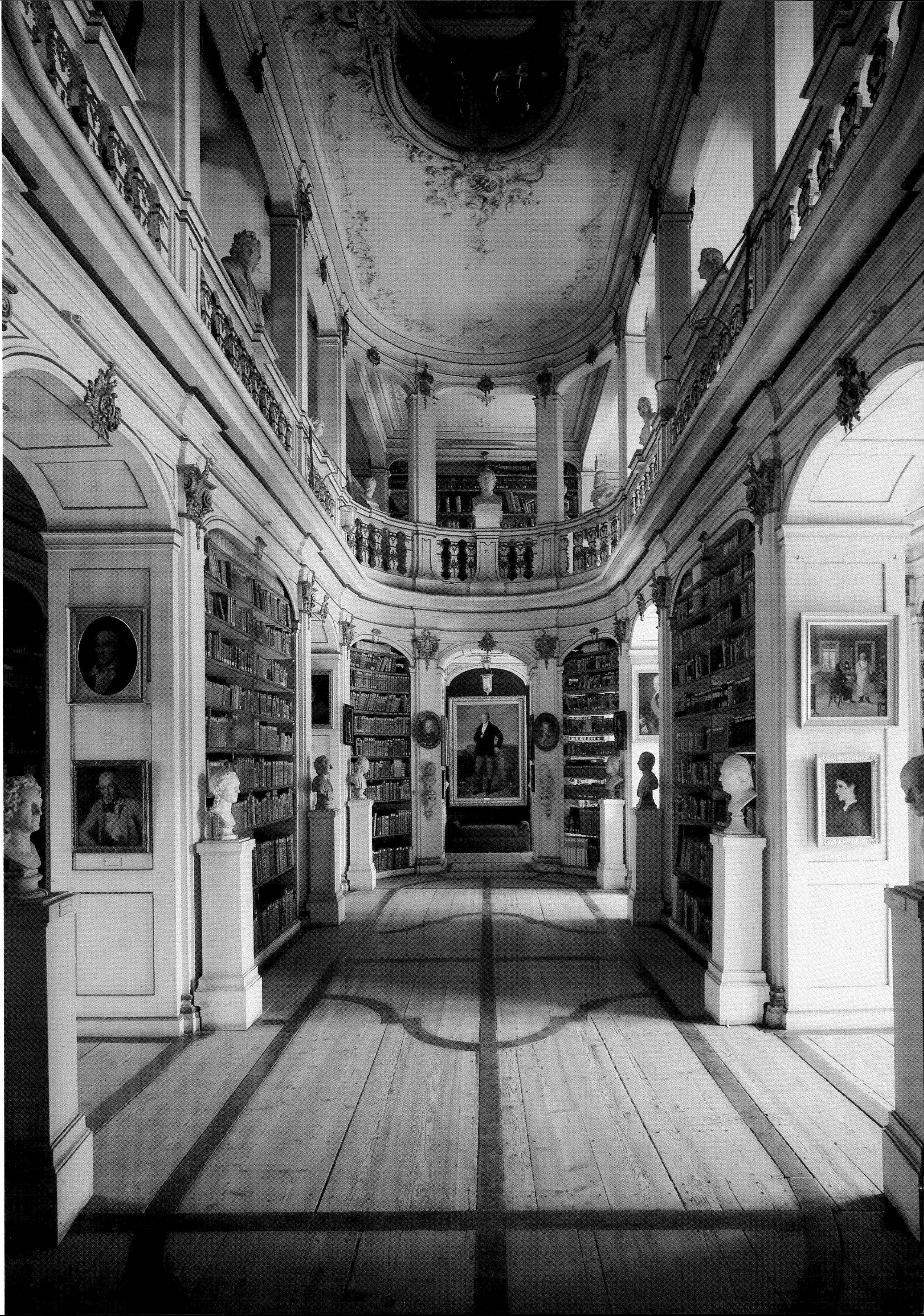

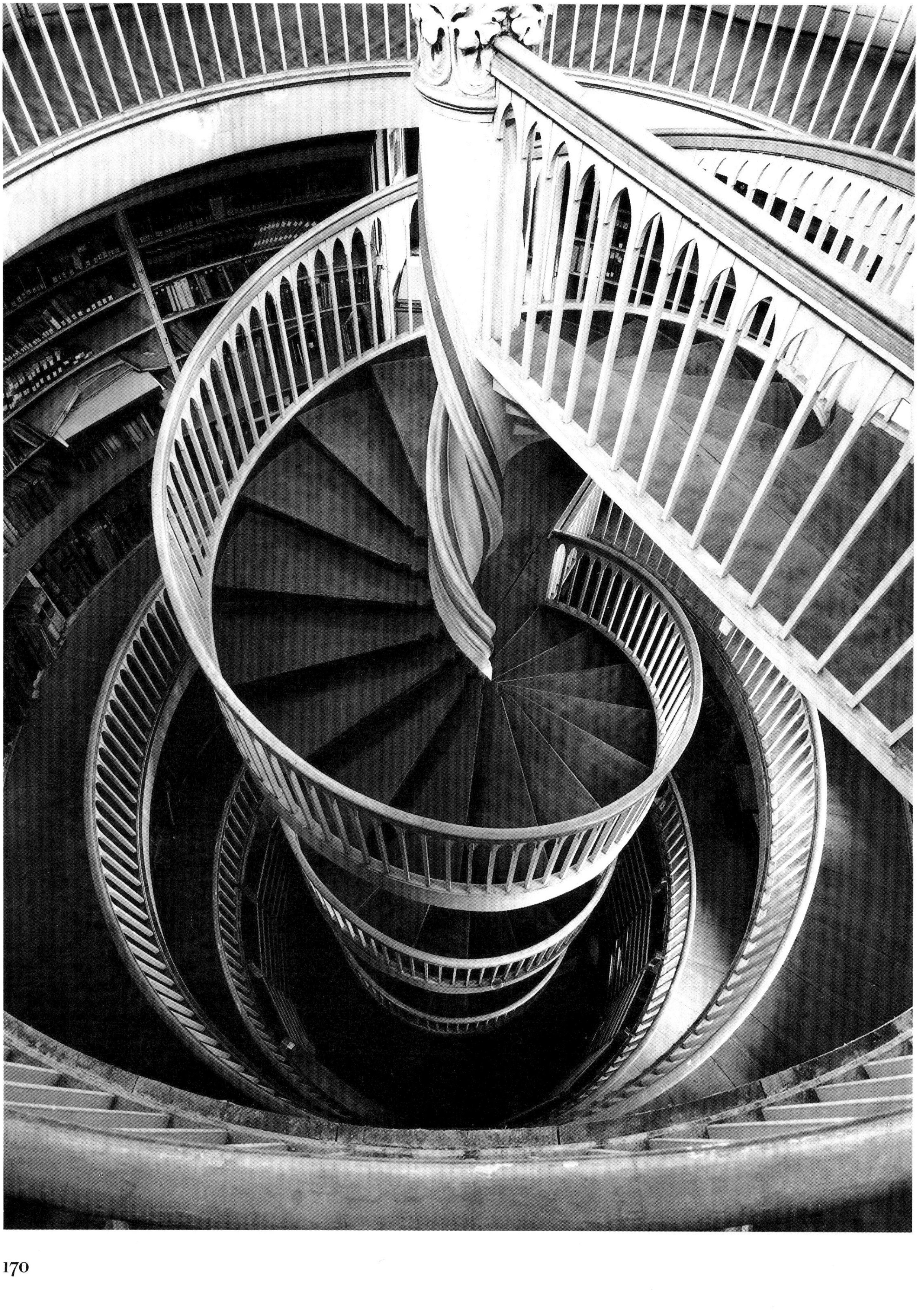

Nach einiger Zeit erlahmte der Eifer des Beginns, und auch Vulpius vermochte nicht, die geforderten Einzelheiten nachzutragen; was war bei dem täglichen Gleichklang der Arbeiten denn wirklich buchenswert? So findet man die lakonische Kürzel »desgl.« oder »ebenso« zunächst hinter jedem Tag, bis mehrere Tage durch eine Klammer verbunden werden, hinter der der Vermerk steht und schließlich sogar eine ganze Woche auf diese Weise zusammengefaßt wird. Damit erscheint der Aussagewert dieser Tagebücher zunächst nur gering zu sein. Doch mit Personalveränderungen werden die Eintragungen wieder genauer, einmal aus Freude darüber, etwas berichten zu können, was den Alltag durchbrach, zum anderen bot sich hier eine harmlose Gelegenheit, den Diensteifer augenscheinlich zu machen.

Von Mai 1807 bis Juli 1817 finden wir nur summarische Berichte für größere Zeiträume. Dann aber wurde von Friedrich Theodor Kräuter, der neben Vulpius, Friedrich Wilhelm Riemer, dem Accessionisten Johann Bernhard Franke und dem Diener Johann Christoph Sachse, der seit 1816 in der Bibliothek arbeitete – alle Vertrauenspersonen Goethes –, in das Diarium eine neue Verfügung eingeschrieben: »Auf den ersten Blättern des gegenwärtigen Bandes ist zu ersehen, wie im Jahre 1804 die löbliche und zur Übersicht des Bibliotheks-Geschäftes unentbehrliche Einrichtung getroffen worden, daß die dabei angestellten Personen das was sie täglich geleistet einschrieben und dadurch sowohl zu der Vorgesetzten als eigener Zufriedenheit ein dauerndes Zeugnis ihrer Thätigkeit bereiteten. Die unseligen Kriegszeiten unterbrachen diese Einrichtung gar bald und die fortschreitenden Unruhen verhinderten die Erneuerung des Angeordneten. – Da jedoch gegenwärtig alle Aufmerksamkeit auf künftige regelmäßige Thätigkeit der Bibliotheksgeschäfte gerichtet ist, so wird jene Einrichtung hiedurch erneuert und ausdrücklich verlangt: daß jeglicher von den Angestellten, sowohl Vor- als Nachmittags, eh er die Expedition verläßt, das von ihm geschehen einzeichne, und zwar reinlich und ausführlich, indem das Buch von Zeit zu Zeit Serenissimo vorgelegt werden soll. – Diese Einrichtung hebt an mit dem heutigen dato und hat der Bibliotheksdiener, ohne weitere Anfragen und Befehl, jedesmal zu Ende des Monats Großherzogl. Ober Aufsicht gegenwärtiges Buch vorzulegen. Weimar den 18ten August 1817.«

Während diese zweite ministerielle Anweisung noch stärker von formalen Überlegungen bestimmt schien, erläuterte Goethe in einem Gespräch mit Kanzler von Müller, in dem es um die Tagebücher der Jenaer Bibliothekare ging, seine eigenen Vorstellungen genauer. Unter dem 23. August 1827 notierte Müller: »Wir schätzen ohnehin die Gegenwart zu wenig, tun die meisten Dinge fronweise ab, um ihrer los zu werden. Eine tägliche Übersicht des Geleisteten und Erlebten macht erst, daß man seines Tuns gewahr und froh wird, führt zur Gewissenhaftigkeit. Was ist die Tugend anderes als das wahrhaft Passende in jedem Zustande? Fehler und Irrtümer treten bei solcher täglichen Buchführung mit sich selbst hervor, die Beleuchtung des Vergangenen wuchert für die Zukunft. Wir lernen den Moment würdigen, wenn wir ihn alsobald zu einem historischen machen.«

So stellen die Tagebücher in ihrer Grundtendenz einen wichtigen Beleg für die Intentionen Goethes über Verwaltungsarbeit dar, sie bieten aber auch für die Bibliotheksgeschichte wichtige Hinweise auf größere Arbeitsvorhaben, über deren Verlauf berichtet wurde.

Der Briefwechsel mit Voigt gibt weitere Aufschlüsse über den Bibliotheksalltag, so zum Beispiel, wenn von den Klagen gehandelt wird, die Vulpius vortrug, weil »der unsinnige Spilker in der eingetretenen Kälte die Leute wieder mit Bücherversetzungen plagt«, oder wenn es um Gehaltsaufbesserungen für die nicht sonderlich gut besoldeten Bibliotheksangestellten ging. Von besonderem Interesse ist dabei eine Anfrage Goethes an Voigt vom 21. Dezember 1805, die die erbärmlichen Verhältnisse der subalternen Angestellten deutlich macht: »Da man für seine Untergebenen immer, besonders aber in einer schlimmen Jahreszeit zu sorgen hat, so habe bei Ew. Exzellenz anfragen wollen, ob es nicht gefällig wäre, unserem Bibliotheksdiener die Erlaubnis zu erteilen, das Neujahrstrinkgeld bei Personen, die sich der Bibliothek bedienen, sich erbitten zu dürfen. Zur allgemeinen Bettelei dürfte wohl auch diese billig hinzukommen. Wäre es nötig, so gelangte etwas deshalb an die fürstliche General-Polizei-Kommission und käme mit in das Wochenblatt.«

Während der ganzen Zeit, da Goethe die Oberaufsicht über die Bibliothek innehatte, kam das Projekt des Gesamtkatalogs für die Bibliotheken in Weimar und Jena, von dem bereits in dem Brief an Schiller vom Dezember 1797 die Rede war, immer wieder ins Gespräch. Erste Überlegungen zu einem solchen Projekt stammen sogar schon aus dem Jahre 1709. Christian Juncker empfahl damals bereits einen Gesamtkatalog für alle, auch die privaten Bibliotheken Sachsens, stellte aber die Realisierung seines Vorschlags »Gottes Fügung und der Zeit anheim.« Johann Mathias Gesner scheint sich um 1728, kurz vor seiner Entlassung, mit der Verwirklichung dieses Planes beschäftigt zu haben. 1785 griff der Geheime Rat Schnauß erneut das Projekt auf, lehnte es dann aber als undurchführbar wieder ab. Goethe stellte verschiedene Überlegungen an, ließ als Vorarbeiten Bibliothekskataloge in Jena anfertigen und in Weimar weiterführen, zu einer Zusammenführung in einem Zentralkatalog kam es aber auch diesmal nicht, so vorteilhaft die Einrichtung auch gewesen wäre.

Der Grund für dieses Scheitern dürfte nicht ausschließlich in technischen Schwierigkeiten zu sehen sein. Übersehen werden darf nicht, daß seit Beginn des 19. Jahrhunderts Fragen der Bibliotheksordnung und der Bibliothekserschließung lebhaft erörtert wurden und sich die moderne Auffassung, daß der von der Systematik der Bücheraufstellung unabhängige Bibliothekskatalog das wesentlichste Instrument bibliothekarischer Praxis darstellt, nur langsam durchsetzte. Erst unter diesen Voraussetzungen wäre das Projekt eines Gesamtkataloges für die Bibliotheken in Weimar und Jena möglich gewesen. Doch so weit war es in Weimar noch nicht.

Der Bestand der Herzoglichen Bibliothek war im Verlaufe des 18. Jahrhunderts beachtlich angewachsen. Der Erwerb von geschlossenen Bibliotheksbeständen hatte dazu wesentlich beigetragen. So hatte man 1701 die Bibliothek des Kanzlers Gerhard von Lilienheim erworben, 1703 die des Juristen Balthasar Friedrich von Logau, 1705 Bedeutendes aus dem Nachlaß des dänischen Polyhistors Marquard Gude ersteigert, 1722 die Bibliothek des früheren Bibliotheksdirektors Conrad Samuel Schurzfleisch übernommen, in der sich unter anderem die vollständige Büchersammlung des Wittenberger Professors August Buchner befand. Nach 1755 erfolgte der Ankauf wertvoller historischer und staatswissenschaftlicher Werke aus dem Nachlaß des Hofrats Alberti, 1758 wurde die Bibliothek Ernst August Constantins übernommen, 1807 übergab Carl August die Bibliothek seiner Mutter, zu der Teile der berühmten Dramensammlung Johann Christoph Gottscheds gehörten, die Anna Amalia 1766 hatte kaufen lassen. 1808 konnte die Bibliothek Karl Ludwig Fernows gekauft werden, die Bibliothek von Charles Gore war bereits ein Jahr früher erworben worden.

Aus Augsburg kam eine beachtliche Kollektion von Stammbüchern, deren älteste vom Ende des 16. Jahrhunderts datieren. Damit wurde der Grundstein zu einer der bedeutendsten Sammlungen von Stammbüchern überhaupt gelegt. Im Erbgang kam die Bibliothek von Anna Amalias Bruder, Herzog Friedrich August von Braunschweig-Oels, 1806 nach Weimar. Vulpius kaufte nicht nur aus den säkularisierten Klöstern Erfurts wertvolle mittelalterliche Handschriften auf, sondern dank seiner Vermittlung wurde aus dem Besitz des Nürnberger Gelehrten Christian Gottlieb von Murr ein Bestand an Norimbergae und Meistersingerhandschriften nach Weimar gebracht, darunter ein Schönbart-Buch und das Gemerkbüchlein des Hans Sachs. Weitere Erwerbungen, auch von einzelnen Zimelien, erfolgten unter tatkräftiger Mitwirkung der Oberaufsicht, vor allem wenn es galt, zusätzliche Finanzmittel bereitzustellen oder überhaupt den jährlichen Vermehrungsfonds zu erhöhen. So trug man auf alle mögliche Weise zum Ausbau der Bibliothek bei. Als Schnauß sein Amt angetreten hatte, umfaßte der Bestand 50000 bis 60000 Bände. Aus den Berichten, die Goethe sich vorlegen ließ, geht hervor, daß unter seiner zielstrebigen Aufsicht der Bestand sprunghaft anstieg. 1803 waren es 68000 Bände, 1812 89000, 1814 98000, 1820 120000 und 1832 140000 Bände.

Während es sonst kaum Belege für ein besonders geäußertes Interesse Goethes an mittelalterlichen Handschriften gibt, zeigt doch der Ankauf einer »Magischen Schrift« die unmittelbare Anteilnahme der Oberaufsicht. Am 16. Mai 1817 schrieb er an Voigt: »Ew. Excellenz werden gewiß lächeln, wo nicht gar mich tadeln, daß ich 52 Taler Sächs. für eine magische Handschrift gezahlt, unserer Bibliothek einzuverleiben. Die Aufschrift befindet sich auf beiliegendem Blatte. Ich feilschte schon vor Wochen darum, konnte es aber doch am Ende nicht aus den Händen lassen. Eine auf dem Lande Oppurg bei Neustadt wohnende Alchymistenfamilie hält es im Geheimen seit mehreren Jahren für den größten Schatz und bringt es nur an Tag, weil der Glaube sich mindert und die Not sich mehrt.«

Voigt antwortete, die Übersendung der Handschrift bestätigend, am 21. Juni 1817: »Aber ewiglich unentziffert wird uns wohl die Biblia magica bleiben, welche Ew. Exzellenz für Großherzogliche Bibliothek akquiriert und mir übersendet haben. Vielleicht findet sich etwas über den Kabalistiker Weimar; der Rat Vulpius wird fleißig nachspüren. Schon der Name des Autors eignet uns diese Beschwörungen mehr an. Das Titelblatt mit den sächsischen Wappenschilden und die Zueignung an den Kurfürsten Friedrich den Weisen bilden gewissermaßen ein Familien- und Archivstück, und so ist es unserer Bibliothek sehr würdig.« Während seiner Arbeiten für den »West-östlichen Divan« regte Goethe schließlich auch an, einen kleinen Bestand orientalischer Handschriften einzurichten.

Zur Erschließung der so schnell angewachsenen Bestände wurden die Katalogarbeiten vorangetrieben. Zum Nominalkatalog kam der Realkatalog, der aber wegen seiner beizeiten überholten Systematik abgebrochen werden mußte und heute als Torso nur für wissenschaftshistorische Studien noch mit Gewinn verwendet werden kann. Dann wurde ein Anonymen-Katalog begonnen, in den etwas formal, ausschließlich von der Vorlage ausgehend, oft nur scheinbar anonyme Schriften aufgenommen wurden, die heute längst als Verfasserschriften bekannt und geläufig sind. Der Katalog mit seiner eigenwilligen Ordnung verlangte ein eigenes Register, das den schwierigen Zugang erleichtern sollte. Zu diesen Grundkatalogen gesellten sich dann bald Spezialkataloge zu Sondersammlungen, die nicht unbedingt in den allgemeinen Bibliotheksfonds mit einbezogen waren. Genannt

Gemerkbüchlein des Hans Sachs. Eigenhändige Handschrift.
Nürnberg, 1555–1561.

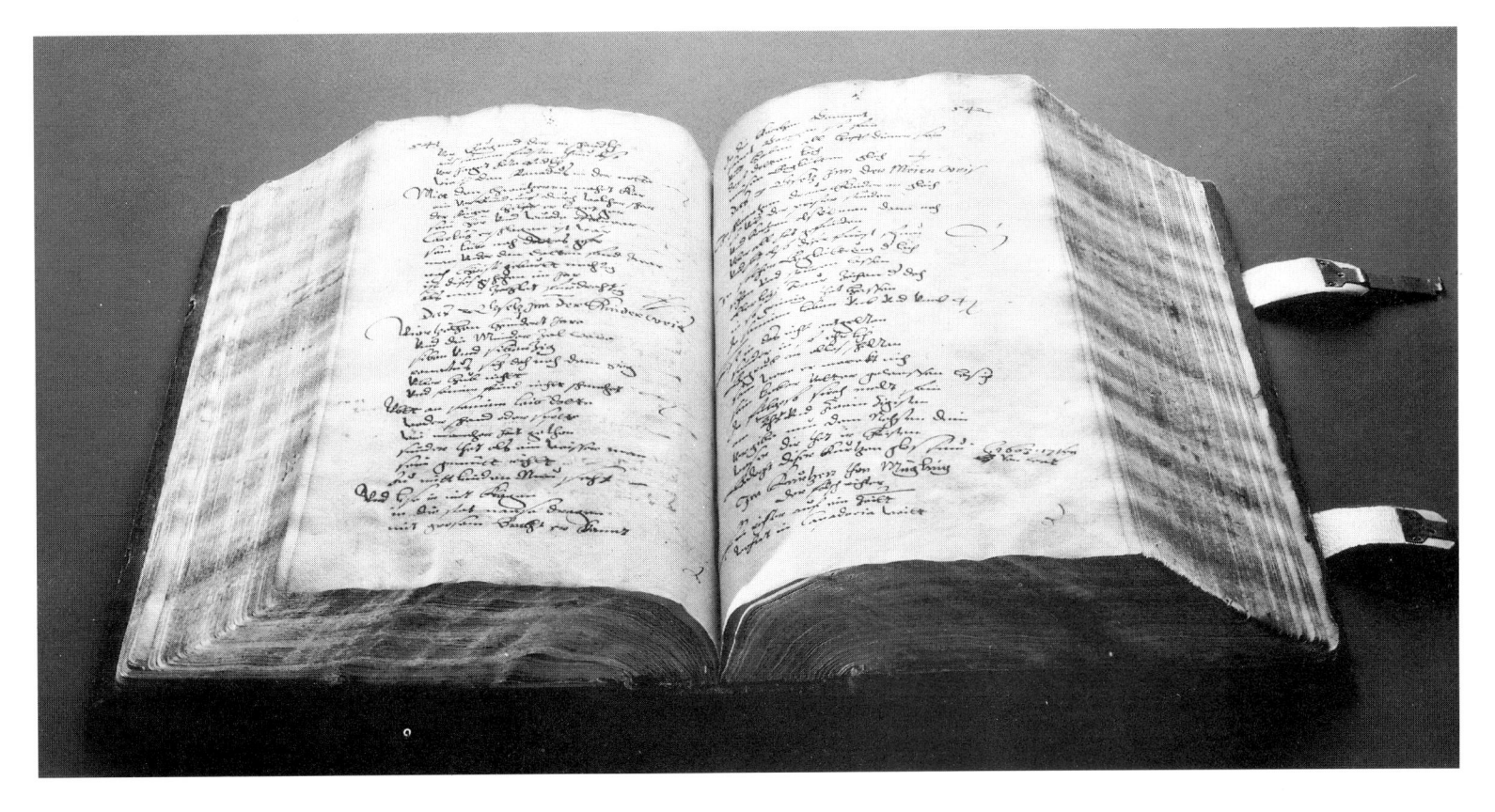

seien hier nur die Kataloge der Handschriften, der Inkunabeln, der Bibliotheca Aphrodisia, der Stammbücher, der Lutherdrucke und der seiner Zeitgenossen, der Revolutionsschriften, der Biographien, der deutschen und französischen Dramen.

Doch Goethe genügte im Laufe der Zeit die einfache Ansammlung von Büchern und deren Verzeichnung in Katalogen immer weniger. Die bloße Anhäufung der Schätze war ihm nicht genug. Er wollte mehr erreichen, er wollte die interessierten Bürger in die Bibliothek hineinziehen. Vorkehrungen, die oft recht teuren und kostbaren Neuerwerbungen einem möglichst großen Interessentenkreis zur Kenntnis zu geben, erschienen ihm als eine solche Möglichkeit. Es sollte allerdings geraume Zeit vergehen, bis sich diese Vorstellung zu einem konkreten Auftrag an die Bibliothek verdichtete. Am 17. November 1824 ging schließlich folgendes, von Goethe selbst unterzeichnetes Schreiben an die Bibliothek ab: »Nachdem Ihre Kgl. Hoheit zu äußern geruht, daß, da nunmehr bey Großherzogl. Bibliothek ein Zimmer eingerichtet sei, welches zu Unterhaltung des Publicums und dessen nähern Anteil an den Bibliotheksschätzen sich eigne, so hat man bei Großh. Oberaufsicht folgende Einleitung zum Versuch getroffen, um deren Nachhaltigkeit zunächst beurteilen zu können. – Man gibt nämlich an eine namhafte Person eine Einladungskarte, wodurch dieselbe berechtigt ist, irgendeinen Montag oder Donnerstag sich gedachten Zimmers und der daselbst vorgelegten Novitäten, besonders neuangekommener Kupferwerke, mit Bequemlichkeit zu bedienen, wodurch man zu erwecken hofft, daß, mit möglichster Schonung vorgelegter kostbarer Werke, sämtliche gebildete Personen in kurzer Zeit dieser belehrenden Unterhaltung genießen können. – Man rechnet jedesmal etwa zehn Personen, wodurch also

Trachtenbuch für Johann Jakob Fugger.
Papierhandschrift. Vermutlich Venedig, 16. Jahrhundert.

in einem Vierteljahr 260 Personen eingeladen werden, wobei niemand von einem wiederholten Besuch ausgeschlossen ist, indem es von ihm abhängt, sich an mehrere Gesellschaften anzuschließen.«[5] Es ergingen Einladungen an ausgewählte Personen. So wurden Wege beschritten, die bis in unsere Zeit hinein wirken, wenn auch unter veränderten Bedingungen.

Goethes Bemühungen um die Weimarer Bibliothek waren mannigfaltiger Art. Sie bezogen sich auf den Kleinkram täglicher Verwaltung ebenso wie auf Fragen der Benutzung, auf Förderung von Belangen der Bibliotheksangestellten wie auf Fragen der Ausleihe, auf Finanzprobleme wie auf Fragen des bibliothekarischen Zweckbaus. Aber seine Interessen reichten weiter. Zeugnis dafür ist ein im Aktenbestand der Weimarer Bibliothek überliefertes Konvolut, das den Titel trägt »Acta. Die Geschäfte eines Bibliothekars betreffend«.[6]

Das Aktenstück wird mit einer Ausarbeitung von Christian August Vulpius über die Arbeit des Bibliothekars eingeleitet. Seine Aufgabe sei es, »vor allen Dingen sich zu bemühen, das leichte Auffinden der Bücher zu befördern«. Dies zu erreichen, sieht Vulpius in der Signierung der Bücher sowie in der Erarbeitung eines Schemas ihrer Aufstellung die geeigneten Mittel. »Die Methode Bücher aufzustellen« sei »die natürlichste der Welt, wenn sie nach deren Inhalt« geschehe. Der Aufstellung der Bücher folge dann deren Katalogisierung, und zwar in der Form eines Autorenkatalogs, dem sich ein Sachkatalog anschließe, »in welchem die Bücher nach den Materien, Wissenschaften«, also nach inhaltlichen Gesichtspunkten, verzeichnet werden. Diese letztgenannte Katalogform, »der sogenannte Realkatalog«, sei die »Zierde nur weniger Bibliotheken«, zu denen auch die Weimarer Einrichtung zähle.

»Thewerdanck«, Ausgabe mit den Holzschnitten von Hans Schäuffelin in einem Druck von Hans Schönsperger aus Augsburg. Nürnberg 1517.

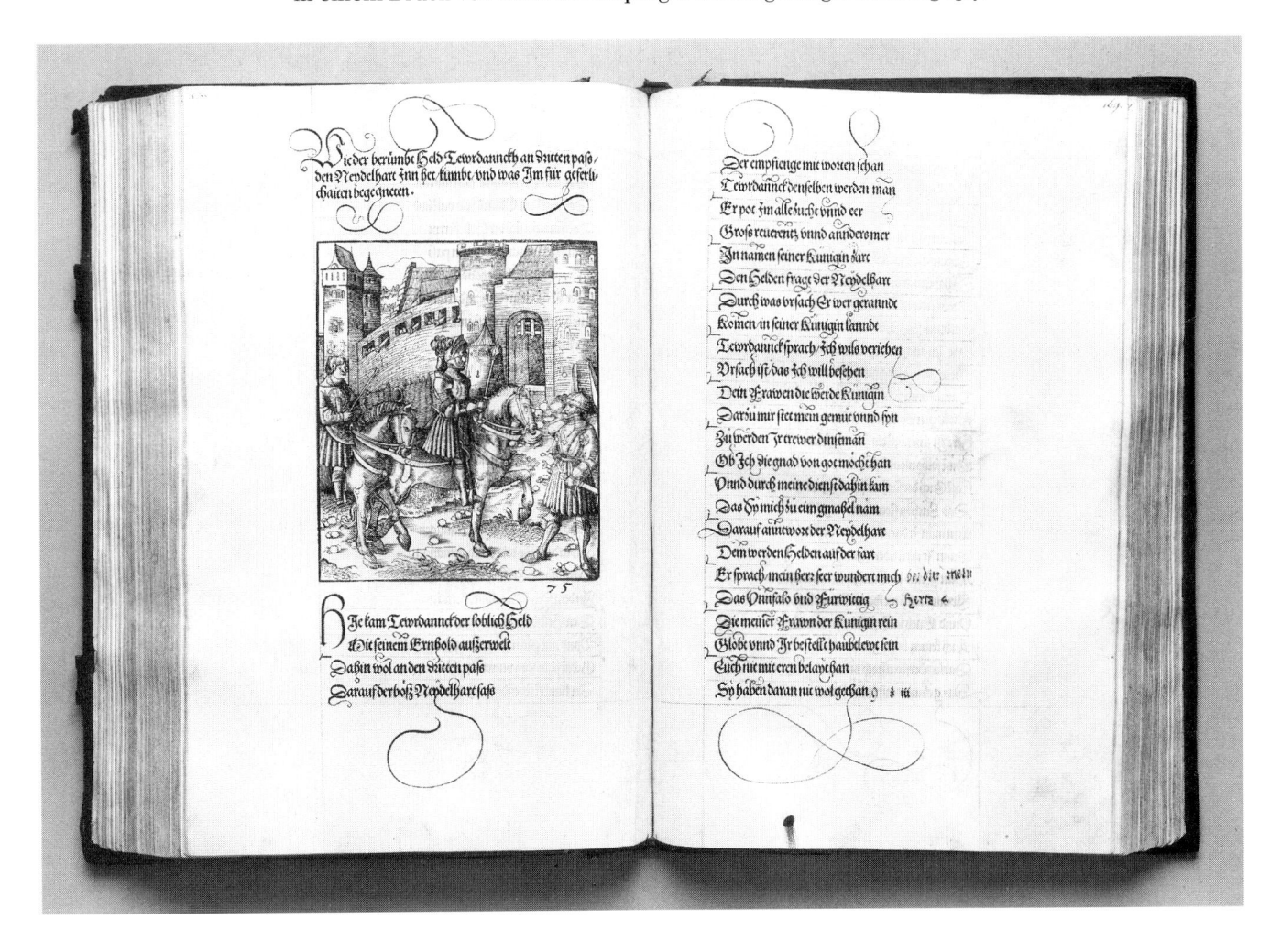

Das Berufsbild des Bibliothekars wird mit folgenden Worten umrissen: »Der Bibliothekar muß ein, seiner Wissenschaft durch Studien gewachsener Mann seyn, der besonders, in Hinsicht der Litterar Geschichte, seine Erfahrungen nicht auf Lektüre allein, sondern vielmehr auf die vor Augen habenden und gehabten Exempel gründen muß. Einer besonderen Wissenschaft allein, darf er nicht obliegen, u. dieselbe etwa bei Anschaffung von Büchern begünstigen, wobei jedoch auch zu bemerken ist, daß der systematische Kopf dem polemischen durchaus vorzuziehen ist; denn ohne nach einem System zu handeln, dessen Prüfung Erfahrungen bestimmen müssen, wird nie etwas Ersprießliches bei der Bibliothek gefördert werden können.«

Soweit die Ausführungen von Vulpius, die nach Inhalt und Gliederung ganz den herkömmlichen Auffassungen bibliothekarischer Praxis des 18. Jahrhunderts entsprachen. Die sich anschließende stichwortartige Ausarbeitung ist von Goethes Sekretär Johann August Friedrich John geschrieben. Da John erst wenige Tage vor dieser Niederschrift seine Arbeit bei Goethe aufgenommen hatte, kommt er als Autor kaum in Frage. Die Niederschrift ist notwendig als Abschrift zu bestimmen, wer die Vorlage geliefert hatte, bleibt ungewiß.

Die Niederschrift trägt die Überschrift »Plan des Versuches eines vollständigen Begriffs der Bibliothekswissenschaft«. Ursprünglich war von dem »Plan eines vollständigen Lehrbuchs« die Rede; die Korrektur ist wiederum auf Vulpius zurückzuführen. Dennoch kann Goethes Mitwirkung an der Niederschrift nicht völlig ausgeschlossen werden.

Doch der Inhalt der Ausarbeitung war keine Weimarer Originalleistung. Es handelt sich dabei nämlich um Exzerpte beziehungsweise nur leicht umgeschriebene Auszüge aus dem 1808 bis 1810 er-

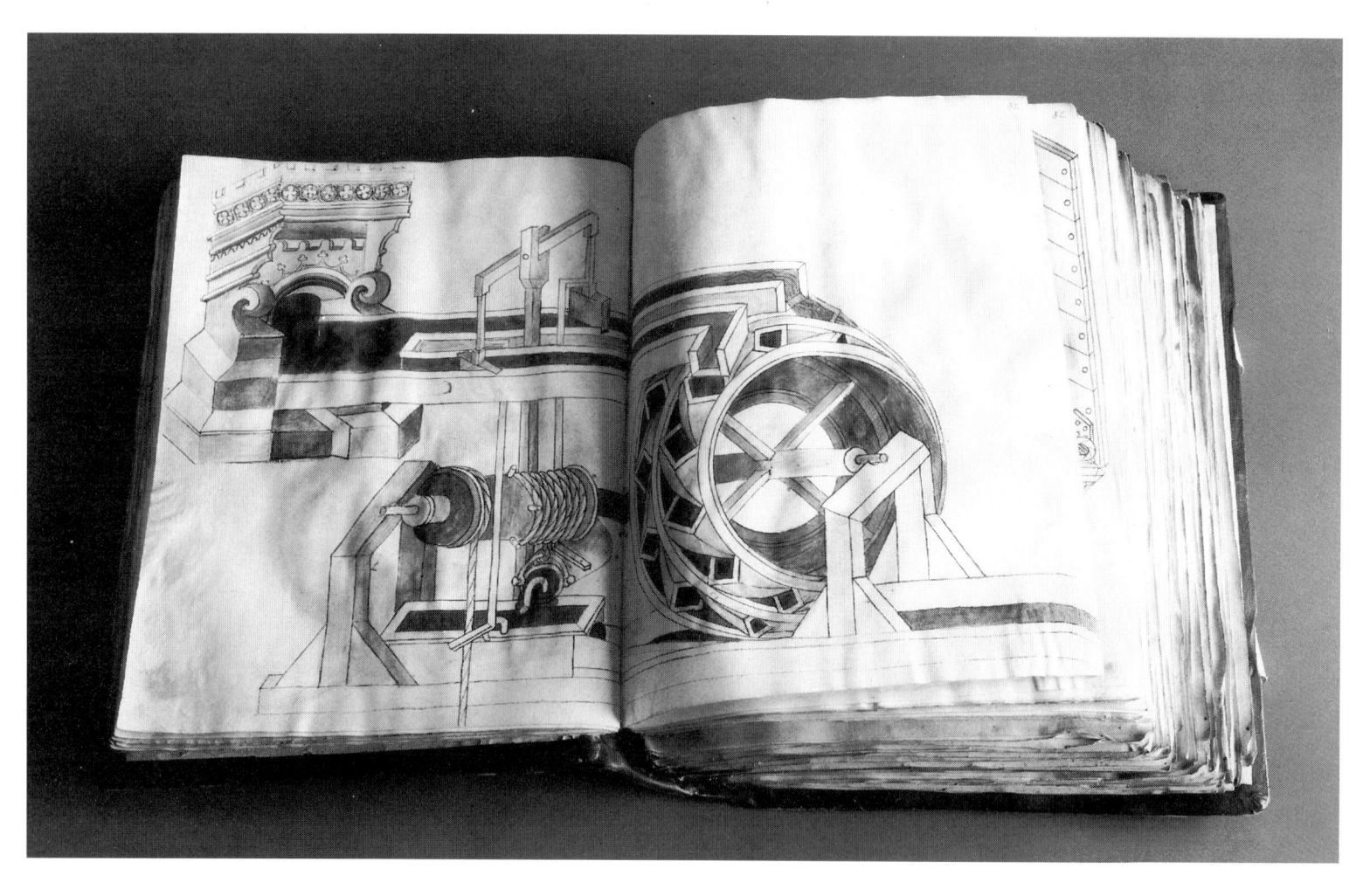

Oberschlächtiges Wasserrad, Darstellung im »Weimarischen Ingenieurkunst- und Wunderbuch«.
Pergamenthandschrift. Zweite Hälfte des 16. Jahrhunderts.

schienenen »Versuch eines vollständigen Lehrbuchs der Bibliothekswissenschaft« von Martin Schrettinger, ein Standardwerk, das den Beginn moderner Bibliothekswissenschaft überhaupt markiert. Schrettinger war der erste, der die fachsystematische Aufstellung der Bücher in Frage stellte und die Auffassung vertrat, daß eine Bibliothek allseitig nur durch Kataloge erschlossen werden kann. Es sollte noch viel Zeit vergehen, ehe sich diese Auffassung durchsetzte. Von Interesse ist jedoch, daß man in Weimar die Bedeutung der mit Schrettingers Buch einsetzenden Debatte erkannte und sich zur Stellungnahme herausgefordert sah. In dem entscheidenden Punkt aber folgte man dem Münchener Bibliothekar nicht. Nach wie vor beharrte man hier auf der Methode der durch die Systematik eines Realkatalogs vorgegebenen Aufstellung der Bücher und darauf aufbauender Autorenkataloge. Das von modernen Autoren der Bibliotheksgeschichte geprägte Urteil, daß Goethe »in die Bibliotheksgeschichte als unentwegter Anhänger des systematischen Sachkatalogs und daran geknüpfter Aufstellung und als einer der frühesten Anhänger eines Gesamtkatalogs der Bestände örtlich getrennter Bibliotheken eingezogen« sei, trifft ohne Einschränkung zu.

Ob die in diesem Aktenstücke festgehaltenen Ansichten von Goethe selbst stammen oder nur Auszüge aus der zeitgenössischen Fachliteratur darstellen, ist nicht entscheidend. Wichtig scheint, daß Goethe sich nicht nur mit praktischen Entscheidungen für die Arbeit in der Bibliothek zu beschäftigen hatte, sondern auch bemüht war, den für seine Zeit gültigen theoretischen Vorstellungen prüfend zu begegnen. So erwächst aus praktischer Erfahrung und theoretischer Überlegung das höchste Lob, das überhaupt gespendet werden kann, wenn Goethe am 6. Februar 1821 an Carl August schreibt, daß dieser Beruf, das »friedlichste, sittlichste Bildungsgeschäft« sei.

Seite 178: Brücken- oder Büstenzimmer im Goethehaus.

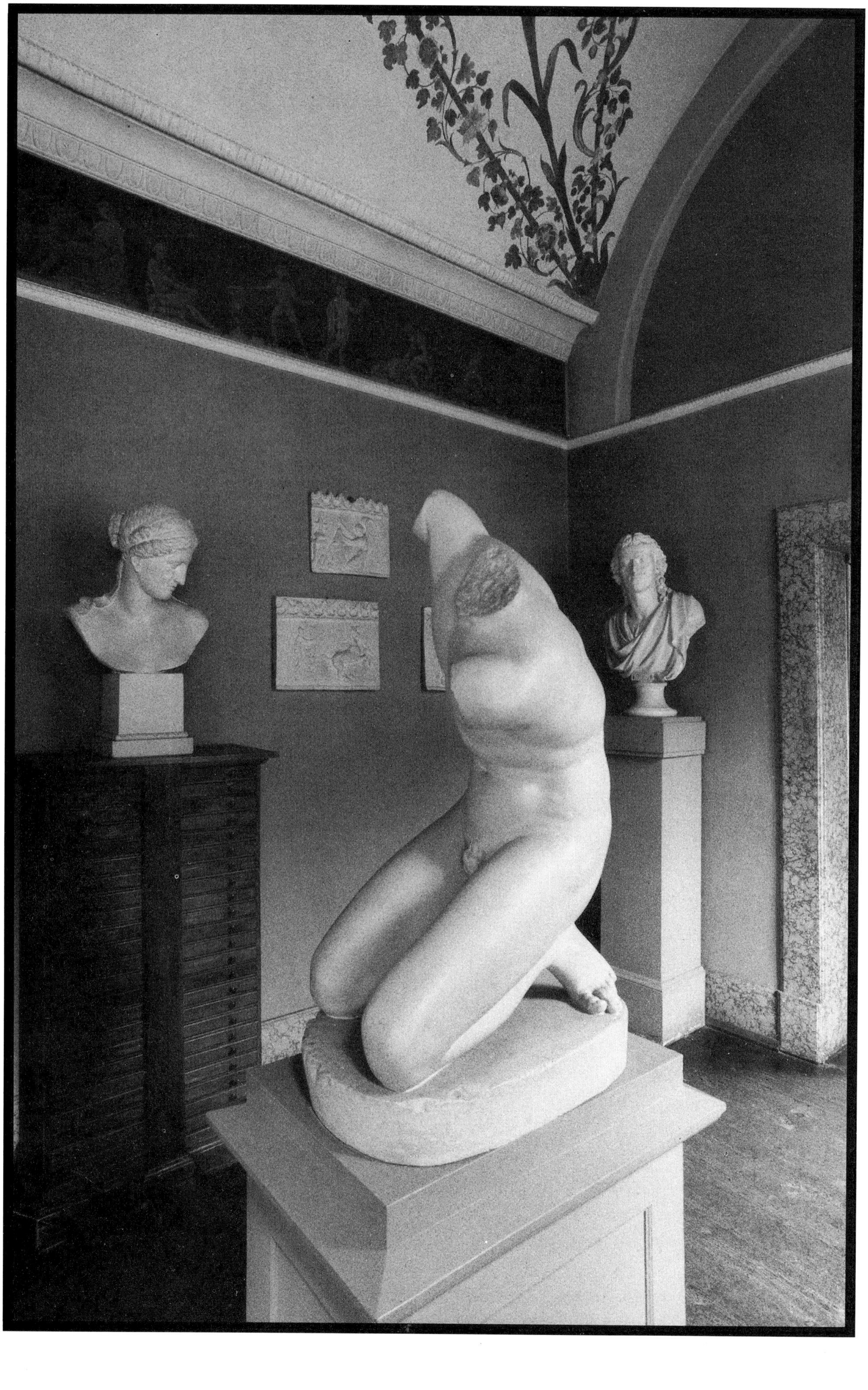

GOETHE UND DIE GRÜNDUNG DER WEIMARER GEMÄLDEGALERIE

Das Zeitalter der öffentlichen Museen setzt im ausgehenden 18. und beginnenden 19. Jahrhundert ein. Wenige in Deutschland haben diese Entwicklung so frühzeitig erkannt und gefördert wie Goethe. Schon 1795 machte er sich in seinem Vortrag »Über die verschiedenen Zweige der hiesigen Tätigkeit« Gedanken über eine bessere, und das hieß für ihn eine öffentliche, Nutzung der privaten Kunstsammlungen in Weimar: »Was Durchl. der Herzog, die Herzogin, Herr Gore und andere besitzen, was selbst in meinem Hause sich befindet, ist nicht ohne Bedeutung. Eine allgemeine Übersicht würde ihren Nutzen und ihre zweckmäßige Vermehrung befördern.«[1] Doch vorerst blieb es beim Vorschlag eines Gesamtkatalogs der Kunstschätze Weimars; die gespannte politische Situation jener Jahre war solchen Projekten wenig günstig.

Zwei Jahre später sah sich Goethe durchaus mit Museumsproblemen konfrontiert. Im Dezember 1797 übernahm er gemeinsam mit seinem Amtskollegen Christian Gottlob Voigt die Oberaufsicht über die Weimarer Bibliothek, in deren Beständen sich damals auch die Masse des herzoglichen Kunstbesitzes befand: neben einem großen Münzkabinett vor allem zahlreiche Gemälde, eine Fülle von Handzeichnungen und Hunderte von Druckgraphiken. Die Sorge für die herzoglichen Kunstsammlungen bildete von 1797 bis zu seinem Lebensende, also 35 Jahre lang, einen festen Bestandteil seiner amtlichen Tätigkeit. Dabei stimmten Carl August und Goethe – ungeachtet mancher Meinungsverschiedenheiten im einzelnen – stets in dem Grundgedanken überein, daß die Zeit reif sei, diese Kunstschätze öffentlich auszustellen. Von welchen Überlegungen Goethe sich dabei leiten ließ, macht sein Schreiben an Carl August vom 12. Juli 1818 deutlich, in dem es hieß, er lege größten Wert darauf, »daß alle Gegenstände theils zur Evidenz kommen, theils so aufbewahrt sind, daß man sie leicht finden kann, damit dem verlangten oder befohlenen Vorzeigen derselben keine weitere Hinderniß im Wege stehe und diese so ansehnliche Sammlung zu Nutzen und Vergnügen jederzeit geschaut werden könne«.

Öffentliche Kunstmuseen entstanden in Deutschland vor allem nach 1815, also nachdem die meisten Kunstwerke, die die napoleonische Armee aus allen Teilen Europas als Kriegsbeute nach Paris entführt hatte, den Eigentümern zurückgegeben worden waren. Sie wurden jetzt im allgemeinen nicht wieder den privaten fürstlichen Sammlungen einverleibt, sondern in öffentlichen Kunstmuseen ausgestellt, für die man bald auch eigene und repräsentative Gebäude errichtete.

Ganz anders vollzog sich die Gründung der Weimarer Gemäldegalerie; hier waren es Reformen der Weimarer Zeichenschule, die Goethe in den Jahren nach 1806 und nach 1815 veranlaßte und leitete, welche die Gründung eines Kunstmuseums zur Folge hatten. Die Gemäldegalerie wurde also nicht durch eine auf den Tag genau zu datierende Verfügung des Landesherrn ins Leben gerufen. Ihre Entstehung war vielmehr ein langer und mehrmals unterbrochener Vorgang von rund 15 Jahren.

Die Verbindung zwischen Gemäldegalerie und Zeichenschule macht es erforderlich, einige Daten zur Geschichte dieser Einrichtung, die bis in die zwanziger Jahre unseres Jahrhunderts bestanden hat, zu rekapitulieren.

Die »Freie Zeichenschule« war 1776 nach den Plänen von Friedrich Justin Bertuch gegründet worden. Der Unterricht verfolgte, wie in dessen »Entwurf einer mit wenigen Kosten hier zu errichtenden freyen Zeichenschule« von 1774 zu lesen war, einen doppelten Zweck: Handwerkerlehrlinge und Gesellen sollten hier zeichnen lernen, um

Goethe.
Aquarellgemälde von Johann Heinrich Meyer, zwischen 1792 und 1795.

die für ihren Beruf notwendige ästhetische Bildung zu erwerben; zum anderen suchte man, zeichnerisch begabte Kinder zu fördern und auf einen künstlerischen Beruf vorzubereiten. Der Besuch der Schule war kostenlos, daher der Name »freie« Zeichenschule, und stand allen Klassen und Schichten der Bevölkerung offen. Nicht nur Weimarer Handwerker schickten ihre Söhne und Töchter zum Unterricht, auch adlige Damen, Beamte, Schauspieler und Gewerbetreibende kamen zu den Zeichenstunden. In den noch erhaltenen Schülerlisten sind so gut wie alle bekannten Namen aus dem Weimar der Goethezeit vertreten.

Schon während seiner ersten zehn Weimarer Jahre hat Goethe, gerade in jener Zeit ein passionierter Zeichner, die Zeichenschule unterstützt und gefördert. Im Sommer 1781 konnte man ihn unter den Zeichenschülern finden, und im Winter 1781/82 hielt er an der Schule Vorträge über den menschlichen Knochenbau. 1788, unmittelbar nach der Rückkehr aus Italien, übernahm er die Oberaufsicht über die Schule, zunächst gemeinsam mit Geheimrat Christian Friedrich Schnauß, nach dessen Tod führte er sie allein. Später gehörte die Zeichenschule zu jenen Instituten, die der Oberaufsicht über die unmittelbaren Anstalten für Wissenschaft und Kunst in Weimar und Jena unterstanden.

Wie aus Bertuchs Bericht über die Weimarer Zeichenschule in der »Monats-Schrift der Akademie der Künste und mechanischen Wissenschaften zu Berlin« vom April 1789 hervorgeht, erfüllte die Schule schon bald die in sie gesetzten Erwartungen. Die Zahl der Schüler und Schülerinnen nahm ständig zu, vor allem während der ersten Jahre des neuen Jahrhunderts, denn 1806 zählte man rund 150 Schüler, 1808 gar etwa 450. Die sprunghaft steigende Schülerzahl war auch der Hauptgrund, daß man im Juli 1808 die Schule aus dem Roten Schloß, in dem sie seit 1781 untergebracht war, in das Fürstenhaus, heute das Hauptgebäude der Musikhochschule, verlegte. Goethes engster Mitarbeiter in künstlerischen Fragen, Johann Heinrich Meyer, der 1807 nach dem Tod von Georg Melchior Kraus, dem ersten Direktor, die Leitung der Schule übernommen hatte, erhielt im östlichen Flügel des Fürstenhauses eine Dienstwohnung und ein eigenes Atelier. Als weiteren Lehrer stellte man 1811 den Maler Ferdinand Jagemann an, den jüngeren Bruder der Schauspielerin Karoline Jagemann; er bezog im westlichen Flügel des Fürstenhauses eine Dienstwohnung nebst Atelier.

Die Ernennung Meyers zum Direktor der Zeichenschule und der Umzug des Instituts ins Fürstenhaus waren für Goethe der Anlaß, jetzt auch eine Neuordnung der Schule einzuleiten, um die »höheren Kunstzwecke« stärker als bisher im Unterricht zu berücksichtigen. Goethes Pläne wurden dadurch begünstigt, daß der Herzog im Sommer 1809 vier Zimmer der mittleren Etage des Fürstenhauses mit Blick in den Garten an der Rückseite der Zeichenschule zur Verfügung stellte. Welche Absicht er dabei verfolgte, erfährt man aus Goethes Brief an Voigt vom 22. Juli 1809: »Die Absicht Serenissimi ist nämlich: den übrigen an die Zeichenschule und das Hofrath Meyer'sche Quartier stoßenden Teil des Fürstenhauses gleichfalls der Kunst, besonders aber der Aufbewahrung von Kunstwerken zu widmen, sobald die gegenwärtigen Bewohner gedachte Räume werden verlassen haben, welches nächstens geschehen soll. Es ist dieses um so wünschenswerther, als manche Gemälde, Zeichnungen in Rahmen und große Cartons und andere der gleichen vorzügliche Kunstwerke hie und da zerstreut und nicht zum Besten aufgehoben

Johann Heinrich Meyer.
Kreidezeichnung von Johann Joseph Schmeller, 1824.

sind. Man könnte daher, sobald man in dem Besitz dieser Räume sich befände, auf eine schickliche und geschmackvolle Weise, eine Aufstellung vornehmen, welche einheimischen und auswärtigen Kunstfreunden, sowie den Studierenden höchst angenehm und nützlich seyn müßte ... Nähme man an, daß in einer solchen Sammlung dasjenige aufgenommen würde, was der neuern Kunst angehört; so würden wir uns auch dadurch auf der Bibliothek Raum verschaffen, welcher dort sehr abzugehen anfängt. Was artistisch wäre, nähme man in die neue Anstalt, das historisch-antiquarische bliebe drüben, wobey man überhaupt keine strenge Grenzlinie zu ziehen brauchte. Bey der Einrichtung des neuen Museums, dessen künftiger Bestimmung und Benutzung, würde Hofrath Meyer gern beyräthig seyn, auch manches, was sich gegenwärtig bey der Zeichenschule befindet, herüber zu der größeren Masse geben, allein das Inventarium, Conservation und Custodie bliebe dem Bibliothek-Personal anheimgestellt, indem solche theils stark genug, theils ohnehin in Übung und Gewohnheit ist, Fremden etwas vorzuzeigen ... Da jedoch die Bibliothek mit der Zeichenschule hierdurch in nähere Verbindung tritt, so erwähne ich eines Gedankens, der mir schon öfters beygegangen. Es wäre nämlich zu wünschen, daß die sämmtlichen Anstalten, welche Serenissimus hier und in Jena theils gegründet, theils begünstigt, völlig in Eins gefaßt, und das was bisher nach und nach geschehen, consolidirt, und in einem Stiftungsbriefe den Nachkommen überliefert und empfohlen würde.« Im Tagebuch vermerkte Goethe unter demselben Datum: »Aufsatz an Geh. Rath Voigt, wegen Verbindung sämtlicher Anstalten für Kunst und Wissenschaft in Weimar und Jena, bey Veranlassung eines in dem Fürstenhause anzulegenden Museums.«

Der Brief ist aus zwei Gründen bemerkenswert: Zum einen äußerte sich Goethe hier zum erstenmal über die »Einrichtung des neuen Museums«, zum anderen entwickelte er dabei, und wahrscheinlich auch dies hier zum erstenmal, den Gedanken eines verwaltungsmäßigen Zusammenschlusses der wissenschaftlichen und künstlerischen Einrichtungen in Weimar und Jena; ein Gedanke, der bei der Neuregelung der sachsen-weimarischen Behördenorganisation im Jahre 1815 in der Oberaufsicht über die unmittelbaren Anstalten für Wissenschaft und Kunst in Weimar und Jena verwirklicht wurde.

Während Carl August offensichtlich die Absicht hatte, die vier Räume, die die Zeichenschule zusätzlich zu ihren Unterrichtsräumen erhalten sollte, als Magazine zu nutzen, gingen Goethes Pläne in eine andere Richtung: Er wollte in jenen Räumen eine ständige Ausstellung von Werken der »neuern Kunst«, und das hieß hier vor allem von Werken der Malerei und Zeichenkunst des 17. und 18. Jahrhunderts, einrichten.

Bereits am 3. September, dem Geburtstag Carl Augusts, sollte die neue Ausstellung – neben der alljährlichen Ausstellung der Zeichenschule mit Arbeiten ihrer Lehrer und Schüler – dem Herzog gezeigt werden. »Eilen Sie«, schrieb Goethe am 18. August 1809 von Jena aus an Johann Heinrich Meyer, »damit zum dritten September etwas Erfreuliches zu sehen sey. Es wäre gar hübsch, wenn doch endlich das Mannigfaltige was bey uns besessen wird, auf eine frohe und genießbare Weise zur Erscheinung käme.«

Und Meyer eilte. Bereits am 26. August teilte er Goethe mit, wie er die Räume eingerichtet habe. Der erste Raum war den Zeichnungen von Asmus Jakob Carstens vorbehalten. Da Meyer schrieb, daß die Zeichnungen hier »alle beysammen« seien, kann man annehmen, daß es etwa 30 Blätter waren; denn so viele hatte Carl August – auf Anraten Goethes, der Carstens klassizistische Zeichenkunst besonders schätzte – im Jahre 1804 aus dem Nachlaß des Künstlers erworben. Im zweiten Raum hatte Meyer die Zeichnungen »von einer Farbe« zusammengestellt: Sepiazeichnungen von Philipp Hackert, Christoph Heinrich Kniep, Johann Georg Schütz, Johann August Nahl, Antonio Zucchi, Friedrich Bury und seine eigenen »großen getuschten Köpfe«. Im dritten Raum war eine Wand den Aquarellen von Peter Birmann, Albert Christoph Dies, von Kniep und Bury vorbehalten. An den anderen Wänden hingen die »sämmtlichen Öhlmahlereyen besserer Art, die wir besitzen, worunter aber Winckelmanns Bildniß«, gemeint war das Winckelmannporträt von Anton Maron, »das größte Stück ist«. Im vierten und letzten Raum schließlich wollte er »die sämmtlichen Handzeichnungen der leichten, skizzenhaften Art« ausstellen: »an 200 gute Stücke«.

Oft genug mußte sich Meyer beim Einrichten der Räume mit provisorischen Lösungen zufriedengeben. So wurden beispielsweise zahlreiche Blätter ungerahmt an die Wand genagelt. Natürlich fehlte auch in Meyers Brief nicht die Klage jedes Museums- und Ausstellungsgestalters: der Platz reiche nicht aus, sämtliche zur Verfügung stehenden Bilder zu zeigen. Doch alles ging gut aus; am 3. September konnte Carl August die Ausstellung besichtigen und war, wie Meyer am 6. September an Goethe schrieb, »sehr zufrieden« mit den »vier durch die Kunstsachen der Bibliothek aufgeputzten Zimmer«.[2]

Bei der Einrichtung der vier Räume folgte Meyer keinem der damals modernen Ausstellungsprinzipien, denn er ordnete die Bilder weder nach Schulen noch nach chronologischen und ebensowenig nach thematischen Gesichtspunkten. Er ließ sich statt dessen von den praktischen Belangen der Zeichenschule leiten und stellte die Bilder nach ihrer Mal- und Zeichentechnik zusammen. Da im Ausbildungsprogramm der Schule die Beherrschung der Zeichentechniken den Vorrang hatte und das Kopieren von Vorlagen im Mittelpunkt des gesamten Unterrichts stand, konnte man eine Ausstellung von Mustern und Vorbildern als Unterrichtshilfe gut gebrauchen.

Die im Fürstenhaus ausgestellten Bilder gingen jedoch nicht in den Fundus der Zeichenschule über, und es wurde für das »neue Museum« auch keine besondere Aufsichtsbehörde eingesetzt. Die Bilder blieben vielmehr in der Verwaltung und auch im Inventar der Bibliothek. Wenn ein Kunstliebhaber die Bilder sehen wollte, mußte er sich bei den Beamten der Bibliothek melden, denn sie verwahrten die Schlüssel zu den Ausstellungsräumen und führten dort auch die Aufsicht. Von festen Öffnungszeiten ist nichts bekannt.

Die Bilderausstellung im Fürstenhaus brachte Carl August auf den Gedanken, die Verwaltung des herzoglichen Kunstbesitzes neu zu regeln. Am 29. Dezember 1810 teilte er der Bibliothekskommission in einem Reskript mit, daß er die Entschließung gefaßt habe, die Gemälde, Zeichnungen und Kupferstiche, die bisher zu den Beständen der Bibliothek gehörten, in die Obhut der Zeichenschule zu geben. Goethe äußerte am 10. Januar 1811 in einem Schreiben an Voigt jedoch starke Bedenken gegen diese Anordnung: »Es ist ein allgemein angenommener, und durch die Erfahrung bewährter Satz, daß Bewahren und Benutzen zweyerley Dinge sind. Ein thätiger Gelehrter ist kein guter Bibliothekar, und ein fleißiger Maler kein guter Gallerieinspektor. Auch ist die Conservation der Kunstschätze und die Direction der Kunstschulen selten in Eine Hand gegeben.« Er habe daher Sorge, daß die nötige Pflege und sichere Aufbewahrung der Bilder künftig nicht mehr gewährleistet seien.

Hier deckten sich die Sorgen des verantwortungsbewußten Beamten mit denen des privaten Sammlers. Wenige Jahre zuvor hatte Goethe in den »Wahlverwandtschaften« (2. Teil, 6. Kapitel) geschrieben: »Wenn Sie wüßten, sagte er, wie roh selbst gebildete Menschen sich gegen die schätzbarsten Kunstwerke verhalten ... Ohne daran zu denken, daß man ein großes Blatt mit zwei Händen anfassen müsse, greifen sie mit Einer Hand nach einem unschätzbaren Kupferstich, einer unersetzlichen Zeichnung, wie ein anmaßlicher Politiker eine Zeitung faßt und durch das Zerknittern des Papiers schon im Voraus sein Urtheil über die Weltbegebenheiten zu erkennen gibt. Niemand denkt daran, daß wenn nur zwanzig Menschen mit einem Kunstwerke hinter einander eben so verführen, der einundzwanzigste nicht mehr viel daran zu sehen hätte.«

Carl August gab sich zunächst zufrieden, zumal sich die Angelegenheit von selbst erledigte. Anfang 1811 wurde die Ausstellung im Fürstenhaus aufgelöst, und die Bibliothek erhielt alle Bilder zurück: Man brauchte die Räume im Fürstenhaus jetzt als Wohnung und Atelier für Ferdinand Jagemann.

Die Ausstellung, die vom September 1809 bis zum Januar 1811 im Fürstenhaus eingerichtet war, mußte hier ausführlicher zur Sprache gebracht werden, da sie die Vorstufe für die spätere Gemäldegalerie im Jägerhaus bildete. Die meisten Bilder, die im Fürstenhaus hingen, konnte man, allerdings neu geordnet, auch in dieser Galerie sehen.

Selbst die Funktion der Vorbildersammlung, die die Ausstellung im Fürstenhaus geprägt hatte, wurde übernommen. Ein Schreiben Goethes an seinen Sohn vom 17. August 1828, in dem es um die Anfrage des Zeichenlehrers Johann Joseph Schmeller ging, ob einer seiner Schüler einige Gemälde kopieren dürfe, beginnt mit dem Satz: »Ob ich gleich sehr wünschte daß die Gemälde im Jägerhaus benutzt würden ...«

Seit 1814 war sich Goethe bewußt, daß die 1806 von ihm eingeleitete Reform der Zeichenschule wenig bewirkt hatte, und er äußerte sich jetzt sehr unzufrieden über das künstlerische Niveau der Schule. Aber er dachte nicht daran, diesen Zustand nur zu beklagen, er tat vielmehr sein möglichstes, ihn zu ändern. Der Erfolg blieb allerdings auch diesmal aus. Bereits Ende 1815 genehmigte Carl August, Goethes Vorschlag entsprechend, die räumliche Teilung der Schule: Man verlegte 1816 die beiden Anfängerklassen ins Große Jägerhaus in der heutigen Marienstraße; für Ferdinand Jagemann wurde dort eine neue Wohnung mit einem Atelier eingerichtet. Die künstlerisch begabtesten Schüler, die in der ersten Klasse zusammengefaßt waren, unterrichtete Johann Heinrich Meyer im Saal seiner neuen Dienstwohnung an der Esplanade, der heutigen Schillerstraße. (Das Haus mußte 1896 einem Neubau weichen.)

An eine neue Bilderausstellung war vorerst nicht zu denken. Es fehlten dafür die erforderlichen

Großes Jägerhaus in der Marienstraße. Zustand um 1900
(vor der teilweisen Zerstörung durch Bombenangriffe im zweiten Weltkrieg).
Fotoarchiv Louis Held.

Räume, und der Bau eines eigenen Museumsgebäudes lag außerhalb der finanziellen Möglichkeiten des Landes. Vergessen waren die Museumspläne dennoch nicht; denn als im Januar 1820 Ferdinand Jagemann starb, kamen Carl August und Goethe sofort überein, die Wohnräume des Malers im Jägerhaus zu Ausstellungsräumen umbauen zu lassen. Daß dieses »Museum«, die »Kunst Sammlung«, die »Gemälde Sammlung«, die »Bildergalerie« – die Bezeichnungen wechselten noch jahrelang – der Zeichenschule angeschlossen werden sollte, belegen Äußerungen Carl Augusts und Goethes vom Dezember 1823 eindeutig. Unklar blieb lediglich, wie diese Verbindung gedacht war. Eine engere verwaltungsmäßige Bindung läßt sich nicht nachweisen, im Gegenteil: Mit der Einrichtung der Gemäldegalerie im Jägerhaus war der erste Schritt zur verwaltungsmäßigen Selbständigkeit der großherzoglichen Kunstsammlungen getan. Die Gemäldegalerie führte eigene Inventare und hatte nicht zuletzt auch eigene Angestellte.

Die Vorarbeiten für das neue Museum im Großen Jägerhaus bildeten vom Januar 1822 bis zum Dezember 1824 einen Schwerpunkt in Goethes amtlicher Tätigkeit. Als erstes ließ er sich den baulichen Zustand des Hauses schildern, danach legte er gemeinsam mit Oberbaudirektor Coudray die neue Einrichtung der Räume fest und ordnete an, ein Gemälde, das »eine besondere Zierde des neuanzulegenden Museums im Jägerhaus zu werden«[3] versprach, zur Restaurierung nach Berlin zu bringen. Goethe regelte sodann die Personalfragen und verfaßte schließlich auch, gemeinsam mit Johann Heinrich Meyer, den »Katalog des Museums« und die »Instruction für's Museum«.

Einen Streitpunkt zwischen Goethe und Carl August bildeten die graphischen Sammlungen. Im Herbst 1823 waren die Räume im Jägerhaus soweit hergerichtet, daß die ersten Bilder übernommen werden konnten. Es wurden am 9. Oktober die Zeichnungen von Carstens aus der Bibliothek ins Jägerhaus gebracht, außerdem einige Bilder von Philipp Hackert und Elisa Gore, die in der ersten Klasse der Zeichenschule gebraucht worden waren. Carl August nutzte den günstigen Zeitpunkt, um seinen alten Plan zu verwirklichen. Er wünschte, das Museum jetzt gänzlich von der Bibliothek zu trennen, und schlug deshalb Goethe vor, die Kupferstiche und Radierungen aus dem Bibliotheksbestand auszugliedern und sie der Kunstsammlung im Jägerhaus einzuverleiben. Wie schon 1811, äußerte Goethe auch jetzt erhebliche Einwände. Diesmal jedoch konnten seine Argumente den Herzog nicht beeindrucken. Der nahm vielmehr die Angelegenheit selbst in die Hand, ließ sich am 22. Februar 1824 – es war ein Sonntag – sämtliche Kupferstiche in den Bibliotheksturm bringen und suchte in zweieinhalb Stunden gemeinsam mit Meyer, Coudray und Steiner diejenigen graphischen Blätter aus, die er dem Museum übergeben wollte. Da der Bibliothekssekretär Kräuter die Uhrzeiten notierte, läßt sich die Gründung der Graphischen Sammlung als Teil des Weimarer Museums sogar auf die Stunde genau angeben; es geschah am 22. Februar 1824 zwischen elf und dreizehn Uhr dreißig. Goethe blieb jetzt, nachdem alles entschieden war, nichts anderes übrig, als gute Miene zu machen, und ohne sich noch einmal zur Sache zu äußern, schickte er am 2. März die angeforderten »Risse zu den Kupferstichschränken an Serenissimum«.[4]

Die Übergabe der graphischen Blätter an das Museum erfolgte in den Jahren zwischen 1824 und 1833. Das Verzeichnis, das erhalten blieb, bestätigt ebenfalls, daß das Museum noch mit der Zeichenschule verbunden war, denn man übernahm damals auch 16 Lehrbücher der Malerei und Zeichenkunst, zum Beispiel Leonardo da Vincis »Traktat von der Malerei« (Ausgabe von 1724), Johann Kaspar Lavaters »Anleitung zur anatomischen Kenntnis des menschlichen Körpers für Zeichner und Bildhauer« (1790) und die, auch von Goethe geschätzten, Musterblätter »Vorbilder für Fabrikanten und Handwerker« (1821).

Von jenem Streitpunkt abgesehen, hatte Goethe bei den Vorarbeiten für das neue Museum freie Hand. Nicht zuletzt fanden auch seine Personalvorschläge Carl Augusts Zustimmung. Die Anstellung eines geeigneten »Custos« oder »Aufsehers« bereitete eine Zeitlang große Sorgen. Zunächst wurde der Kupferstecher Johann Christian Ernst Müller – seit 1788 Lehrer, seit 1820 Professor an der Zeichenschule – zum Kustos ernannt; doch er starb bereits Ende 1824. Da schlug Goethe die Malerin

darum ging, die finanzielle Existenz der Künstlerin auf eine zwar bescheidene, aber doch sichere Basis zu stellen. Solange kein anderslautendes Material vorliegt, wird man sich daher an jene Definition des Kustodenamtes halten können, die Goethe im Juni 1824 formulierte: »ein leichtes Geschäft ohne sonderliche Verantwortlichkeit«[5].

Im Februar 1825 traf Goethe die für die Entwicklung des Museums wichtigste Personalentscheidung. Er stellte den damals sechsundzwanzigjährigen Johann Christian Schuchardt, jeder Goetheforscher kennt ihn als Bearbeiter des Katalogs von »Goethes Kunstsammlungen« (1848), an. Schuchardt – studierter Jurist mit Examen, dazu kunstinteressiert und fleißig – hat, nach den erhaltenen Archivalien und einer ausführlichen Beurteilung Goethes von 1830 zu urteilen, seit 1825 alle wichtigen Arbeiten erledigt, die in dem neuen Museum an-

Luise Seidler.
Pastellgemälde, Selbstbildnis, um 1812.

Johann Christian Schuchardt.
Kreidezeichnung von Johann Joseph Schmeller, um 1825.

Luise Seidler vor, deren künstlerische Entwicklung er und Carl August seit langem förderten. Am 11. November 1824 wurde die Achtunddreißigjährige als Kustodin angestellt; ein Jahresgehalt von 100 Talern, dazu freie Wohnung, Heizung und Atelier im Jägerhaus bildeten das materielle Äquivalent.

Es war seit dem 18. Jahrhundert nichts Außergewöhnliches, daß ein Künstler bei einer Gemäldegalerie als Inspektor angestellt war. Offensichtlich aber wurde nie eine Künstlerin in ein solches Amt berufen. Daß Carl August und Goethe die Kustodie der neuen Gemäldegalerie einer Frau anvertrauten, verdient daher hervorgehoben zu werden.

Welche Aufgaben die neue Kustodin auszuüben hatte, läßt sich nicht ermitteln, da die »Instruction«, die ihre Arbeiten regelte, verlorengegangen ist. Doch man geht sicher nicht fehl in der Annahme, daß der dienstliche Aufgabenbereich recht klein war, daß es bei dieser Ernennung wohl vor allem

fielen. Er verfaßte den ersten Katalog der Handzeichnungen und das Inventarverzeichnis der »bei Großherzogl. Museo im großen Jägerhause befindlichen Mobilien«,[6] kümmerte sich aber auch um die Anfertigung von Sonnenrouleaus und Bilderrahmen und um das Hängen von später übernommenen Gemälden.

Am 7. Januar 1825 notierte Goethe aufatmend im Tagebuch: »Hofrath Meyer den Schlüssel zur Hauptthüre des Museums bringend.« Und am 22. Januar endlich schickte er Herzog Carl August das »Verzeichniß der Bildersammlung, wornach sie der Aufseherin übergeben worden«. Damit war der Schlußpunkt unter die Vorarbeiten für das neue Museum gesetzt. Eine Feier zur Eröffnung gab es nicht, und es läßt sich auch der Tag nicht nennen, von dem an die Ausstellungsräume für das Publikum geöffnet waren. Da das »Vermehrungs-Buch der Großherzogl. Kunstsammlung« und die »Acta Großherzogl. Museum im großen Jägerhause betr.« mit 1825 einsetzen, im Juli und August 1825 auch Goethe zum erstenmal die Namen von Museumsbesuchern im Tagebuch notierte, wird man die Eröffnung der Gemäldegalerie auf das Jahr 1825 datieren müssen. Angaben über feste Öffnungszeiten sucht man in den Akten vergeblich, und es gab sie wahrscheinlich auch nicht, jedenfalls nicht bis zu Goethes Tod.

Das Große Jägerhaus in der Marienstraße – »vor dem Frauenthor«, wie man zur Goethezeit sagte – war in den Jahren von 1717 bis 1720 als Wohnquartier der herzoglichen Jäger und Forstleute erbaut worden. Der relativ umfangreiche Gebäudekomplex, eigentlich fünf Häuser unter einem Dach, entwickelte sich schon im 18. Jahrhundert zu einem regelrechten Mehrzweckgebäude. Hier wohnten Forstbeamte mit ihren Familien, und im Hof standen die Zwinger für die Jagdhunde; im Saal des Jägerhauses feierte die kleine katholische Gemeinde Weimars ihre Gottesdienste; im Nordflügel wohnte Goethe vom November 1789 bis zum Sommer 1792 – sein Sohn August verbrachte hier seine frühe Kindheit –; dann bezogen Weimarer Künstler in dem Hause Wohnungen und Ateliers, so Ferdinand Jagemann, Luise Seidler, Angelika Facius und der Bildhauer Peter Kauffmann, später Bonaventura Genelli und Friedrich Preller. 1816

Verzeichniß der Im großen Jägerhause zu Weimar aufgestellten Gemälde, Zeichnungen und Bildhauerarbeiten. 1824. Seite aus dem Inventar der Gemäldegalerie von 1824. Staatliche Kunstsammlungen Weimar.

fanden die beiden unteren Klassen der Zeichenschule hier ihre Unterrichtsräume; schließlich kam noch die im Südflügel der ersten Etage eingerichtete Gemäldegalerie dazu, die allerdings nur bis 1836 im Jägerhaus blieb und dann wieder ins Fürstenhaus umziehen mußte.

Das handschriftliche Inventar von 1824, sicherlich identisch mit dem von Goethe und Meyer Ende 1824 zusammengestellten »Gemäldekatalog«, nennt alle im Jahre 1825 ausgestellten Gemälde, Zeichnungen und Bildhauerarbeiten. Da die Bilder Raum für Raum hier wieder Wand für Wand verzeichnet

187

wurden, gibt das Inventar einen relativ genauen Hinweis auf den Standort jedes einzelnen Bildes. Da Goethe und Meyer zahlreiche Bilder, die sie besonders schätzten, mit einem kurzen wertenden Satz kennzeichneten, läßt das Inventar durchaus Rückschlüsse auf ihre kunstgeschichtlichen Auffassungen zu.

Die Gemäldegalerie umfaßte sechs Räume, in denen im Jahre 1825 insgesamt 282 Gemälde, Zeichnungen und Skizzen sowie 13 Bildhauerarbeiten ausgestellt waren: 57 Bilder hingen im ersten Raum, 84 im zweiten, 32 im dritten, 13 im vierten, 58 im fünften und 38 im sechsten. Die Landschaftsdarstellung dominierte mit rund 70 Bildern; dazu kamen etwa 50 Porträts und fast ebenso viele Blätter mit Motiven aus der antiken Mythologie und Geschichte. Weit seltener finden sich Bilder mit christlichen Motiven (etwa 20), Genreszenen (etwa 15), Tierdarstellungen (knapp 15), Seestücke (knapp 10). Rund 35 Bilder waren Kopien, meist nach Gemälden der Dresdner Galerie. Bei den Plastiken handelte es sich hauptsächlich um Porträtbüsten von Carl August und seiner Familie. Die Skulpturen, vor allem Arbeiten der Hofbildhauer Gottlob Weißer

Die Falschspieler.
Kopie eines unbekannten Künstlers nach dem Ölgemälde von Michelangelo de Caravaggio, undatiert.
Staatliche Kunstsammlungen Weimar.

Ziegenbock am Wasser. Ölgemälde von Philipp Hackert, 1776.
Staatliche Kunstsammlungen Weimar.

und Peter Kauffmann, waren offensichtlich auf die sechs Räume verteilt.

Ohne die Ausstellungsfläche zu kennen, lassen sich über die Hängung der Bilder nur Vermutungen anstellen. Wahrscheinlich hingen sie, wie noch in den Galerien des 18. Jahrhunderts üblich, dicht neben- und übereinander. Man erkennt die Absicht, die Bilder zu kleinen thematischen Gruppen zusammenzustellen (Landschaften, antike Stoffe, Porträts, Stilleben, Christliches) oder Blätter derselben Technik (Aquarell, Sepia, Guasch) nebeneinanderzuhängen. Konsequent verwirklicht aber sind diese Prinzipien nirgends. Offensichtlich zwangen die Größe der Räume sowie die Formate der Bilder ständig zu Kompromissen.

Gemälde und Zeichnungen deutscher Meister des 18. Jahrhunderts und der unmittelbaren Gegenwart bildeten den Schwerpunkt der Ausstellung. Dabei erhielt die Weimarer Galerie ihre besondere Prägung noch dadurch, daß sie zeitgenössischen Künstlern, die in Weimar ansässig waren, breiten Raum zugestand. Genannt seien hier nur: Elisa Gore (8 Blätter), Ferdinand Jagemann (10 Blätter), Georg Melchior Kraus, Karl Lieber, Johann Heinrich Meyer (4 Blätter), Friedrich Preller d. Ä. (4 Blätter), Johann Joseph Schmeller (3 Blätter), Luise Seidler. Die Vorstellung, die den Weimarer Künstlern im Museum eingeräumt wurde, entsprach nicht nur der Kunstpolitik Carl Augusts und Goethes, sondern hatte auch finanzielle Gründe; Werke einheimischer Künstler waren am billigsten zu haben. Zweifellos kannte Goethe die begrenzten Fähigkeiten der meisten Weimarer Künstler, denn es dürfte kein Zufall sein, daß sie

Heilige Familie mit Stifter.
Ölgemälde eines unbekannten Malers aus der venezianischen Schule, erste Hälfte des 16. Jahrhunderts.
Staatliche Kunstsammlungen Weimar.

Hans Tucher. Ölgemälde von Albrecht Dürer, 1499.
Staatliche Kunstsammlungen Weimar.

hauptsächlich mit Kopien und weniger mit eigenständigen Arbeiten im Museum vertreten waren.

Welche Kunstrichtung Goethe und Meyer bevorzugten, machten sie dem Besucher bereits im ersten Raum bewußt, indem sie das lebensgroße Winckelmann-Bildnis von Anton Maron in den Mittelpunkt der ersten Wandfläche stellten. Das Bekenntnis zum Klassizismus drückte sich schließlich auch darin aus, daß die Zeichnungen und Skizzen von Asmus Jakob Carstens den krönenden

Abschluß der gesamten Ausstellung bildeten. Von den 38 Bildern, die im letzten Raum hingen, waren 33 Werke von Carstens.

Die Sammlung enthielt, von Carstens Arbeiten abgesehen, nur wenige Gemälde und Zeichnungen, die klassizistischen Kunstprinzipien folgten oder ihnen nahestanden: so Adam Friedrich Oeser, Salomon Geßner, Johann Heinrich Füßli, Jakob Philipp Hackert, Wilhelm Tischbein. Fast alle waren in der Galerie zu sehen, als eines der besten Tischbeins Selbstbildnis im Atelier.

Die Bewunderung der griechischen Kunst bestimmte auch die Kunstanschauung des späten Goethe, im Unterschied zu früheren Jahrzehnten verengte sie jedoch jetzt seine künstlerischen Maßstäbe und kunstgeschichtlichen Urteile nicht mehr. Dieser höhere geschichtliche Standpunkt, nicht zuletzt ein Ergebnis der Begegnung mit Sulpiz Boisserée und seiner Sammlung altdeutscher Kunstwerke, macht sich sogar in der Bilderauswahl der Gemäldegalerie bemerkbar. So nahm Goethe auch Zeichnungen und Gemälde auf, die sich von der klassizistischen Richtung weit entfernten, ja ihr entgegenstanden. Zum Beispiel war Ferdinand Kobell, der einen starken Einfluß auf die Entwicklung der realistischen Malerei in Deutschland ausübte, mit 11 Bildern, Landschafts- und Pferdedarstellungen, vertreten. Und trotz seiner distanzierten Haltung zur romantischen Kunst insgesamt und zu Caspar David Friedrichs Malerei im besonderen stellte Goethe 6 Bilder Friedrichs aus. Allerdings läßt sich an Hand des Inven-

Die Überfahrt des Megapenthes.
Kreidezeichnung von Asmus Jakob Carstens, 1794.
Staatliche Kunstsammlungen Weimar.

tars heute nicht mehr genau sagen, um welche Werke es sich handelte. So weiß man zwar, daß eine »Landschaft mit einem Regenbogen« in der Ausstellung gehangen hat, doch dürfte es sich dabei nicht – obwohl es oft behauptet wird – um das bekannte, seit 1945 verschollene Gemälde »Landschaft auf Rügen mit Regenbogen« gehandelt haben, denn die Maßangaben im Inventar treffen auf dieses Bild nicht zu. Vermutlich war das Ölbild »Gebirgslandschaft mit Regenbogen« ausgestellt (heute im Essener Museum Folkwang).

Mit wenigen Bildern war die deutsche Malerei des 15. und 16. Jahrhunderts in der Ausstellung vertreten. Von den zahlreichen Ölgemälden Lucas Cranachs, die sich im Besitz der großherzoglichen Familie befanden, kamen nur zwei in die Ausstellung: »Die Ehebrecherin vor Christus« und »Adam und Eva«. Auch zwei kleine Ölgemälde, die heute zum wertvollsten Besitz der Weimarer Kunstsammlungen zählen, nahmen Goethe und Meyer in die Galerie hinein: Albrecht Dürers Porträts des Hans Tucher und seiner Frau Felicitas. Die Tucher-Porträts werden im Inventar noch als Bilder eines unbekannten Meisters verzeichnet, erst in unserem Jahrhundert gelang die Zuschreibung an Dürer; es spricht jedoch für den sicheren kunstgeschichtlichen Blick Goethes und Meyers, wenn sie im Inventar schrieben: »Das männliche Bildniß wäre werth von Albr. Dürer zu seyn.«

In der herzoglichen Kunstsammlung fehlte die italienische Malerei fast ganz. Um den Besuchern dennoch einen Eindruck von ihr zu vermitteln, mußten Goethe und Meyer zu Kopien greifen, von denen es in Weimar eine größere Anzahl gab. Nach den Angaben im Inventar zu urteilen, hingen damals insgesamt 21 Kopien italienischer Meister in der Galerie. So stellte man zum Beispiel Kopien von Raffaels »Schule von Athen« und seiner »Madonna mit dem Stieglitz« (kopiert von Luise Seidler) aus. Aber auch von anderen großen italienischen Malern waren Gemäldekopien zu sehen, so von Andrea Mantegna, Michelangelo, Tizian, Correggio, Annibale Carracci, Caravaggio und vor allem von Guido Reni (5 Bilder). Daß man die 4 Gemälde von Giovanni Battista Tiepolo, die man im Original besaß – darunter die »Opferung Iphigeniens« –, möglichst gut plazierte, versteht sich.

Im Unterschied zur italienischen Malerei konnte man die niederländischen Werke vor allem in Originalen präsentieren. Zahlreiche Bilder, die zu den Glanzstücken der Weimarer Kunstsammlungen gehören, wurden im Jägerhaus zum erstenmal öffentlich gezeigt, zum Beispiel das Ölgemälde von Jan Scorel »Bildnis eines Geistlichen« – im Inventar noch Hans Holbein zugeschrieben –, die aquarellierte Zeichnung von Adriaen van Ostade »Rauchende Bauern am Kamin«, das Ölgemälde von Jacob van Ruisdael, das heute unter der Bezeichnung »Landschaft mit Hütten« bekannt ist.

Das Inventar verzeichnete den Bestand der Gemäldegalerie vom Jahre 1825. Schon bald machten sich Nachträge erforderlich, denn die Ausstellung änderte sich rasch. Je mehr Gemälde und Zeichnungen aus der Bibliothek übernommen wurden, desto enger mußte man die Bilder zusammenrücken, und bereits 1829 unterbreitete Schuchardt einen detaillierten Vorschlag, auch ins Treppenhaus Bilder zu hängen. Goethe hatte gegen solche Veränderungen in der Galerie keine Einwände; er billigte sie vielmehr ausdrücklich, denn sie stimmten mit seiner Auffassung über die Anlage einer Kunstsammlung völlig überein. Bereits in dem Abschnitt »Glücksfälle« des Winckelmann-Essays von 1805 hieß es: »Traurig ist es, wenn man das Vorhandene als fertig und abgeschlossen ansehen muß. Rüstkammern, Galerien und Museen, zu denen nichts hinzugefügt wird, haben etwas Grab- und Gespensterartiges; man beschränkt seinen Sinn in einem so beschränkten Kunstkreis, man gewöhnt sich solche Sammlungen als ein Ganzes anzusehen, anstatt daß man durch immer neuen Zuwachs erinnert werden sollte, daß in der Kunst, wie im Leben, kein Abgeschlossenes beharre, sondern ein Unendliches in Bewegung sei.«[7]

Seite 194: Goethes Arbeitszimmer, rekonstruiert als Experimentierraum für Versuche zur Farbenlehre.

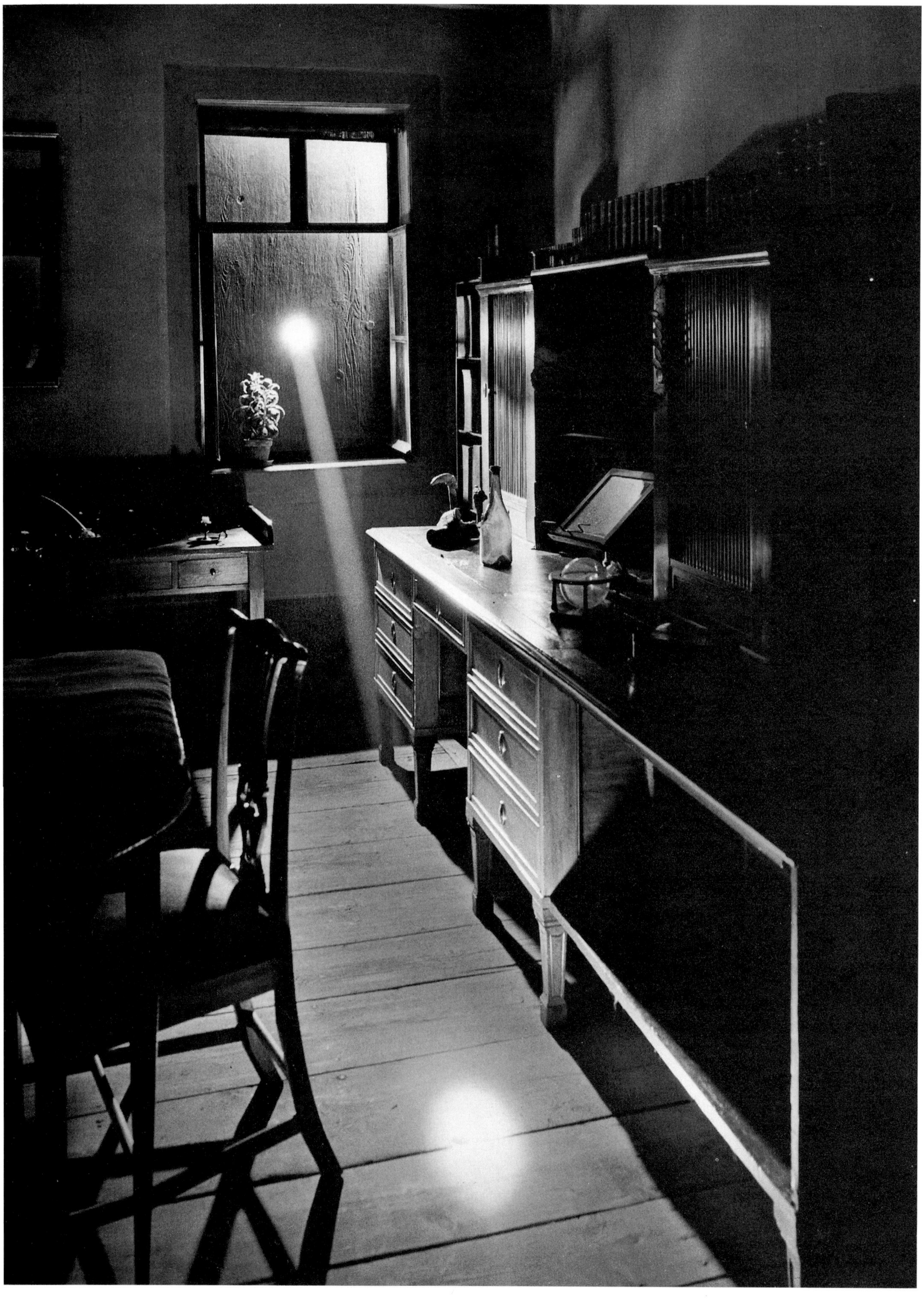

FORSCHUNGEN UND SAMMLUNGEN ZUR NATURWISSENSCHAFT

Goethes Sammlungen zur Naturwissenschaft ebenso wie überlieferte Manuskripte, Drucke und Zeichnungen sind beredte Zeugen seiner weitgefächerten naturwissenschaftlichen Tätigkeit, die mit Weimar untrennbar verbunden ist. Hier nahm sie im Jahre 1780 ihren »eigentlichen« Anfang und setzte sich, wenn auch mit unterschiedlicher Intensität, bis zum Jahre 1832 fort.

»In das thätige Leben jedoch sowohl als in die Sphäre der Wissenschaft trat ich eigentlich zuerst als der edle Weimarische Kreis mich günstig aufnahm«, bemerkte Goethe rückblickend im Jahre 1831, »wo außer andern unschätzbaren Vortheilen mich der Gewinn beglückte, Stuben- und Stadtluft mit Land-, Wald- und Garten-Atmosphäre zu vertauschen«. Wie stark seine staatsmännische Tätigkeit in Weimar dabei mitwirkte, geht aus einem Gespräch mit Kanzler von Müller vom 16. März 1824 hervor: Er sei »höchst unwissend in allen Naturstudien« nach Weimar gekommen, und erst das Bedürfnis, dem Herzog bei seinen mancherlei Unternehmungen, Bauten, Anlagen, praktische Ratschläge geben zu können«, habe ihn zum Studium der Natur getrieben.[1] Hier ist nicht nur an die Mitwirkung in verschiedenen Kommissionen zu denken, mit deren Maßnahmen die Landesökonomie entwickelt und verbessert werden sollte, sondern auch an Aufträge wissenschaftsorganisatorischer Art, angefangen mit der Verlegung des herzoglichen Kunst- und Naturalienkabinetts von Weimar nach Jena, die den Kontakt zur Jenaer Universität und ihren Professoren herstellte. Dieser Kontakt führte zu einer lebenslangen produktiven Wechselbeziehung. Erwähnt sei nur, daß unter Goethes Einflußnahme die Mineralogie, die Chemie und die Botanik aus der Physik beziehungsweise Medizin herausgelöst und als selbständige Lehrfächer eingeführt wurden.

Es stimmt tatsächlich, daß Goethe ohne naturwissenschaftliche Ausbildung nach Weimar kam, denn in seiner Kindheit wurde gar nicht daran gedacht, »Naturgeschichte in der Schule zu lehren«. Er hatte keinen Begriff von dem, »was eigentlich äußere Natur heißt«, und »von den drei Reichen [Tier-, Pflanzen- und Mineralreich] nicht die geringste Kenntnis«. Aber er hatte, wie in »Dichtung und Wahrheit« berichtet wird, als Kind durchaus Gelegenheit, seinen »Untersuchungstrieb gegen natürliche Dinge« zu entdecken,[2] und es fanden sich Anklänge »von einem leidenschaftlichen Ergötzen an ländlichen Natur-Gegenständen, so wie von einem ernsten Drange das ungeheure Geheimniß, das sich im stetigem Erschaffen und Zerstören an den Tag gibt, zu erkennen«[3].

Den Studenten Goethe faszinierten die Entdeckungen und Fortschritte auf dem Gebiet der Physik, insbesondere der Elektrizitätslehre, der Chemie, der Anatomie und der Botanik; er beteiligte sich in Leipzig an physikalischen Experimentalvorlesungen und hörte interessiert wissenschaftlichen Disputen von Medizinstudenten über die neuesten Werke von Albrecht von Haller, Carl von Linné und George Louis Leclerc Graf von Buffon zu. Während des folgenden, etwa zweijährigen Frankfurter Aufenthalts las er alchimistische, chemische und medizinische Bücher des 17. und 18. Jahrhunderts und widmete sich alchimistischen Versuchen. Auch in Straßburg, wo er seine juristischen Studien fortsetzte und 1771 abschloß, riß sein Interesse für Chemie und Medizin nicht ab. Bei seinen Ausflügen aufs Land zeigte sich auch bereits ein Interesse für Landesökonomie, wenn er Bergwerke und Alaunfabriken besuchte. Die an den Universitäten zur damaligen Zeit herrschenden einseitig mechanistischen Methoden, die auf Sammeln und Zerlegen, auf Analysieren

Wilhelm Heinrich Sebastian Buchholz.
Kupferstich von Conrad Westermayr nach einer Zeichnung
von Christoph Gutbier, um 1800.

des einzelnen, des fertig in der Natur Vorgefundenen orientierten und die die Veränderung und Entwicklung, den Zusammenhang der Dinge weitgehend außer Betracht ließen, erzeugten in Goethe ein durchaus kritisches Verhältnis zu dieser Art, die Naturwissenschaften zu betreiben.

Noch bevor er nach Weimar übersiedelte, ließ er sich von dem Schweizer Theologen und Schriftsteller Johann Kaspar Lavater zur Mitarbeit an dessen »Physiognomischen Fragmenten zur Beförderung der ... Menschenliebe« gewinnen. Lavater räumte Goethe das Recht ein, alles zu tilgen, was ihm mißfiel, und einzuschalten, was ihm beliebte. Von Weimar aus lieferte Goethe unter anderem Beiträge über Tierköpfe, wobei er sich nicht nur auf Abbildungen, sondern auch auf Betrachtungen von Tierschädeln, die er 1776 vom Herzog erhalten hatte, stützte. Bald distanzierte er sich von diesen Spekulationen. Was blieb, war sein Interesse an den Gestalten und ihrer Bedeutung.

1780 fing Goethe dann ernsthafte eigene wissenschaftliche Studien an. Sie begannen zunächst mit tastenden Schritten – im Studium einschlägiger, meist neuester Literatur, im Beobachten, Experimentieren, Erkunden und Sammeln. Er beteiligte sich an elektrischen Versuchen bei Hofe, die er in den neunziger Jahren fortsetzte, ließ sich vom »alten Doktor« Sievers weiter in die Chemie einweihen, lernte beim Apotheker Wilhelm Heinrich Sebastian Buchholz über die offizinelle Anwendung von Pflanzen hinaus neueste naturwissenschaftliche Entdeckungen kennen (hier sei auf die Experimente mit Heißluftballons hingewiesen), schaffte sich Barometer und Thermometer an, erwarb ein Mikroskop, um nur einiges zu nennen. Gegenüber Eckermann äußerte er sich am 1. Februar 1827 dahingehend, daß seine Bemühungen nach allen Seiten gingen, aber immer nur auf solche Dinge, die ihn irdisch umgaben und unmittelbar durch die Sinne wahrgenommen werden konnten. Waren Trennen und Zählen, Instrumente und Berechnungen nötig, mußte er zurückstecken. Dafür hatte er »kein Organ«, das war »nicht seine Sache«. Dem Menschen, den Tieren, Pflanzen, Steinen und Gebirgen, Wolken und dem Wetter und seit 1790 auch den Farben galt seine Aufmerksamkeit. Er widmete sich darüber hinaus chemischen und physikalischen Studien, das zeigt, daß er sich selbst Wissensgebieten und Erfahrungsbereichen nicht entziehen konnte, in denen sich Messen, Wägen und Berechnen immer mehr Geltung verschafften, wenn sie entweder Einfluß aufs praktische Leben hatten oder Zusammenhänge aufzudecken versprachen. Folgende wissenschaftliche Disziplinen beschäftigten ihn vor allem: vergleichende Anatomie, Botanik, Geologie-Mineralogie, Farbenlehre und Meteorologie. Für die Morphologie gilt er als Begründer.

Allen seinen Arbeiten lag ein Bedürfnis nach konkretem Weltverständnis zugrunde. Überzeugt von der Einheit der Natur, suchte er die Vielfalt der Naturerscheinungen zu systematisieren, zu vereinfachen. »Und es ist das ewig Eine, Das sich vielfach offenbart«, heißt es im Gedicht,[4] und im Brief an Zelter vom 29. März 1827 bekannte er: »man muß an die Einfalt, an das Einfache, an das urständig Produktive glauben, wenn man den rechten Weg gewinnen will.«

Diese Besonderheit seines Umgangs mit naturwissenschaftlichen Fragen wurde durch einen unvorbelasteten und relativ späten Beginn der systematischen Studien und weiterhin durch die Tatsache begünstigt, daß Goethe sich »aus Neigung und zu praktischen Zwecken ins wissenschaftliche Feld begab«, die naturwissenschaftlichen Studien zeitlebens als »Liebhaberei« betrieb. Das gestattete ihm aufzunehmen, was ihm gemäß war, abzulehnen, was ihn störte, und da er öffentlich zu lehren nicht nötig hatte, sich auf seine eigene Weise zu belehren, ohne sich nach irgend etwas Gegebenem oder Herkömmlichem zu richten. Unbeschadet dieses relativ ungezwungenen Umgangs mit den Naturwissenschaften, war es Goethe ernst mit seinen Studien, war er bemüht, sich als Sachkenner auszuweisen, sich in den Fachdisput einzuschalten und eigene erkenntnisfördernde Beiträge einzubringen, d.h., er hatte durchaus den Ehrgeiz, als Naturwissenschaftler Geltung zu erlangen. Einige wesentliche Aspekte aus der Fülle seiner naturwissenschaftlichen Tätigkeit seien im folgenden skizziert.

Am schnellsten hatte sich Goethe in die vergleichende Anatomie und in die Mineralogie eingearbeitet. Georg Forster teilte Friedrich Heinrich Jacobi am 13. November 1783 über Goethe folgendes mit: »Vor sechs Wochen war Goethe hier am Hofe, [in Kassel] und besuchte Sömmeringen fleißig in der Anatomie ... Sein Dichten und Trachten war Wissenschaft und Kenntnis. Naturgeschichte schien er neuerlich sehr fleißig zu studieren, denn er wußte vieles davon zu sagen.«[5] 1784, im gleichen Jahr, in dem der berühmte Aufsatz »Über den Granit« entstand, gelang Goethe die interessante und folgenreiche Entdeckung des beim Menschen bis dahin nicht vorausgesetzten Zwischenkieferknochens. Daß fast gleichzeitig (1780), aber unabhängig von ihm, der französische Anatom Vicq d'Azyr auf das Vorhandensein dieses Knochens beim Menschen in einer Publikation hingewiesen hatte, schmälert Goethes Leistung nicht, da sie auch von den bekannten Anatomen damaliger Zeit nicht zur Kenntnis genommen worden war (Goethe erfuhr erst 1786 davon).

Die ihn lebhaft bewegende Frage, wie der Mensch konstituiert sei, welche Stellung er in der Natur einnehme und wie sein Verhältnis zu anderen Lebewesen sei, wurde durch Herders intensive Literaturstudien während der Arbeit an den »Ideen zur Philosophie der Geschichte der Menschheit« auf ein sehr konkretes Problem gelenkt. Es stand in engem Zusammenhang mit der von der Fachwelt diskutierten sogenannten Kettentheorie beziehungsweise Stufenfolge der Lebewesen. Der führende holländische Anatom Pieter Camper, dessen Schriften Goethe kannte, hatte auf der Grundlage der festgestellten Übereinstimmung der Tierskelette einen Bauplan aufgestellt, mit dessen Hilfe man mühelos ein Tierskelett in ein anderes umwandeln konnte.

Universalmikroskop.
Wahrscheinlich aus der Werkstatt des Gothaer Mechanikers Schröder, 1800.

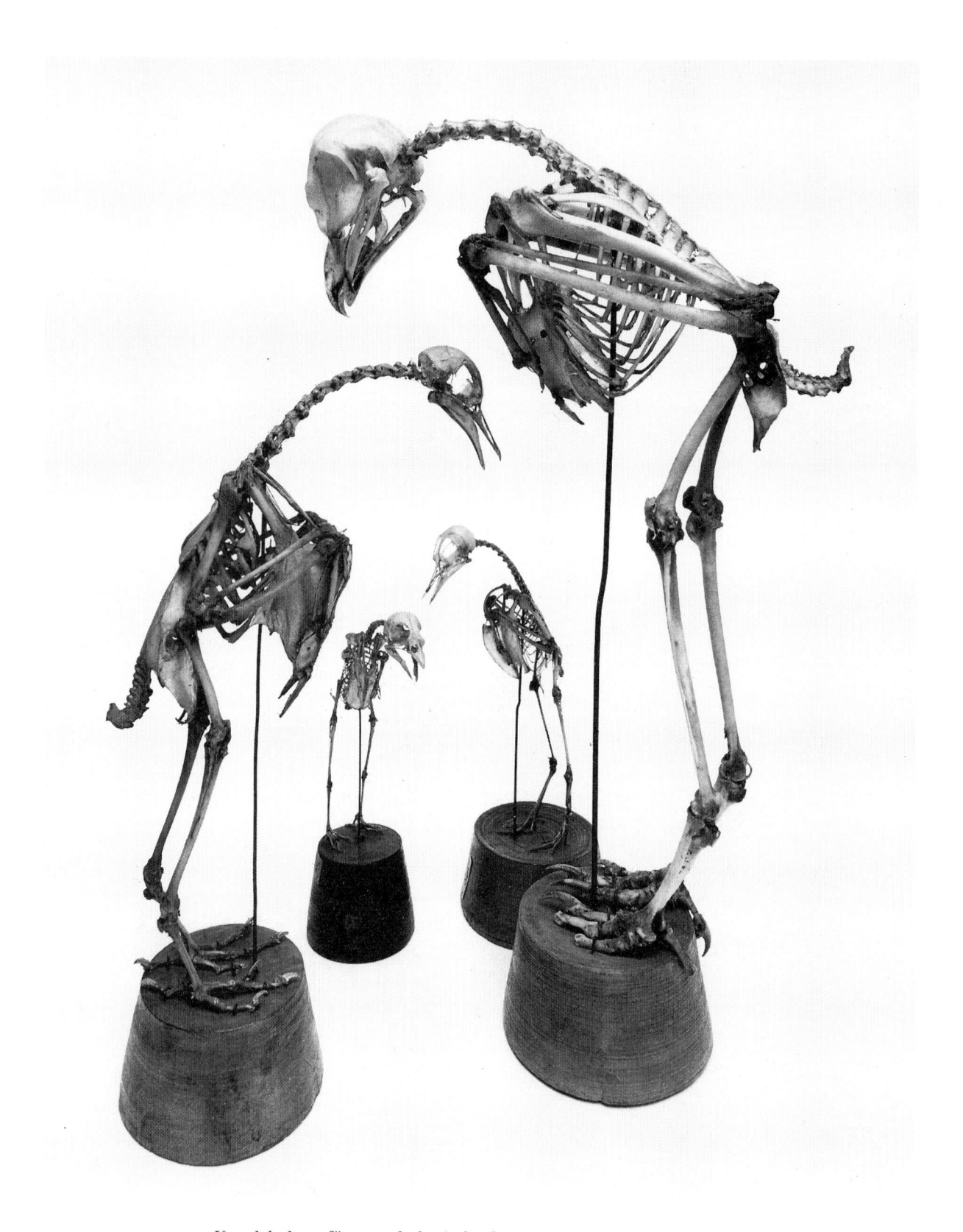

Vogelskelette für morphologische Studien und Demonstrationen.
Buchfink, Haustaube, Sperber, Waldkauz, Flußregenpfeifer aus Goethes osteologischer Sammlung.

Die Haarlemer Akademie veröffentlichte für das Jahr 1782 folgende Preisaufgabe: »Was soll man von der Stufenfolge halten, und wie weit läßt sich die Wirklichkeit dieser Folge und Ordnung, die die Natur dabei beobachtet, mit Zuverlässigkeit ausfinden!« Welche Bedeutung für die Beantwortung dieser Frage, insbesondere für die Stufenfolge Säugetier – Mensch, der Zwischenkieferknochen einnahm, ist aus dem Brief des Anatomen Samuel Thomas Sömmerring an den Liebhaber-

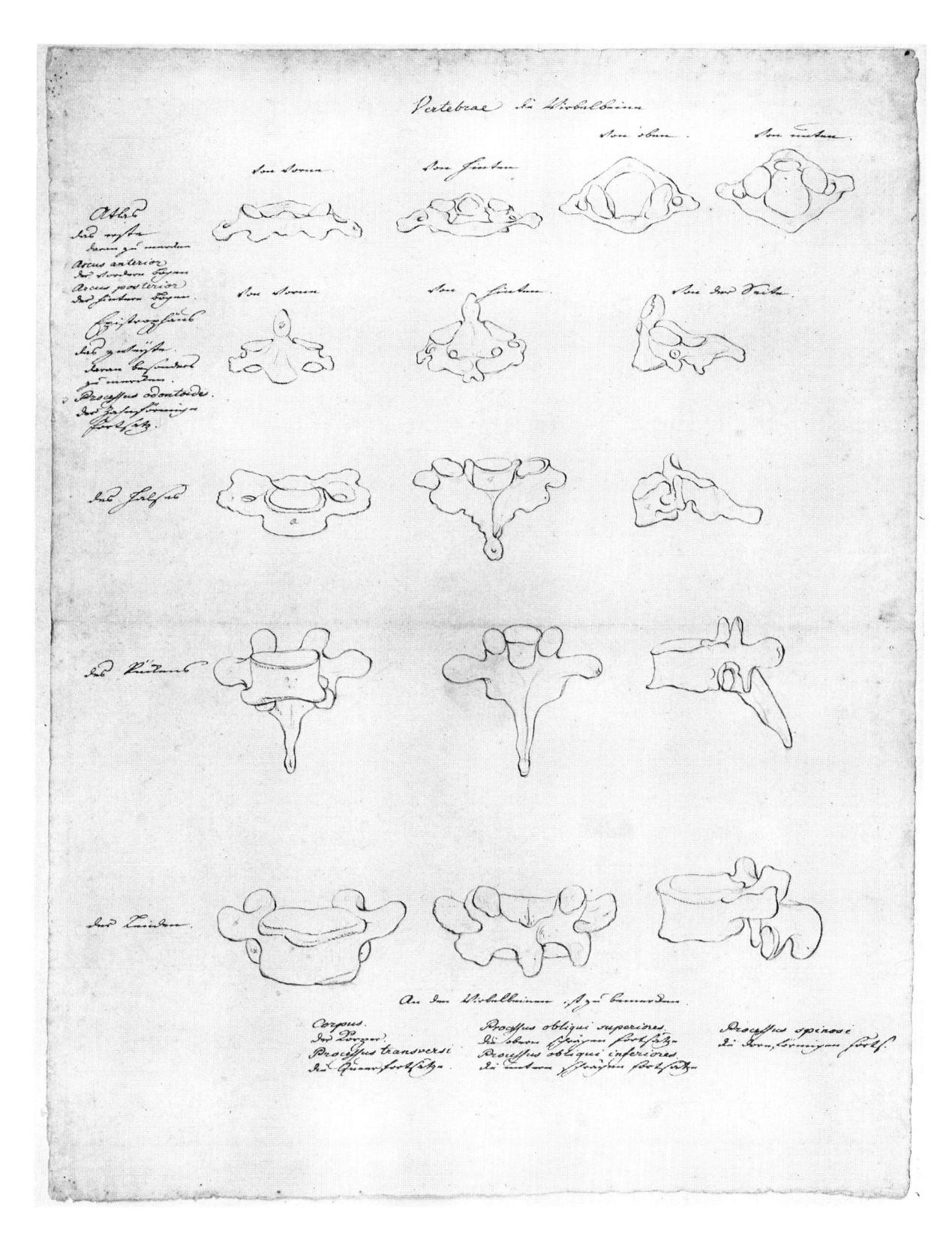

Wirbelknochen des Menschen.
Bleistiftzeichnung mit Beschriftung von Goethe, um 1790.

Forscher und Freund Goethes Johann Heinrich Merck vom 8. Oktober 1782 ersichtlich: »Ich wünschte, daß Sie Blumenbach nachsähen wegen des ossis intermaxillaris, der, ceteris paribus, der einzige Knochen ist, den alle Tiere vom Affen an, selbst den Orang-Utan eingeschlossen, haben, der sich hingegen *nie* beim Menschen findet; wenn Sie diesen Knochen abrechnen, so fehlt Ihnen nichts um nicht alles vom Menschen auf die Tiere transferieren zu können. Ich lege deshalb einen Kopf von einer Hirschkuh bei, um Sie zu überzeugen, daß dieses os intermax... selbst bei Tieren vorhanden ist, die keine Schneidezähne in der oberen Kinnlade haben... Ich schicke ihn auch deswegen mit, weil alle Suturen noch distinct [als Abgrenzung] vorhanden sind...«[6] Und der Anatom Johann Friedrich Blumenbach erhob diesen Unterschied sogar zu der Lehre, daß der Charakter der Humanität im Fehlen des Zwischenkieferknochens bestehe.

Goethes Widerspruch entzündete sich an der Auffassung, den entscheidenden Unterschied zwischen Affe und Mensch darin zu sehen, daß beim Affen »vier Schneidezähne in einem empirisch wirklich abzusondernden Knochen« stecken, daß der Mensch aber einen solchen Knochen nicht habe, obwohl er Schneidezähne besitzt. Er begann seine vergleichenden Studien zu Tier- und Menschenschädeln, die am 27. März 1784 in Jena zur Entdeckung des Zwischenkieferknochens beim Menschen führten. Für Goethe, im Widerspruch zu Anhängern der traditionellen analytischen Methode, bedeutete das in der Regel Verwachsensein des menschlichen Zwischenkieferknochens mit den Nachbarknochen keinen Hinderungsgrund, ihn dennoch als existent anzuerkennen. Ihm war diese Veränderung Ausdruck der anderen Lebensweise des Menschen gegenüber den Tieren. Begeistert teilte er seine Entdeckung Herder und Frau von Stein mit.

Bis zum Herbst entstand die Abhandlung »Versuch aus der vergleichenden Knochenlehre, daß der Zwischenknochen der obern Kinnlade dem Menschen mit den übrigen Tieren gemein sei«. Justus Christian Loder bemerkte dazu: »Ich habe bei Durchlesung so viel Vergnügen empfunden und ihre Präcision in der anatomischen Beschreibung so wohl als Ihren Blick in die Physiologie des Teils so sehr bewundert, daß ich in der anatomischen Begeisterung es im vollen Ernst bedauerte, daß Sie Minister und nicht Professor anatomiae sind.«[7] Erstaunt und enttäuscht mußte Goethe jedoch feststellen, daß die übrige Fachwelt von dieser Entdeckung keine Kenntnis nehmen wollte.

Trotzdem war für ihn, wie er Knebel gegenüber am 17. November 1784 bemerkte, die Einsicht in die »Harmonie der Natur«, in die auch der Mensch einbezogen ist, die Erkenntnis von der nächsten Verwandtschaft von Mensch und Tier, von unschätzbarer Bedeutung, wie auch das Erlebnis, erstmals einen Naturzusammenhang mit Hilfe empirischer Methoden wissenschaftlich ergründet zu haben. In anderem Zusammenhang sprach Goethe von der Konsequenz der schaffenden Natur, die er als Schlüssel für Zusammenhänge erkannte.

1790 arbeitete er, zurückgreifend auf die Erkenntnis dieser Konsequenz, zur Aufklärung der allgemeinen Gesetze, wonach lebendige Wesen sich organisieren, einen »Versuch über die Gestalt der Tiere« aus, dessen Hauptinhalt der Vorschlag eines »osteologischen Typus« darstellt. Dieser osteologische Typus, für den weder der Mensch noch ein bestimmtes Tier als Muster dienen kann, ist geeignet, systematische Vergleiche von Übereinstimmung und Verschiedenheit im Knochenbau der Tiere, aber auch zwischen Tier und Mensch anzustellen.

Alexander von Humboldt.
Mezzotinto von J. J. Weidhoff nach Georg Weitsch, 1806.

Für Goethe war der Typus eine Arbeitsmethode, ein Schema, das ihm half, die Veränderlichkeit der einzelnen Skelett-Teile aufzuzeigen, wobei vom Prinzip der unveränderlichen Lage der benachbarten Knochen ausgegangen wird. Auf diese Weise konnte er Homologien erkennen, er benutzte jedoch diesen Begriff nicht. Auf Anregung Alexander von Humboldts führte Goethe seine Gedanken über Aufgaben und Methoden der vergleichenden Anatomie in verschiedenen Aufsätzen aus.

Alle Arbeiten blieben zunächst aber ungedruckt, auch die 1790 unter dem Einfluß der Metamorphose der Pflanzen gefaßte Wirbelhypothese des Schädels. 1806 entstand das Gedicht »Athroismos«, auch »Metamorphose der Tiere«[8] genannt, in dem Goethe äußerst prägnant ein dialektisches Kernproblem bei der organischen Bildung mit folgenden Versen ausdrückte: »Also bestimmt die Gestalt die Lebensweise des Thieres,/Und die Weise zu leben sie wirkt auf alle Gestalten/ Mächtig zurück«. Erst 1820 publizierte er diese Arbeiten in seinen wissenschaftlichen Heften unter dem Titel »Zur Morphologie«, wohl um das Fragmentarische und Historische seiner Bemühungen wissend. »Hierauf [auf einen allgemeinen Typus] waren alle meine Arbeiten gerichtet. Die Aufgabe war indessen so groß, daß sie in einem zerstreuten Leben nicht gelöst werden konnte«, so urteilte er in den »Annalen« auf das Jahr 1790 selbst. Zur Vorbereitung dieser Publikation ließ er auch die »Schubfächer mit den osteologischen Schätzen« in seine Arbeitsstube schaffen. In Goethes Sammlung blieben bis zum heutigen Tage etwa 30 Tierschädel, einige Menschenschädel sowie einige Kleintierskelette und 30 nach morphologischem Gesichtspunkt präparierte Vogelskelette erhalten, mit deren Hilfe sich seine osteologischen Gedankengänge und Überlegungen gut erläutern lassen.

Mit Interesse verfolgte er die Arbeiten anderer Naturforscher, die sich ähnlichen Problemen widmeten, wie zum Beispiel Carl Gustav Carus und Eduard Joseph D'Alton, und stand mit ihnen wie mit vielen anderen Forschern in regem Gedankenaustausch. Er selbst wandte sich immer wieder Einzelfragen zur »Organisation der Lebewesen« zu. Noch zweiundachtzigjährig griff er zur Feder, um zu einem wissenschaftlichen Streit Stellung zu beziehen, der zwischen den bedeutenden französischen Anatomen Frédéric Cuvier und Etienne Geoffroy Saint-Hilaire ausgebrochen war.

Goethes botanische Sammlung ist neben der mineralogisch-geologischen die umfangreichste. Dennoch lassen die in Weimar erhalten gebliebenen botanischen Sammlungsobjekte nur ahnen, mit welcher Intensität und Leidenschaft er sich sein Leben lang dieser Wissenschaft gewidmet hat. Überliefert sind neben dem aus elf verschiedenen Einzelteilen bestehenden, rund 2000 Stück umfassenden Herbarium – das etwa 1300 Arten aufweist und für das 1780 mit einem Kauf von 800 Stück der Grundstein gelegt wurde – auch Früchte und Samen, meist fremdländischer Arten, vier kleinere Holzsammlungen mit Längs- und Querschnittstücken, eine ist nachweislich vom Sohn August unter Anregung seines Vaters zusammengetragen worden, und eine Gruppe abnormer und krankhafter Wachstumsformen, darunter Verbänderungen, Zwangsdrehungen, Überwallungen, Gallen – zusammen noch einmal fast 500 Stück. Zum Herbarium gehört ein Konvolut mit der eigenhändigen Aufschrift Goethes »Zur Metamorphose der Pflanzen«. Es umfaßt leider nur Beispiele von Laubblattmetamorphosen. Fasziniert und verwirrt von dem ungeheuren Formenreichtum der Pflanzenwelt, war Goethe bestrebt, das Wesentliche und Einheitliche in dieser Fülle zu erkennen. Dieses ihn bewegende Problem, für dessen Lösung sein Studium der Werke Linnés zwar das Rüstzeug, aber keinen Schlüssel lieferte, hat Goethe später treffend in seiner Pflanzen-Elegie von 1798 formuliert: »Alle Gestalten sind ähnlich, und keine gleichet der andern;/ Und so deutet das Chor auf ein geheimes Gesetz,/Auf ein heiliges Räthsel.«[9]

Anzunehmen ist, daß Goethe durch die Diskussion mit Herder in den Jahren 1783 bis 1785 auf den Gedanken kam, die Anfänge, die »Urgestalt« aller Bildung zu suchen, um auf diese Weise der »Progression der ganzen Schöpfung« und so ihres Zusammenhangs gewahr zu werden. Er ließ sich von Fritz von Stein aus den Teichen von Weimar niedere Pflanzen holen, betrachtete diese unter dem Mikroskop. Vergleichend sah er sich Samen und deren inneren Bau an, auch unter dem Mikroskop.

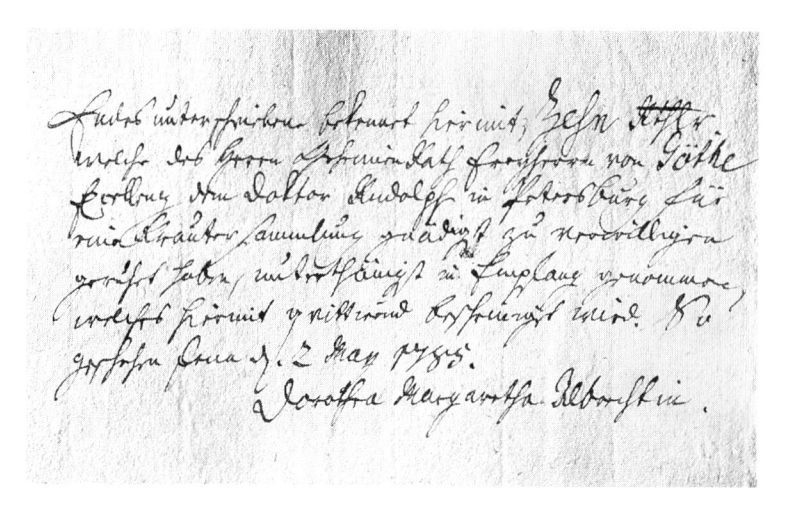

Quittung.
Aus Goethes Rechnungen, 1785. [8]

»Wir haben Cocos Nusse secirt und die Anfänge dieses merckwürdigen Baums untersucht«, schrieb er aus Jena am 8. März des Jahres 1785 an Charlotte von Stein.

Sein Interesse richtete sich bald ganz auf die Samen und die sich daraus entwickelnden Pflanzen. So ließ er Samen zur Beobachtung in seiner »Stube« keimen. Aus Briefen an Jacobi aus dem gleichen Jahr wissen wir, daß in seiner Stube »Arbor Dianae« keimte (das sind vegetationsähnliche Metallkristallisationen von Silber), Infusionstierchen in Aufgüssen »erzeugt«, beobachtet und gezeichnet wurden, das heißt, er suchte in allen »drei Reichen« die Urgestalt, den Keim, aus dem sich das Mannigfaltige entwickelt. Nur bei der Beobachtung der Pflanzenbildung glückte es ihm. Noch vor der Italienreise schrieb er am 9. Juli 1786 an Charlotte von Stein, den Begriff »Form« unter dem Einfluß spinozistischer Lektüre in den Mittelpunkt rückend: »Ich bin von tausend Vorstellungen getrieben, beglückt und gepeinigt. Das Pflanzenreich raßt einmal wieder in meinem Gemüte ... mache aber auch schöne Fortschritte ... Das ungeheure Reich simplificiert sich mir in der Seele ... es ist ein Gewahrwerden der wesentlichen Form, mit der die Natur gleichsam nur immer spielt, und spielend das manigfaltige Leben hervorbringt. Hätt ich Zeit in dem kurzen Lebensraum; so getraut ich mich es auf alle Reiche der Natur ... auszudehnen.«

Interessant ist, daß Goethe im Jahre 1786 in seiner Arbeit über den Zwischenkieferknochen, als er diese sehr wahrscheinlich für den Druck vorsah, eine Änderung in eben diesem Sinne vornahm und die Aussage »eine Reihe Wesen« (Lebewesen) in »eine Reihe Formen« umwandelte. Gespräche mit dem Jenaer Botaniker August Johann Karl Batsch sowie Literaturstudien, darunter John Hills Beschreibungen über die Bildung gefüllter und proliferierender Blumen, gaben weitere Anregungen. Während der Italienreise kam ihm zunächst der Gedanke einer Urpflanze, den er später zum idealen Pflanzentypus weiterentwickelte. Die auf dieser Reise gesammelten Erfahrungen mündeten in der Hypothese: »Alles ist Blatt. und durch diese Einfachheit wird die größte Mannigfaltigkeit möglich.«[10] Sie wurde zur Grundlage seiner Lehre von der Metamorphose der Pflanzen.

Zurückgekehrt nach Weimar, arbeitete Goethe den »Versuch die Metamorphose der Pflanzen zu erklären« aus und veröffentlichte ihn 1790. Damit war dieses Problem aber nicht abgeschlossen. In den neunziger Jahren (1796) unternahm er unter dem Einfluß seiner Farbenstudien damals unübliche Versuche zum Wachstum der Pflanzen unter verschiedenem Lichteinfluß, um die Einwirkung des Lichts auf den Gang der Metamorphose zu erkunden.

Mit großem Anteil verfolgte er das Bemühen der Botaniker, ein natürliches System der Pflanzen aufzustellen. Den Hausgarten am Frauenplan benutzte er in diesem Zusammenhang zeitweise als wissenschaftliches Versuchs- und Demonstrationsfeld. Äußerst anregend waren für ihn Alexander von Humboldts Arbeiten zur Pflanzengeographie. Für den April 1807 plante er einen Vortrag, in dem er unter Verwendung von Erkenntnissen Humboldts Gesetze der Pflanzenbildung zu erläutern gedachte.

Seit 1817 veröffentlichte er in erweiterter Form seine botanischen Arbeiten, er faßte sie unter dem von ihm begründeten und in die Wissenschaft eingeführten Begriff »Morphologie« zusammen. »Gestaltenlehre ist Verwandlungslehre«, heißt es da. Seit er im Jahr 1818 in der Orangerie in Belvedere das Bryophyllum calycinum kennengelernt hatte, an dessen Blatträndern er die Bildung von Brutpflänzchen entdeckte, beobachtete er es über Jahre hinweg in seinem Arbeitszimmer. Goethe nannte dieses einzigartige Gewächs wegen seiner unglaublichen Produktivität die »pantheistische Pflanze«. In seinen »Annalen« (1820) vermerkte er: »Sie feiert den Triumph der Metamorphose im Offenbaren.«

Im hohen Alter wurde Goethe durch den Botaniker Karl Friedrich Philipp Martius auf die Spiraltendenz bei Pflanzen aufmerksam gemacht. Das regte ihn an, dieses Phänomen in seine Betrachtungen über die Physiologie der Pflanzen einzube-

Originaler Mineralienschrank Goethes
mit der ersten käuflich erworbenen Suite von 1781. Pavillon im Hausgarten an der Ackerwand.

ziehen und Beispiele zu sammeln. Einen Beitrag über die Spiraltendenz fügte er als letztes Kapitel der deutsch-französischen Ausgabe seiner »Metamorphose der Pflanzen« an, die 1831 erschien. Bemerkenswerte Beispiele zur Metamorphose und Spiraltendenz aus seiner Sammlung ließ Goethe von den Weimarer Malern Albert und Eduard Stark in schönen Aquarellen festhalten, die aber, wie die ersten Zeichnungen zur Metamorphose, erst lange nach seinem Tode veröffentlicht wurden.

Am 3. März 1798 schrieb Goethe aus Weimar an Schiller: »Ich habe ... auch meine Mineralien geordnet. Wenn man so viel zusammenschleppt und nur eine Zeit lang ansteht das eingebrachte ein zu rangiren, so weiß man bald nicht wo man sich lassen soll.« Dreimal hat Goethe einen Katalog zur immer weiter anwachsenden Sammlung angefangen. Bei seinem Tod belief sich die Stückzahl seiner »Mineralien« auf rund 17800. Heute gewährt ein im Druck vorliegender chronologisch angelegter Katalog mit 9000 Nummern einen umfassenden Einblick in die Art und den Umfang dieser Sammeltätigkeit und in die weitverzweigten Verbindungen zu Fachleuten in ganz Europa und sogar darüber hinaus. 18 Schränke und 443 Schubladen sowie mehrere Glasaufsätze hat Goethe für diese Sammlung anfertigen lassen. Die Schränke sind noch vorhanden, ebenso die von Goethe getroffene Anordnung der einzelnen Stufen. Entsprechend dem Wissensstand seiner Zeit wurden systematische Sammlungen zur Mineralogie, Geologie und Paläontologie, die rund 3000 Nummern umfassen, zusammengetragen.

Goethe scheute sich im Eifer seiner Forschungen und seiner Sammelleidenschaft nicht, zahlreiche Bittbriefe um bestimmte Gesteine und Mineralien zu schreiben. Interessante Aufschlüsse über den künstlerischen Nutzen von Gesteinen vermittelt eine Sammlung geschliffener Gesteine, überwiegend Marmormuster aus Italien.

Es gibt außerdem 100 Suiten – das sind regionale Sammlungen –, die in besonderem Maße Aufschluß über sein Anliegen und seine Methoden geben. Unter ihnen befindet sich die erste, käuflich erworbene Suite mit 90 Nummern, die »mineralogisch-geologische Sammlung der kursächsischen Lande«. Goethe ließ sie sich 1781 von Bergrat Johann Friedrich Wilhelm von Charpentier aus Freiberg als Anschauungsmaterial zu dessen geologischer Schrift über Sachsen zusenden, daneben die sehr umfangreiche Thüringer Suite mit 422 Nummern, die der für die Leitung des Ilmenauer Bergbaus vorgesehene Geologe Carl Wilhelm Voigt im Auftrage Goethes im Jahr 1781 zusammenstellte. Von dieser Sammlung sagte Voigt in seiner 1782 in Weimar erschienenen regionalgeologischen Beschreibung »Mineralogische Reisen durch das Herzogtum Weimar und Eisenach«, daß der Geheimrat Goethe »Kundigen« sicher die Erlaubnis zur Besichtigung geben werde. Thüringer Stufen sind mit 1050 Nummern überhaupt sehr zahlreich vertreten. Andere Suiten stammen aus dem Harz, dem Fichtelgebirge, aus Böhmen, Italien, Schlesien, Ungarn, der Schweiz, aus der Umgebung Berlins, aus Mecklenburg, aus dem Nassauischen, aus Grönland, Norwegen, England, Rußland (Ural) und anderen Gegenden.

In dem Bericht über die »Campagne in Frankreich« findet sich die Bemerkung Goethes, daß er Anteil »an irgend einem Gegenstand nur durch unmittelbares Anschauen« gewinnen könne.[11] Diese auf den Bergbau bezogene Aussage ist in gleichem Maß für die widersprüchlichen geologischen Vorstellungen seiner Zeit anwendbar, auf die er im Umgang mit Bergwerksfachleuten aufmerksam wurde. Auf zahlreichen Ausflügen, dienstlichen und privaten Reisen wuchs seine Anteilnahme an den geologischen Fragen durch seine Felderkundungen. Dabei war ihm »kein Berg zu hoch, kein Schacht zu tief, kein Stollen zu niedrig und keine Höhle labyrinthisch genug«[12]. Nach und nach gewann er ein Bild von dem »seltsam gebauten Erdball«, wobei er sich nach anfänglichem Interesse für vulkanische Zeugen besonders den ältesten Epochen der Erdbildung, dem Granit und Urgebirge, widmete. Entgegen seinen Hoffnungen und Zielen zu Beginn seiner Studien fühlte er sich nach 40 Jahren nicht mehr imstande, zu »einer Vollständigkeit von Erfahrung zu gelangen«. Die unter dem Begriff Neptunismus und Vulkanismus ausgetragenen Meinungsverschiedenheiten über die bestimmenden Kräfte bei der Erdbildung beeinflußten auch Goethes Arbeiten; er vertrat die Position des Neptunismus.

Goethes Hausgarten an der Ackerwand mit Pavillon für naturwissenschaftliche Sammlungen.

Seite 206: Hausgarten mit der Rückseite des Hauses am Frauenplan.

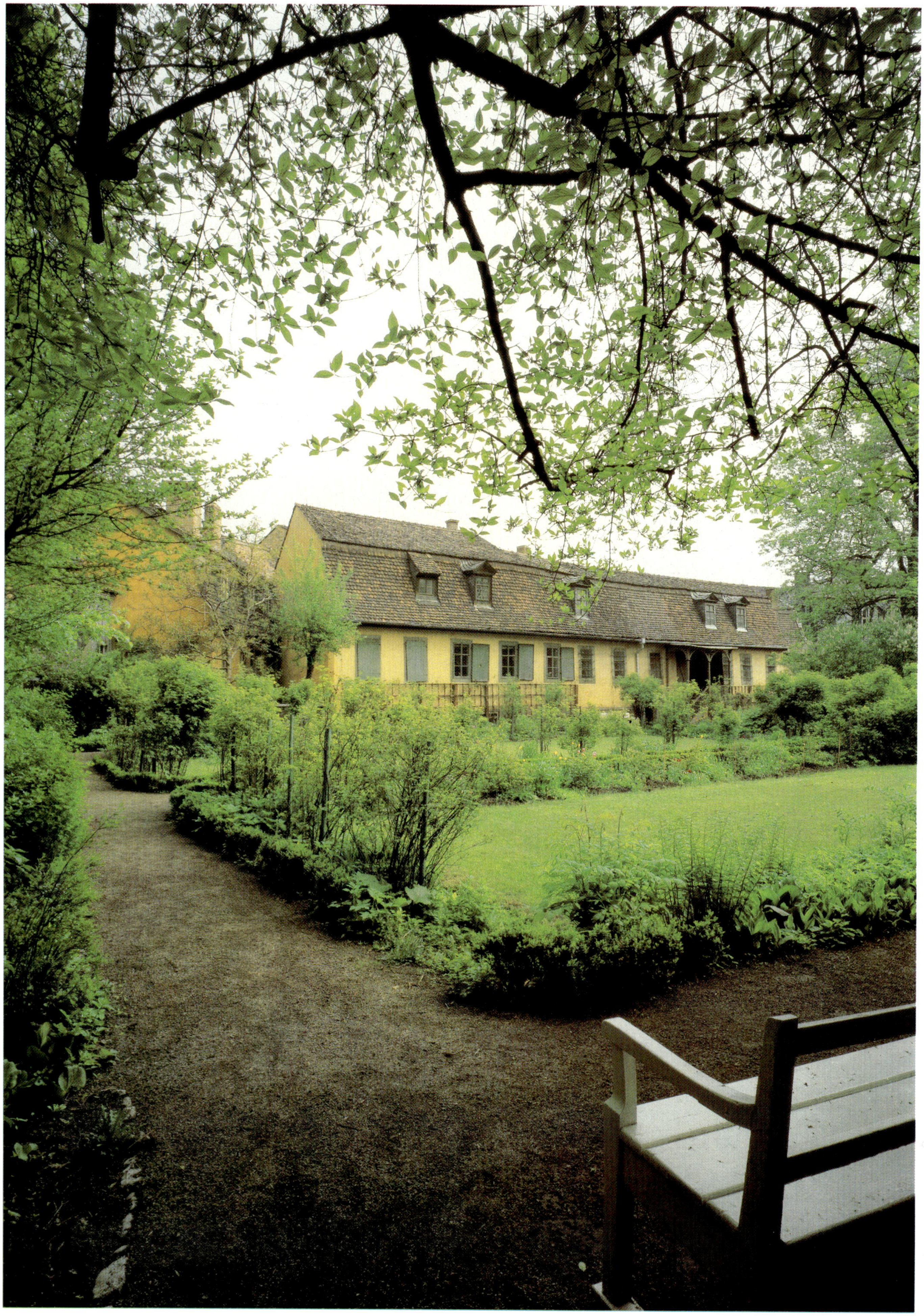

207

Pfeifente im originalen Behältnis.
Aus der zoologischen Sammlung Goethes.

Blätter aus Goethes Herbarium.

Herbarium nach Linneischen Klassen geordnet

VI Classe
Alexandria

Lysimachia
foliis salicis

Verbena officinalis

Beccabunga
foliis angustis
Veronica beccabunga

Circaea Ruppi

Spergula
graminifolia

Sagina
procumbens L.

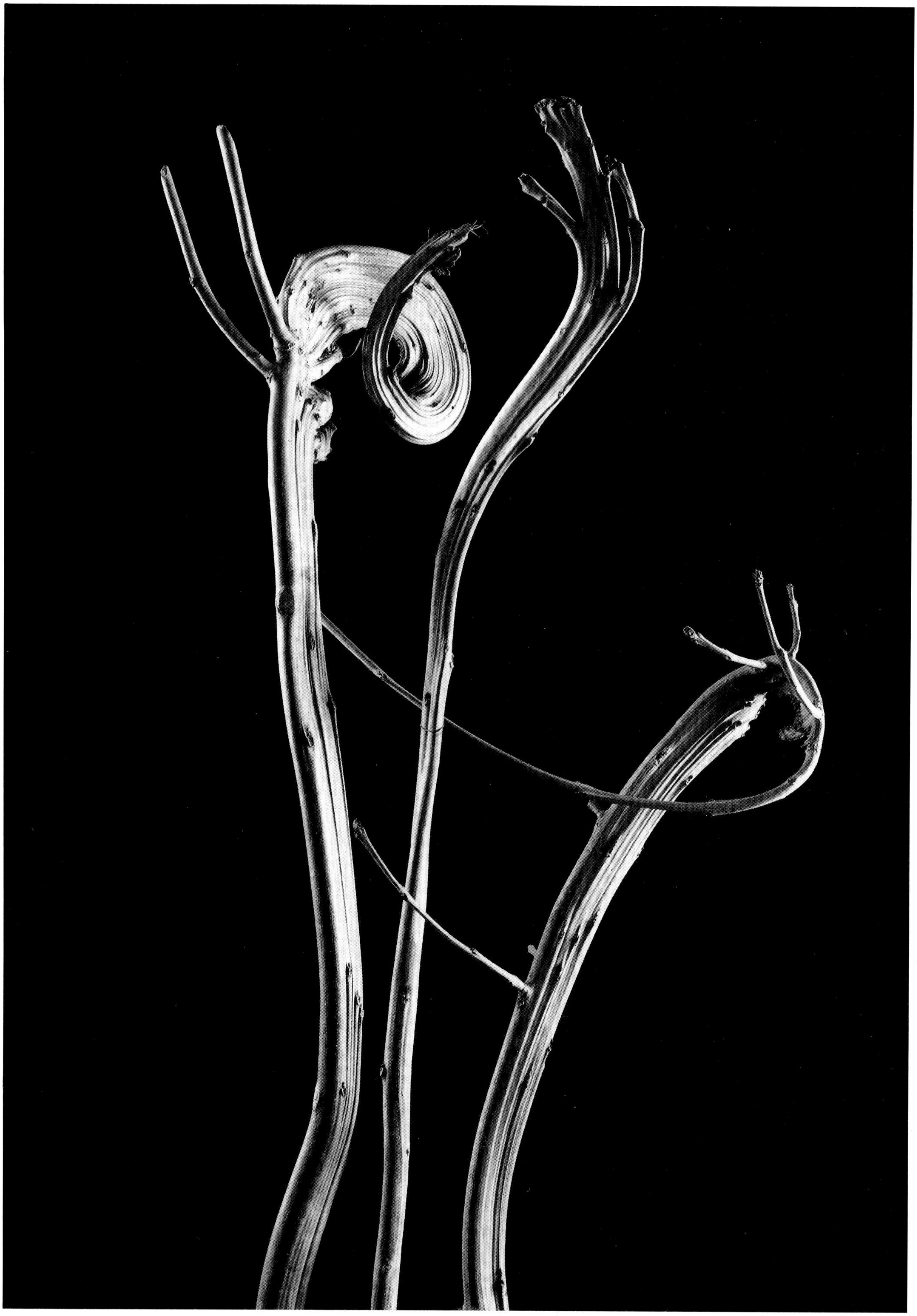

Spiraltendenz der Pflanzen.
Veränderung an drei Eschenzweigen.
Aus Goethes Sammlungen zur Botanik.

Ein Blatt von Goethes »pantheistischer Pflanze«, Bryophyllum calcyum, mit Brutpflänzchen.
Nach seinen Worten aus dem Jahre 1826 im Goethe-Nationalmuseum gezogen:
»Flach auf guten Grund gelegt,/
Merke, wie es Wurzel schlägt!/
Dann der Pflanzen frische Menge/
Steigt in lustigem Gedränge ...«

Seite 212: 104 verschiedene farbige Stoffproben aus Seide und anderem Material; Ausschnitt. Die Farbzusammenstellungen widersprachen Goethes Auffassung. Aus Goethes Sammlung zur Farbenlehre.

Seite 213: Glasstücke mit entoptischen Farbfiguren, hervorgerufen durch polarisiertes Licht. Aus Goethes Sammlung zur Farbenlehre.

Seite 214: Stehpult in Goethes Arbeitszimmer mit Objekten für naturwissenschaftliche Forschungen.

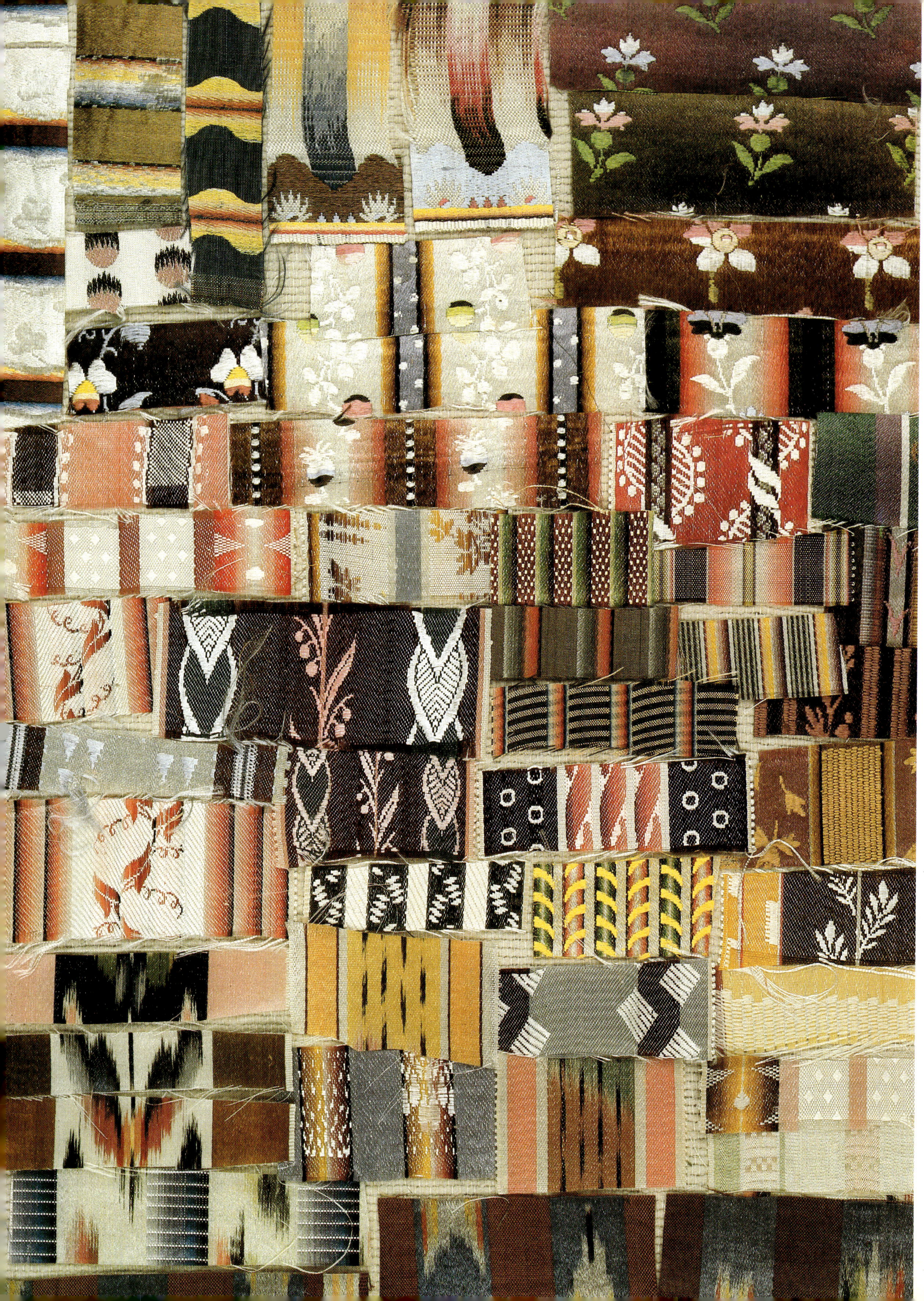

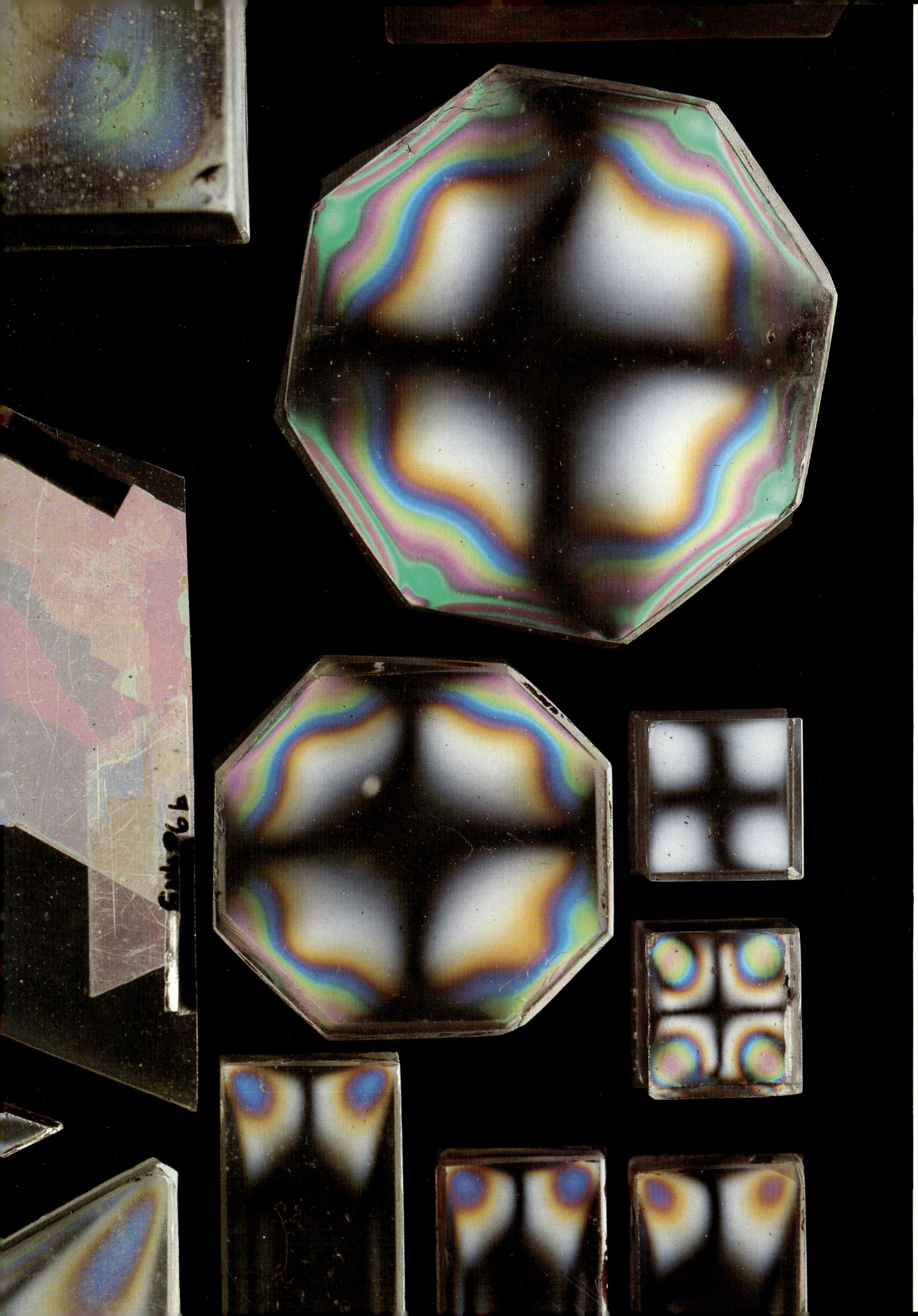

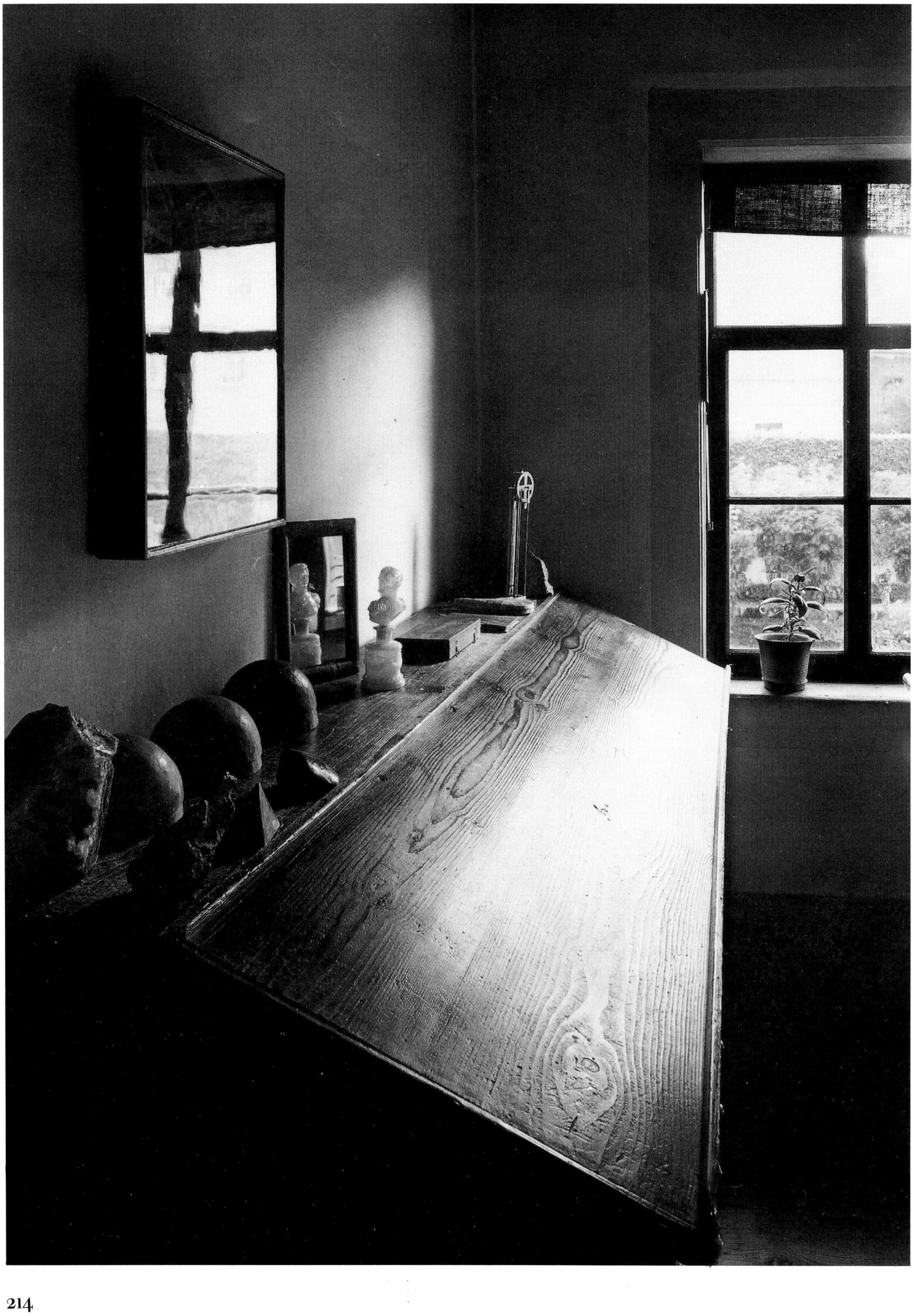

Zeugen für die geologische Situation Weimars sind in Goethes Sammlung vor allem die damals zu phantastischen Erklärungen Anlaß gebenden Säugetierfossilien, darunter eindrucksvolle Stoß- und Backenzähne vom Mammut, sowie zahlreiche fossile Meerestiere. Eine von Goethe, wahrscheinlich unter Mitarbeit seines Sohnes August, um 1820 erarbeitete geologische Darstellung Weimars und seiner Umgebung mit Angaben über die einzelnen Horizonte der fossilen Funde wurde durch geologische Untersuchungen in jüngster Zeit bestätigt. Die Erfahrungen, die er im 19. Jahrhundert beim Kennenlernen und Sammeln fossiler Pflanzen- und Tierfunde gewann, lieferten ihm wesentliche Bausteine für seine Einsicht in die Veränderlichkeit, in die historische Entwicklung allen Seins. Eckermann hat eine derartige Äußerung während eines Ausflugs am 26. September 1827 auf den Ettersberg festgehalten: »Wir kamen an einer Stelle vorbei, wo Steine gebrochen waren ... Goethe ließ halten und bat mich, ein wenig nachzusehen, ob ich nichts von Versteinerungen entdecke. Ich fand einige Muscheln, auch einige zerbrochene Ammonshörner, die ich ihm zureichte ... ›Immer die alte Geschichte!‹ sagte Goethe. ›Immer der alte Meeresboden!‹ Wenn man von dieser Höhe auf Weimar hinabblickt und auf die mancherlei Dörfer umher, so kommt es einem vor wie ein Wunder, wenn man sich sagt, daß es eine Zeit gegeben, wo in dem weiten Tale dort unten die Walfische ihr Spiel getrieben. Und doch ist es so, wenigstens höchst wahrscheinlich. Die Möwe aber, die damals über dem Meere flog, das diesen Berg bedeckte, hat sicher nicht daran gedacht, daß wir beide heute hier fahren würden. Und wer weiß, ob nach vielen Jahrtausenden die Möwe nicht abermals über diesen Berg fliegt.«

Die geschlossenste und umfangreichste, aber auch problematischste naturwissenschaftliche Arbeit lieferte Goethe zur Farbenlehre. 1810 erschien sein Hauptbeitrag zu diesem Thema, der rund 1400 Seiten und ein Heft mit 16 Kupferstichen umfaßt. Er ist in drei Teile gegliedert: in den Didaktischen Teil (»Entwurf einer Farbenlehre«), den Polemischen Teil (»Enthüllung der Theorie Newtons«) und den Historischen Teil (»Materialien zur Geschichte der Farbenlehre«). Die »Farbenlehre« rief, verglichen mit allen anderen naturwissenschaftlichen Arbeiten Goethes, die zahlreichsten und widersprüchlichsten Reaktionen hervor, denn Goethe erhob den Anspruch, in bezug auf die Farben die Physiker, deren Standpunkt er als falsch und ihre Theorie als Irreführung zurückwies, korrigieren zu wollen. Goethe läßt uns nie im Zweifel darüber, daß seine Bemühungen um die Gesetzmäßigkeiten der Farbenerscheinungen von seinem künstlerischen Schaffen ausgegangen sind. Den entscheidenden Anstoß erhielt er während seines Aufenthalts in Italien von 1786 bis 1788, als er sich um die theoretische Klärung künstlerischer Produktion bemühte. Es gelang ihm zwar, »die Kunst überhaupt einzuteilen«, über die Farbgebung in der Malerei jedoch, über die qualitativen Eigenschaften der Farben, ihre Beziehungen zueinander und über die Art ihrer Wirkungen auf den Menschen hatte er keine Klarheit gewonnen. Die Künstler arbeiteten ohne theoretische Grundlage, allenfalls, wie Goethe bemerken konnte, nach bestimmten Regeln.

Er spürte, wie es in der »Konfession des Verfassers« heißt, »daß man den Farben, als physischen Erscheinungen, erst von der Seite der Natur beikommen müsse, wenn man in Absicht auf Kunst etwas über sie gewinnen wolle«.[13] »Von der Seite der Natur beikommen«, bedeutete für Goethe, die vorhandene physikalische Theorie von den Farben zu überprüfen. »Wie alle Welt« war er überzeugt, »daß die sämmtlichen Farben«, der Lehre Isaac Newtons von 1704 zufolge, »im Licht enthalten seien«. Um so überraschter stellte er bei einem Versuch mit dem Prisma 1790 fest, daß Farben sich nur an Grenzen von Hell und Dunkel zeigten. Zu diesem unerwarteten Ergebnis kam Goethe, weil er nicht, wie in dem exakten objektiven analytischen Versuch vorgesehen, in der Dunkelkammer einen Lichtstrahl auf ein Prisma fallen ließ. Er hielt es für legitim, selbst durch das Prisma zu schauen, wobei er irrtümlicherweise erwartete, ein Spektrum zu sehen.

Seine Beobachtung jedoch erinnerte ihn an die Erfahrungen der Maler von den Farbgegensätzen in Beziehung zu Hell und Dunkel. Sofort setzte sich der Gedanke fest, die Lehre Newtons sei falsch. Die Suche nach einer wahren, den Farbenerschei-

Sogenannte Augenvignette.
Umschlagblatt für die optischen Karten
zu den Beiträgen zur Optik, 1. Stück, 1791,
auf dem das Auge anstelle der Sonne erscheint.
Holzschnitt von Goethe, 1791.

nungen gerecht werdenden Theorie wurde zu einer Aufgabe, die mit der »Farbenlehre« 1810 zwar einen gewissen Abschluß fand, Goethe jedoch noch bis an sein Lebensende beschäftigte. Im Gegensatz zu Newton baute er seine Lehre auf einer Fülle von Beobachtungen und Versuchen auf. Er war bemüht, alle Farbenerscheinungen zu erfassen und zu ordnen. Deshalb ist sein Werk auch heute noch eine wichtige Quelle zum Studium der vielfältigen Farbenerscheinungen unserer Welt.

Aufschlußreich sind Goethes Versuche mit dem Prisma, die zur Ableitung eines Farbschemas führten, welches er für alle Farbenerscheinungen als gültig erklärte. Es besteht aus den Elementarfarben Gelb – Orange – Rot (Purpur) – Violett – Blau – Grün. Dem – nach Goethes Meinung zusammengesetzten – Spektrum Newtons suchte er die einfache Erscheinung der Farbenentstehung, als Urphänomen bezeichnet, entgegenzusetzen. Er fand es in folgender Wahrnehmung: In Verbindung mit Hell und Dunkel erscheint dem Auge in einem trüben Mittel (zum Beispiel Erdatmosphäre, Seifenlösung oder Opal) entweder die Farbe Gelb (vor hellem Hintergrund) oder Blau (vor dunklem Hintergrund). Dieses »Urphänomen« kann der Besucher an einer Flasche aus Opalglas beobachten, die heute noch in Goethes Arbeitszimmer steht. In ihm offenbarte sich ihm die »Polarität« der Natur. Weitere Erklärungen hielt Goethe für unnötig. Auf dieses »Urphänomen« versuchte er alle physischen Farberscheinungen zurückzuführen. Das gelang ihm zum Beispiel mit dem Regenbogen nicht, so daß er sich mit dessen Entstehung noch kurz vor seinem Lebensende beschäftigte, wovon Experimentiermittel in seinem Arbeitszimmer zeugen.

Nicht nur bei den Farben, sondern auch am Magnet, am Turmalin, bei der Elektrizität, beim Galvanismus und bei chemischen Prozessen, ja sogar in der Grundstruktur der Pflanzen beobachtete er diese Polarität. Er erkannte in ihr ein Grundgesetz, ein »Triebrad« der Natur. Seine Absicht war, »die chromatischen Erscheinungen in Verbindung mit allen übrigen physischen Phänomenen zu betrachten«, was durch die Polarität möglich wurde, um »eine vollkommene Einheit des physischen Wissens« vorzubereiten. Die übrigen Farben des Farbschemas entwickelten sich für Goethe durch »Steigerung« der Urfarben Gelb und Blau, durch Mischung und Vereinigung. – »Steigerung« sah er als »zweites Triebrad« der Natur an.

Ein für die weitere Forschung bis heute bedeutsamer Ansatz war die Charakterisierung der Farben als Sinnesempfindung und die Erkenntnis von mehreren physiologischen Farbgesetzen. Aus der Eigenschaft des Auges, auf einen Farbreiz mit der Erzeugung der Gegenfarbe zu reagieren, leitete Goethe ein Streben des Auges nach Totalität ab. In diesem Verhalten sah er das Grundgesetz der Harmonie. Die physiologischen Farberscheinungen lieferten ihm die Grundlagen seiner Harmonielehre, die für einen ästhetischen Gebrauch der Farben geeignet ist. In seinem, in besonderem Maße von Künstlern rezipierten, Kapitel über »Die sinnlich-sittliche Wirkung der Farben« erläuterte er ausführlich qualitative Eigenschaften der Farben, ihre spezifischen Wirkungen auf den Menschen, einzeln und in Zusammenstellungen. »Das Auge ist das letzte, höchste Resultat des Lichtes auf den organischen Körper. Das Auge als ein Geschöpf des Lichtes leistet alles was das Licht selbst leisten kann.«[14] Diese Erkenntnis Goethes zeigt, daß eine Farbentheorie auf der Erforschung des Farbsinns unter Berücksichtigung der Ergebnisse der Erforschung des Lichtes aufbauen sollte. Bemühungen in dieser Richtung sind im Gange.

Auch in der Meteorologie, zu der Goethe erst 1817 dank der »Wolkenterminologie« des Engländers Luke Howard einen Zugang fand, suchte er nach einem gültigen Urphänomen. 1825 schrieb er den »Versuch einer Witterungslehre«. Er kam auf Drängen des Großherzogs Carl August als Zusammenfassung der Ergebnisse der unter Goethes Leitung im Weimarer Herzogtum seit 1827 systematisch betriebenen Wetterbeobachtungen zustande.

Goethe beginnt ihn mit einer allgemeinen Bemerkung über wissenschaftliche Bemühungen, die von den überaus komplizierten Verhältnissen der Wetterentstehung gewiß mitbestimmt wurde: »Das Wahre, mit dem Göttlichen identisch, läßt sich niemals von uns direct erkennen, wir schauen es nur im Abglanz, im Beispiel, Symbol, in einzelnen und verwandten Erscheinungen; wir werden es gewahr als unbegreifliches Leben und können dem Wunsch nicht entsagen, es dennoch zu begreifen.«

Trotz vorhandener Widersprüche und Unvollkommenheiten in Goethes Bemühungen auf dem Gebiet der Naturwissenschaften leistete er Bedeutendes für seine Zeit und darüber hinaus. Seine naturwissenschaftliche Tätigkeit nahm einen eigenständigen, wichtigen Platz in seinem Leben ein. Die Auswirkungen einer so umfangreichen Beschäftigung mit der Natur sind unverkennbar. Dichtung und Weltanschauung wurden wesentlich davon beeinflußt.

> Freudig war, vor vielen Jahren,
> Eifrig so der Geist bestrebt,
> Zu erforschen, zu erfahren,
> Wie Natur im Schaffen lebt.
> Und es ist das ewig Eine,
> Das sich vielfach offenbart;
> Klein das Große, groß das Kleine,
> Alles nach der eignen Art.
> Immer wechselnd, fest sich haltend;
> Nah und fern und fern und nah;
> So gestaltend, umgestaltend –
> Zum Erstaunen bin ich da.[15]

Seite 218: Schreibtisch im Altanzimmer von Goethes Gartenhaus.

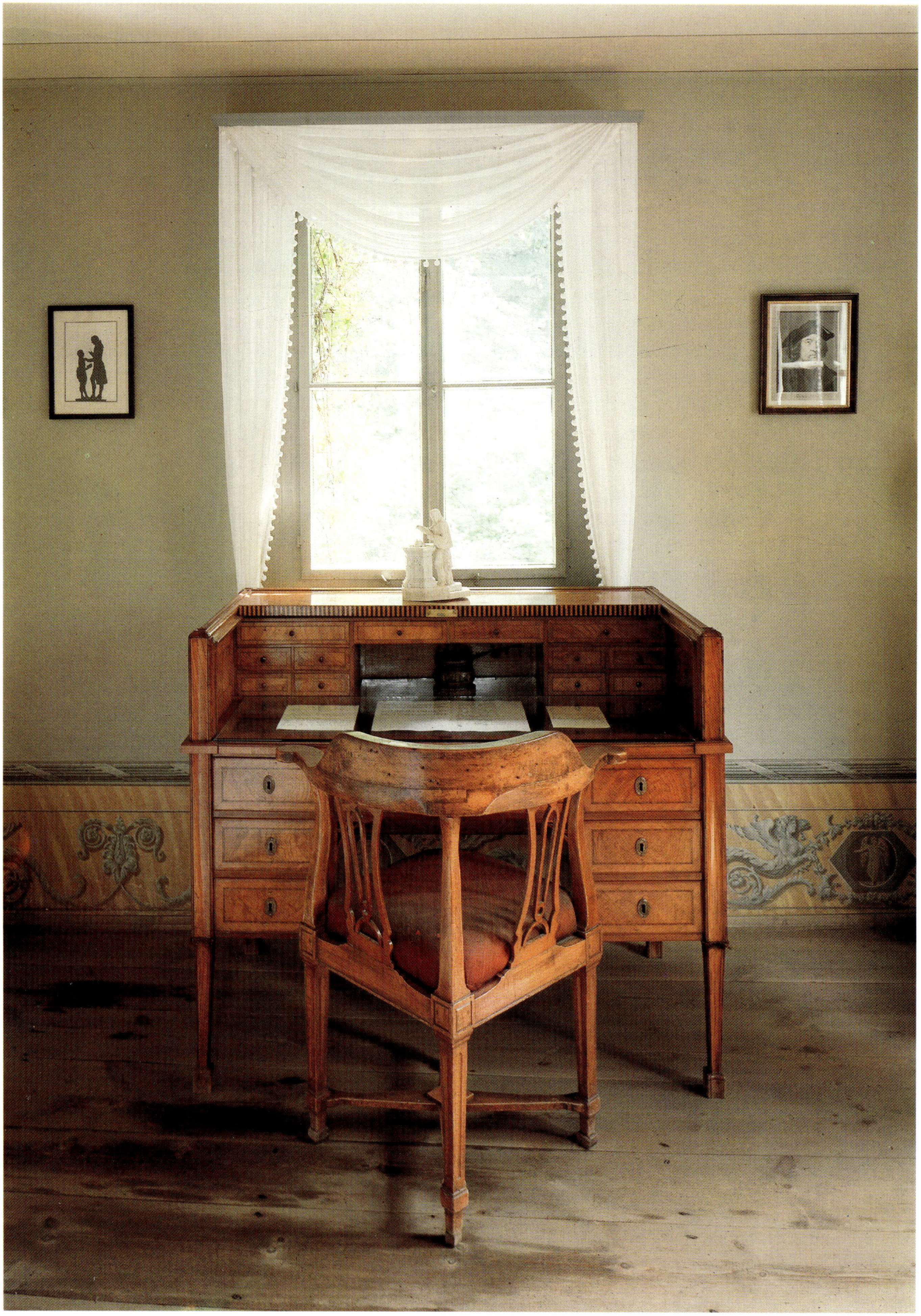

WEIMARER DICHTER

Hatte er der Poesie vollends entsagt? Vergegenwärtigt man sich die Vielzahl der Aufgaben, die Goethe zu bewältigen hatte, und bedenkt den Aufwand an Gedächtnis, Assoziationsfähigkeit und planender Voraussicht, die verantwortliche Leitungstätigkeit in jedem Fall erfordert, so drängt sich unwillkürlich die Frage auf, wann und wo sich in diesem Nebeneinander und Verschränktsein administrativer und wissenschaftlicher Tätigkeiten Raum und Zeit für den Dichter hätte finden sollen.

Doch die Poesie war so unmittelbar in Goethes geistigem Habitus angelegt, daß er ihr, auch wenn er gewollt hätte, gar nicht hätte entsagen können. »Goethe steckt voller Lieder«, bemerkten schon seine Frankfurter Freunde. Ob er wollte oder nicht, er mußte sich aussprechen, sich in poetischen Bildern offenbaren, auch wenn es ein Gegenüber, einen Adressaten, nicht gab. Dazu gesellte sich die Herausforderung durch die unmittelbare Umwelt, gesellten sich die Widersprüche der Zeit, der er angehörte, und die Freude am geistigen Disput. Daran änderte auch die Übersiedlung nach Weimar nichts. Poetisch sich auszusprechen, war und blieb ihm während seines langen Lebens ein nicht zu verdrängendes Bedürfnis. Das vielgestaltige poetische Gesamtwerk legt davon ein beredtes Zeugnis ab.

Alle Dichtungen, die seit 1776 entstanden, haben irgendwie mit Weimar zu tun. Hier wurden sie konzipiert und spontan oder auch fortschreitend gestaltet, hier auch zuerst vorgelesen. Weimar, die berufliche Sphäre und die Menschen, denen sich Goethe hier kollegial oder freundschaftlich verbunden wußte, die ihm widerstrebten und von denen er sich distanzierte, all das waren Elemente einer Erfahrungswelt, beeinflußte sein Fühlen und Denken und bildete so eine im einzelnen durchaus nicht immer auszumachende Grundschicht seiner Dichtungen. Dennoch geht es nicht an, jene Poesien als Weimar-Dichtungen zu begreifen. Gewiß, Goethe lebte und wirkte hier, doch sein Geist war universell, sein poetisches Genie unbegrenzt. Darüber sich in einem Kapitel »Weimarer Dichter« auslassen zu wollen, hieße den Rahmen dieses Buches sprengen oder aber den Dichtungen Gewalt antun, mögen auch Verse wie

Füllest wieder Busch und Thal
Still mit Nebelglanz,
Lösest endlich auch einmal
Meine Seele ganz[1]

unwillkürlich ein Bild der in abendlicher Spätherbststimmung sich zeigender Weimarer Parklandschaft an der Ilm beschwören und zugleich an den Freitod einer unglücklich Liebenden wie auch an die eigenen Liebesqualen des Dichters in den späten siebziger Jahren des 18.Jahrhunderts erinnern. Oder mag das Gedicht

Donnerstag nach Belvedere,
Freitag geht's nach Jena fort:
Denn das ist, bei meiner Ehre,
Doch ein allerliebster Ort![2]

den Kreis der »Lustigen von Weimar«, das heißt der Freundinnen Christianes, ins Gedächtnis rufen. Vieles wäre da noch zu nennen, wie etwa das 1783 entstandene Gedicht »Ilmenau« (»Anmuthig Thal! du immergrüner Hain!«), in dem der Kreis Weimarer Freunde in liebevoller Weise vorgestellt und die eigene Position mit folgenden Versen umrissen wird:

Ich bin dir nicht im Stande selbst zu sagen
Woher ich sei, wer mich hierher gesandt;
Von fremden Zonen bin ich her verschlagen
Und durch die Freundschaft festgebannt.

Goethe.
Ölgemälde von Georg Melchior Kraus, 1775/76.

Genannt werden müßte hier auch der Nachruf auf den 1782 verstorbenen Theatermeister der Liebhaberbühne, Johann Martin Mieding (»Auf Miedings Tod«), und dabei besonders auf die folgenden – ironisch zu verstehenden – Verse verwiesen werden:

O Weimar! dir fiel ein besonder Loos!
Wie Bethlehem in Juda, klein und groß.
Bald wegen Geist und Witz beruft dich weit
Europens Mund, bald wegen Albernheit.
Der stille Weise schaut und sieht geschwind,
Wie zwei Extreme nah verschwistert sind.

Die Reihe solcher Weimar-Bezüge reißt nicht ab, denn selbstverständlich finden sich auch in Dichtungen wie »Iphigenie«, »Tasso«, »Wilhelm Meisters Lehrjahre« zahlreiche Weimar-Spuren. Viel Forscherfleiß ist in der Vergangenheit darauf verwandt worden, solche Bezüge zu ermitteln. Der Ertrag solchen Bemühens blieb und bleibt immer zweifelhaft. Der Nachwelt zählen die meisten dieser Dichtungen zum Kanon klassischer deutscher Poesie, die unabhängig von unmittelbaren und oft recht zufälligen persönlichen und örtlichen Bezügen begriffen und auch empfunden sein will.

Der Dichter stellte jedoch sein Talent auch in den Dienst täglicher Pflichten, gebot über die Poesie zum Zwecke höfischer Unterhaltung und theatralischer Präsentation. Gelegenheitsdichtungen im echten Sinne des Wortes entstanden da, von denen die Literaturwissenschaft kaum oder doch nur widerwillig Notiz nimmt. Vom Autor solcher Poesien kann mit Fug und Recht als einem »Weimarer Dichter« gesprochen werden, sofern man mit diesem Begriff Dichtungen assoziiert, die ausschließlich dem Ort ihres Entstehens und Wirkens verpflichtet waren, die ohne die damit angedeutete Veranlassung überhaupt nicht existent wären.

Goethe. Beilage zum Brief an Charlotte von Stein, Weimar, 19. Februar 1778.
Erste Fassung des Gedichts »An den Mond« mit Musik von Sigismund von Seckendorff. [9]

Daß die Unterscheidung zwischen klassischer und Gelegenheitspoesie solcher Art dennoch problematisch ist, muß kaum hervorgehoben werden.

Nicht zuletzt der Ruf, ein berühmter Dichter zu sein, hatte ihm den Zugang zur Weimarer Gesellschaft erleichtert. »Werther« und »Götz von Berlichingen« waren hier gut bekannt, aber auch die Satire »Götter, Helden und Wieland«, Gedichte wie »Mahomets Gesang« und »Der Wanderer«. Vor allem Gerüchte, er führe ein »Faust«-Manuskript mit sich, hatten gespannte Erwartung geweckt.

Was Wunder, daß man sich durch einen solchen Zuzug Gewinn für das geistige und gesellige Leben am Ort versprach. Und Goethe enttäuschte nicht. Redouten, Hoffeste anläßlich der Geburtstage fürstlicher Personen und das Liebhabertheater waren

Goethe.
Eigenhändiges Gedicht für Charlotte von Stein, 14. April 1776. [10]

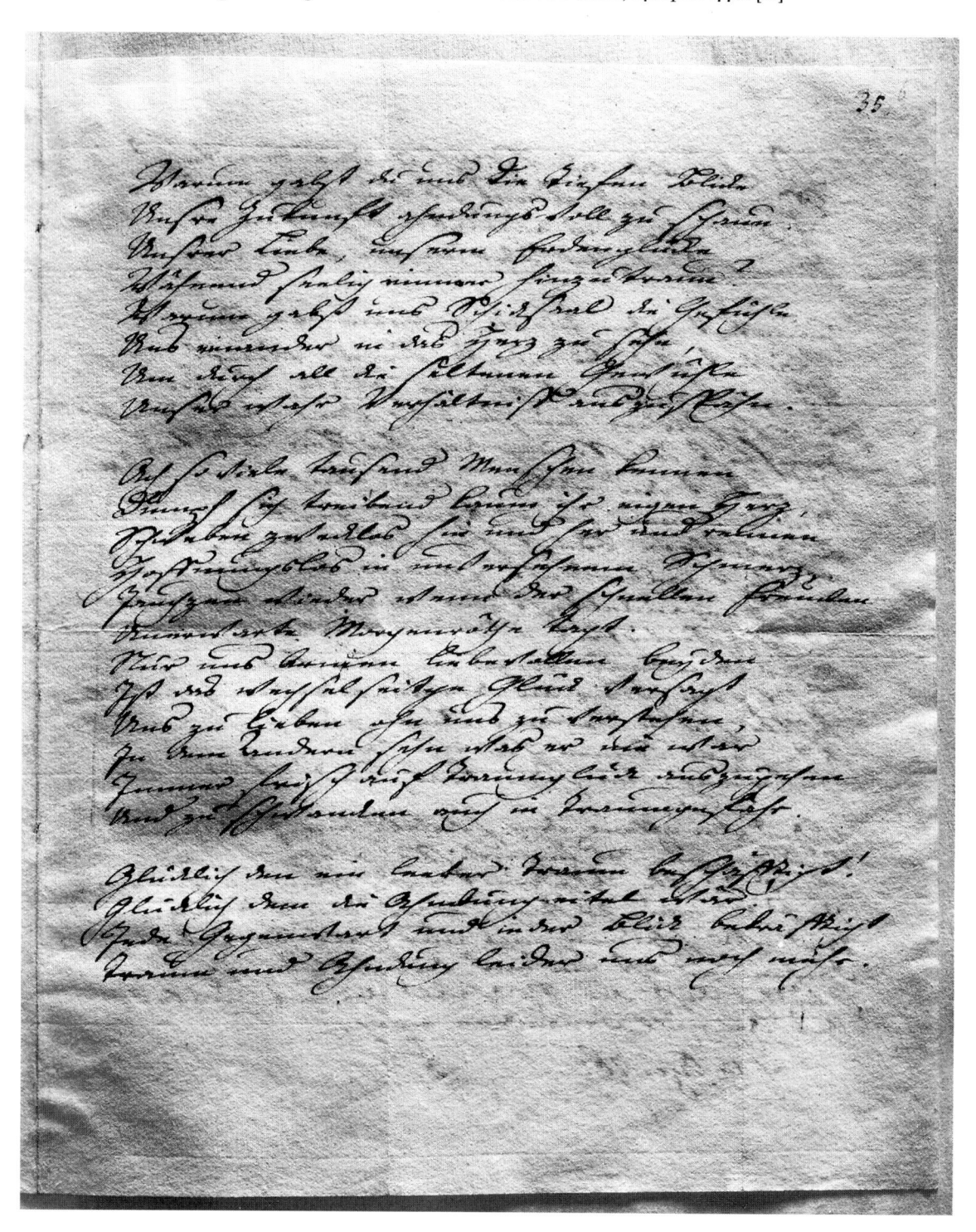

ohne seine Mitwirkung, ohne Einsatz seiner poetischen Launen, bald nicht mehr denkbar. Zahlreiche poetische Texte legen davon Zeugnis ab. Von ihnen sei im folgenden die Rede.

Mitglieder der Hofgesellschaft sowie Hofbedienstete hatten sich im Spätsommer des Jahres 1775 zu einem Liebhabertheater vereinigt, um sich im gemeinsamen Spiel literarisch zu unterhalten und auf diese Weise dem monotonen Hofleben zu entfliehen. »Sie sollten nicht glauben«, schrieb Goethe im Februar 1776 nach Frankfurt, »wie viel gute Jungens und gute Köpfe beysammen sind, wir halten zusammen, sind herrlich untereins und dramatisieren einander, und halten den Hof uns vom Leibe«.[3] Wie das zu verstehen ist, erläutert ein Brief an Carl August vom 26. Dezember 1775 aus Waldeck im Jenaer Holzland, wo Goethe das erste Weihnachtsfest in Thüringen verbrachte. »Nach Tisch rammelten sich Rugantino und Basko«, der edle Räuber und sein Kumpan aus dem Singspiel »Claudine von Villa Bella«, »nachdem wir vorher unsre Imagination spazieren geritten hatten wies seyn möchte wenn wir Spitzbuben und Vagabunden wären, und um das natürlich vorzustellen, die Kleider gewechselt hatten. Kraus war auch gekommen und sah in Bertuchs weissen Tressen-Rocke und einer alten Perrucke des Wildmeisters wie ein verdorbener Landschreiber, Einsiedel in meinem Frack mit blauem Krägelchen wie ein verspielt Bürschgen, und ich in Kalbs blauem Rock mit gelben Knöpfen rothem Kragen und vertrotteltem Kreuz und Schnurrbart wie ein Kapitalspitzbube aus.«

Vom Stegreifspiel zur geplanten und organisierten Präsentation war nur ein kleiner Schritt. Tatsächlich war Goethe in die Aktionen des Liebhabertheaters bald völlig verstrickt. Als Spielplangestalter, Regisseur und Akteur und schließlich auch als Theaterdichter wurde er der Truppe unentbehrlich. Mehr als 20 Rollen hat er während der acht Jahre seiner Bindung an das Liebhabertheater übernommen, und zwölfmal verzeichnet ihn der Spielplan dieser Jahre als Autor, darunter nur dreimal als Verfasser von Stücken, die schon vor seinem Eintritt in Weimar entstanden waren; es waren dies »Erwin und Elmire«, »Die Laune des Verliebten« und »Die Mitschuldigen«. Alle übrigen Texte entstanden während der ersten Weimarer Jahre.

Bereits im November 1776 debütierte er mit einer im Verlaufe von nur wenigen Tagen entstandenen dramatischen Dichtung, dem Einakter »Die Geschwister«. Dargestellt wird die Geschichte eines nicht mehr jungen Kaufmanns, der in früheren Jahren sein Vermögen etwas leichtfertig vertan und deshalb einer verehrten und geliebten Witwe hatte entsagen müssen. Sterbend vertraute diese ihm jedoch ihr Kind an, ein Mädchen, dem fortan seine ganze Liebe galt und das er in dem Glauben, sie sei seine Schwester, aufzog. Marianne, so heißt das Mädchen, ist dem vermeintlichen Bruder, der, nachdem sich seine materielle Situation wieder gebessert hat, sehnsüchtig darauf wartet, sich dem geliebten Wesen eröffnen zu können, in herzlicher Liebe zugetan. Die Absicht eines Freundes, um das Mädchen zu werben, führt nach kurzer Verwirrung zur Lösung des Knotens.

Eine anspruchslose Handlung, für Goethe dennoch mehr als eine dramatische Gelegenheitsdichtung. Unwillkürlich erinnert die Fabel an das bereits im April 1776 entstandene Gedicht für Charlotte von Stein »Warum gabst du uns die tiefen Blicke«, das in den Versen gipfelt:

Sag', was will das Schicksal uns bereiten?
Sag', wie band es uns so rein genau?
Ach, du warst in abgelebten Zeiten
Meine Schwester oder meine Frau.[4]

Damit war eine ihn bedrängende Frage berührt, die Frage nach dem Widerspruch zwischen geschwisterlicher und ehelicher Liebe, eine Problematik, die die Ehe seiner Schwester überschattete und die offenbar auch seine eigenen Beziehungen zum anderen Geschlecht beeinflußte.

Doch von solcher Problematik ist in dem Einakter direkt nichts zu spüren. Die Grundstruktur der Dichtung ist epischer Natur. Der Leser und Zuschauer weiß schnell um die Situation und erfährt spätestens im Zusammenhang mit der Werbung des Freundes, wie es um die Liebe des Mädchens zu dem vermeintlichen Bruder bestellt ist. Dialoge und Situationsentwicklung enthüllen allmählich die wechselseitige herzliche, natürlich gewachsene, von Leidenschaftlichkeit nicht erschütterte

Liebe zweier von Natur füreinander bestimmter Menschen. Die Dichtung stellt sich somit dar als Wunsch- und Sinnbild einer Welt, in der Liebe und Zuneigung sich frei, nicht beschränkt oder gar behindert durch natürliche beziehungsweise diesen gleichgeachtete gesellschaftliche Verhältnisse, entfalten können – einer Welt, frei von den Widersprüchen, wie sie sein Verhältnis zu Lili Schönemann ebenso belastet hatten wie nun in Weimar seine Stellung gegenüber Charlotte von Stein.

Kurze Zeit später, am 30. Januar 1777, präsentierte die Liebhaberbühne wieder eine Dichtung Goethes, diesmal ein Singspiel ohne Titel. Anlaß für die Aufführung war der 20. Geburtstag der Herzogin Luise. In – vielleicht – etwas veränderter Gestalt wurde das Stück wenige Wochen danach erneut aufgeführt. 1778 beschäftigte sich der Dichter wiederum mit seinem Entwurf und gab ihm nun eine neue Form. Und schließlich bearbeitete er den Text noch einmal in Italien und ließ ihn 1790 zuerst unter dem Titel »Lila« drucken. Ein »Feenspiel« wird die erste Fassung gewöhnlich genannt; Sigismund von Seckendorff hatte die überlieferten Feenchöre und Feengesänge in Musik gesetzt. Goethe entnahm Stoff und Motiv einem französischen Drama aus dem Jahre 1629: »Hypochondriaque, ou le Mort Amoureux«[5]. In diesem Stück empfängt der Held die, falsche, Nachricht vom Tode seiner Geliebten und hält sich daraufhin selbst für tot; Freunde heilen ihn von seinem Wahn, indem sie vor seinen Augen von ihm für tot gehaltene Personen darstellen, die mittels Musik wieder zum Leben erweckt werden. In der uns bekannten Fassung des Goetheschen Spiels ist es die Frau, die durch die unzutreffende Nachricht vom Tode des geliebten Mannes in Melancholie und Wahnsinn verfällt, indem sie glaubt, ihr Mann sei nicht tot, sondern in der Gewalt böser Geister, die auch ihr nach der Freiheit trachteten; deshalb zieht sie sich in die Einsamkeit zurück, hält Freunde und Verwandte für Geistererscheinungen und verharrt so in Furcht und Einsamkeit. Kuren verschiedener Ärzte sind fehlgeschlagen. Da meldet sich ein neuer Arzt, der nicht von Kuren spricht, sondern den Vorschlag macht, der Kranken ihre Wahnvorstellungen als Wahrheit vorzuspielen, im Spiel gewissermaßen den von Geistern gefangengehaltenen Gatten zu befreien und die Kranke auf diese Art in die Wirklichkeit zurückzuführen.

Einem Sommernachtstraum gleich vollzieht sich das Spiel mit Feengesängen, Chören und geheimnisvollen Geistern. Der Erfolg bleibt nicht aus, beglückt erkennen sich Gatten, Geschwister und Freunde wieder. Zu den schönsten Liedern des Stückes zählen die häufig zitierten Verse:

Feiger Gedanken
Bängliches Schwanken,
Weibisches Zagen,
Ängstliches Klagen
Wendet kein Elend,
Macht dich nicht frei.

Allen Gewalten
Zum Trutz sich erhalten,
Nimmer sich beugen,
Kräftig sich zeigen,
Rufet die Arme
Der Götter herbei.

Der als Spielführer, als geheimnisvoller »Magus«, agierende Arzt ruft sie der Kranken zu, damit gleichsam den Heilungsprozeß einleitend.

Man hat gemutmaßt, daß das Spiel der jungen Herzogin Luise gegolten habe, die sich, abgestoßen vom rauhen Wesen ihres Mannes und seiner Freunde, zurückgezogen und bewußt Distanz gegenüber der Hofgesellschaft gewahrt hatte. Sie gewissermaßen aus ihrer selbstgewählten seelischen Verkrustung zu befreien, sei Goethes Anliegen gewesen. Doch so ganz geht solche Deutung nicht auf. Schon die Tatsache, daß es in der ersten Fassung, der literarischen Vorlage vergleichbar, der Ehemann war, der sich in Wahnvorstellungen verstrickt, läßt sich mit solcher Deutung nur schwerlich in Übereinstimmung bringen. Man will auch Bezüge auf Goethes Verhältnis zu Charlotte von Stein entdeckt und in der Gestalt des Oberst deren Ehemann erkannt haben. Doch all das bleibt fragwürdig, weil am Ende nicht belegbar, sind doch von der ursprünglichen Fassung des Stückes, wie es 1777 präsentiert wurde, nur die Gesänge, nicht aber die Dialoge überliefert.

Geht man vom später gedruckten Text aus, so ergeben sich andere Deutungsmöglichkeiten, solche, die an Satiren der Frankfurter Zeit erinnern, an »Pater Brey« etwa. Da werden Methoden und Praktiken der Ärzte aufs Korn genommen: »O ja, wenn sie nur was zu seciren, klistiren, elektrisiren haben, sind sie bei der Hand, um nur zu sehen, was eins für ein Gesicht dazu schneid't, und zu versichern, daß sie es wie im Spiegel vorausgesehen hätten.« Die »Physiognomisten« erhalten einen Seitenhieb ebenso wie »solche politische alte Weiber, die weitläufige Correspondenzen haben, und immer etwas Neues brauchen, woher es auch komme«, und schließlich wird das empfindsame Wesen der Hauptfigur selbst kritisiert: »Sie war bei Abwesenheit ihres Mannes immer in Sorgen. Ihre Zärtlichkeit stellte sich die Gefahren doppelt lebhaft vor. Wir thaten was wir konnten ... man ließ sie wenig allein, und vermochte doch nichts über ihren Trübsinn«; sie sei »immer mit ihren Gedanken zu wenig an der Erde« gewesen, konstatierte selbst der Ehemann.[6] All das deutet auf modische Allüren im geselligen Umgang, wie sie während der siebziger Jahre des 18. Jahrhunderts weit verbreitet waren. Aufs Ganze gesehen aber überwog das romantisch-märchenhafte Spiel der Feen und Geister und ließ jene kritischen Anmerkungen als Beiwerk erscheinen.

Auf einer größeren Bühne konnte dem Singspiel kaum Erfolg beschieden sein. Goethe sah das voraus und warnte, als man 1816 tatsächlich den Versuch unternahm, »Lila« im Berliner Opernhaus zu inszenieren. Es sei, schrieb er am 3. Februar dieses Jahres nach Berlin, »vor vielen Jahren aus dem Stegreife geschrieben, um von einer eben vorhandenen Gesellschaft von Liebhabern ohne große Umstände aufgeführt zu werden. Wenn es aber gegenwärtig auf einem großen Theater erscheinen und Effect machen sollte, so müßte man das Personal gleichfalls kennen und das Stück darnach umarbeiten.«[7] Der Dichter behielt recht, seine Warnung wurde nicht ernst genommen, die Aufführung ein Mißerfolg.

Am 30. Januar 1778 wartete Goethe wieder mit einem Stück auf. Es trug den Titel »Triumph der Empfindsamkeit« und wurde vom Autor als »dramatische Grille« eingestuft. Die Idee zu dieser »komischen Oper« war ihm im Herbst 1777 gekommen. Damals hielt er sich in Eisenach auf, um an der Tagung der dortigen Landstände teilzunehmen. Quartier war die Wartburg. Und von hier meldete er am 12. September nach Weimar: »Eine Tollheit hab ich erfunden, eine komische Oper die Empfindsamen, so toll und groß als möglich. Wenn Seckendorf sie komponiren will kan sie den Winter gespielt werden ...« Die Dichtung stellt einen Prinzen vor, der, in Kasten und Kisten verpackt, Requisiten mit sich führt, die überall und in jedem Raum als idyllische Naturszenerie aufgestellt werden können, wo man sich schwärmerisch seinen Gefühlen überlassen kann. Liebster Begleiter ist ihm eine Puppe, einer verehrten Fürstin ähnlich, die ihrerseits für den Prinzen schwärmt. Neugierige Verwandte spähen das Geheimnis des Gepäcks aus und entdecken durch Zufall, daß die Puppe ausgestopft ist mit Büchern wie Jean-Jaques Rousseaus »Neue Heloise«, »Die Leiden des jungen Werthers«, Johann Martin Millers »Siegwart«. (In einer Regie-Anweisung heißt es: »Es bleibt den Schauspielern überlassen, sich hier auf gute Art über ähnliche Schriften lustig zu machen.«) Die Entdeckung löst natürlich Heiterkeit aus und hilft sogleich der verblendeten Fürstin, sich ihres Irrtums, die Schwärmerei des Prinzen für echte Verehrung gehalten zu haben, bewußt zu werden. Das Ganze eine Schnurre, die den Satiren der Frankfurter Zeit vergleichbar ist und so recht geeignet erscheint, Modetorheiten und schwärmerische Überspanntheit an den Pranger zu stellen und sie – ohne aber zu verletzen – dem Gelächter preiszugeben.

Rückblickend hat Goethe bedauert, der Dichtung ein »Monodrama«, das heißt eine von einer Person getragene und musikalisch untermalte dramatische Szene, die Klage der Proserpina, eingefügt und sie dadurch in ihrer Substanz vernichtet zu haben. Gegenstand dieser Dichtung ist die Klage der sagenhaften Tochter des Jupiter und der Göttin der Fruchtbarkeit, Ceres, Proserpina, die mit Zustimmung des Vaters in die Unterwelt entführt und deren Gott, Pluto, angetraut wird und die die Möglichkeit, zur Oberwelt zurückzukehren, dadurch verspielt, daß sie von der verbotenen Frucht des Granatapfelbaumes ißt.

Bewegende, die Tantaliden-Erzählung und das »Lied der Parzen« Iphigeniens vorwegnehmende Verse klingen hier an:

Halte! halt' einmal, Unselige! Vergebens
Irrst du in diesen rauhen Wüsten hin und her!
Endlos liegen vor dir die Trauergefilde,
Und was du suchst, liegt immer hinter dir.
...
O Mädchen! Mädchen!
Die ihr, einsam nun,
Zerstreut an jenen Quellen schleicht,
Die Blumen aufles't,
Die ich, ach Entführte!
Aus meinem Schoose fallen ließ,
Ihr steht und seht mir nach, wohin ich
    verschwand!

Weggerissen haben sie mich,
Die raschen Pferde des Orkus;
Mit festen Armen
Hielt mich der unerbittliche Gott!
...
Herunter gerissen
In diese endlosen Tiefen!
Königin hier!
Königin?
Vor der nur Schatten sich neigen!

Hoffnungslos ist ihr Schmerz!
Hoffnungslos der Abgeschiedenen Glück,
Und ich wend' es nicht.
Den ernsten Gerichten
Hat das Schicksal sie übergeben;
Und unter ihnen wandl' ich umher,
Göttin! Königin!
Selbst Sklavin des Schicksals!

Das sind ergreifende Töne, frei von empfindsamer Schwärmerei, Verse und Vorstellungen assoziierend, wie sie in der »Prometheus«-Ode und in Gedichten wie »Grenzen der Menschheit« und »Das Göttliche« auch anklingen.

Die Form des »Melodrams« stand um 1770 hoch in der Gunst des Publikums. Rousseaus »Pygmalion« war das große Vorbild, jene Szene, in der ein Künstler um die Liebe der von ihm selbst geschaffenen Statue wirbt und durch seine Klagen bewirkt, daß sich der Stein belebt. Eine Vielzahl solcher Stücke ging damals über die Bühnen, eine Reihe, in die sich auch Goethes Dichtung einordnen läßt. Im Juni 1779 wurde sie als selbständiges Stück in Ettersburg aufgeführt. Als der »Triumph der Empfindsamkeit« jedoch gedruckt wurde, änderte Goethe die Komposition des Textes nicht, das heißt, die »Klage der Proserpina« wurde nicht eliminiert und bildet auch weiterhin einen unlöslichen Bestandteil dieser »Grille«, ein Element, das eine an sich wünschenswerte Aufführung der Satire immer beeinträchtigen wird.

1780, im August, erlebte die Hofgesellschaft in Ettersburg wiederum die Aufführung eines neuen Goetheschen Stückes. Es handelte sich um eine Nachdichtung der Komödie »Die Vögel« des griechischen Dramatikers Aristophanes. Auch diese Dichtung setzt die Reihe der Farcen und Satiren der Frankfurter Zeit fort.

Die Komödie des Aristophanes erzählt die Geschichte zweier Athenienser, die auswandern, weil sie die Zustände in ihrer Heimatstadt unerträglich finden. Gemeinsam mit den »Vögeln« gründen sie die Stadt »Wolkenkuckucksheim« und errichten damit die Herrschaft der Vögel über Götter und Menschen. Dabei finden sich immer wieder Gelegenheiten, Gewaltsamkeit, Unrecht und menschliche Torheit zu kritisieren beziehungsweise zu karikieren. Bei Goethe wird der Sprecher der »Vögel« repräsentiert durch den Schuhu, einen Literaturkritiker, der »den ganzen Tag« denkt, »über alles« urteilt und über alles unterrichtet ist und dem es eine »rechte Freude« ist, seinen Artgenossen, das heißt, »allen Vögeln bange zu machen«, sein Diener ist der »Leser«, »von Geschlecht« Papagei: Die Auswanderer bewegen sich – wie bei Aristophanes auch – im unwegsamen Hochgebirge; es sind leichtlebige Burschen, Schöngeister offenbar, die »eine Stadt, einen Staat« suchen, wo sie sich »besser befänden als da, wo« sie »herkommen«. »Die ganz unerträgliche Einrichtung. Bedenken Sie, wenn wir zu Hause saßen und ein Pfeifchen Tabak rauchten, oder ins Wirtshaus gingen und uns ein Gläschen alten Wein schmecken ließen, wollte uns kein Mensch für unsere Mühe bezahlen.«

Sie suchen eine »Stadt, wo es einem nicht fehlen könnte, alle Tage an eine wohlbesetzte Tafel geladen zu werden«, »eine Stadt, wo vornehme Leute die Vortheile ihres Standes mit uns Geringern zu theilen bereit wären«;[8] die Reihe der Wünsche wird noch fortgesetzt, doch der Schuhu weiß da auch keinen Rat. Die Vögel aber, offenbar die Masse der vom Schuhu malträtierten Poeten und Schriftsteller, sehen in den Neuankömmlingen weitere Feinde, die sie vernichten wollen. Doch diesen gelingt es, mit Hilfe sophistischen Schwadronierens ihren Gegnern einzureden, die Vögel seien in Wahrheit die Herren der Welt, es komme nur darauf an, mit ihrer, der Neuankömmlinge Hilfe, diese Herrschaft zu begründen. Halb Literatur – halb Gesellschaftssatire, so liest sich die spritzige Dichtung auch heute noch, auch wenn es schwerfällt, alle Anspielungen zu deuten. Diese

Goethe.
Eigenhändiger Entwurf für »Die Vögel. Nach dem Aristophanes«, 1780. [11]

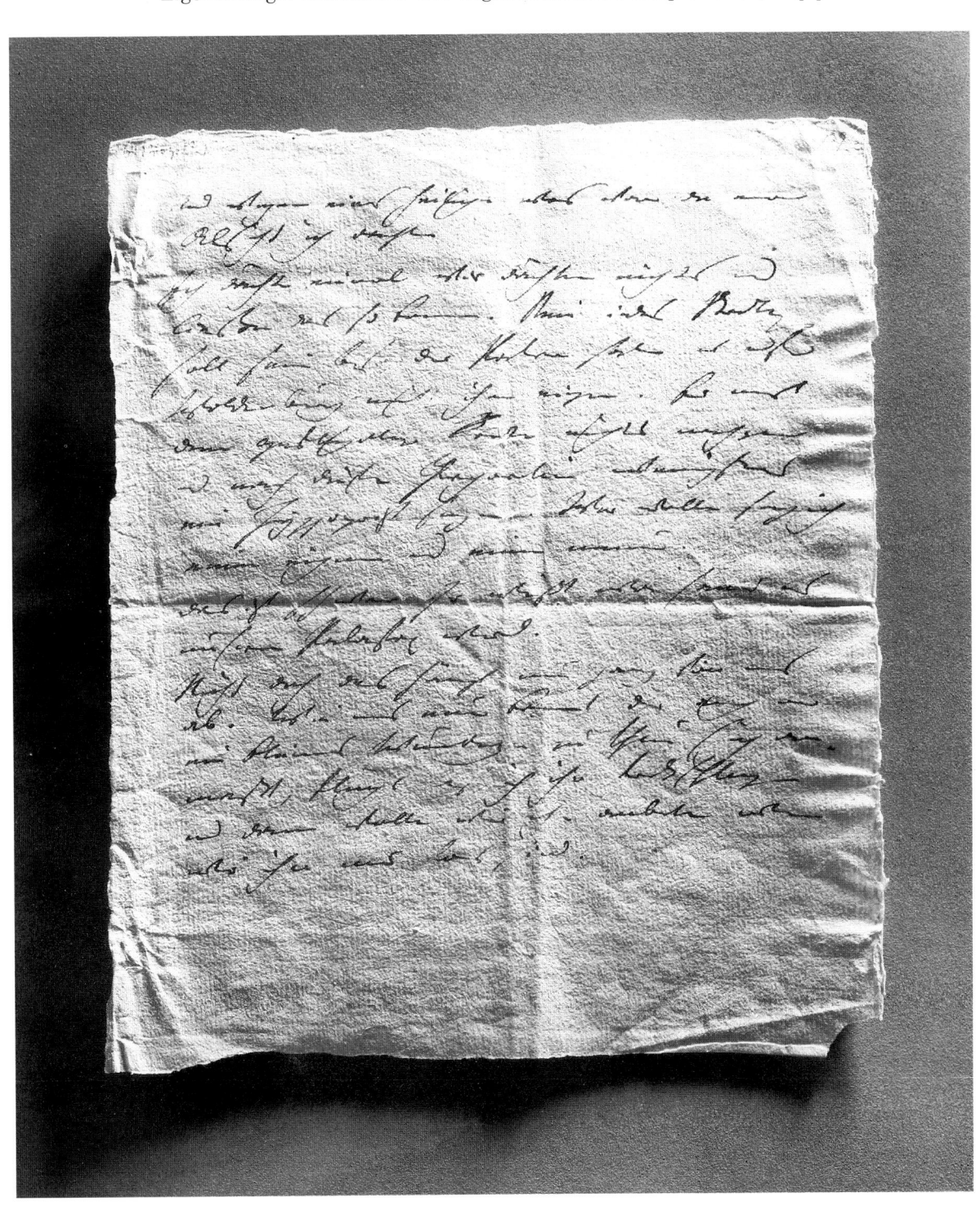

Schwierigkeit hatten offenbar schon die Zeitgenossen, fand die Komödie bei ihrer ersten Aufführung doch nur geteilte Zustimmung. Aber das will nicht viel heißen, wenn man bedenkt, daß die Zuschauer zur Hofgesellschaft gehörten und jeder einzelne die da vorgetragenen anzüglichen und spitzfindigen Redensarten durchaus auch auf sich und seinen Lebensstil beziehen konnte. Mit dieser Wirkung aber hatte Goethe Eigenart und Stil des aristophanischen Meisterwerkes genau erfaßt und nachgebildet.

Man hat dies Stück auch als einen Nachklang der Schweizer Reise, die Carl August und Goethe im Herbst 1779 unternommen hatten, gedeutet. In den Gestalten, die sich da auf dem Hochgebirge bewegen und die den Drang haben, sich aus gesellschaftlichem Herkommen zu lösen, will man den Herzog und seinen Dichterfreund und in dem Schuhu den ehemaligen Literaturpapst Johann Jakob Bodmer erkannt haben. Sicher sind solche Bezüge nicht von der Hand zu weisen; der gesellschaftskritische Tenor der Nachdichtung wird dadurch jedoch nicht modifiziert.

In einer anderen, bereits im Juli 1780 aufgeführten Bühnendichtung Goethes ist das Nachklingen der Schweizer Reiseeindrücke jedoch unüberhörbar. Gemeint ist das Singspiel »Jery und Bätely«, eine einfache, im Schweizer Hochland spielende Geschichte, in deren Verlauf ein Mädchen durch Grobheit und gespielte Zudringlichkeit eines Kuhhirten in große Bedrängnis gerät und erleben muß, wie ein anderer, sie liebender, von ihr aber immer wieder hingehaltener Bursche, der herbeieilt, ihr zu helfen, überwältigt wird und Schaden erleidet. Die Selbstlosigkeit und die das eigene Wohl nicht achtende Hilfsbereitschaft des Freundes tragen dazu bei, ihre bisher zur Schau getragene spröde Ablehnung in Mitgefühl und liebevolle Zuneigung umzuwandeln. Ein harmloses Geschehen, in dem Liebeskummer, mädchenhafte Naivität und Zurückhaltung, gepaart mit kratzbürstigem Übermut, und burschenhafte Pfiffigkeit ineinander verwoben, mancherlei Mißverständnisse bewirken, die sich erst im Ausklang harmonisch auflösen.

Man kann solch anspruchslosen poetischen Texten, die ihre Zeitgebundenheit und Gelegenheitsbezogenheit kaum verleugnen können, nicht gerecht werden, wenn man vergißt, daß sie Goethe als Opern- beziehungsweise Operettentexte verstand, die erst in ihrer Einheit von Musik und Dichterwort Geltung erlangen können. Die Möglichkeit und Notwendigkeit, eine deutsche Oper zu schaffen, bewegte die Geister seit längerem. Christoph Martin Wieland hatte gemeinsam mit dem Kapellmeister der Seylerschen Theatergesellschaft, die in den Jahren von 1771 bis 1774 in Weimar fest engagiert war, mit dem Singspiel »Alceste« das Muster einer solchen geschaffen und in seiner Zeitschrift »Teutscher Merkur« in mehreren Abhandlungen über das Singspiel theoretische Aspekte dieses Genres erörtert. Zum Verhältnis von Wort und Ton wurde damals – in enger Anlehnung an Christoph Willibald Gluck – betont, daß die Musik »für die Poesie das sein« müsse, »was die Lebhaftigkeit der Farben und eine glückliche Mischung von Schatten und Licht für eine fehlerfreie und wohlgeordnete Zeichnung sind, welche nur dazu dienen, die Figuren zu beleben, ohne die Umrisse zu zerstören«.[9] Eine solche Konzeption setzt ein einfaches und leicht überschaubares dramatisches Geschehen voraus, das der Musik reichlich Spielraum läßt, Affekte und Stimmungen auf ihre Weise zu artikulieren.

Unabhängig von solcher Diskussion war auch Goethe um die Entwicklung dieses Genres bemüht. Schon in Frankfurt hatte er mit »Erwin und Elmire« und »Claudine von Villa Bella« Singspieltexte erarbeitet und im Zusammenwirken mit dem Offenbacher Komponisten Johann André zur Aufführung gebracht. In Weimar folgten weitere Versuche, wobei deutlich wurde, daß ihm eine etwas andere Konzeption vorschwebte, als sie durch Wieland und Gluck vertreten wurde. Für Goethe war das Singspiel genaugenommen ein mit Liedern und Rezitationen angereichertes Sprechtheater. Diesem Konzept entsprechen die frühen Textfassungen der genannten Singspiele.

»Jery und Bätely« sollte für ihn jedoch der Versuch einer Weiterentwicklung dieses Genres werden, in dem ihm jetzt eine durchkomponierte Bühnenfassung des dramatischen Textes vorschwebte. So jedenfalls liest sich ein Brief an den Komponisten-Freund Philipp Christoph Kayser in

Zürich vom 20. Januar 1780, dem er das Manuskript zur Komposition überließ. »Den Charakter des Ganzen«, ist da zu lesen, »werden Sie nicht verkennen, leicht, gefällig, offen, ist das Element worinn so viele andre Leidenschaften, von der innigsten Rührung biss zum ausfahrendsten Zorn u.s.w. abwechseln. Edle Gestalten sind in die Bauernkleider gestekt und der reine einfache Adel der Natur soll in einem wahren angemessenen Ausdruk sich immer gleich bleiben ... disponiren Sie Ihre Melodien Ihre Accompagnements u.s.w. dass alles aus dem Ganzen und in das Ganze hinein arbeitet. Das Accompagnement rathe ich Ihnen sehr mässig zu halten nur in der Mässigkeit ist der Reichthum, wer seine Sache versteht thut mit zwei Violinen, Viole und Bass mehr als andre mit der ganzen Instrumentenkammer ... Recitatif brauchen Sie nach meiner Anlage gar nicht, wenn Sie an einem Orte den Gang einhalten, die Bewegung mässigen wollen, so hängt es von Ihnen ab solches durchs Tempo, allenfalls durch Paussen zu bewürken ...«

Ob auf diesem Wege wirksames Musiktheater sich arrangieren ließ, bleibe dahingestellt. Goethe hat sich mit Gedanken solcher Art noch lange beschäftigt und schließlich auch ältere Singspieltexte, wie »Erwin und Elmire«, »Claudine von Villa Bella« und »Lila«, umgearbeitet, um sie singspielgerechter zu gestalten, doch die auf diese Weise neu entstehenden Textfassungen blieben im Grunde genommen Fragmente, weil sie in der Vorstellung des Dichters erst im Zusammenklingen mit der Musik für vollendet gelten konnten. Vor die Wahl gestellt, sich für eine Fassung zu entscheiden, wird man am Ende den früheren doch den Vorzug geben.

Aufführung der »Fischerin« von Goethe in Tiefurt.
Aquarell von Georg Melchior Kraus, 1782.

Vorerst blieb es in Weimar bei der herkömmlichen Theaterpraxis. So wurde »Jery und Bätely« am 22. Juli 1780, in der gewohnten Weise mit Melodien von Sigismund von Seckendorff ausgestattet, aufgeführt.

Der letzte poetische Beitrag, den Goethe für das Weimarer Liebhabertheater leistete, war im Sommer 1781 das Singspiel »Die Fischerin«, ein heiteres Spiel um Alltagskonflikte Liebender. Die Ballade »Erlkönig« und andere der Volksliedsammlung Herders entnommene Gedichte aus dem Dänischen, Litauischen und Englischen sind hierin aufgenommen und vermitteln dem Spiel um einen vorgetäuschten Unfall einen geheimnis- und stimmungsvollen Rahmen. Vor allem aber war es der Aufführungsort, der das Spiel als phantastische Imagination erscheinen ließ: Lauf und Ufer der Ilm im Tiefurter Park. »Die Zuschauer saßen«, so schilderte der Dichter rückblickend die Aufführung, »ohne es zu vermuten, dergestalt, daß sie den ganzen schlängelnden Fluß hinunterwärts vor sich hatten. In dem gegenwärtigen Augenblick sah man erst Fackeln sich in der Nähe bewegen. Auf mehreres Rufen erschienen sie auch in der Ferne; dann loderten auf den ausspringenden Erdzungen flackernde Feuer auf, welche mit ihrem Schein und Widerschein den nächsten Gegenständen die größte Deutlichkeit gaben, indessen die entferntere Gegend rings umher in tiefer Nacht lag. Selten hat man eine schönere Wirkung gesehen.«[10]

Das Liebhabertheater bestand auch weiterhin, doch Goethe zog sich allmählich zurück. Gewiß war nicht Überdruß die Ursache, eher schon die Einsicht in das begrenzte Vermögen dieses Laientheaters. Für ihn stellte sich die Aufführung der »Iphigenie« im April 1779 als ein Höhepunkt dar. Damals soll er davon geträumt haben, weitere Tragödien zu gestalten; an »Egmont« wurde gedacht, vielleicht auch schon an »Tasso«. Im Ansatz steckengebliebene Tragödienentwürfe zeugen von der Ernsthaftigkeit dieses Vorsatzes. Aber einmal ließen sich Sujets wie »Egmont« und »Tasso« in kurzer Zeit nicht zwingen, und selbst wenn dies möglich gewesen wäre, stellt sich die Frage, ob eine Liebhaberbühne mit solch umfassenden dramatischen Dichtungen nicht doch überfordert gewesen wäre. Poetischer Anspruch und die Möglichkeiten geselliger Unterhaltung stimmten offensichtlich nicht mehr überein.

Da es seit Ende 1783 in Weimar wieder eine feste Schauspieltruppe gab, die dreimal in der Woche agierte, hörte das Liebhabertheater praktisch auf zu existieren.

Doch Goethe war nicht nur Akteur und Autor des Liebhabertheaters. Frühzeitig schon fiel ihm die Ausgestaltung von Hoffestlichkeiten zu, und böse Zungen sprachen bald von ihm als dem »Directeur des plaisirs«[11] des weimarischen Hofes.

Prometheus als maître des plaisirs eines Fürstenhofes? Das ist nicht der Titel eines Satirspiels, sondern eine Frage, die sich unwillkürlich aufdrängt, wenn man sich die Texte der »Maskenzüge« vergegenwärtigt, die Goethe seit 1808 veröffentlichte, und sich gleichzeitig des rebellischen Gestus des Sturm- und Drang-Dichters Goethe erinnert. Was war da vor sich gegangen? War so plötzliche Metamorphose überhaupt denkbar?

Wenn man jedoch davon ausgeht, daß Goethes Engagement in Weimar bestimmt wurde durch die – gewiß illusionäre – Vorstellung, er könne grundlegende, dem aufstrebenden Bürgertum dienende Reformen in der politischen Praxis durchsetzen, dann muß auch einkalkuliert werden, daß er sich der Tatsache wohl bewußt war, daß solche Absichten nicht zu realisieren waren, ohne im eigentlichen Machtzentrum, der engsten Umgebung des Herzogs, das heißt am Hofe, Fuß zu fassen und Einfluß auszuüben. Wie aber wäre das zu erreichen gewesen, ohne sich in das höfische Leben einzumischen, ohne dort allmählich zum Primus inter pares zu avancieren? So etwa läßt sich Goethes schon sehr früh zu beobachtendes Eintauchen in die Hofgeselligkeit erklären. Gewiß war da nicht immer und in jedem einzelnen Fall dieses politische Anliegen ausschlaggebend. Sicher hat auch das gesellige Treiben an sich den temperamentvollen jungen Mann angezogen und sein Talent herausgefordert. Oft genug aber bewegte ihn auch Unmut über die »Narren Rolle«, die er da übernommen hatte, und sehnsüchtig wünschte er sich dann, »zu den Wohnungen der Weisheit und Güte zurückkehren«[12] zu können. Schwer zu entscheiden, was da am Ende dominierte, der politische Wille des Dichters oder kluge Anpassung.

Die bereitwillige Einordnung ins Hofreglement in späterer Zeit war frei von solchen Widersprüchen. Die optimistischen Träume seines Weimarer Anfangs, die Hoffnung, politisch-gesellschaftliche Realität im Alleingang verändern zu können, waren längst verflogen. Der Dichter, Wissenschaftler und Philosoph mußte andere Wege beschreiten, wollte er wirksam werden, mußte sich ganz der Kraft des Wortes anvertrauen, um Denken und Fühlen seiner Zeitgenossen oder auch künftiger Generationen mit zu bestimmen. Um darin nicht beeinträchtigt zu werden, ordnete er sich den realen gesellschaftlichen Gegebenheiten seiner Zeit und seiner Umgebung widerspruchslos unter. Nicht begeistert zwar, aber die Verpflichtungen seiner äußeren Stellung akzeptierend, nahm er auch weiterhin am Hofleben teil und steuerte eigene Beiträge bei, wenn er dazu aufgefordert, erteilte auch bereitwillig Rat und gewährte Hilfe, wenn er darum gebeten wurde. Unter solchen Voraussetzungen arrangierte er auch nach 1800 noch Hoffeste und stattete sie poetisch aus, wobei für ihn das Entstehen solcher Auftragsdichtungen »immer etwas Peinliches, ja Ängstliches mit sich«[13] brachte. Ein »Festzug dichterische Landes-Erzeugnisse, darauf aber Künste und Wissenschaften vorführend«, entstand im Herbst 1818, ist die letzte Dichtung dieser Art.

Gehörte das Rollenspiel eo ipso zum Wesen höfischer Existenz, glich das tägliche Leben bei Hofe praktisch immer einer nach festen Spielregeln sich ereignenden Aufführung, so waren die Hoffeste, die sich nach einer ganz bestimmten Regie vollzogen, bei der jeder einzelne die ihm zugedachte Rolle zu übernehmen hatte, eine bewußte Selbstdarstellung der Hofgesellschaft, ein Spiegel höfischen Alltags, mit dessen Hilfe das tägliche Rollenverhalten gewissermaßen trainiert wurde, während die Beteiligten doch zugleich glauben konnten, diesem Alltag enthoben zu sein und eine ideale Gemeinschaft, eine Gemeinde sich Freuender, zu bilden. Goethe kannte diese Funktion höfischer Feste recht gut, schon ehe er nach Weimar kam. In der ersten Fassung von »Claudine von Villa Bella« findet sich folgende Passage: »Ein feierlicher

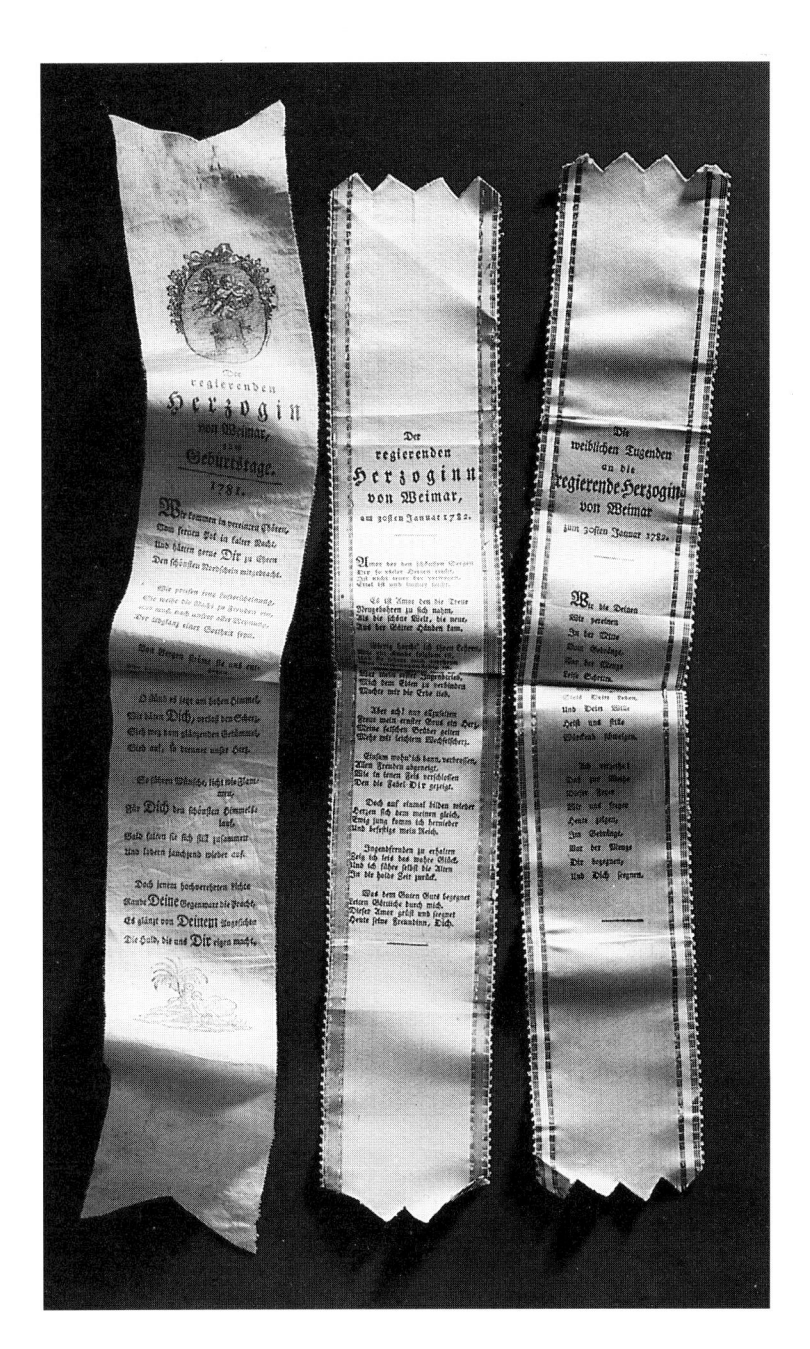

Goethe. Gedichte auf den Geburtstag der Herzogin Luise, 30. Januar 1781 und 1782.
Die Bänder wurden während der Maskenzüge von den Darstellern (Ein Zug Lappländer, Amor, Die weiblichen Tugenden) überreicht. Druck auf farbigen Seidenbändern.

Aufzug von geputzten Leuten; ein Zusammenlauf des Volks; gejauchzt, die Glocken geläutet; gejauchzt und geschossen drein: es geht einem das Herz doch immer dabei auf, und ich verdenk's den Leuten nicht, wenn sie dadurch glauben die Heiligen zu verehren, und Gott selbst zu verherrlichen.«[14] Und 1781 charakterisierte er Lavater gegenüber sein Mitwirken bei höfischen Festen mit folgenden Worten: »Ich tracktire diese Sachen als Künstler ... Wie du die Feste der Gottseeligkeit ausschmückst so schmück ich die Aufzüge der Thorheit. Es ist billich daß beyde Damen ihre Hofpoeten haben.«[15] Ein gewagter Vergleich, der einen gläubigen Christen eigentlich hätte empören müssen.

Weimar bildete in der Tradition solcher Festlichkeiten keine Ausnahme. Auch wenn häufig Vertreter des gehobenen Weimarer Bürgertums zu Redouten und Hoffestlichkeiten zugelassen waren, dominierend blieb doch immer der Charakter des Hoffestes. Goethe war sich dessen wohl stets bewußt.

Einige der unter solchen Voraussetzungen entstandenen Dichtungen verdienen auch heute noch Beachtung. Da wurde zur Karnevalszeit 1781 ein Maskenzug arrangiert, den der Dichter selbst, kostümiert als Schlaf, mit Charlotte von Stein, die die Nacht vorstellte, sowie mit mehreren als gute und schlechte Träume sich vorstellenden Masken anführte. Dieser Gruppe gesellt sich der Winter zu, dargestellt von Karl Ludwig von Knebel, der meint, daß ihm eigentlich der Ruhm gebühre, Nacht, Schlaf und Träume vereint zu haben:

Ich nur, ich weiß euch zu verbinden,
Deß bin ich mir bewußt.
Vor meinen Stürmen fliehet ihr
Und suchet eures Gleichen;
Und darin muß der Sommer mir
Mit seiner Schönheit weichen.

Und dann folgen die geselligen Freuden des Winters, Masken, die das Spiel, den Wein, die Liebe, die Tragödie, die Komödie, den Karneval darstellen, denen Spanier und Spanierin sowie typische Lustspielgestalten der französischen und der italienischen Bühne wie Scapin und Scapine, Pierrot und Pierrotte und Tabaros (auf der italienischen Bühne das Gegenstück zur Charaktermaske) folgen. Den Beschluß schließlich bildet eine Allegorie, das Studium darstellend, das es sich angelegen sein läßt, den Maskenzug sogar schriftlich zu erklären:

Mein Fleiß ist immer etwas nütz,
Auch hier ist er's geblieben:
Ich hab' euch allen unsern Witz
Verständlich aufgeschrieben.[16]

Dem Wesen des Maskenzuges entspricht es, daß entweder ein Herold die einzelnen Kostümgruppen vorstellt, oder diese sich selbst charakterisieren, mitunter aber auch nur pantomimisch sich präsentieren und den erläuternden Text erst im Nachhinein verteilen. Die Regie solcher Aufzüge muß unaufdringlich sein, sie darf nicht reglementieren und muß gewährleisten, daß alles Spiel bleibt. Der Autor und Arrangeur solcher Aufzüge muß das Talent des Dichters mit dem des Regisseurs und des Darstellers in sich vereinigen. Goethe war ein ausgezeichneter Arrangeur derartiger Festlichkeiten.

Maskenzugtexte wollen im Ganzen solcher Arrangements begriffen sein; ausschließlich als Text, als Poesie für sich betrachtet, müssen sie fragmentarisch, unvollständig, wohl auch plakativ und vordergründig wirken; nicht zufällig werden sie von der Literaturwissenschaft meist geringschätzig abgetan. Das gilt auch für den Text des hier als Beispiel angeführten Maskenzugs »Aufzug des Winters«, dessen Gesamtstruktur sich als poetische Laune darbietet, während der Text – für sich genommen – den Eindruck einer Sammlung versifizierter Bilderläuterungen ohne Bilder erweckt. Als Selbstdarstellung zweckfreier Poesie üben Arrangements und Dichtung dennoch eine Geselligkeit stiftende, Geist, Charme und Witz (im ursprünglichen Sinne) fördernde und ausstrahlende Wirkung aus, für die die Worte des Knaben Lenker (Faust II, Vers 5573 ff.) gelten können:

Bin die Verschwendung, bin die Poesie;
Bin der Poet, der sich vollendet
Wenn er sein eigenst Gut verschwendet
Auch ich bin unermeßlich reich
Und schätze mich dem Plutus gleich,
Beleb' und schmück' ihm Tanz und Schmaus,
Das was ihm fehlt das theil' ich aus.

Nicht alle Verse, die in solchem Zusammenhang entstanden, können als »poetisches Kunstgewerbe« abgetan werden. Mitunter begegnen Aussagen, die über den unmittelbaren Anlaß hinausweisen und an gewichtige gleichzeitige Äußerungen des Dichters erinnern. Aus Anlaß der Geburt eines Erbprinzen organisierte Goethe zum 30. Januar 1784 zum Beispiel einen Maskenzug, der die Planeten, die Herzogin beglückwünschend, vereinigt. Huldigung und Ehrerbietung vor allem bestimmen den Tenor der Verse. Doch da erklingen auch andere Töne. Jeder Stern kündigt seine Eigenart an, charakterisiert sich selbst, jeder begreift sich als für sich bestehende Einheit, zusammen aber bilden sie ein nach immanenten Regeln sich erhaltendes System. Da ist nicht vom »Vater überm Sternenzelt« die Rede, nicht vom Schöpfer, der jedem Gestirn seine Bahn vorgezeichnet hat. Die Erde begreift sich als Schöpfer und Erhalter des Lebens:

Mich schmückt ein tausendfaches Leben,
Das nur von mir das Leben nimmt;
Nur ich kann allen alles geben:
Genießet was ich euch bestimmt!

Die Sonne erhebt Einspruch gegen solchen Ausschließlichkeitsanspruch:

Von mir kommt Leben und Gewalt,
Gedeihen, Wohlthun, Macht;
Und würd' ich finster, ruhig, kalt,
Stürzt alles in die Nacht.[17]

Zur gleichen Zeit, da diese Verse entworfen wurden, im Januar 1784, entstand auch jene berühmte Aufzeichnung über den Granit, die ebenso wie diese Verse von der Leben und Wachstum schaffenden Kraft der Erde sprechen. »Schon fängt das Moos zuerst sich zu erzeugen an, schon bewegen sich seltener die schaaligen Bewohner des Meeres, es senkt sich das Wasser, die höhern Berge werden grün, es fängt alles an, von Leben zu wimmeln.«[18] Die Korrespondenz dieser Passage mit dem Text für den Maskenzug ist unübersehbar.

In der Regel knüpften Goethes Maskenzugtexte an geläufige Themen des täglichen Gesprächs an, entwickeln, von ihnen ausgehend, eine sinnbildende Masken- beziehungsweise Kostümfolge und erläutern sie. So trat zur Feier des Geburtstages der Herzogin Luise am 30. Januar 1781 ein Zug Lappländer auf, der, damals in Weimar weitläufig erörterte Literatur über das Wesen des Nordlichts apostrophierend, jene Naturerscheinung als Folie für die der Herzogin dargebrachte Ehrerbietung wählte. Ein andermal regte die durch Montesquieu, Herder, Lessing und andere ins Gespräch gebrachte These von der Analogie der individuellen Lebensphasen, Kindheit, Jugend, Mannesjahre und Alter, mit den Weltaltern der Menschheitsgeschichte zu einem Aufzug der vier Weltalter an.

Im frühen 19. Jahrhundert bildete die aktuelle Literaturdiskussion die Voraussetzung zu einem Maskenzug unter dem Titel »Die Romantische Poesie«, in dessen Verlauf von einem Herold typische Motive, Gestalten und Repräsentanten mittelalterlicher Literatur und mittelalterlichen Lebens vorgestellt werden. Der letzte Maskenzug schließlich, aus Anlaß des Aufenthaltes der Mutter Zar Alexander I. und der weimarischen Erbgroßherzogin Maria Pawlowna in Weimar von Goethe gestaltet, stellt eine Art Literaturgeschichte Weimars dar. Eingeleitet durch einen Prolog treten, angeführt von einer die Ilm repräsentierenden allegorischen Gestalt, die mit wenigen Versen die einzelnen Dichter charakterisiert, poetische Gestalten aus Werken Wielands, Herders, Goethes und Schillers auf. Da begegnen Musarion, Oberon, Terpsichore, Adrastea, der Cid, Mahomet, Götz von Berlichingen, Faust und Mephisto, die Braut von Messina, Tell, Wallenstein und Demetrius, während ein Epilog mit Hinweisen auf die Bemühungen in Weimar auf die anderen Künste und die Wissenschaft den Reigen beschließt.

Während Goethes erstem Weimarer Jahrzehnt wurden mitunter auch spontan Maskeraden veranstaltet. So begrüßte der Dichter einmal, es war vermutlich 1780, als Bauer verkleidet den Herzog mit seinem Jagdgefolge beim Eintritt in ein Herrenhaus mit folgenden Versen und überreichte sie, als Bittschrift gewissermaßen:

Durchlauchtigster! Es nahet sich
Ein Bäuerlein demütiglich,
Da Ihr mit Euerm Roß und Heer
Zum Schlosse tut stolzieren sehr.
Gebt auch mir einen gnädgen Blick!
Das ist schon Untertanen-Glück;
Denn Haus und Hof und Freud' und Leid
Hab' ich schon seit geraumer Zeit.
Haben Euch sofern auch lieb und gern,
Wie man eben lieb hat seinen Herrn,
Den man wie unsern Herrgott nennt
Und ihn auch meistens nicht besser kennt.

Geb' Euch Gott allen guten Segen,
Nur laßt Euch uns sein angelegen;
Denn wir bäurisch treues Blut
Sind doch immer Euer bestes Gut,
Und könnt Euch mehr an uns erfreun
Als am Park und an Stutereien.
Dies reich' ich Euch im fremden Land,
Bliebe auch übrigens gern unbekannt.
Zieht ein und nehmet Speis' und Kraft
Im Zauberschloß in der Nachbarschaft,
Wo eine gute Fee regiert,
Die einen goldnen Szepter führt
Und um sich eine kleine Welt
Mit holdem Blick beisammenhält.[19]

Soziales Anliegen und erzieherische Tendenz sind unüberhörbar. Hier ging es nicht um Belustigung, auch nicht um Unterhaltung schlechthin; die Maskerade bot dem Dichter, der ja selbst zur Jagdgesellschaft gehörte, die Möglichkeit, zum Nachdenken über die Diskrepanz zwischen fürstlichem Vergnügen und landesherrlichen Pflichten anzuregen. Ob mit Erfolg?

Eine ganz anders geartete Maskerade veranstaltete der Dichter anläßlich des Weihnachtsfestes 1781. Herzogin Anna Amalia habe, so berichtet Goethe, in jedem Jahr Freunden und Bediensteten ein Christgeschenk bereitet. Als Dank dafür hätten ihr die Freunde »in einem Scherzbilde« »die deutsche Literatur der nächstvergangenen Jahre« dargeboten. Nach Goethes Ideen habe Georg Melchior Kraus ein Bild entworfen, dessen »seltsame Gestalten« seine Verse »einigermaßen erklären« sollten. »Dieses Bild war auf einem vergüldeten Gestell eingerahmt und verdeckt, und als nun jedermann sich über die empfangenen Gaben genugsam erfreut hatte«, trat Goethe, maskiert als »Marktschreier von Plundersweilern ... begleitet von der lustigen Person, herein ... und nach Enthüllung und Beleuchtung des Bildes recitierte er

Das Neueste aus Plundersweilern.
Aquarell von Georg Melchior Kraus nach einem Entwurf von Goethe, 1780.

das Gedicht [Das Neueste von Plundersweilern], dessen einzelne Gegenstände der Begleiter ... mit der Pritsche bezeichnete.«[20]

Die Anspielung auf die Farce »Das Jahrmarktsfest zu Plundersweilern« war nicht zufällig gewählt. Das in erster Fassung bereits in Frankfurt entstandene Spiel war unter reger Anteilnahme Anna Amalias 1778 für das Weimarer Liebhabertheater völlig neu bearbeitet worden. Daran zu erinnern, war das Anliegen der im Stile des Bänkelsangs gehaltenen, die moderne zeitgenössische Literaturszenerie persiflierenden Verse. Da werden die Lesewut der Zeit, die unkritisch Gutes wie Minderwertiges gleichzeitig verschlingen läßt, gesellschaftliche Heuchelei, das devote Gebaren der Autoren ihren Verlegern gegenüber, die Selbstherrlichkeit der Literaturkritik und anderes mehr vorgeführt wie auch einzelne Werke verspottet, wie zum Beispiel Goethes »Werther«:

Unter dem Leichnam auf seinem Rücken
Seht ihr einen jungen Herrn sich drücken,
Ein Schießgewehr in seiner Hand:
So trug er seinen Freund durch's Land,
Erzählt den traurigen Lebenslauf
Und fordert jeden zum Mitleid auf.
Kaum hält er sich auf seinen Füßen,
Die Thränen ihm von den Wangen fließen,
Beschreibt gar rührend des Armen Noth,
Verzweiflung und erbärmlichen Tod;
Wie er ihn endlich aufgerafft:
Das alles ein wenig studentenhaft.
Da fing's entsetzlich an zu rumoren
Unter Klugen, Weisen und unter Thoren:
Drum wünscht er weit davon zu sein.

Im hohen Alter hat Goethe in den Szenen des Karnevals im ersten Akt des zweiten »Faust«-Teils ein poetisches Bild höfischer Geselligkeit, wie er sie selbst erlebt hat, entworfen, ja, man gewinnt leicht den Eindruck, daß er damit seine ganz persönliche Situation um 1776 nachgezeichnet hat. Wie er selbst es einst versucht hatte, mischt sich auch Faust, maskiert als Pluto, in das höfische Treiben und weiß, die geheimen Wünsche und Sehnsüchte der Gesellschaft, deren Gier nach Reichtum und Wohlleben, erratend und Erfüllung vortäuschend, den Kaiser, im Spiel gewissermaßen, zu folgenreichen politischen Entscheidungen, das heißt zur Unterzeichnung des Dekrets über den Einsatz von Papiergeld, zu bewegen. Auch die folgenden Szenen am Kaiserhof, vor allem das Arrangement der Geistererscheinung von Helena und Paris sowie deren Folgen für Faust erinnern an eigenes Erleben des Dichters am Weimarer Hof. War sein Bemühen um das Liebhabertheater nicht auch eine fortgesetzte Beschwörung des Schönen zum Zwecke höfischer Unterhaltung gewesen, und glich die Reaktion seines Publikums nicht unter Umständen auch dem Verhalten der Hofgesellschaft im Spiel? Und sollte ihm, dem Dichter, solches Tun nicht schließlich doch als Widerspruch zu den Idealen des wirklichen Künstlers, als ein Verrat am Ethos des Poeten erschienen sein? Gewiß spielten da viele Faktoren eine Rolle, kurz vor dem Aufbruch nach Italien jedenfalls dürfte die geistig-seelische Verfassung des Dichters der Fausts nach der Erscheinung von Helena vergleichbar gewesen sein.

Sicher geht es nicht an, poetisches Bild und persönliches Erleben so direkt aufeinander zu beziehen. Poesie erweist sich stets als eigene, mit erlebter Realität nicht ohne weiteres vergleichbare Wirklichkeit. Als ein erster Schritt zum Verständnis von Poesie vermögen Hinweise auf die Analogie von Wirklichkeit und Poesie dennoch Hilfe zu leisten und zugleich den möglichen Zusammenhang von Weimar-Erfahrungen und klassischer Poesie bewußt zu machen.

Seite 236: Das Tafelrundenzimmer im Wittumspalais.

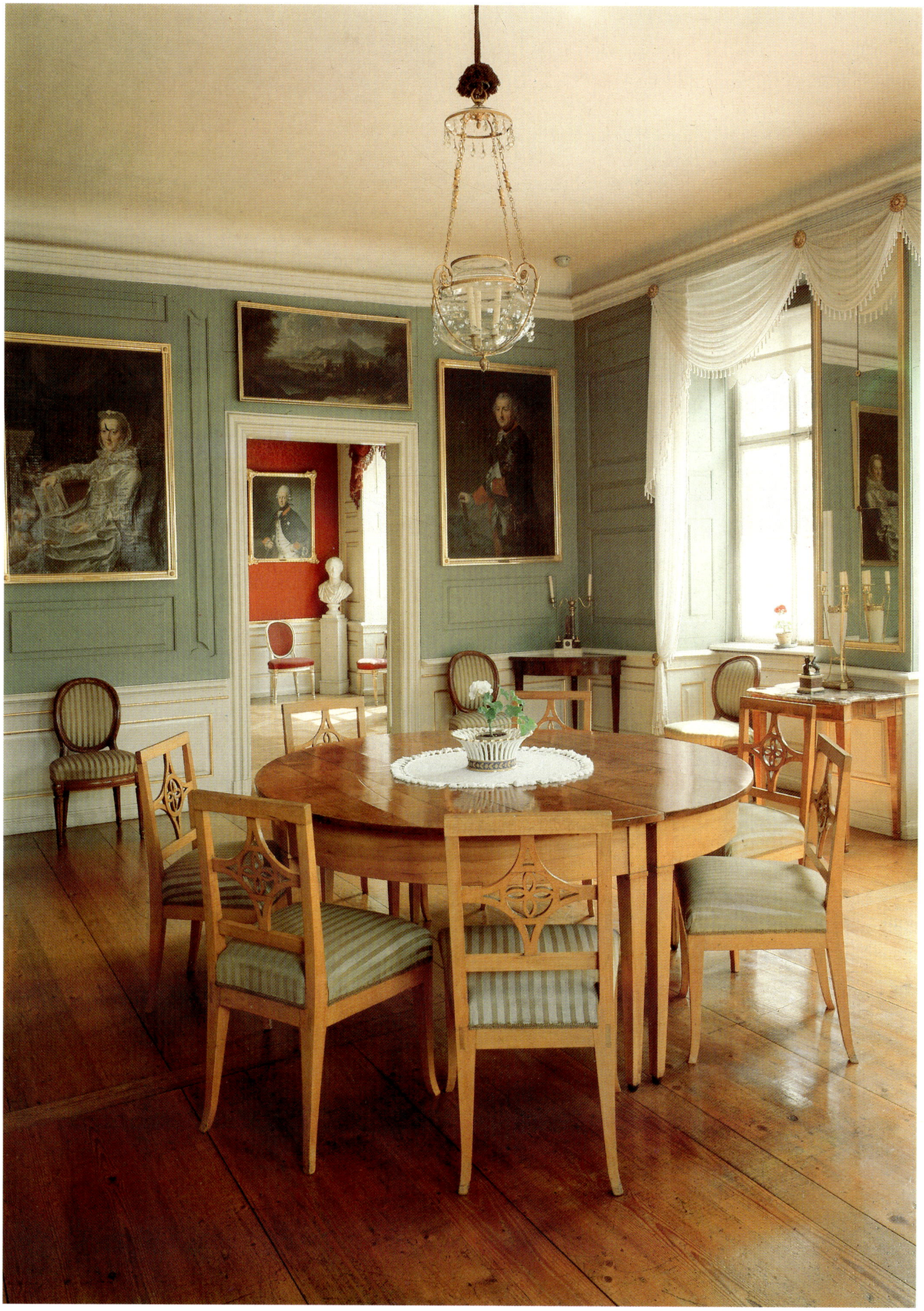

GESELLIGKEIT

»Was wäre ich denn, wenn ich nicht immer mit klugen Leuten umgegangen wäre und von ihnen gelernt hätte? Nichts aus Büchern, sondern durch lebendigen Ideenaustausch, durch heitere Geselligkeit müßt ihr lernen.«[1] Diesen Rat gab der neunundsechzigjährige Goethe Julie von Egloffstein, und nach diesem Grundsatz handelte er. Natürlich nahm dieser »lebendige Ideenaustausch« in den verschiedenen Altersstufen stets neue Formen an. Doch ebenso notwendig wie er geistige Kontakte pflegte, brauchte er auch das Alleinsein, die Einsamkeit, die Ruhe, »denn dabei bleibt es nun einmal: daß ich ohne absolute Einsamkeit nicht das mindeste hervorbringen kann«[2]. Dieses Spannungsfeld von lebendigem Ideenaustausch und schöpferischer Ruhe bildete die Atmosphäre, die Goethe befähigte, sein Lebenswerk zu vollenden.

Die Ankunft des weithin bekannten Dichters war für den Weimarer Hof ein Ereignis, einen für Kunst und Literatur aufgeschlossenen Hof, denn Herzogin Anna Amalia hatte schon während ihrer Regierungszeit für die Pflege der schönen Künste Sorge getragen. Konzertveranstaltungen, Redouten und Theatervorstellungen waren seit längerem Selbstverständlichkeiten. Die durch Goethes Eintritt in Weimar geweckten Erwartungen gingen in Erfüllung.

Das Kulturleben nahm einen ersten sichtbaren Aufschwung, als im Winter 1775/76 unter Goethes Anteilnahme mehrere neue Stücke auf die Liebhaberbühne gebracht wurden, in denen der Dichter selbst als Schauspieler mitwirkte. Ein Liebhabertheater existierte in Weimar seit dem Herbst 1775, und durch Goethes Mitwirkung erlangte es eine weder vorher noch später erreichte Höhe. Das Repertoire wurde durch Hereinnahme von Stücken der Weltliteratur anspruchsvoll verbreitert, zum Beispiel mit Molières »Geizhälsen«, Goldonis »La locandiera«, Lessings »Minna von Barnhelm«, Voltaires »Wanine« und Gozzis »Glücklichen Bettlern«. Daneben enthielt das Repertoire natürlich auch zahlreiche zeitgenössische Singspiele und Komödien, vor allem aber Bühnendichtungen Goethes. So steuerte er Dichtungen bei wie »Erwin und Elmire«, »Die Geschwister«, »Die Mitschuldigen«, »Lila«, »Der Triumph der Empfindsamkeit«, »Das Jahrmarktsfest zu Plundersweilern«, »Jery und Bätely«, die Nachdichtung von Aristophanes' »Die Vögel«, »Das Neueste von Plundersweilern«, »Die Fischerin«, »Paläophron und Neoterpe« und vor allem »Iphigenie auf Tauris« (Prosafassung).

Die Musik zu Goethes Singspielen komponierten Sigismund von Seckendorff und Anna Amalia. Die Bearbeitung der Stücke, mitunter auch deren Umdichtung, besorgte außer Goethe selbst vor allem Friedrich Hildebrand von Einsiedel, in der Hofgesellschaft allgemein »Ami« genannt. Er war der Sohn einer verarmten Adelsfamilie aus Ostthüringen. Nach juristischen Studien in Jena hatte er als Kammerherr Anna Amalias Hofdienste aufgenommen; 1815 fand er als Präsident des Oberappellationsgerichts in Jena ein Unterkommen. Literarisch außerordentlich produktiv, war ihm über Weimar hinausgehende Ausstrahlung dennoch nicht beschieden. Sein persönliches Leben wurde durch ständige Geldverlegenheiten überschattet, eine Folge seiner Leidenschaft für das Glücksspiel. Im Alter verband ihn eine herzliche Freundschaft mit Corona Schröter; auch Goethe erhielt gute Beziehungen zu dem Freund der frühen Weimarer Zeit aufrecht.

Da es seit dem Schloßbrand in Weimar keine feste Spielstätte gab, wich man zum Theaterspielen in die Sommerschlösser Ettersburg und Tiefurt aus; in der Stadt stand dafür das Redoutenhaus an der Esplanade zur Verfügung. Da dieses Haus auch anderen Zwecken diente, mußte vor jeder Theatervorstellung die Bühne »zurecht gemacht« werden, was bedeutete, sie auf- und nach der Vorstellung wieder abzubauen. Weniger aufwendig waren Theateraufführungen im Saal des Schlosses Ettersburg, wo eine kleine Alkovenbühne fest eingebaut wurde. Die reizvolle landschaftliche Umgebung von Ettersburg und Tiefurt veranlaßte das Liebhaberensemble im Sommer gelegentlich auch zu Auftritten in der freien Natur. So fand am 1. September 1780 im »Klosterholz« des Ettersburger Parks eine Abendvorstellung mit Fackelbeleuchtung von Friedrich Hildebrand von Einsiedels »Adolar und Hilaria« statt, und im Tiefurter Park kam es an einem Sommerabend des Jahres 1782 zur Ur-

aufführung des Singspiels »Die Fischerin«, dessen Erfolg in erster Linie der eindrucksvollen Naturstimmung und den prachtvollen Illuminationen zu danken war. In der Hauptrolle trat die einzige professionelle Schauspielerin der Liebhaberbühne, Corona Schröter, auf.

Dem Ensemble gehörten ferner an: Karl Ludwig von Knebel, mit dem Goethe lebenslang freundschaftliche Beziehungen unterhielt, Friedrich Hildebrand von Einsiedel und Sigismund von Seckendorff, der ja seit 1776 einer der entschiedensten Kritiker des Weimarer Hofes war. Es zählten auch zu den Darstellern der durch seine Märchendichtungen bekannt gewordene Pagenhofmeister, Johann Karl August Musäus, ferner Friedrich Justin

Aufführung des Schauspiels »Adolar und Hilaria oder Die Zigeuner«
von Friedrich Hildebrand von Einsiedel in Ettersburg. Ölgemälde von Georg Melchior Kraus, 1780.

1. Hofrath H. Meyer. 2. Frau v. Fritsch geb. v. Wolffskeel. 3. G.R. v. Goethe. 4. G.R. v. Einsiedel. 5. Herzogin Anna Amalia. 6. Frl. Elise Gore. 7. Charles Gore.
8. Frl. Emilie Gore. 9. Frl. v. Goechhausen. 10. Praes. v. Herder.

Die »Tafelrunde«. Geselliges Beisammensein bei der Herzogin Anna Amalia im Wittumspalais.
Aquarell von Georg Melchior Kraus, um 1795.

Bertuch, der Übersetzer des »Don Quichote«, Schatullverwalter Carl Augusts und späterer kapitalistischer Unternehmer, Hoftanzmeister Johann Adam Aulhorn, Oberkonsistorialsekretär Heinrich Friedrich Wilhelm Seidler, der Maler Georg Melchior Kraus sowie die etwas verwachsene Hofdame Anna Amalias, Luise Ernestine Christiane Juliane von Goechhausen. Gelegentlich traten auch Carl August, sein Bruder Constantin und Anna Amalia auf. Einmal wirkte selbst Konrad Ekhof mit. Goethe war in mehr als zwanzig Rollen als Schauspieler und Pantomime zu sehen.

Die Weimarer Liebhaberbühne stellte an alle Mitwirkenden hohe Anforderungen. Regie führte in der Regel Goethe, wobei es ihm weniger um die schauspielerische Einzelleistung, als um die Wirkung des Ensembles, um das harmonische Zusammenspiel aller Beteiligten ging. Das bedeutete intensives Rollenstudium für jeden Teilnehmer und eine gründliche Probenarbeit. Daraus folgte schließlich auch ansprechende Geselligkeit. Die Einstudierung wurde in der Regel, und das war in der damaligen Theaterpraxis noch ungewöhnlich, mit Leseproben eingeleitet. Diese fanden in der Wohnung eines der Ensemblemitglieder statt und endeten oft im gemütlichen Plausch bei Kaffee oder Tee. In Vorbereitung des »Jahrmarktsfestes zu Plundersweilern« und »Le médicin malgré lui«

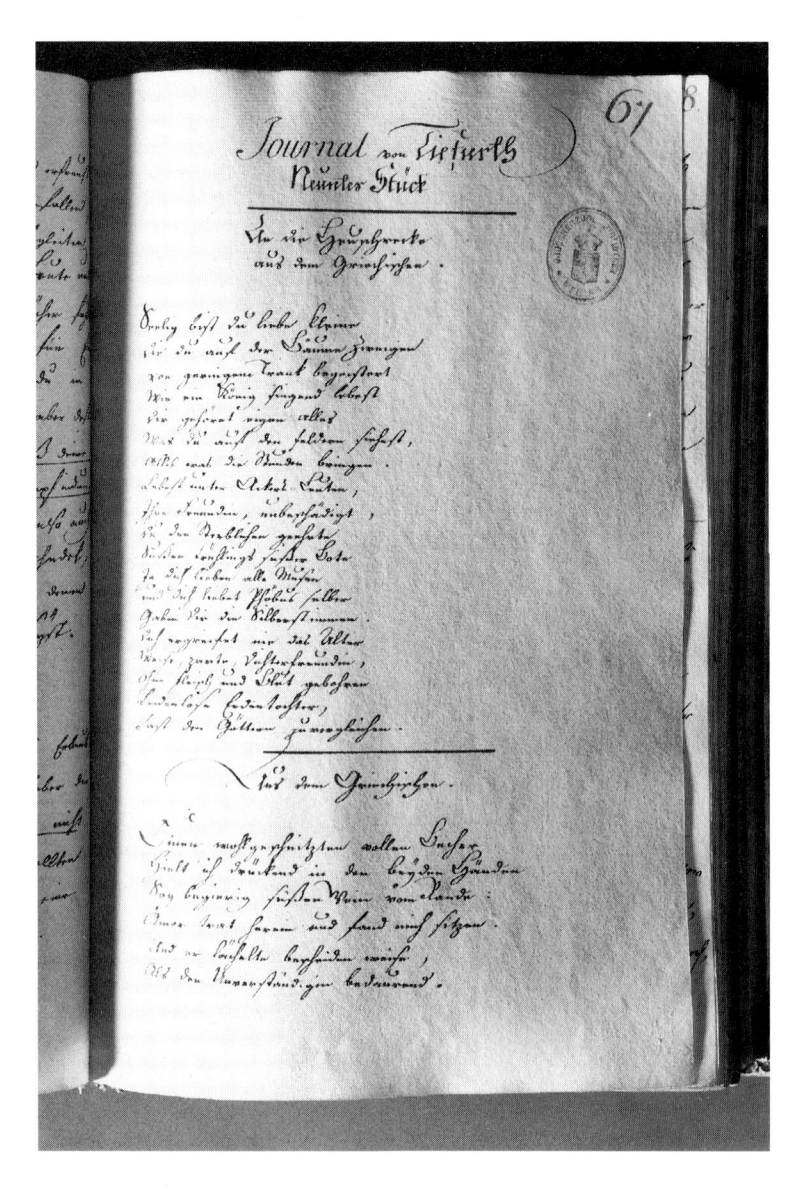

Journal von Tiefurt, Neuntes Stück.
Goethes Gedichte »An die Heuschrecke aus dem Griechischen«
und »Aus dem Griechischen«, Spätherbst 1781. [12]

gab es im Wittumspalais, wie sich Musäus erinnert, ein »herrliches Soupé ... und nachher ein Ball, der bis 3 Uhr dauerte«[3]. Für die Aufführung der »Fischerin« probte Goethe mit der Schröter, Aulhorn und Seidler in seinem Garten am Stern.

Neben dem Liebhabertheater bildeten die geselligen Zirkel bei Anna Amalia einen besonderen Anziehungspunkt. Ihre berühmte, Jahre später von Georg Melchior Kraus im Bild festgehaltene Tafelrunde vereinigte regelmäßig einen Kreis gebildeter Frauen und Männer, darunter Mitglieder des Liebhabertheaters, aber auch Christoph Martin Wieland, Johann Gottfried Herder, dazu später den Engländer Charles Gore mit seinen Töchtern Elise, Emilie und Hanna. Weltgeschichte, Reisen, Naturwissenschaftliches, Sprachgeschichte und andere Wissensgebiete, vor allem aber Poesie und Musik, bildeten den Inhalt der Gespräche, bei denen sich jeder einzelne zwanglos auch für sich beschäftigen konnte; die Damen befaßten sich zum Beispiel mit Handarbeiten, während Goethe häufig zeichnete.

Anna Amalia war es auch, die ihren Sohn Constantin bewog, die Gesellschaft während der Sommermonate häufig nach Tiefurt einzuladen. 1783, nach Constantins Weggang, beanspruchte sie das Schlößchen als Sommersitz für sich und war nun auch dort Gastgeberin. Hier traf man sich in freier Natur, pflegte geistreiche Unterhaltung wie im Wittumspalais, promenierte im Park und traf schließlich wieder zum Essen zusammen. Neben ständigen Gästen wie Wieland, Herder, Kraus und von Einsiedel kamen später Schiller, Jean Paul, die Brüder Humboldt, Johann Heinrich Voß und Adam Friedrich Oeser häufig als Besucher nach Tiefurt.

Auf Initiative Anna Amalias einigten sich die Freunde, eine eigene Zeitschrift ins Leben zu rufen, das berühmt gewordene »Tiefurter Journal«. Sie wurde nicht gedruckt, sondern kursierte in elf handgeschriebenen Exemplaren, wurde aber dennoch weithin bekannt; selbst Goethes Mutter, Frau Aja, in Frankfurt zählte zu den Leserinnen. Von 1780 bis 1784 erschienen 49 Nummern. Im ersten Stück wurde das Anliegen mit folgenden Worten umrissen: »Es ist eine Gesellschaft von Gelehrten, Künstlern, Poeten und Staatsleuten, beyderley Geschlechtes, zusammengetreten, und hat sich vorgenommen alles was Politick, Witz, Talente und Verstand, in unseren dermalen so merkwürdigen Zeiten, hervorbringen, in einer periodischen Schrift den Augen, eines sich selbst gewählten Publikums, vorzulegen.«[4] Goethes Beiträge für dieses Journal waren die Gedichte »Nachtgedanken« und »Meine Göttin«; das 23. Stück wurde dem treuen Helfer des Liebhabertheaters Johann Martin Mieding gewidmet, und im 40. Stück wurden die berühmten Verse von 1783 »Edel sei der Mensch, hilfreich und gut ...« zuerst bekanntgemacht.

Schon während der ersten Regierungsjahre Carl Augusts war das Eislaufen eine beliebte Vergnügung des Hofes, die sich aber bald auch unter dem einfachen Volk verbreitete. Auf dem herzoglichen

Teich im Baumgarten, dem späteren Besitz Friedrich Justin Bertuchs, trafen sich häufig Carl August, Herzogin Luise, Charlotte von Stein, Goethe und Corona Schröter zum Eislauf. Besondere Attraktivität besaßen die Eisfeste, die – wie Karl von Lyncker sich erinnert – mit eindrucksvollen Illuminationen auf den überschwemmten Schwanseewiesen gegeben wurden. Die Damen des Hofes, die nicht Schlittschuh liefen, wurden auf großen Schlitten um erleuchtete Pyramiden herumgefahren.

Im Jahre 1780 wurde dort, wo heute das Deutsche Nationaltheater steht, das »Weimarische Komödien- und Redoutenhaus« gebaut. Hier trat das Liebhabertheater auf, hier fanden nach 1786 die Aufführungen der fest engagierten Theatertruppe von Joseph Bellomo und auch Maskenzüge und Redouten des Hofes statt.

Zu Redouten kam man in zweiwöchentlichem Turnus regelmäßig in der Zeit zwischen dem Weihnachtsfest und Aschermittwoch sowie in unregelmäßiger Folge in der Herbstsaison zusammen. Höhepunkte waren stets der 30. Januar, der Geburtstag der Herzogin Luise, der 16. Februar, der Geburtstag Anna Amalias, und der 3. September, der Geburtstag Carl Augusts. Redouten, die nicht am Hofe unmittelbar stattfanden, waren für einen ausgewählten Kreis Weimarer Bürger zugänglich. Sie konnten Einlaßkarten beim Hofamt in Empfang nehmen; für andere gab es die Möglichkeit, gegen Bezahlung vom Balkon aus zuzusehen. Die Kosten wurden aus den Schatullkassen der fürstlichen Familie bestritten, mitunter trug auch die Kammer dazu bei.

Goethe widmete den Redouten besondere Aufmerksamkeit. 1781 bis 1784, 1798, 1802 und 1809 organisierte er jeweils am 30. Januar, gelegentlich auch zum 16. Februar, Maskenzüge, sorgte sich aber auch um den Ablauf der übrigen Veranstaltungen. So sind Ausarbeitungen für eine »Redouten-Ordnung« überliefert, in der die generellen Richtlinien für die Kleidung, Sitzordnung, Gastronomie, Eintrittsgelder und für das allgemeine Verhalten der

Stadtschlittenfahrt am Jakobsplan in Weimar.
Kolorierte Lithographie von unbekanntem Künstler, undatiert.

Gäste festgelegt wurden. Diese Ordnung war verbindlich und legte zum Beispiel auch den Beginn und die Folge der Tänze fest. »Punkt 7^h geht der Tanz an, man tanzt eine halbe Stunde Menuetts; hierauf folgt ebenso lang ein Dreher; um 8 Uhr beginnt der erste Englische, nach dessen Beendigung mit wechselnden Tänzen fort gefahren werde.«[5] Gegen neun Uhr schließlich erscheint der Hof.

Das 18. Jahrhundert war das Jahrhundert der Freimaurerbewegung. Auch Weimar bildete da keine Ausnahme. Initiator und führender Kopf war hier der Minister von Fritsch. Er war zu Beginn des Jahres 1762 in die Loge »Zu den drei Rosen« in Jena aufgenommen worden und übernahm noch im gleichen Jahr deren Leitung. Das betrügerische Wirken eines Hochstaplers, der sich als Abgesandter »der hohen Oberen in Schottland« ausgab, führte 1763 zu erheblicher Verwirrung und schließlich zur Schließung der Loge. Daraufhin gründete von Fritsch in Weimar am 24. Oktober 1764 die Loge »Anna Amalia zu den drei Rosen«. Anna Amalia selbst, deren Bruder Ferdinand von Braunschweig eine führende Rolle in der Freimaurerbewegung spielte, förderte die Loge, der sich auch Wieland, Knebel und schließlich Herder anschlossen. Für sie wie für Fritsch war es das Anliegen der Freimaurerei, den Menschen so gut, wie es seine Natur nur gestattet, werden zu lassen und ihn »für das gemeine Wesen brauchbarer, nützlicher, wohltätiger zu machen«. Bei der Ernennung Goethes und Carl Augusts zu Meistern der Loge äußerte Fritsch: »Je besser, je vollkommener er Freimaurer, desto besserer Fürst, desto besserer Bürger des Staates, Untertan, Diener seines Herren, desto eifriger und zugleich glücklicher in gewissenhafter Wahrnehmung aller der Obliegenheiten, so uns die verschiedenen Verhältnisse auflegen, in welche uns die Vorsehung zu setzen für gut gefunden hat.«[6]

Doch nicht diese Grundsätze waren es, die Goethe veranlaßten, sich um die Aufnahme in die Loge zu bemühen – nicht, daß er sie mißachtet hätte, aber er spürte, daß für zahlreiche Freimaurer die Form wichtiger als der Inhalt war. »Und aufrichtig«, schrieb er am 15. März 1783 an den Musiker-Freund Philipp Kayser, »wenn man vernünftig und wohltätig sein will und weiter nichts, so kann das jeder für sich und am hellen Tage in seinem Hauskleid«. Was ihn hauptsächlich bewogen hatte, die Aufnahme in die Loge zu beantragen, drückt sein Brief an Fritsch vom 13. Februar 1780 aus. Hier heißt es: »Schon lange hatte ich einige Veranlassung zu wünschen, daß ich mit zur Gesellschaft der Freimaurer gehören möchte; dieses Verlangen ist auf unserer letzten Reise [in die Schweiz gemeinsam mit Carl August] viel lebhafter geworden. Es hat mir nur an diesem Titel gefehlt, um mit Personen, die ich schätzen lernte, in nähere Verbindung zu treten – und dieses gesellige Gefühl ist es allein, was mich um die Aufnahme nachsuchen läßt.« Am 3. März 1782 wurden der Dichter, Carl August und der Jenaer Mediziner Justus Christian Loder zum Meister ernannt. Wenige Wochen später stellte die Loge jedoch ihre Arbeit ein und ruhte für zwei Jahrzehnte bis zur Neukonstituierung zu Beginn des 19. Jahrhunderts. Jetzt verzichtete man weitgehend auf Rituale und äußere Formen und verstand sich als eine Vereinigung, deren Ziel es sein sollte, durch eigenes Beispiel und Vorbild bei der Verwirklichung eines den Ideen der deutschen Klassik und ihres Humanitätsideals verpflichteten Menschenbildes mitzuwirken. Goethe schloß sich auch diesmal nicht aus; Logen-Gedichte und Gedenkreden auf Wieland und Herzogin Anna Amalia legen Zeugnis davon ab.

Geselligkeit in Weimar, das war zunächst vor allem Hof-Geselligkeit, das waren das Liebhabertheater, die Zirkel Anna Amalias und die Redouten. Gewiß, da waren auch ausgewählte Persönlichkeiten des Bürgertums zugelassen, Träger der Geselligkeit war und blieb jedoch die Hofgesellschaft im strengen Sinn des Wortes.

Nach der Rückkehr aus Italien unternahm Goethe den Versuch, eine eigenständige Form bürgerlicher Geselligkeit zu begründen, unabhängig vom Hof, aber unter Einbeziehung einzelner Vertreter der höfischen Gesellschaft. Ihm schwebte eine gelehrte Gesellschaft vor, die regelmäßig Sitzungen zu »gemeinsamer Unterhaltung ... Vorlesungen und andere Mittheilungen« durchführen sollte. Jedem Mitglied sollte freistehen, was es beitragen wolle, sei es »aus dem Feld der Wissenschaften, Künste, Geschichte, oder Auszüge aus literarischen Privatcorrespondenzen und interessanten neuen Schriften, oder kleinere Gedichte und Erzählungen, oder Demonstrationen physikalischer und chemischer Experimente«[7]. Monatlich, jeweils am ersten Freitag, war eine Session vorgesehen; jedes Mitglied der Gesellschaft durfte eine begrenzte Zahl interessierter Freunde mitbringen. Tagungsort war Goethes Haus am Frauenplan, mitunter auch das Wittumspalais. Ständige Teilnehmer waren neben Goethe Christian Gottlob Voigt, Christoph Martin Wieland, Friedrich Justin Bertuch, Johann Gottfried Herder, der Apotheker und Arzt Wilhelm Heinrich Buchholz, Christoph Wilhelm Friedrich Hufeland, der Forstmann Friedrich August von Fritsch, ältester Sohn des Ministers, Johann Heinrich Meyer und Georg Melchior Kraus.

Carl August war regelmäßiger Teilnehmer, wenn es seine Zeit erlaubte, ferner erschienen Professoren der Jenaer Universität wie der Mineraloge Johann Georg Lenz und der Theologe Johann Jakob Griesbach. »Der Gewinnst der Gesellschaft, die sich heute zum erstenmal versammelt, wird die Mittheilung desjenigen seyn, was man von Zeit zu Zeit hier erfährt, denkt und hervorbringt. Jede Bemühung wird lebhafter, wenn eine Zeit bestimmt ist, wo man mitten unter den Zerstreuungen des Lebens sich des Antheils geschätzter Menschen an dem, was man unternimmt, zum Voraus versprechen kann.«[8] Damit war der Zweck der Vereinigung gekennzeichnet.

Goethes Haus am Frauenplan. Radierung von Ludwig Schütze nach Otto Wagner, 1827/28.

Naturwissenschaftliche Themen wie »die merkwürdige Würkung gepülverter Kohlen auf faulendes Wasser in einigen Versuchen« oder eine Einführung in die Lehre des Lichts bildeten den Auftakt einer Veranstaltungsreihe, die länger als fünf Jahre bestand. Da sie um 1796 einzuschlafen drohte, setzte sich Goethe für deren Wiederbelebung ein und stellte einen Vorlesungsplan für weitere Sitzungen zusammen, der aber wahrscheinlich nicht in vollem Umfang zur Ausführung kam. Offenbar war das Interesse an den Freitagsgesellschaften Ende des 18. Jahrhunderts erloschen.

Die »Freitagsgesellschaft« bildete ungeachtet der Einladung an Gäste zu unaufgeforderter Teilnahme doch einen relativ begrenzten Zirkel. Anders der »Club zu Weimar«, der die Möglichkeit bot, »sich täglich und stündlich in dem für den Club ausschließlich gemietheten und von früh 8 Uhr an verheizten und Abends beleuchteten ordinären Zimmer im Stadthause zu versammeln«. Der Besucherkreis dieses Klubs war »unbeschränkt«; hier fand jeder ohne »Rücksicht auf Stand, Rang und Würde« Aufnahme. Voraussetzung allerdings war, daß es ein »Mann von Cultur des Geistes, feinen Sitten, guten Ton des Umgangs und unbescholtenem Lebenswandel«[9] war, der um ständige Mitgliedschaft ersuchte oder auch nur als Gast teilnehmen wollte. Damit hatte jeder Bürger Weimars

Statut der Freitagsgesellschaft.
5. Januar 1791, Niederschrift von Christian Gottlob Voigt. [13]

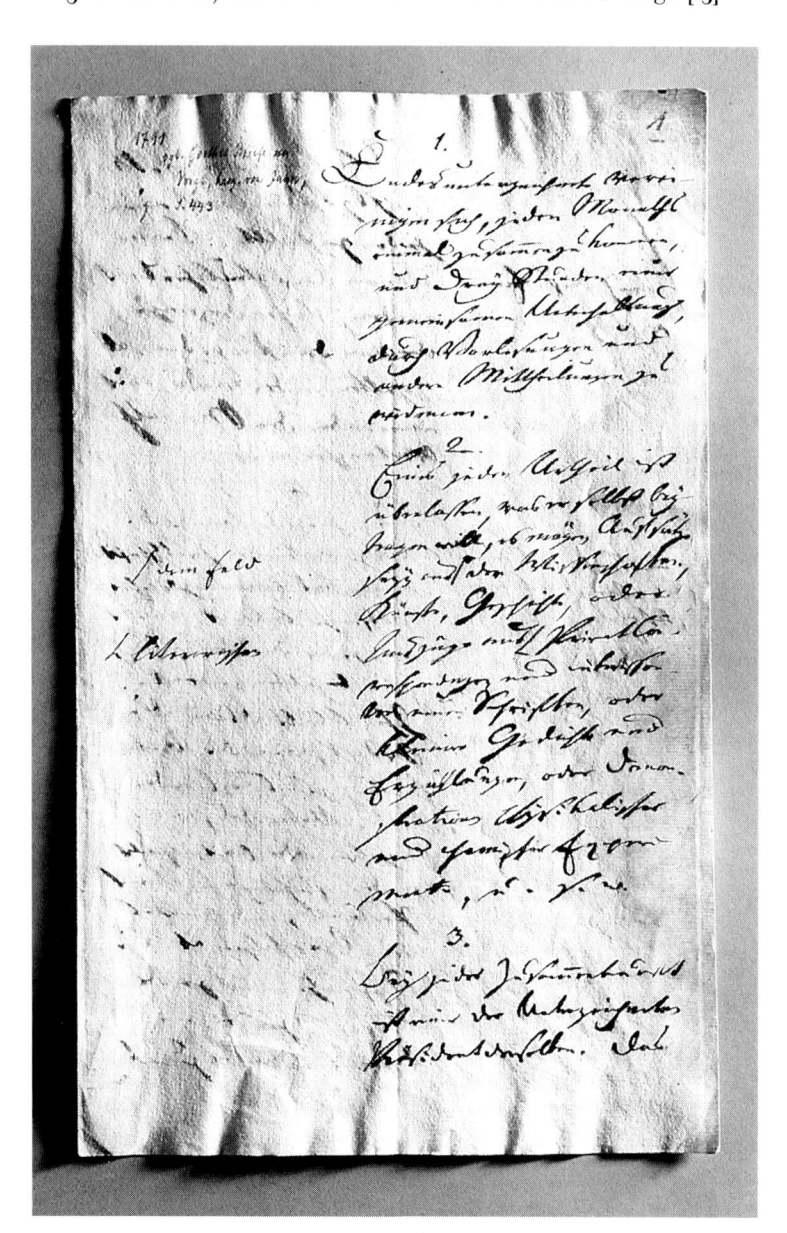

Konstitution und Gesetze des »Club zu Weimar«.
Weimar, 9. Januar 1801.

Luise von Goechhausen.
Bleistiftzeichnung von Goethe, um 1780.

die Möglichkeit, am Klubleben teilzunehmen und dort mit Männern von Geist aus unterschiedlichen gesellschaftlichen Bereichen zusammenzutreffen. Das Klubleben wurde durch »Gesetze« geregelt, die in der Konstitution des Klubs niedergelegt und für alle verbindlich waren. Der Verstoß gegen eine Maßregel wurde mit einer Geldbuße geahndet. Wer zum Beispiel die Zeitungen aus dem Zimmer wegtrug oder sie zerriß oder wer im Klub den Hut aufbehielt, hatte vier Groschen zu zahlen. Acht Groschen mußten entrichtet werden, wenn einer sein »Votum zur Ballotage« fehlen ließ. Man konnte Journale und Zeitungen lesen, sich durch eine »erlaubte Spiel-Parthie unterhalten, auch privatim, allein, oder mit Gästen da speisen, und sich sonst nach Gefallen vom Clubwirthe für ihre Rechnung bedienen lassen«.

Der Unterhalt des Klubs, wie Miete, Beleuchtung, Heizung, Bezahlung des Klubdieners und so weiter, wurde von den eingetragenen Mitgliedern bestritten. Auch wurden Ehrenmitgliedschaften vergeben; Goethe und Schiller wurden schon im Februar 1801 berufen. »Jeder Donnerstag ist zum wöchentlichen allgemeinem Versammlungstage bestimmt, an welchem sich alle ordentliche, außerordentliche und Ehren-Mitglieder des Clubs zum Diner versammeln, nach welchem die gewöhnlichen Geschäfte des Clubs, wenn welche da sind, von den ordentlichen Mitgliedern und Beamten verhandelt, und im Conferenz-Zimmer abgethan werden.«

Trotz seiner Ehrenmitgliedschaft war Goethe relativ selten im Klub anzutreffen. Ihm ging es vielmehr darum, sein eigenes Haus zu einem geselligen Zentrum zu entwickeln. Diesem Ziel diente auch die Runde, die unter dem Namen »Cour d'amour« in die Kulturgeschichte des klassischen Weimar eingegangen ist. Den Erinnerungen Henriette von Egloffsteins zufolge soll Goethe im Rahmen eines Sonnabendkränzchens bei der Goechhausen seinen Mißmut über die Ereignisarmut im geselligen Leben Weimars geäußert haben. Bei dieser Gelegenheit sei ihm der Gedanke gekommen, eine neuartige Gesellschaft, »Mittwochskränzchen« oder »Cour d'amour« genannt, zu gründen. Das Neuartige dieses »Liebeshofs« bestand darin, daß »lauter wohlassortirte Paare«[10] ihn bilden sollten, die für die Bewirtung selbst Sorge zu tragen hatten: die Herren für den Wein, die Damen für die Speisen. Dieser »Verein für bessere Geselligkeit« verpflichtete die Beteiligten, darunter die Ehepaare Schiller, Egloffstein, Wolzogen und J. H. Meyer, sich »wöchentlich einmal, Abends nach dem Theater, im göthischen Hause« zu treffen. In den von Goethe selbst entworfenen Statuten hieß es, es dürfe »während des Beysammenseins kein Gegenstand zur Sprache kommen, der sich auf politische, oder andre Streitfragen beziehen könnte, damit die Harmonie des Vereins keine Störung erleide«. Dafür aber wurde, wie Schiller am 16. Oktober 1801 an Körner berichtete, »fleißig gesungen und poculiert«. Die gegenseitig erwählten Paare sollten nur solange »zur Ausdauer in den geschlossenen Bündnis verpflichtet sein, bis die Frühlingslüfte den Eintritt der mildern Jahreszeit verkündigten«.

Karl Friedrich Zelter.
Ölgemälde von Karl Begas, 1827.

Verglichen mit der »Freitagsgesellschaft«, deren Ziel in Wissensvermittlung und Wissensaneignung bestand, verfolgte die »Cour d'amour« eine neuartige Intention. Hier kam es darauf an, eine Geselligkeit von neuer Qualität zu befördern, die im Zusammenspiel von Geist und Musik zu einer »gesungenen Geselligkeit« führen sollte. Für diesen Kreis schufen Goethe und Schiller eine Reihe »geselliger Lieder«, beispielsweise das »Bundeslied« oder »Offene Tafel«. Die Goetheverse »Was wir in Gesellschaft singen, wird von Herz zu Herzen dringen«[11] könnten als Motto gegolten haben.

Eine länger andauernde Gesellschaft über den im Statut vorgegebenen Zeitraum hinaus kam jedoch nicht zustande. Eine von August von Kotzebue inszenierte, jedoch gescheiterte Schiller-Ehrung am 5. März 1803, die den einzigen Zweck verfolgte, Goethe zu desavouieren, bedeutete auch das Ende der »Cour d'amour«; mehrere Damen des Zirkels hatten sich – ohne die Zusammenhänge zu durchschauen – auch bei Kotzebue engagiert, so daß Ver-

traulichkeit nicht mehr gewährleistet war. Goethe und vor allem Schiller bedauerten dieses Ende. Noch am 24. Mai 1803 schickte dieser »einige poetische Fabricate« und schrieb dazu: Das »Siegesfest ist die Ausführung einer Idee, die unser Kränzchen vor anderthalb Jahren mir gegeben hat ...«

Seit 1807 fanden sich bei Goethe am Frauenplan regelmäßig einmal in der Woche Mitglieder des Theaters ein, um gemeinsam mit dem Hausherrn zu musizieren. Das Ensemble stand unter der Leitung von Franz Karl Adalbert Eberwein, und zwei Sängerinnen sowie zwei Sänger gehörten dazu. Goethe wirkte hin und wieder als Bassist mit. Das Programm war anspruchsvoll und verzeichnete

Brief von Ernst Theodor Henke an seine Mutter.
Jena, 3. September 1827. Über den Besuch des Königs Ludwig I. von Bayern bei Goethe an dessen Geburtstag 1827. [14]

neben Kanons von Wolfgang Amadeus Mozart, Antonio Salieri und Benedetto Ferrari Lieder von Joseph Haydn, Nicolò Jommelli, Philipp Christoph Kayser, Carl Friedrich Fasch und Karl Friedrich Zelter, dessen Schüler Eberwein war. Man probte an den Donnerstagabenden. Da der kleine Chor von sich reden machte, wurden am Sonntagmorgen vor geladenen Gästen kleine Hauskonzerte veranstaltet. Später sang auch Eberweins Frau Henriette mit, Adele Schopenhauer und die Gräfin Egloffstein wirkten als Rezitatoren.

Zwischen 1806 und 1812 besuchte Goethe sehr oft einen neuen bürgerlichen geselligen Kreis, in dem sogar seine Frau Christiane Aufnahme fand. Johanna Schopenhauer, die 1805 mit ihren Kindern Adele und Arthur von Hamburg nach Weimar übergesiedelt war, lud zu Teeabenden ein, die von Goethe gern wahrgenommen wurden. Mitunter bestritt er allein die abendlichen Unterhaltungen. Einmal, so wird berichtet, versuchte er, von den versammelten Gästen eine schottische Ballade im Chor sprechen zu lassen, und zwar unter Befolgung der Aussprachevorschriften, wie er sie in den »Regeln für Schauspieler« niedergelegt hatte. Das Bemühen der Gäste um das geforderte wohlartikulierte Sprechen entbehrte nicht der Komik, und Goethe sei – wie das von ihm bekannt war – donnernd dazwischengefahren mit den Worten: »Dann lese ich nicht!«

Doch der Gedanke an regelmäßige Geselligkeit im eigenen Haus beschäftigte den Dichter auch weiterhin. Angeregt durch das Badeleben in Karlsbad, Teplitz und Marienbad entwarf er im Herbst 1823 den folgenden, von Kanzler von Müller überlieferten Plan: »Sollte es nicht möglich sein, daß eine ein für alle mal gebetene Gesellschaft sich täglich, bald in größerer, bald in kleinerer Zahl, in meinem Hause zusammenfände. Jeder käme und bliebe nach Belieben, könnte nach Herzenslust Gäste mitbringen. Die Zimmer sollten von sieben Uhr an immer geöffnet, erleuchtet, Tee und Zubehör reichlich bereit sein. Man triebe Musik, spielte, läse vor, schwatzte, alles nach Neigung und Gutfinden. Ich selbst erschiene und verschwände wieder, wie der Geist es mir eingäbe. Und bliebe ich auch mitunter ganz weg, so dürfte dies keine Störung machen. Es kommt nur darauf an, daß eine unserer angesehensten Frauen gleichsam als Patronin dieses geselligen Vereins aufträte ... So wäre denn ein ewiger Tee organisiert, wie die ewige Lampe in gewissen Kapellen brennt. Helft mir, ich bitte euch, diese vorläufigen Ideen und Pläne fördern und ausbilden.«[12]

Der Plan ließ sich so nicht verwirklichen. Doch Besuche bedeutender Zeitgenossen und vor allem die Partnerschaft mit der Schwiegertochter ließen das Haus am Frauenplan auch künftighin ein Zentrum geistreicher Geselligkeit und Begegnung sein. Zahlreiche auswärtige Besucher – Poeten, Musiker, Naturforscher, Politiker – trugen nicht wenig dazu bei. Zu nennen sind da William Macepeace Thackeray, Alexander Iwanowitsch Turgenjew, Franz Grillparzer, Adam Mickiewicz, Jacob Ludwig Felix Mendelsohn Bartholdy, Clara Wieck, Carl Maria von Weber, Maria Szymanowska, Nicolò Paganini, Graf Karl Friedrich Reinhard, Graf Kaspar Maria von Sternberg, Ludwig Tieck, Gasparo Luigi Pacifio Spontini, Wilhelm Küchelbecker, David d'Angers, Christian Gottfried Nees von Esenbeck, Germaine de Staël, Georg Wilhelm Friedrich Hegel und Karl Friedrich Schinkel.

Wenige Wochen vor seinem Tode äußerte Goethe gegenüber Friedrich Soret: »Was bin ich denn selbst, was habe ich geleistet? Alles was ich gesehen, gehört und beobachtet, habe ich gesammelt und ausgenutzt. Meine Werke sind von unzähligen verschiedenen Individuen genährt worden, von Ignoranten und Weisen, Leuten von Geist und Dummköpfen; die Kindheit, das reife und das Greisenalter, alle haben mir ihre Gedanken entgegengebracht, ihre Fähigkeiten, Hoffnungen und Lebensansichten; ich habe oft geerntet, was andere gesät haben, mein Werk ist das eines Kollektivwesens, das den Namen Goethe trägt.«[13] Freundschaftlicher Verkehr und Geselligkeit haben viel zu dieser Bildung beigetragen.

Seite 248: Das kleine Eßzimmer im Goethehaus.

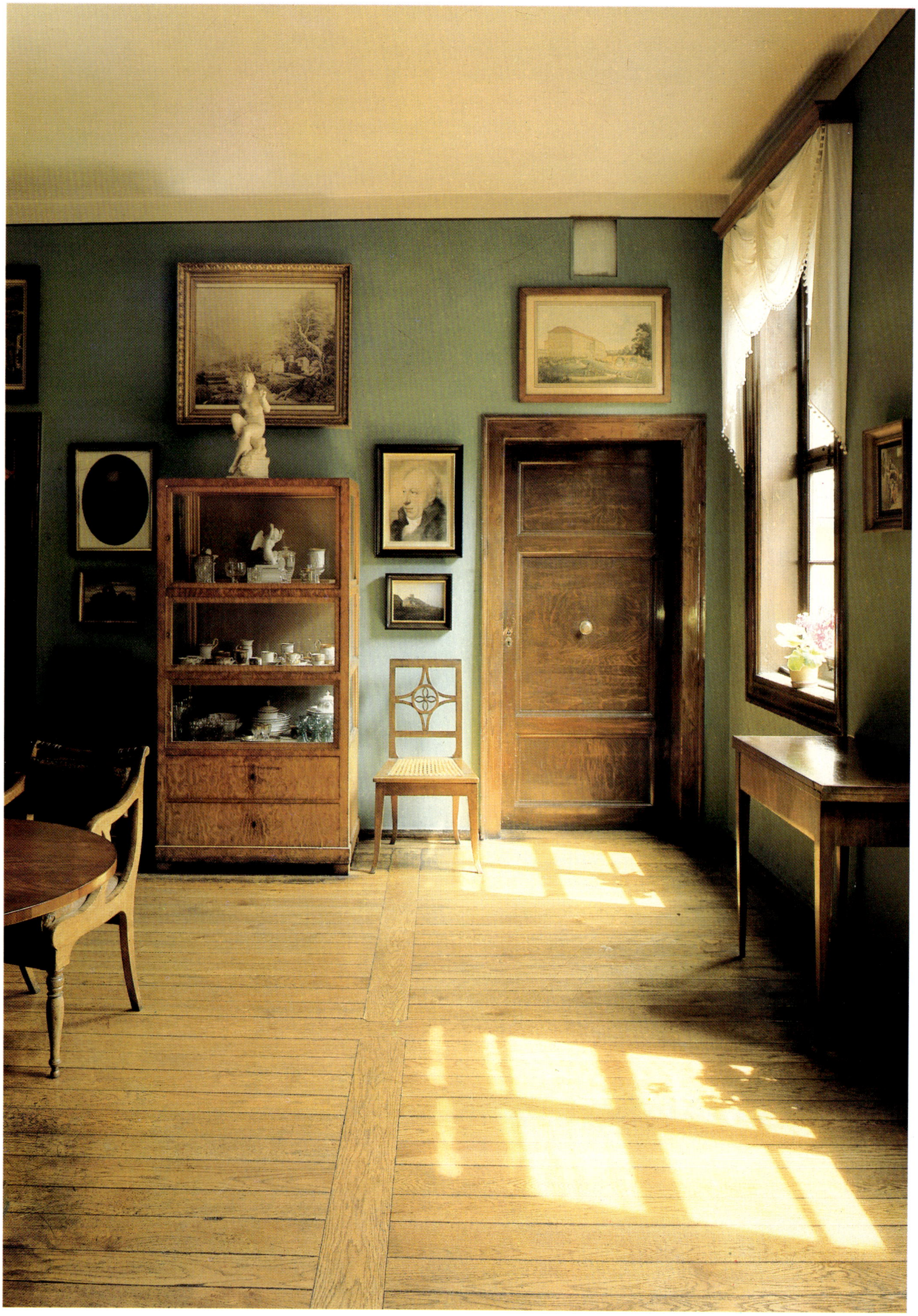

PERSÖNLICHE LEBENSVERHÄLTNISSE

In dem Weimarer Kreis um Goethe waren es vor allem zwei Frauen, die sein Wesen und Werden entscheidend mitbestimmt haben: Charlotte von Stein und Christiane Vulpius. Größere Gegensätze sind kaum denkbar. Charlotte, die strenge, zurückhaltende Hofdame Anna Amalias, sieben Jahre älter als Goethe, durch Charakter und Herkunft eingeschränkt, und Christiane, das naive junge Mädchen, 16 Jahre jünger als der Dichter, ungebunden, unkompliziert, selbstlos und sinnlich liebend. Charlotte war mit Goethe bis zu ihrem Tode verbunden; Christiane war 28 Jahre lang Goethes Lebensgefährtin.

Johann Georg Zimmermann, der Charlotte von Stein aus Pyrmont kannte, entwarf 1774 ein anschauliches Bild von ihr: »... überaus große schwarze Augen von höchster Schönheit. Ihre Stimme ist sanft und bedrückt. Ernst, Sanftmut, Gefälligkeit, leidende Tugend und feine, tiefgegründete Empfindsamkeit« seien ihr eigen. Sie sei fromm und schwärmerisch, »die Haare ganz schwarz, ihre Haut italienisch wie ihre Augen. Der Körper mager, ihr ganzes Wesen elegant bis zur Simplizität.«[1] Der geistsprühende, lebensvolle Dichter muß nach den Darstellungen seiner Zeitgenossen eine faszinierende Persönlichkeit gewesen sein. So sah Christoph Wilhelm Hufeland »die seltenste Vereinigung geistiger und körperlicher Vollkommenheit« in ihm.[2] Goethe trat der sanften, zurückhaltenden Frau unbefangen und stürmisch werbend entgegen. Abgeschreckt durch sein anfängliches Auftreten als Naturbursche in Wertherkleidung schrieb Charlotte an Zimmermann: »Ich fühls Goethe und ich werden niemahls Freunde«[3]. Aber bald entwickelte sich zwischen beiden doch eine Beziehung besonderer Art. Unter Charlottes Einfluß begann sich Goethes Leben zu ändern; sie hielt ihn zur Mäßigung an, war seine Ratgeberin, Bildnerin, Besänftigerin und förderte seine Entwicklung und Reife mehr als jeder andere. Sie war damit einverstanden, Goethes Vertraute zu sein, und ließ sich die Anbetung und Verehrung des geistvollen Dichters und eleganten Hofmannes, zu dem sie ihn erzogen hatte, gefallen, verwies ihn aber immer wieder in die Schranken.

In seinen Briefen, von denen etwa 2000 erhalten geblieben sind, erklärte Goethe der verehrten Frau immer wieder seine Liebe: »Ich möchte dich nur immer von meiner Liebe unterhalten« – »Mein Herz rastet nicht dich zu lieben« – »Meine Seele ist fest an die deine angewachsen«[4] und immer wieder »Liebe mich!« Charlottes Briefe sind nicht überliefert. Sie forderte sie von Goethe zurück und soll sie verbrannt haben. Aber aus Goethes Briefen und Gedichten kann man Schlüsse auf seine leidenschaftliche Werbung und Charlottes Zurückweisungen und Hemmungen ziehen. Sie machen aber auch deutlich, daß Goethe die Grenzen, das Unerfüllte und Unnatürliche dieser Beziehung allmählich erkannte. Er fühlte sich durch seine Liebe gebunden, ohne Befriedigung und Beglückung zu erfahren.

Charlotte gefiel sich, dem Brauch des 18. Jahrhunderts entsprechend, in der Rolle der Seelenfreundin. Für die Nöte des Dichters zeigte sie wenig Verständnis. »Doch ist mirs wie einem Vogel der sich in Zwirn verwickelt hat ich fühle, dass ich Flügel habe und sie sind nicht zu brauchen«[5], ist im Tagebuch vom April 1780 zu lesen und einige Monate später: »... früh im Stern spazierend überlegt, wo und an welchen Ecken es mir noch fehlt. Was ich dis Jahr nicht gethan. Nicht zu Stande gebracht.«[6] Trotz des in diesen Notizen sichtbar werdenden Gefühls, auf falschem Wege zu sein, hielt er an seiner Liebe fest. »Sie hat meine Mutter, Schwester und Geliebten nach und nach geerbt«, teilte er Lavater im gleichen Jahr mit, »und es hat sich ein Band geflochten wie die Bande der Natur sind«[7]. Zur Festigung der Beziehung trug auch die gemeinsame Sorge für die Erziehung von Charlottes Söhnchen Fritz bei, dem Goethe Spielkamerad, Freund und verständnisvoller Förderer war.

Aus dem schwärmenden Jüngling und ungebundenen Dichter war inzwischen der Mann und Beamte mit vielfältigen Pflichten geworden. Sein Leben verlief gleichförmig und drohte zu stagnieren, seine dichterische Produktivität zu versiegen. Er brauchte neues Erfahren, neue Spannungen, um sein Werk zu gestalten. Als er schließlich nach elfjähriger Bindung an Charlotte von Stein und an seine Aufgaben als Geheimer Rat im September 1786 nach Italien reiste, ohne die langjährige Geliebte vorher zu unterrichten, war Charlotte mit Recht verärgert. Sie war auch durch Briefe aus Italien, in denen Goethe um Verständnis für seinen Schritt warb, nicht zu versöhnen. Nach fast zwei Jahren, im Juni 1788, kehrte er nach Weimar zurück. Die lange Reise hatte ihn innerlich und äußerlich von Charlotte entfernt. Er war ein neuer, selbstsicherer Mensch geworden. Charlotte empfing ihn kalt und unversöhnlich. Als sie – seltsamerweise erst nach einem Dreivierteljahr – erfuhr, daß Goethe wenige Wochen nach seiner Heimkehr eine junge Geliebte, Christiane Vulpius, zu sich genommen hatte, war sie empört. Sie verleumdete Goethes Gefährtin und deren Familie. Trotzdem blieb Goethe bemüht, die Beziehung zu der alternden Frau, die ihre Anziehungskraft für ihn verloren hatte, weiterhin wenigstens freundschaftlich zu gestalten. Es sollten jedoch Jahre vergehen, ehe ein gutes nachbarliches Nebeneinander möglich war.

Die in Italien gewonnene innere Freiheit und die neue Schau des Lebens, die Einsicht in die Unhaltbarkeit der unerfüllten Beziehung zu Charlotte von Stein dürften Goethes Hinwendung zu der natürlichen, unkomplizierten und lebensfrohen Christiane mit bewirkt haben. Über die wirkliche Grundlage dieser Verbindung wird jedoch meist hinweggegangen, als ob sie das Bild Goethes verkleinern könne: Am 28. Mai 1790 schrieb er an Herder: »... und ich gestehe gern, daß ich das Mädchen leidenschaftlich liebe«. Sie gab Goethe alles, was er brauchte, war eine heitere Gefährtin,

Charlotte von Stein.
Stahlstich von August Weger nach einem von Georg Wolf um 1850 nach einem Selbstbildnis gefertigten Stich.

verschaffte ihm häusliches Behagen, war eine sparsame Wirtschafterin und ließ ihm die Freiheit, deren der Dichter bedurfte. Er ließ ihr seinerseits viel Spielraum bei Tanz und Komödie, nicht aus Gleichgültigkeit, sondern ihrer Treue gewiß und ihrem Temperament Rechnung tragend.

So hätte Christiane in Goethes Schutz und Liebe glücklich leben können, wenn sie nicht immer wieder verleumdet und angegriffen worden wäre, besonders wenn Goethe manchmal wochen- oder monatelang auf Reisen war. Vor allem Charlotte von Stein, die die endgültige Trennung von Goethe nicht verwinden konnte und sich in ihren vermeintlichen Rechten verletzt fühlte, und Charlotte von Schiller ergingen sich in taktlosen Bemerkungen und übler Nachrede. Christiane war für sie nur »Mamsell Vulpius«, »die Person« oder »Goethes dicke Hälfte«, die nach ihrer Meinung einen schlechten Einfluß auf Goethe ausübte. Auch Schiller sah nur Negatives in der Verbindung Goethes mit Christiane. »Aber leider ist er [Goethe] durch einige falsche Begriffe über das Häußliche Glück und durch eine unglückliche Ehescheue in ein Verhältniß gerathen, welches ihn in seinem eigenen häußlichen Kreise drückt und unglücklich macht, und welches abzuschütteln er leider zu schwach und zu weichherzig ist«, äußerte er sich am 23. November 1800 gegenüber der Gräfin Charlotte von Schimmelmann.

Andere wurden Christiane eher gerecht, so Elisa von der Recke, auch Luise von Knebel, die meinte, Christiane habe »einen vortrefflichen Charakter, das beste Herz gehabt«, und Goethe hätte »nach seiner Eigentümlichkeit nie eine passendere Frau« finden können. Sie habe nie an sich selbst gedacht, sondern sei immer nur bemüht gewesen, es Goethe angenehm zu machen. Sie sei nicht sehr gebildet gewesen, habe aber »viel natürlichen hellen Verstand« besessen.[8] Goethes Mutter, in ihrer Lebensauffassung und Einfachheit Christiane verwandt, tolerierte die Verbindung von Anfang an und schrieb am 24. September 1795 an ihren Sohn: ». . . so tröste ich mich damit, daß mein Häschelhans vergnügt und glücklicher als in einer fatalen Ehe ist – Küße mir deinen Bettschatz.« Nachdem sie Christiane persönlich kennengelernt hatte, nannte sie sie »ein Liebes – herrliches unverdorbenes Gottes Geschöpf«[9].

Goethe hat nie versucht, Christiane zu bilden. Er nahm sie, wie sie war, erfreute sich an ihrer Tätigkeit in Haus und Garten und ihrer Sorge um sein leibliches Wohl. In den »Zahmen Xenien« findet sich der Vers:

Ich wünsche mir eine hübsche Frau,
Die nicht alles nähme gar zu genau,
Doch aber zugleich am besten verstände
Wie ich mich selbst am besten befände.[10]

Diesem Bild entsprach Christiane, Goethes »liebe Kleine«, sein »Hausschatz«, sein »Küchenschatz«. Der Briefwechsel mit Christiane ist ein beredtes

Brief Goethes an Charlotte von Stein.
Weimar, 22. März 1781. [15]

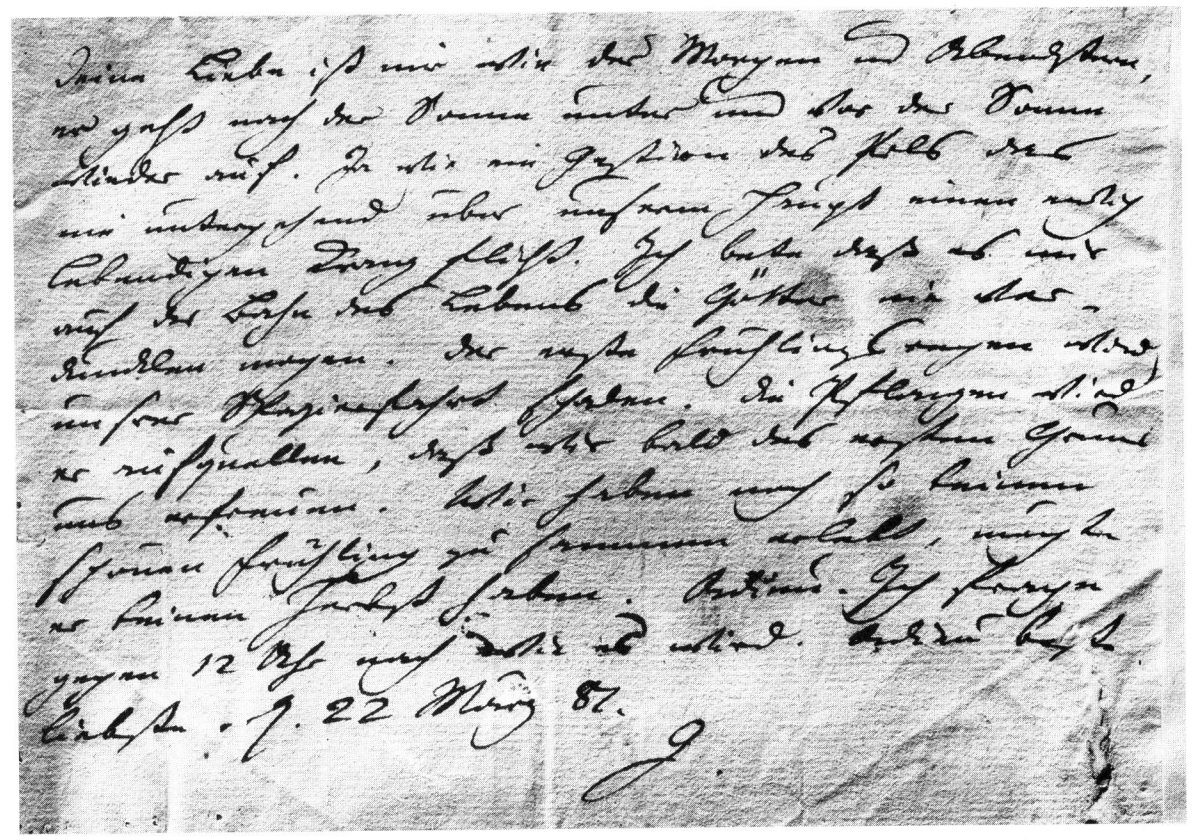

Zeugnis der innigen Verbundenheit beider, der zwischen ihnen herrschenden Offenheit, ihrer Zärtlichkeit und ihres gegenseitigen Vertrauens. In Goethes Briefen finden sich neben sachlichen Berichten und Aufträgen häufig Wendungen wie »... du bist mein liebstes auf der Welt« – »... liebe mich und gedencke mein, wie ich mit Sehnsucht an dich dencke« – »Liebe mich recht schön und sey versichert daß ich mich recht ungeduldig nach den Schlender- und Hätschelstündchen sehne.«[11] Christiane ihrerseits, häufig mit August, dem einzig überlebenden ihrer fünf Kinder, allein gelassen, beschrieb ihr Wirken im Haushalt, ihre Theaterbesuche und Tanzvergnügen und bat ihren »lieben Geheimerat« immer wieder: »Komm nur bald und hab mich so lieb, wie ich Dich haben will« – »Behalte mir nur Deine Liebe, so bin ich zufrieden und glücklich«. Häufig gab sie ihrer Sehnsucht Ausdruck: »Ich sehne mich aber recht nach Dir; wenn es möglich ist, komm ja bald wieder« – »Es ist mir heute so zu Muthe, als könnte ich es nicht länger ohne Dich aushalten.«[12]

Christiane war bei Goethes Abwesenheit jedoch nicht allein mit »Gustel« oder »Augustchen« in dem weiträumigen Haus am Frauenplan. Christianes Tante Juliane und ihre Schwester Ernestine unterstützten sie in der Führung des großen Haushalts. Im November 1791 kam Johann Heinrich Meyer, den Goethe in Italien kennen- und schätzengelernt hatte, nach Weimar, wurde Lehrer an der Zeichenschule und erhielt Wohnung in Goethes Haus bis zur Gründung eines eigenen Hausstandes im Jahre 1802. 1803 wurde Friedrich Wilhelm Riemer als Lehrer Augusts und Sekretär Goethes in das Haus aufgenommen und verblieb dort, bis er 1812 eine Anstellung am Weimarer Gymnasium erhielt. Als Gesellschafterin kam Caroline Ulrich, die spätere Frau Riemers, ins Haus.

Daneben wurden, wie schon in Goethes Junggesellenhaushalt, ständig vier bis fünf Dienstboten beschäftigt: ein oder zwei Köchinnen, eine Jungfer, ein Hausmädchen, zeitweilig ein Laufbursche, seit 1799 ein Kutscher. Eine besondere Stellung nahmen Goethes persönliche Diener ein. Sie waren nicht nur Kammerdiener und Reisebegleiter, sondern zumeist auch Schreiber, Rechnungsführer, erledigten für Goethe die verschiedenartigsten, häufig vertraulichen oder halbdienstlichen Aufträge, so Philipp Friedrich Seidel, Johann Georg Paul Götze, Karl Wilhelm Stadelmann, Johann August Friedrich John, um nur einige zu nennen, deren Namen durch ihre enge Bindung an Goethe bekannt geworden sind.

So lebten im Haus am Frauenplan ständig zehn und mehr Personen mit und für Goethe, aber sie lebten auch alle von Goethe. Zu den beträchtlichen laufenden Ausgaben für Familie, Hausgenossen und Dienerschaft kamen die Aufwendungen für die große Anzahl der Gäste aus aller Welt, für den Ankauf von Kunstgegenständen, Reisen und vieles andere. Wenn sich Goethe auch mit einem Anfangsgehalt als Legationsrat von 1200 Talern jährlich von vornherein in einer ganz guten finanziellen Situation befand, mußten Fehlbeträge anfangs immer wieder durch die Eltern gedeckt werden. Als Staatsminister gehörte aber Goethe schließlich mit 3100 Talern Jahreseinkommen zu

Brief von Katharina Elisabeth Goethe an Goethe.
Frankfurt am Main, 24. September 1795. [16]

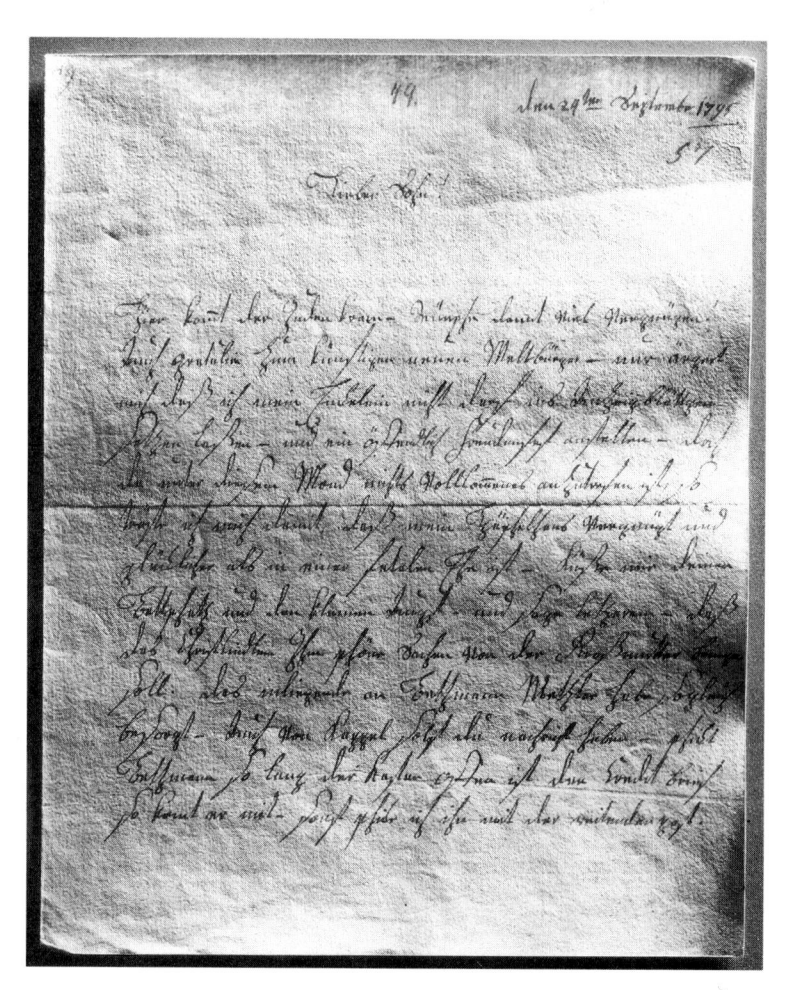

Goethe.
Kreidezeichnung von Friedrich Bury, 1800.

Christiane Vulpius.
Kreidezeichnung von Friedrich Bury, 1800.

den höchstdotierten Beamten in Sachsen-Weimar-Eisenach – ein Hofmarschall verdiente 1500 bis 2000 Taler, ein Hauptmann 800 bis 900 Taler, ein Sekretär 300 bis 600 Taler. Er führte eine genaue Ausgabenkontrolle durch, stieg doch sein Jahresbudget schließlich auf 6000 bis 8000 Taler. Von seiner Ankunft in Weimar bis zu seinem Tode sind die Haushaltsausgaben auf Groschen und Pfennig in meist von seinen Dienern oder Sekretären geführten Rechnungsbüchlein festgehalten, mit fortschreitenden Jahren immer detaillierter nach Ausgaben »für den Herrn Geheime Rath«, »für Gäste«, »für Dienerschaft«, »für Almosen« usw. Gesonderte Hefte weisen die Ausgaben für Reisen, für Bauarbeiten und ähnliches nach.

Einen vagen Anhaltspunkt für die finanzielle Situation Goethes bietet die Liste der Kontributionspflichtigen von 1807 nach dem zwischen Frankreich und Sachsen-Weimar-Eisenach abgeschlossenen Frieden von Posen. Die Einstufungen erfolgten von 1000 bis 25 Taler. Goethe wurde nur in die Klasse III eingestuft und zur Zahlung von 100 Talern herangezogen. Zu diesem Zeitpunkt bezifferte er sein Vermögen auf ganze 4600 Taler – nach 32 Jahren in Weimar. Aufschlußreicher ist dagegen die Abschätzungsrolle der Weimarer Bürgerschaft von 1820. Danach wurde Goethe mit einem Vermögen von 22000 Talern veranschlagt. Als wohlhabender wurden lediglich die Witwe des Geheimrats und Kammerpräsidenten Johann Christoph Schmidt und Johann Stephan Schütz genannt.

Wenn Goethe auch aus dem väterlichen Erbe über 22000 Gulden – ein Weimarer Taler war etwas mehr als 2 Frankfurter Gulden – verfügen konnte, stammte doch der größte Teil seines Ver-

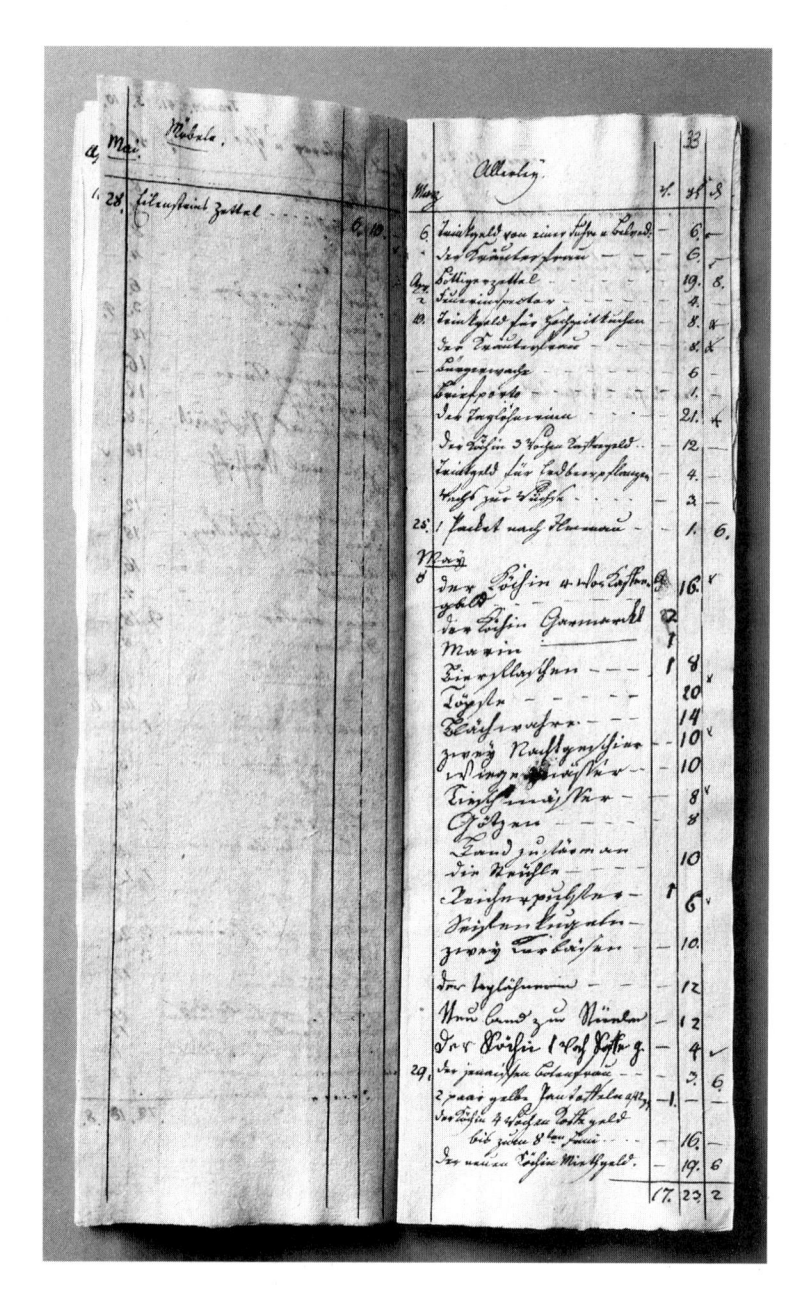

Rechnung vom Quartal Johannis bis Michaelis 1799.
Aufzeichnung der Haushaltsausgaben
durch Goethes Diener Johann Ludwig Geist,
aufgeschlagen: Kosten für »Gasterey und Thee«.

mögens aus Honoraren für seine Schriften, die in der mittleren Lebensperiode jährlich 1500 bis 2000 Taler betrugen. Nachdem anfangs Göschen und Unger den Verlag seiner Werke besorgten, war es schließlich Johann Friedrich Cotta, der 1797 mit Goethe Kontakt aufnahm und sein Verleger wurde. Bis zu seinem Tode war Schiller der Vermittler zwischen Goethe und Cotta, den er allerdings auf die Schwierigkeit, mit Goethe Vereinbarungen zu treffen, hinwies. Es sei »kein guter Handel mit G. zu treffen, weil er seinen Werth ganz kennt und sich selbst hoch taxirt ... Liberalität gegen seine Verleger ist seine Sache nicht«, schrieb er am 18. Mai 1802 an Cotta. Doch dieser wußte den kommerziellen Wert des Namens Goethe richtig einzuschätzen. Von 1795 bis 1832 zahlte er an Goethe 153 839 Taler und 2 Groschen, dabei allein 60 000 Taler für die Ausgabe letzter Hand. Goethe hinterließ ein Kapital von über 60 000 Talern, ein ansehnliches Vermögen, das wahrscheinlich noch größer gewesen wäre, hätte dem Haus nicht seit fast 16 Jahren die umsichtige Hausfrau gefehlt.

Daß Goethe sich erst unter dem Eindruck der Kriegsereignisse und des beherzten Verhaltens seiner Lebensgefährtin im Oktober 1806 entschloß, sie zu heiraten, während er seinen Sohn bereits im Jahre 1801 hatte legitimieren lassen, mag befremden, ist aber vermutlich damit zu erklären, daß Goethe sich in seinen häuslichen Verhältnissen wohl fühlte und nichts entbehrte und mit zunehmendem Alter Entscheidungen gern hinausschob. Am 19. Oktober 1806 wurde in der

Brief Goethes an Wilhelm Christoph Günther.
Weimar, 17. Oktober 1806. [17]

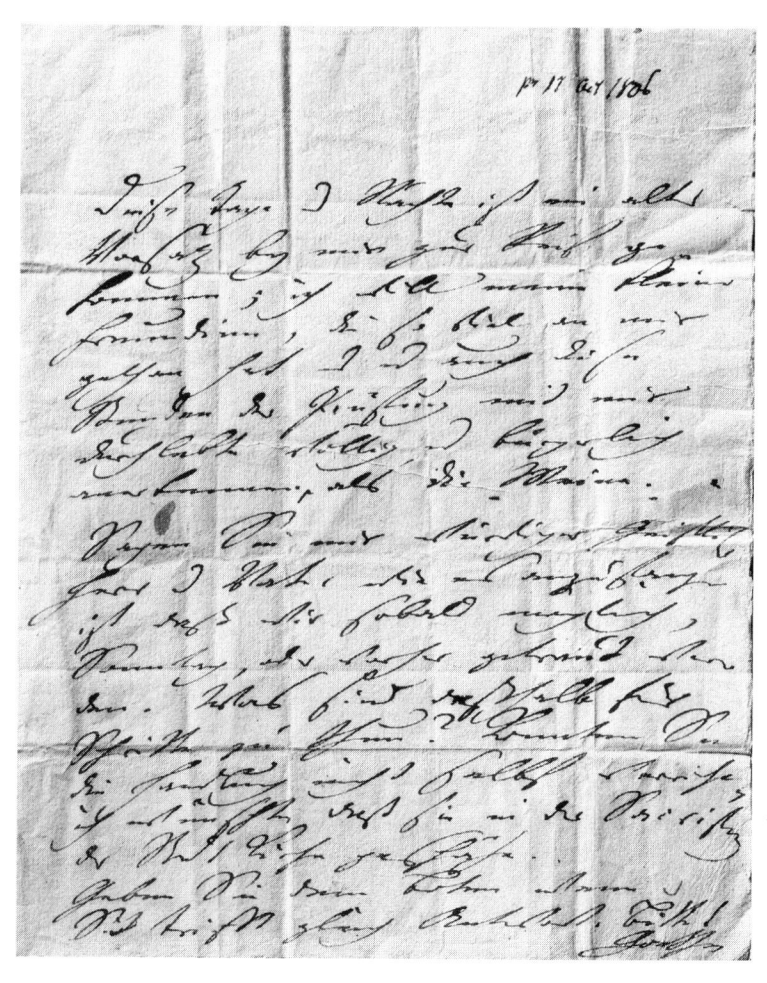

Sakristei der Hofkirche in aller Stille die Trauung vollzogen. Goethe hatte den Konsistorialrat Günther am Vortage in einem bewegenden Brief darum gebeten. Damit anerkannte er Christianes beständige Liebe und Treue und gab ihr den ihr schon lange gebührenden Platz. Zehn Jahre lang konnte Christiane ihre nun gesellschaftlich gefestigtere Stellung als »Frau Geheimde Räthin« genießen und auch an der Geselligkeit gebildeter Kreise teilnehmen. Hilfreich war ihr dabei vor allem Johanna Schopenhauer, die Mutter des Philosophen, die einen geselligen Kreis außerhalb der Hofgesellschaft um sich gesammelt hatte.

Das zum Jahrestag des fünfundzwanzigjährigen Zusammenlebens Goethes und Christianes entstandene Gedicht »Gefunden« kann als Zeugnis für die unverminderte Zuneigung Goethes zu seiner »lieben Kleinen« gelten. Der Tod Christianes traf den alternden Goethe, der an einem heftigen Fieberanfall erkrankt war, schwer. Das lassen seine Tagebucheintragungen erkennen. Am 5. Juni 1816 ist zu lesen: »Den ganzen Tag im Bett zugebracht. Meine Frau in äußerster Gefahr ... Mein Sohn Helfer, Rathgeber, ja einziger haltbarer Punct in dieser Verwirrung.« Am nächsten Tage: »Nahes Ende meiner Frau. Letzter fürchterlicher Kampf ihrer Natur. Sie verschied gegen Mittag. Leere und Todtenstille in und außer mir.« Seinem Brief an den Freund Karl Friedrich Zelter vom 8. Juni 1816 fügte Goethe ein Blättchen bei mit der Mitteilung: »Wenn ich dir derber, geprüfter Erdensohn, vermelde daß meine liebe, kleine Frau uns in diesen Tagen verlassen; so weist Du, was es heissen will.« Auf den Verlust Christianes beziehen sich auch die Verse

Du versuchst, o Sonne, vergebens
Durch die düstren Wolken zu scheinen!
Der ganze Gewinn meines Lebens
Ist ihren Verlust zu beweinen[13].

In diesen schweren Tagen stand August von Goethe, 27 Jahre alt, seinem Vater hilfreich zur Seite. Er hatte eine sorglose Jugend verlebt, zärtlich geliebt von Vater und Mutter, umsorgt und verwöhnt von allen im Haus. Von Zeitgenossen wird er als immer lustig und guter Dinge beschrieben. Goethe nahm das Kind gelegentlich mit

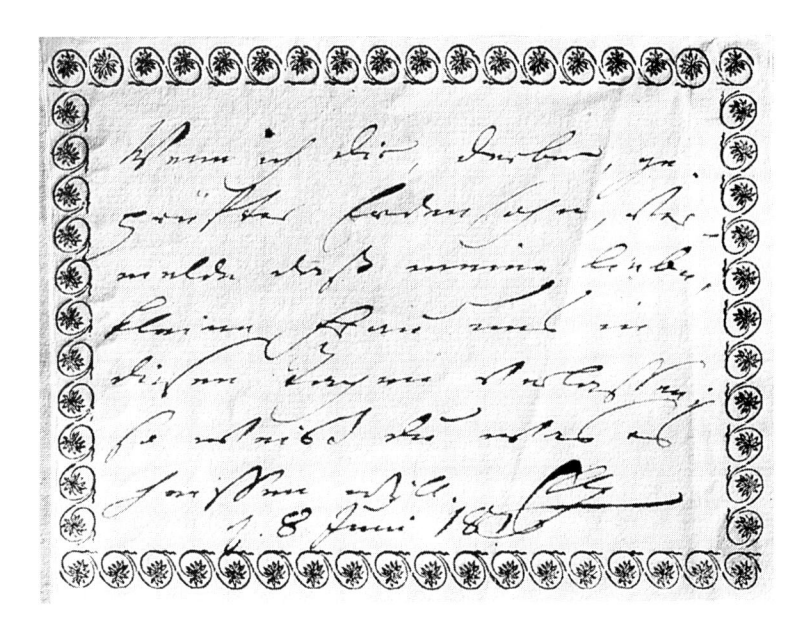

Billett Goethes an Karl Friedrich Zelter. Weimar, 8. Juni 1816.
Eigenhändige Beilage zum Brief vom gleichen Tage
von Schreiberhand (K. F. Th. Kräuter). [18]

auf kleine Reisen und erfreute sich an dem lebhaften Interesse des Sohnes an allem, was es zu besichtigen gab. So berichtete Goethe über eine gemeinsame Reise nach Ilmenau im Sommer 1795: »Er hat schon vieles gesehen: den Schacht, das Pochwerck, die Porzellanfabrik, die Glashütte, die Mühle ...«,[14] für ein sechsjähriges Kind eine ungewöhnliche Art der Unterhaltung. Auch an seinen naturwissenschaftlichen Studien ließ Goethe seinen Sohn teilnehmen und weckte früh dessen Interesse für die Mineralogie. Der zwölfjährige August besaß bereits eine Gesteinssammlung. Goethes zunehmendes Würdebewußtsein machte ihn jedoch mehr und mehr unempfindlich für kindliche Wünsche und Bedürfnisse. Aus dem unbefangenen, munteren August wurde nach und nach ein frühreifes Kind. 1802 wurde er konfirmiert. An den Vorbereitungsstunden bei Herder nahm Goethe teil. Zuvor erfolgte Augusts Legitimation.

Der Vierzehnjährige hatte mancherlei gelernt, vieles gesehen, aber sein Wissen blieb lückenhaft. Hauslehrer unterrichteten ihn nach eigenem Konzept, eine Zeitlang nahm er am Unterricht des Weimarer Gymnasiums teil. Reisen nach Pyrmont und Göttingen, nach Frankfurt, Magdeburg, in den Harz und nach Karlsbad, meist als Begleiter des Vaters, förderten seine Bildung. Im April 1808 ging er für eineinhalb Jahre zum Studium der Rechte nach Heidelberg, mit Ermahnungen, laufend über seine Studien und sein Ergehen zu berichten, und mit Geldmitteln ausreichend versehen. Obgleich August dort erhebliche Schulden machte, durfte er nach Semesterschluß eine Rheinreise unternehmen und wurde wieder angehalten, Berichte von »Localitäten, Menschen, Gasthöfen, Preisen, gegenwärtigen Zuständen, Gesinnungen usw.«[15] zu geben. Brav schrieb er ein Heft »Reisenachrichten«. Auch von künftigen Reisen wird er dem Vater stets tagebuchartige Briefe mit Schilderungen aller Erlebnisse und Begegnungen schicken.

Sein Studium setzte er im Wintersemester 1809/1810 in Jena fort. Wieder blieb seine Ausbildung ohne Abschluß. Der Vater wollte den Sohn gern in einer Staatsstellung in Weimar sehen und wandte sich deswegen an den Herzog. August wurde daraufhin zum Kammerassessor ernannt und Mitarbeiter des Vaters in der »Oberaufsicht über die unmittelbaren Anstalten für Kunst und Wissenschaft«. Er brachte es bis zum Kammerrat, blieb dienstlich aber stets dem Vater unterstellt und eng verbunden. Seine Situation war demnach nicht dazu angetan, eigene Initiative und Selbstbewußtsein zu entwickeln, zumal er von Goethe auch lange Zeit finanziell völlig abhängig blieb und sich bewußt sein mußte, daß er dem Vater und dessen Freundschaft mit Carl August Anstellung und Beförderung verdankte, nicht aber eigener Leistung und Qualifikation.

Von August wurde stets erwartet, daß er sich füge. So auch, als Carl August 1813 zur Bildung eines Freiwilligen-Korps gegen Napoleon aufrief und Goethe die Teilnahme des Sohnes am Kampf nicht wünschte. Er setzte Augusts Ernennung zum Adjutanten der Landwehr durch, die es ihm ermöglichte, zu Hause zu bleiben, während seine gleichaltrigen Kameraden in den Krieg zogen – in der damaligen Situation ein fast schimpfliches Verhalten, das ihm lange Zeit nachgetragen wurde.

Auch im Haus war August inzwischen zum Gehilfen und gelegentlichen Vertreter des Vaters geworden. Er führte die Haushaltsrechnungen, verhandelte mit kleinen Geschäftsleuten, vertrat den Vater bei Besuchen, die angenommen und gemacht werden mußten und trug in der »Loge Amalia zu den drei Rosen« Goethes Logengedichte vor.

Diesen vielfältigen Aufgaben unterzog er sich geduldig, gewissenhaft und pedantisch, immer bemüht, den Vater so weit wie möglich zu entlasten. August war also lebenslang immer nur Goethes Sohn, sein Gehilfe in Haus und Amt, stets bestrebt, seinen Wünschen zu entsprechen.

August von Goethe hatte sich zweifellos zu einem guten Beamten gebildet, fleißig und intelligent, aber von ihm, von Goethes Sohn, wurde mehr erwartet. Eine Eintragung Fichtes in sein Stammbuch aus dem Jahre 1805 drückt das unumwunden aus: »Die Nation hat große Anforderungen an Sie, einziger Sohn des Einzigen in unserm Zeitalter.« Es muß lähmend für August gewesen sein, sich solchen Erwartungen gegenüber zu sehen. Dagegen sollte die Stammbucheintragung des seinerzeit in Erfurt tätigen französischen Kriegskommissars Remarquant vom Mai 1807 bittere Wahrheit werden: »Rarement les fils d'un grand homme comptent dans la postérité.«[16]

Christianes Tod hatte den Weg frei gemacht für eine junge Hausfrau. Augusts Wahl fiel allerdings auf eine »Dame«, auf Ottilie von Pogwisch, die weder geeignet noch geneigt war, einem Haushalt vorzustehen. Ottilies Eltern hatten sich 1804 in gütlicher Übereinkunft getrennt, da der Vater, Major in preußischen Diensten, die Familie von seinem Sold nicht unterhalten konnte und Vermögen nicht vorhanden war. Die Großmutter, Ottilie Henckel von Donnersmarck, Oberhofmeisterin am Weimarer Hof, veranlaßte 1809 die Übersiedlung der Tochter, Henriette von Pogwisch, mit ihren beiden Töchtern Ottilie und Ulrike nach Weimar. Ottilie war zu diesem Zeitpunkt 13 Jahre alt. Sie schlief bei der Großmutter, war tagsüber bei der Mutter, mittags in Kost bei der Familie von Egloffstein. Sie kannte also kein Familienleben und erhielt keinerlei Vorbildung zur Hausfrau.

Ende des Jahres 1811 wird Ottilie erstmals im Tagebuch Goethes als Besucherin genannt. Der Dichter hatte eine kleine Singegemeinschaft begründet, die Vokalkonzerte veranstaltete, und Ottilie, ausgestattet mit einer schönen Altstimme, wirkte dabei bald mit. Das hübsche, lebhafte und witzige Mädchen erregte Goethes Aufmerksamkeit, aber noch mehr die Augusts, der nüchternprosaisch um sie warb.

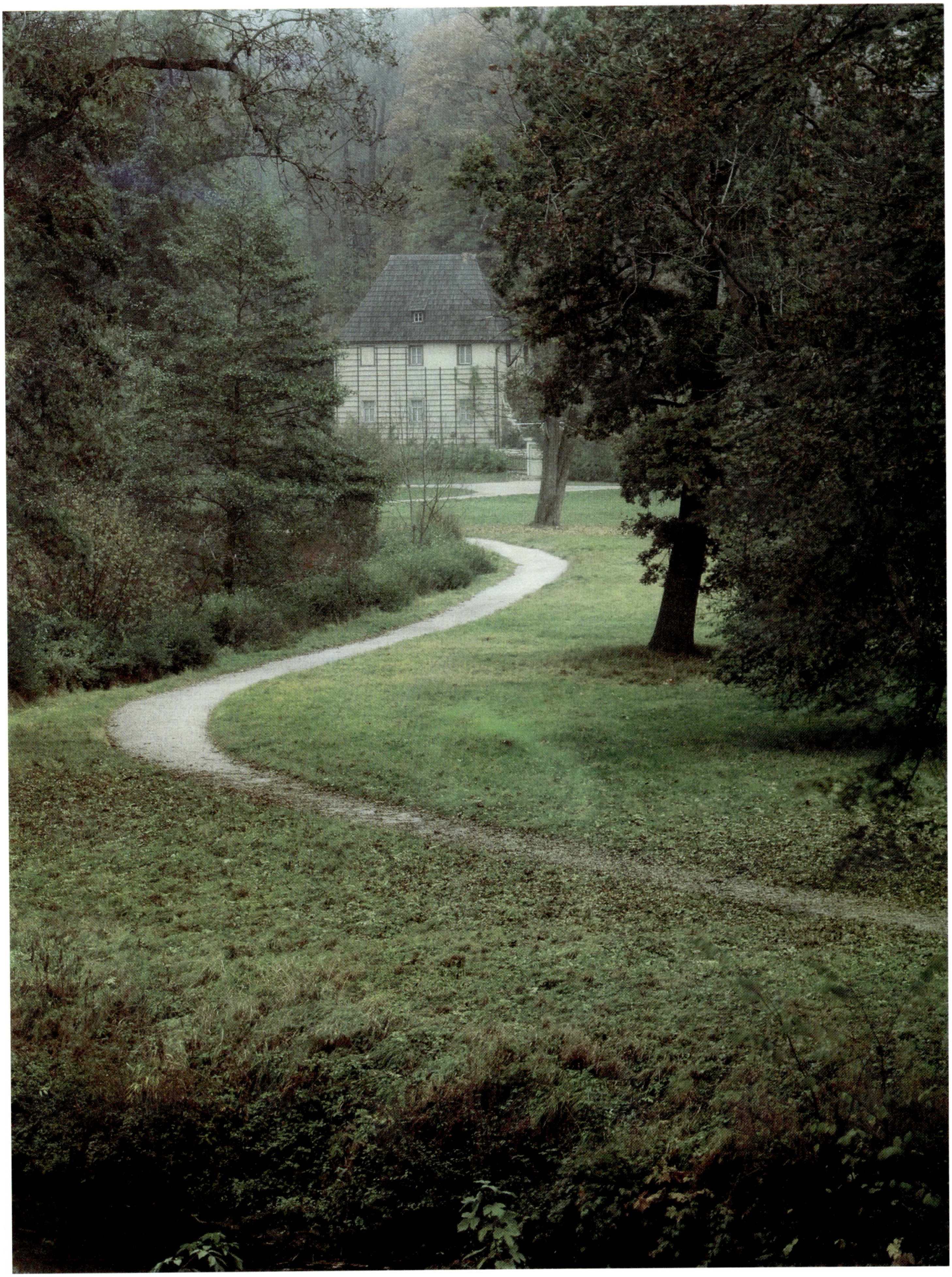

Seite 257: Goethes Gartenhaus im Park.

Am Gartenhaus.

Seite 260: Gartenhaus, Arbeitszimmer.

Seite 261: Gartenhaus, Schlafzimmer mit Goethes Feldbett.

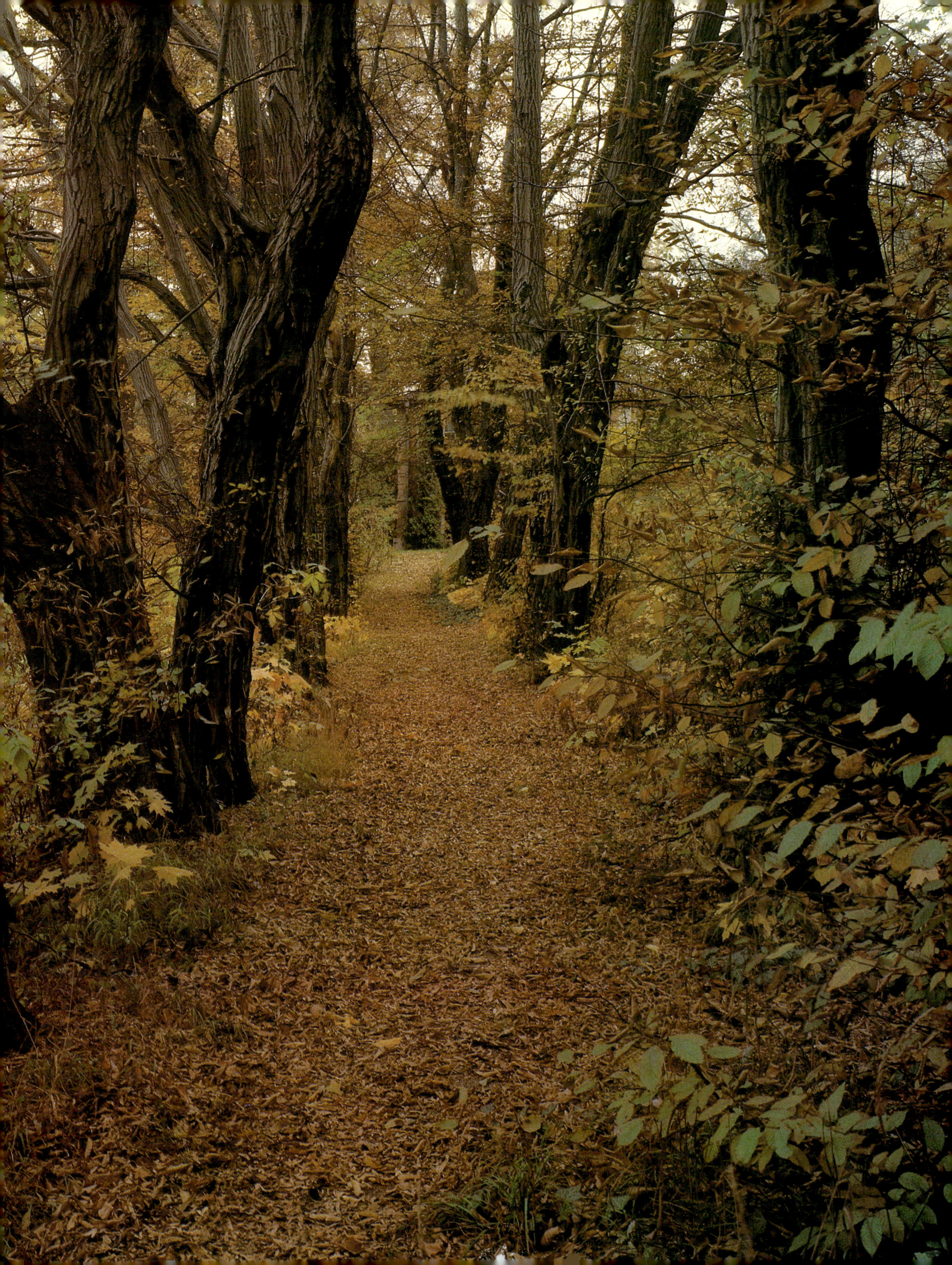

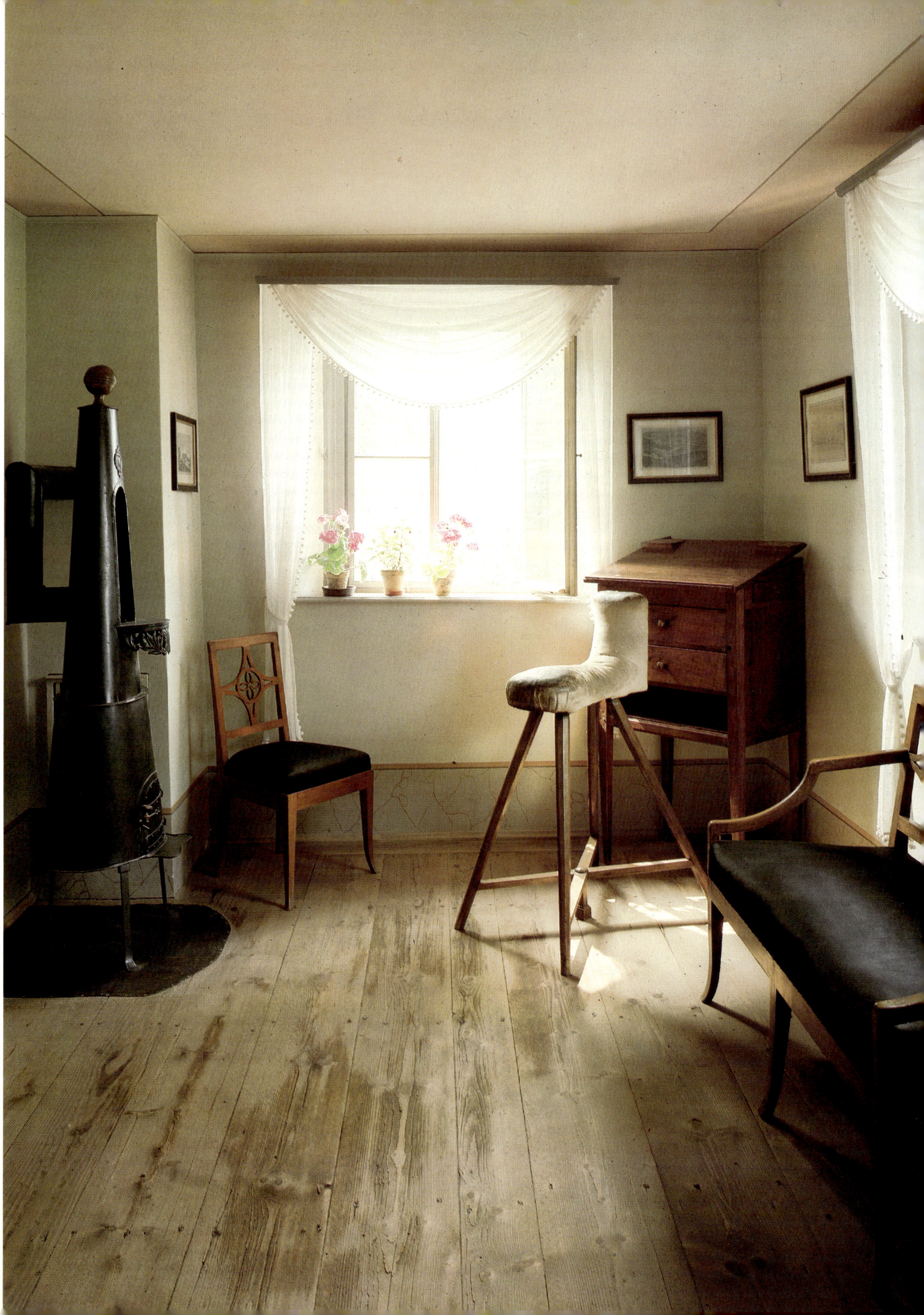

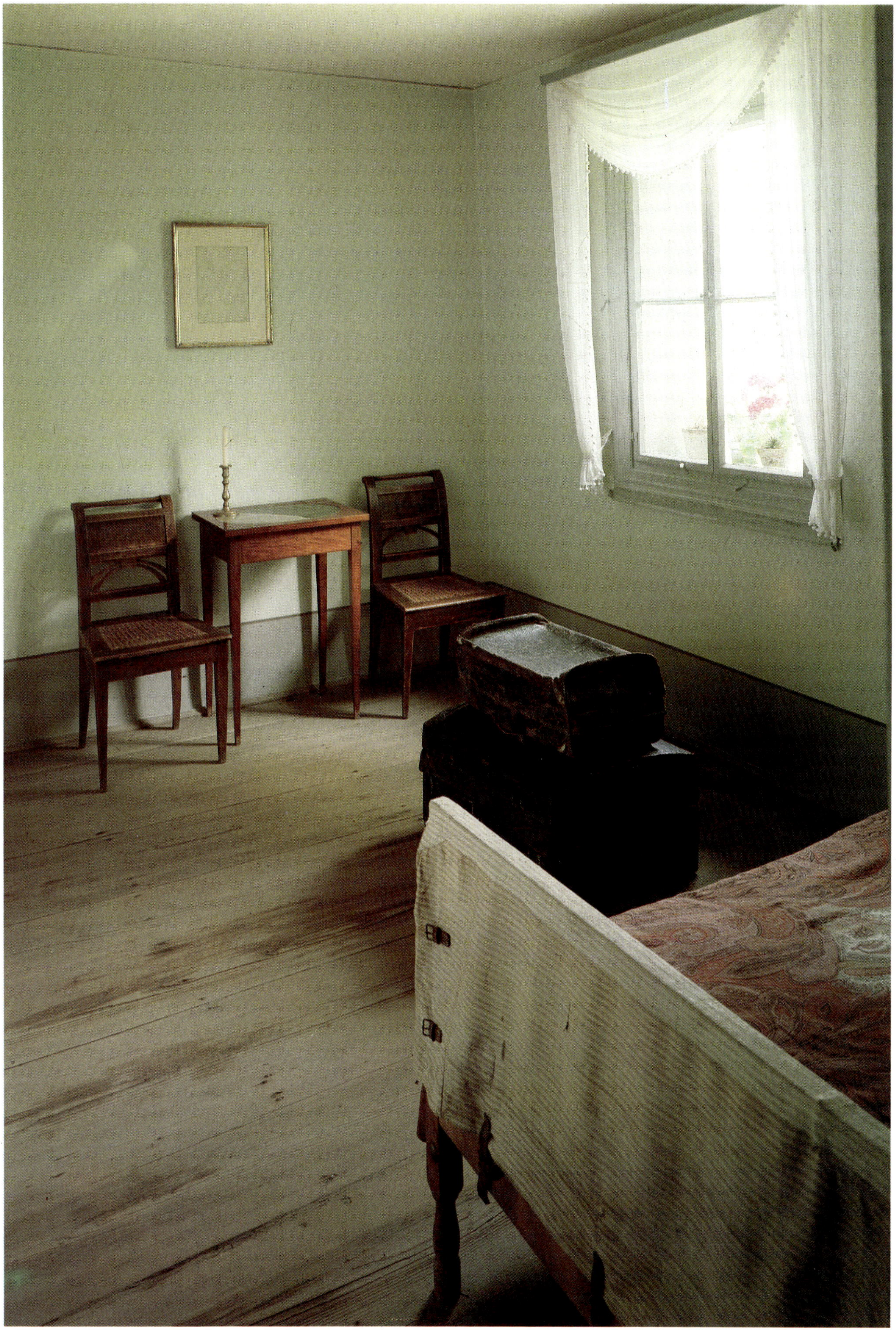

Goethes Gartenhaus. Mosaikpflaster
vor dem Eingang (nach Goethes Entwurf).

»Stein des guten Glücks« im Garten am Park.

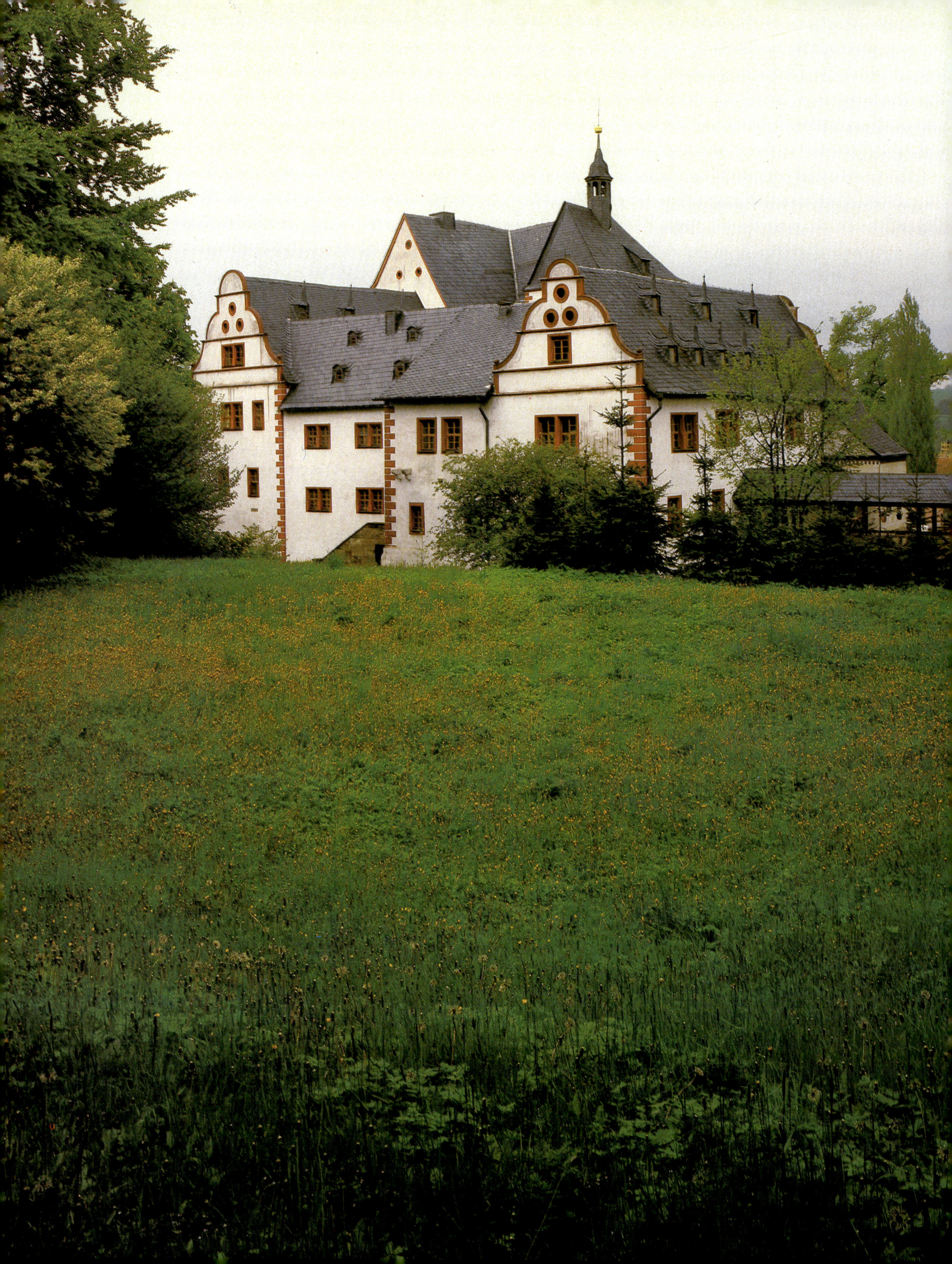

Schloß Kochberg. Stammsitz der Familie Stein. Als Gast der Charlotte von Stein weilte Goethe wiederholt hier.

Quelle im Park von Kochberg.

265

Bei Kochberg.

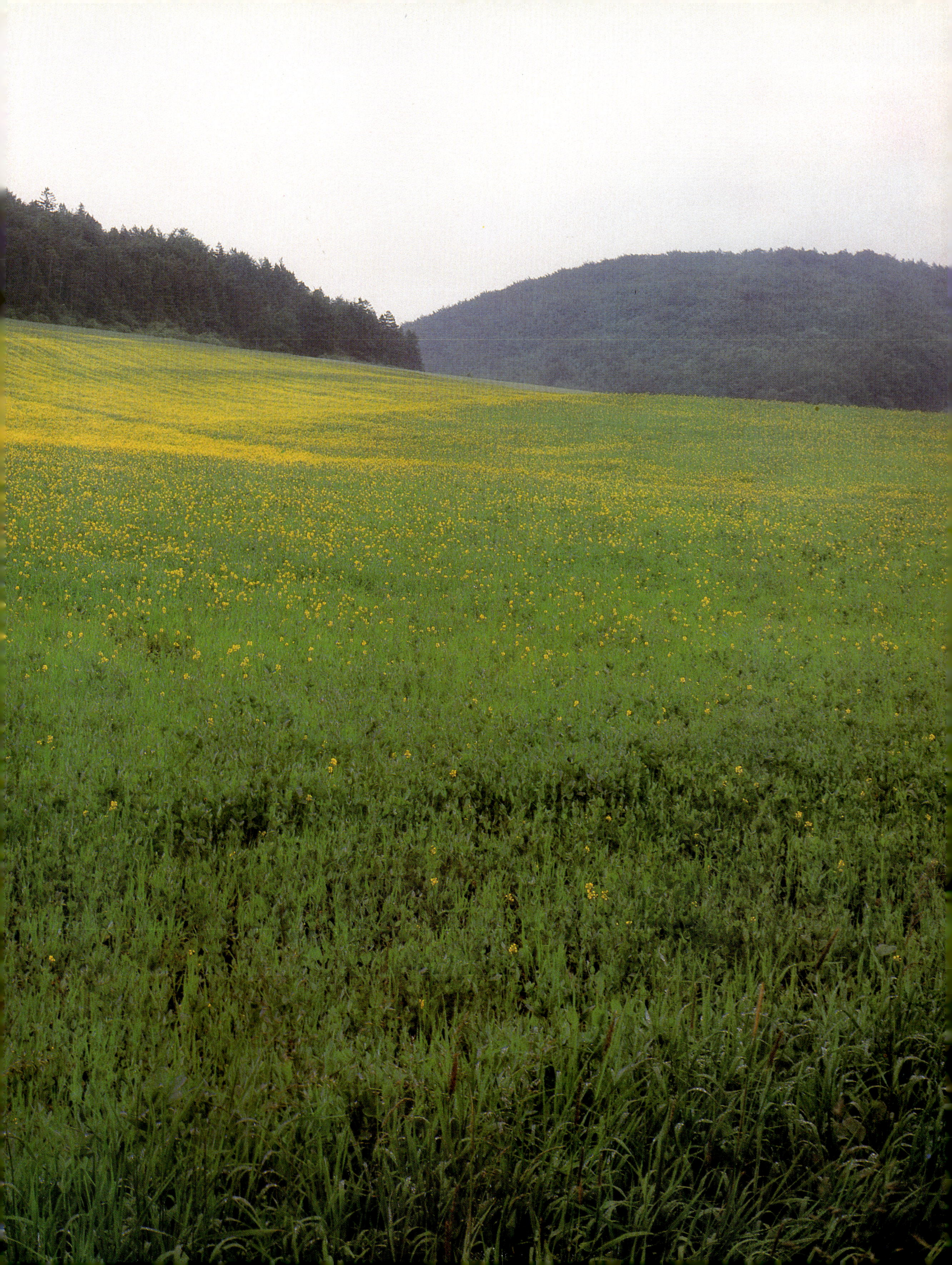

Schloß Kochberg, Liebhabertheater.

Goethes Wohnhaus am Frauenplan.

Seite 270: Goethes Wohnhaus, Eingang vom Treppenhaus in den Gelben Saal.

Seite 271: Goethes Wohnhaus, Gelber Saal. Er diente als Speisezimmer für größere Gesellschaften.

SALVE

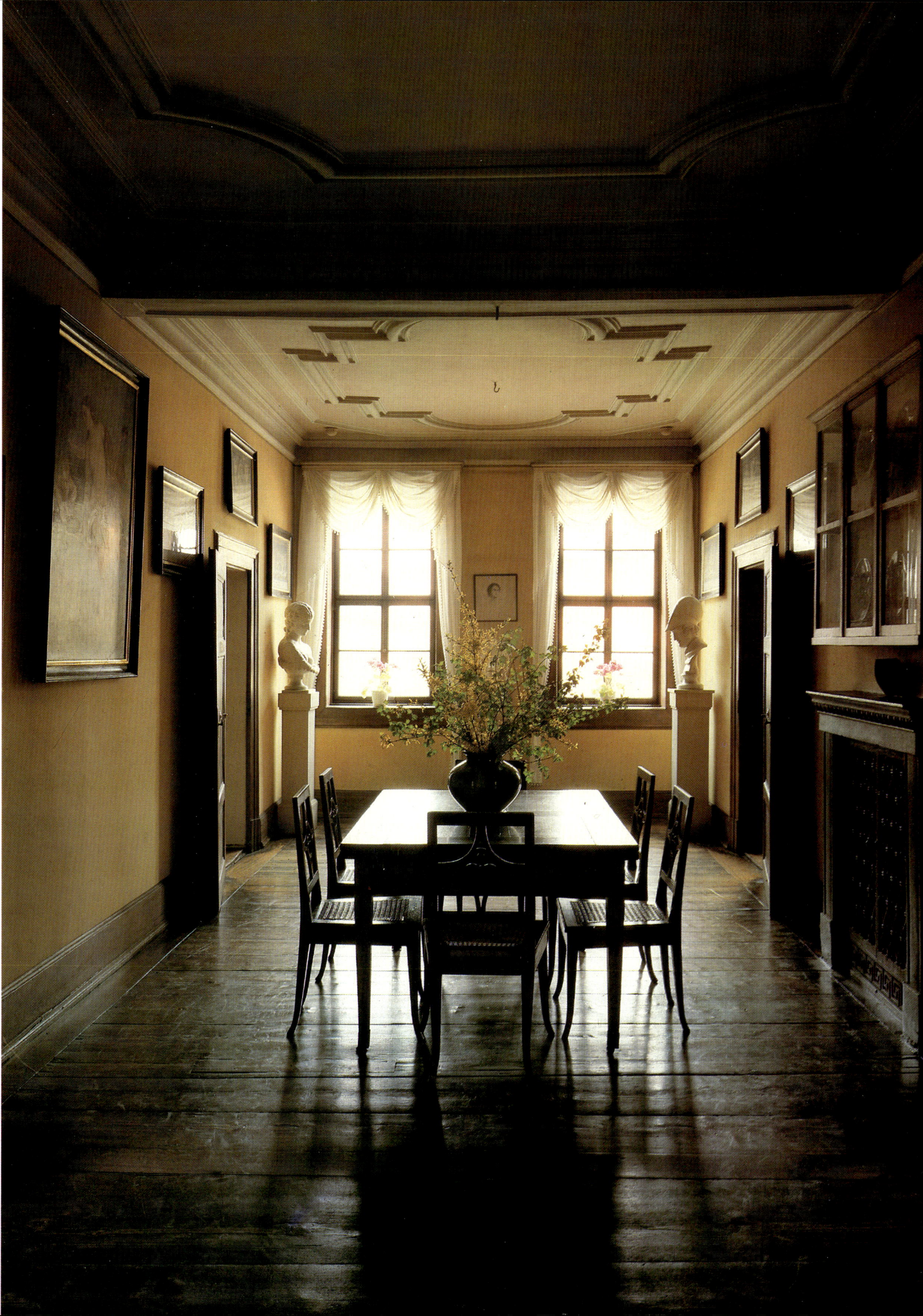

Goethes Wohnhaus, Gipsabguß
der sogenannten Medusa Rondanini
im Gelben Saal.

Goethes Wohnhaus, Junozimmer.
Auf dem Münzschränkchen eine verkleinerte
Bronzenachbildung von Michelangelos Moses.

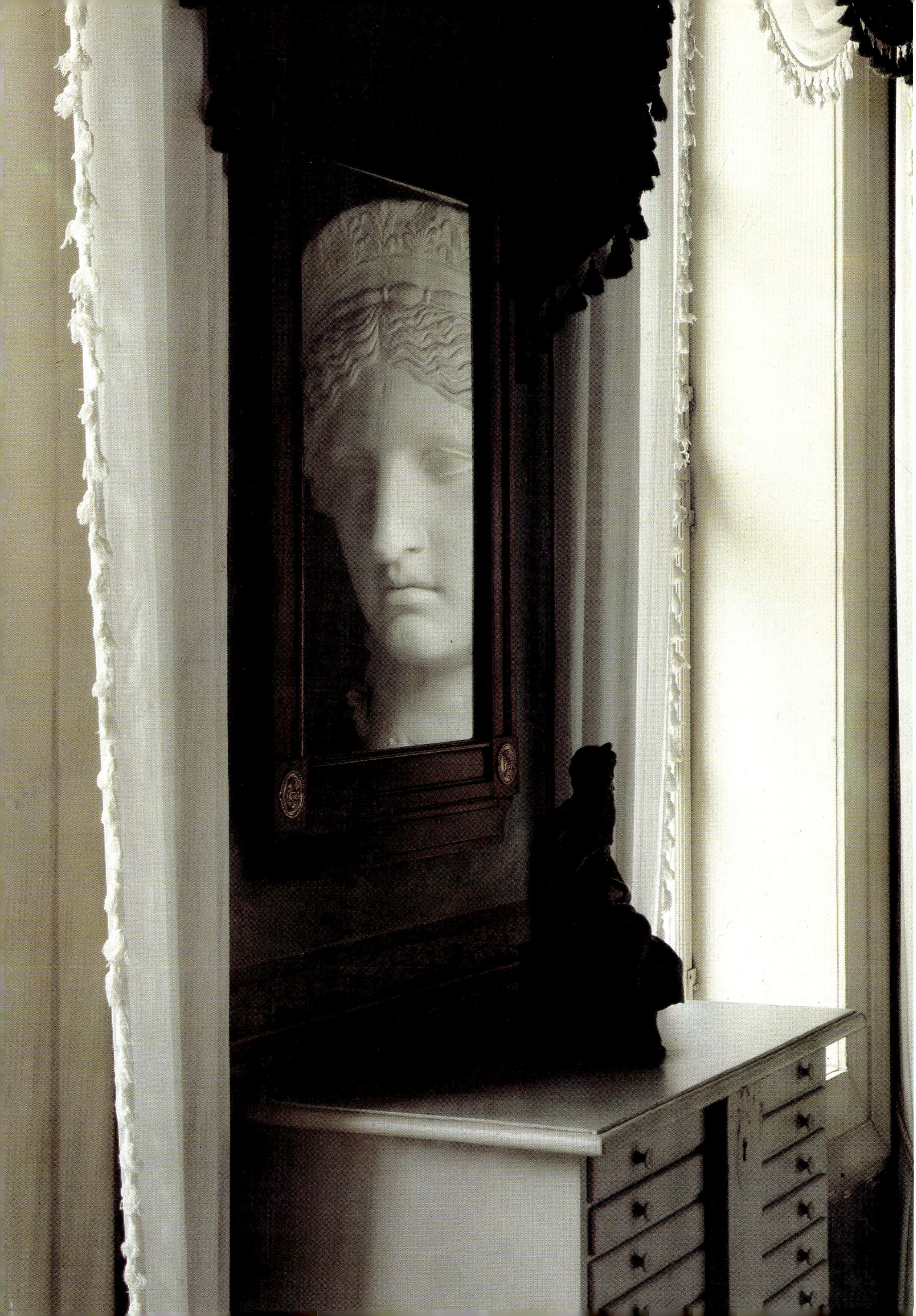

Goethes Wohnhaus, Deckenzimmer.

Goethes Wohnhaus,
Brücken- oder Büstenzimmer mit den
Abgüssen antiker Plastiken und den
Büsten von Schiller und Herder.

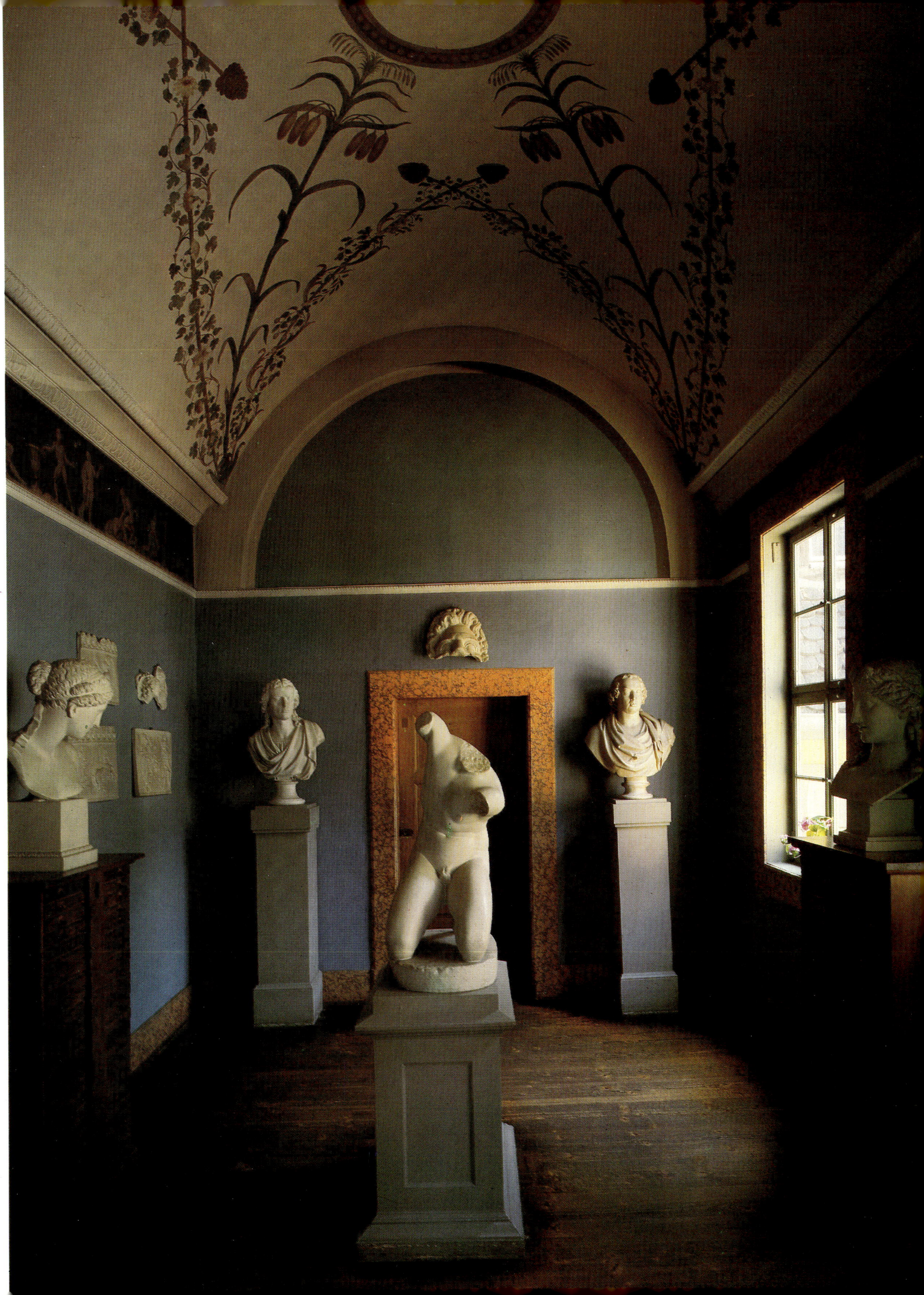

Das Haus der Familie Vulpius in der Jakobsgasse.
Blick zum Geburtszimmer Christianes.

Vulpiushaus in der Jakobsgasse, Gartenseite.

Goethes Wohnhaus, Christianes Wohnzimmer.

Ottilie aber dachte damals an einen anderen, an Ferdinand Heinke, einen preußischen Freiwilligen-Leutnant und Lützower Jäger, der gegen Napoleons Armee gekämpft hatte und von Ottilie und deren Freundin Adele Schopenhauer verwundet im Weimarer Park gefunden worden war. Sie pflegten Ferdinand Heinke gesund, er verließ die Stadt, aber sie konnte ihn lange nicht vergessen.

August setzte seine Werbung fort. Ottilie zögerte. Im Juli 1816 äußerte sie sich gegenüber der Mutter: »Herr von Göthe steht nicht hoch genug über mir, um das er vielleicht vortheilhaft auf mich wirken und mich zu etwas erheben könnte ..., dennoch würde ich ganz gegen meine innere Empfindung mein Zartgefühl handeln, könnte ich eine Verbindung eingehen.« Aber die Aussicht, den weltberühmten Namen Goethe führen und in gesicherten Verhältnissen leben zu können, überwog schließlich alle Bedenken, und noch im gleichen Jahr fand am Silvestertag die Verlobung statt, ein halbes Jahr später die Hochzeit. August sah sich am Ziel seiner Wünsche, und Ottilie war glücklich über die eigene Häuslichkeit in der Mansarde des Hauses am Frauenplan.

Doch das Glück der ersten Zeit hielt nicht lange vor, Gleichgültigkeit und Entfremdung zwischen den Eheleuten stellten sich schon bald ein. Ottilies Element war der Salon. Sie lebte der Poesie und der Musik, war empfänglich für alles Literarische und Schöne. Einig war sie sich mit August in der Liebe zum Vater. Besucher berichteten, mit welcher Verehrung Ottilie sich dem geistigen Schaffen Goethes zuwandte, wie sie seinen Wünschen entgegenkam und mit welcher Aufmerksamkeit sie ihn zu erfreuen wußte. In Krankheitstagen umsorgte sie ihn liebevoll. Goethe seinerseits war dem »Töchterchen« herzlich zugetan. Er ließ sie an seinem literarischen Schaffen teilnehmen, fand in ihr eine interessierte Zuhörerin, wenn er aus seinen Dichtungen vorlas, und ebenso eine gute Gesprächspartnerin. Ottilie liebte das Schöne, Große, Kühne. Wie hätte ihr August, der so sehr dem Irdischen verhaftet, der praktisch, ordentlich, zuverlässig und wirtschaftlich war, genügen können, ihr, die zwar liebenswürdig aber auch etwas flatterhaft war, zur Verschwendung neigte und realitätsfern in den Tag hinein lebte?

Auch die Geburt der Kinder, Walther Wolfgang am 9. April 1818 und Wolfgang Maximilian am 18. September 1820, hatte ebensowenig Einfluß auf Ottilies Lebensstil wie auf das Verhältnis der Eheleute zueinander. Goethe suchte verständnisvoll, den unruhigen Geist der Schwiegertochter zu beschäftigen, ihrer Unrast ein Ziel zu geben. So förderte er auch ihren im August 1829 entstandenen Plan, eine literarische Zeitschrift, das »Chaos«, herauszugeben.

Das Blatt war ausschließlich für Ottilies Freundeskreis bestimmt und nahm nur ungedruckte Beiträge unter Pseudonym oder Chiffre auf. Hausgenossen und Freunde waren die Autoren. Selbst Goethe unterstützte das Unternehmen mit einigen Beiträgen. Zunächst widmete sich Ottilie mit Eifer der Redaktion des Blattes, das unter dem Motto »Honny soit qui mal y pense« anfangs in 28 Exemplaren erschien. Aber schon nach kurzer Zeit erlahmte ihr Interesse, und Eckermann übernahm die lästige Kleinarbeit. Die gleichzeitig herausgegebene französische Ausgabe »Création« stellte schon nach drei Nummern ihr Erscheinen ein, die englische Ausgabe »Creation« nach sechs Nummern. Das »Chaos« wurde bis 1831 weitergeführt.

Ottilie suchte neue Unterhaltung und Ablenkung. Sie schwärmte nicht nur für englische Literatur, sondern auch für englische Lebensart und deren Repräsentanten, die damals in großer Zahl nach Weimar kamen, um Deutsch zu lernen. Zunächst war es der neunzehnjährige Charles Sterling, Sohn des britischen Konsuls in Genua, der ihr Herz gewann. Er war 1823 mit einem Empfehlungsschreiben Lord Byrons, den Goethe und Ottilie verehrten, auf ein Jahr nach Weimar gekommen. Etwa drei Jahre später wandte sich Ottilie mit der gleichen schwärmerischen Liebe dem Schotten Charles Des Voeux zu; Samuel Naylor sollte ihm folgen.

Ottilie war stolz darauf, absolut ehrlich zu sein. Ihre rücksichtslose Offenheit dürfte für August oft schmerzlich gewesen sein. Sie machte keinen Hehl aus ihren Liebeleien und Liebschaften. August blieb duldsam und freundlich. Er hatte sich damit abgefunden, nicht mit, sondern neben Ottilie zu leben, ließ ihr große Freiheiten und ging selbst seine eigenen Wege.

Während die Schwiegertochter schwärmte, der Sohn die Wirtschaft führte und bei der Vorbereitung der »Ausgabe letzter Hand« wichtige Kleinarbeit leistete, ging Goethe seinen Geschäften nach. Gewiß, er sprach gelegentlich in Ottilies Salon vor, aber er war einsam geworden, obgleich die Zahl der Besucher im Goethehaus nach wie vor groß war. Seine Gesprächspartner und Gehilfen waren vor allem Johann Peter Eckermann, Friedrich Wilhelm Riemer, Frédéric Soret und der Kanzler Friedrich von Müller. Der wichtigste Partner, Carl August, starb 1828.

Goethe zog sich immer mehr auf das Haus zurück, sicherte und ordnete seinen literarischen Nachlaß, betrieb weiterhin die »Ausgabe letzter Hand« und beschäftigte sich mit den Enkeln. Die Tagebucheintragungen zeigen, daß er ihnen viel Zeit widmete und ihre Entwicklung interessiert beobachtete. Diese Aufzeichnungen zeigen deutlich, daß »Wölfchen«, der jüngere Bruder, Goethes Liebling war, aber auch, wie wenig ihrem Alter gemäß die Enkel von Goethe unterwiesen wurden. So durfte der dreijährige Wolfgang die »Dürerschen Steindrücke besehen«, der sechsjährige Walther »zeichnete zum erstenmal nach den lithographirten Umrissen«, und mit Wölfchen wurden der »Calender und die Himmelszeichen durchgegangen«. Als Neunjähriger hatte er »freywillig einige Stunden verschiedenes Corrigirte mundirt«[17].

1827 wurde Alma von Goethe geboren. »Ottilie ist ganz eigentlich von und an diesem Kinde genesen. Ein schönes Mädchen, willkommen Vater und Mutter, so wie Großvater und Brüdern«,[18] berichtete Goethe der Freundin der Schwiegertochter, Adele Schopenhauer. Freude an der Nachkommenschaft und Hoffnungen auf deren Entwicklung sprechen aus einem Brief Goethes an Ulrike von Pogwisch vom 18.6.1831: »Walther, dem man ein musikalisches Talent zugestehen muß, ... componirt Arien, ... Wölfchen hält sich wie immer ganz nah an dem Großvater, ... er schreibt Trauer- und Lustspiele ... Das Mädchen ist allerliebst und, als ein ächt gebornes Frauenzimmerchen, schon jetzt incalculabel.«

Vater und Mutter kümmerten sich nicht viel um die Erziehung der Kinder, Ottilie nicht aus Unvermögen und August nicht, weil ihm der Vater auch hier die Zügel aus der Hand genommen hatte. Goethe neigte dazu, die Vorgänge in seiner nächsten Umgebung zu beschönigen und vor der Wirklichkeit die Augen zu verschließen. Er wollte nicht wahrhaben, daß die Ehe des Sohnes tief unglücklich war. Ebenso entsprach seine Darstellung, Ottilie sei eine gute Mutter und Erzieherin der Kinder, keineswegs der Realität. Henriette von Beaulieu fand Ottilies Verhalten gegenüber den Kindern »empörend und verächtlich. Arme Kinder! Was wird Euer Los sein? Sinnlichkeit, Eitelkeit und Eiseskälte werden eure Lehrmeister sein«, schrieb sie schon im November 1824 an ihre Tochter Caroline von Egloffstein.

Die Goetheschen Enkel besuchten keine öffentliche Schule, sondern erhielten Privatunterricht von Lehrern, die wenig Autorität hatten. Einflüsse des Elternhauses, vor allem des Großvaters, wirkten ihnen entgegen. Die Kinder wurden nicht systematisch erzogen und gebildet, nahmen aber an Vergnügungen aller Art teil, besuchten das Theater und verkehrten bei Hofe, der wirklichen Welt wurden sie entfremdet. Mit Recht klagten Walther und Wolfgang später, sie seien nur auf das Große und Schöne, nicht aber auf die Erfordernisse des Alltags vorbereitet worden.

Im April 1830 reiste August, seelisch und körperlich krank, begleitet von Eckermann, nach Italien. Seine Verfassung vor Antritt der Reise macht ein Gedicht deutlich, das Ottilie, ohne Gefühl für die darin ausgedrückte seelische Not und Klage über ein verfehltes Leben, im »Chaos« abdrucken ließ:

Ich will nicht mehr am Gängelbande
Wie sonst geleitet sein,
Und lieber an des Abgrunds Rande
Von jeder Fessel mich befreien.

So beginnt es und endet mit den Versen:

Zerrißnes Herz ist nimmer herzustellen,
Sein Untergang ist sichres Los,
Es gleicht von Sturm gepeitschten Wellen
Und sinkt zuletzt in Thetis Schooß.

Drum stürme fort in deinem schlagen
Bis auch der letzte Schlag verschwand,
Ich geh' entgegen beßren Tagen,
Gelöst ist hier nun jedes Band.[19]

August von Goethe.
Kreidezeichnung von Johann Joseph Schmeller, 1825.

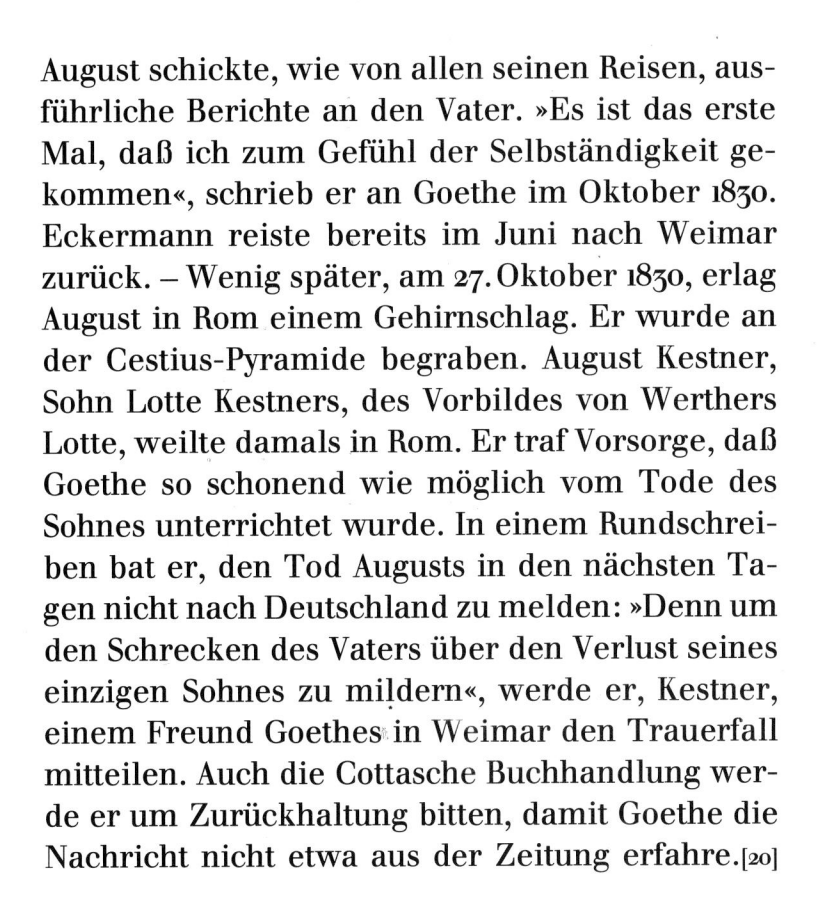

Ottilie von Goethe, geborene von Pogwisch.
Kreidezeichnung von Heinrich Müller, um 1815.

August schickte, wie von allen seinen Reisen, ausführliche Berichte an den Vater. »Es ist das erste Mal, daß ich zum Gefühl der Selbständigkeit gekommen«, schrieb er an Goethe im Oktober 1830. Eckermann reiste bereits im Juni nach Weimar zurück. – Wenig später, am 27. Oktober 1830, erlag August in Rom einem Gehirnschlag. Er wurde an der Cestius-Pyramide begraben. August Kestner, Sohn Lotte Kestners, des Vorbildes von Werthers Lotte, weilte damals in Rom. Er traf Vorsorge, daß Goethe so schonend wie möglich vom Tode des Sohnes unterrichtet wurde. In einem Rundschreiben bat er, den Tod Augusts in den nächsten Tagen nicht nach Deutschland zu melden: »Denn um den Schrecken des Vaters über den Verlust seines einzigen Sohnes zu mildern«, werde er, Kestner, einem Freund Goethes in Weimar den Trauerfall mitteilen. Auch die Cottasche Buchhandlung werde er um Zurückhaltung bitten, damit Goethe die Nachricht nicht etwa aus der Zeitung erfahre.[20]

»Gegen Abend Herr Geh. Rath v. Müller und Hofrath Vogel, mir mit möglichster Schonung das in der Nacht vom 26. bis 27. October erfolgte Ableben meines Sohns in Rom zur Kenntniß zu bringen«, lautet die Eintragung im Tagebuch am 10. November 1830.

Goethe nahm die Nachricht gefaßt entgegen, und das Leben im Goethehaus ging weiterhin seinen gewöhnlichen Gang, so als sei nichts geschehen. Ottilie trauerte nicht um August. Er hinterließ keine Lücke. Die Kinder vergaßen den Vater schnell. Lediglich Goethe klagte gegenüber Zelter: »Das eigentliche Wunderliche und Bedeutende dieser Prüfung ist, daß ich alle Lasten, die ich zunächst, ja mit dem neuen Jahre abzustreifen und einem jünger Lebigen zu übertragen glaubte, nunmehr selbst fortzuschleppen und sogar schwieriger weiter zu tragen habe.«[21]

In der Folgezeit gab Goethe seinem Testament die endgültige Fassung. Er erlebte noch den Ab-

Walther Wolfgang von Goethe.
Kreidezeichnung von Johann Joseph Schmeller, um 1830.

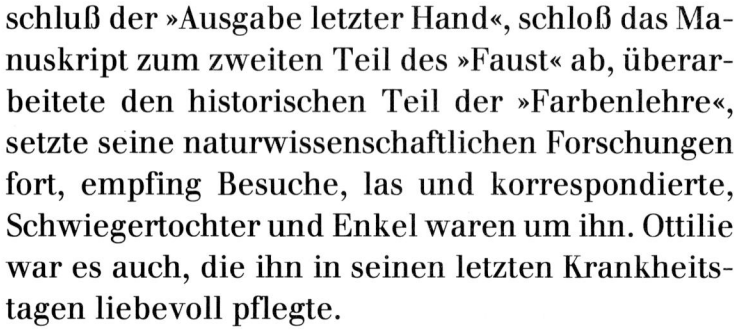

Wolfgang Maximilian von Goethe.
Kreidezeichnung von Johann Joseph Schmeller, um 1830.

schluß der »Ausgabe letzter Hand«, schloß das Manuskript zum zweiten Teil des »Faust« ab, überarbeitete den historischen Teil der »Farbenlehre«, setzte seine naturwissenschaftlichen Forschungen fort, empfing Besuche, las und korrespondierte, Schwiegertochter und Enkel waren um ihn. Ottilie war es auch, die ihn in seinen letzten Krankheitstagen liebevoll pflegte.

Kaum ein anderer Mensch wurde schon zu Lebzeiten so geliebt, verehrt und vergöttert wie Goethe. Aber führte er auch ein glückliches Leben? Hatte Graf Putbus, der Hofmarschall Anna Amalias, vielleicht recht mit seiner Bemerkung, daß ein »maßloser Ehrgeiz« Goethe »jederzeit hindern« werde, »völlig glücklich zu sein«?[22] Hat Goethe im Familien- und Freundeskreis die ihm gemäßen verständnis- und liebevollen Partner gehabt und seinerseits die ihm Nahestehenden nicht nur materiell zu sichern gesucht, sondern auch ihre Entwicklung verantwortungsbewußt gefördert?

Die Gesamtschau auf sein persönliches Leben macht die Antwort nicht leicht. Die Verbindung mit Christiane war für ihn trotz aller Liebe, die er der Frau entgegenbrachte, doch vor allem ein Sichbescheiden, sprach sie doch nur eine Seite seines Wesens an. Die Legalisierung dieses Verhältnisses war zum Zeitpunkt der Eheschließung eine Formalität, während sie zehn Jahre früher ein mutiges Bekenntnis zu seiner Gefährtin hätte sein können. Dem Sohn war nicht beschieden, je zu einer selbständigen Existenz zu gelangen. Für Goethe war es gewiß bequem, in ihm einen dienstwilligen Gehilfen in Amt und Haus zu haben. Die Enkel wurden planlos erzogen und von Goethe bald als Erwachsene, bald als Spielzeug behandelt. Es blieb ihm erspart, ihr Scheitern in der Welt zu erleben. Die Fürsorge für seine Mutter überließ er Frankfurter Freunden. Seine langjährigen Gehilfen und Sekretäre erfuhren selten Förderung. Es ergab sich beinahe mit Notwendigkeit, daß sich das Leben aller Menschen in seinem Umkreis dem seinen unterordnete. Wirkliche, ihm geistig ebenbürtige Freunde hatte er trotz seiner vielfältigen Beziehungen nicht. Knebel und Zelter – Schiller, Wieland und Herder nahmen zeitweilig eine Sonderstellung ein – standen ihm wohl nahe, aber mit keinem verband Goethe vorbehaltlose, herzliche Freundschaft und geistige Übereinstimmung. Nur Carl August war ein echter Partner.

Unwillkürlich erinnert diese Bilanz an Schillers Bemerkung vom 2. Februar 1789 Körner gegenüber: »... ich glaube in der That, er [Goethe] ist ein Egoist in ungewöhnlichem Grade. Er besitzt das Talent, die Menschen zu fesseln, und durch kleine sowohl als große Attentionen sich verbindlich zu machen; aber sich selbst weiß er immer frei zu behalten. Er macht seine Existenz wohlthätig kund, aber nur wie ein Gott, ohne sich selbst zu geben – dies scheint mir eine consequente und planmäßige Handlungsart, die ganz auf den höchsten Genuß der Eigenliebe calculirt ist.« Jahre später aber bemerkte der gleiche Schiller (am 23. November 1800) Charlotte von Schimmelmann gegenüber, daß es nicht »die hohen Vorzüge seines Geistes« seien, die ihn mit Goethe einten. »Wenn er nicht als Mensch für mich den größten Werth von allen hätte, die ich persönlich je habe kennen lernen, so würde ich sein Genie nur in der Ferne bewundern. Ich darf wohl sagen, daß ich in den 6 Jahren die ich mit ihm zusammen lebte, auch nicht einen Augenblick an seinem Charakter irre geworden bin. Er hat eine hohe Wahrheit und Biderkeit in seiner Natur, und den höchsten Ernst für das Rechte und Gute; darum haben sich Schwätzer und Heuchler und Sophisten in seiner Nähe immer übel befunden.« Rechten zu wollen, welches Urteil Schillers wirklich gültig ist, bleibt immer schwer. Gewiß, vom Standpunkt kleinbürgerlichen Moralisierens aus mag man geneigt sein, dem Brief von 1789 zustimmen zu wollen. Doch das bliebe nur die halbe Wahrheit. Im Grunde bedingten beide Seiten seines Erscheinungsbildes einander. Ohne eine entschiedene

Alma von Goethe.
Pastell von Luise Seidler, 1834.

Ich-Bezogenheit wäre das Werk in seiner Vielfalt nicht möglich gewesen. Unvoreingenommener Betrachtung aber wird es immer schwerfallen, sich damit widerspruchslos abzufinden.

Nein, ein wirklich glückliches Leben war Goethe in Weimar nicht beschieden; das werden auch diejenigen zugestehen müssen, die den Standpunkt vertreten, daß die Gestaltung seines Lebens Goethes bedeutendstes Kunstwerk gewesen sei. Doch er ist an den Umständen nicht zerbrochen und resignierte nicht. Nur so wurde möglich, was er leistete und der Nachwelt hinterließ. Der Wahrheit am nächsten kommen schließlich doch die »Divan«-Verse:

Denn ich bin ein Mensch gewesen
Und das heißt ein Kämpfer sein.[23]

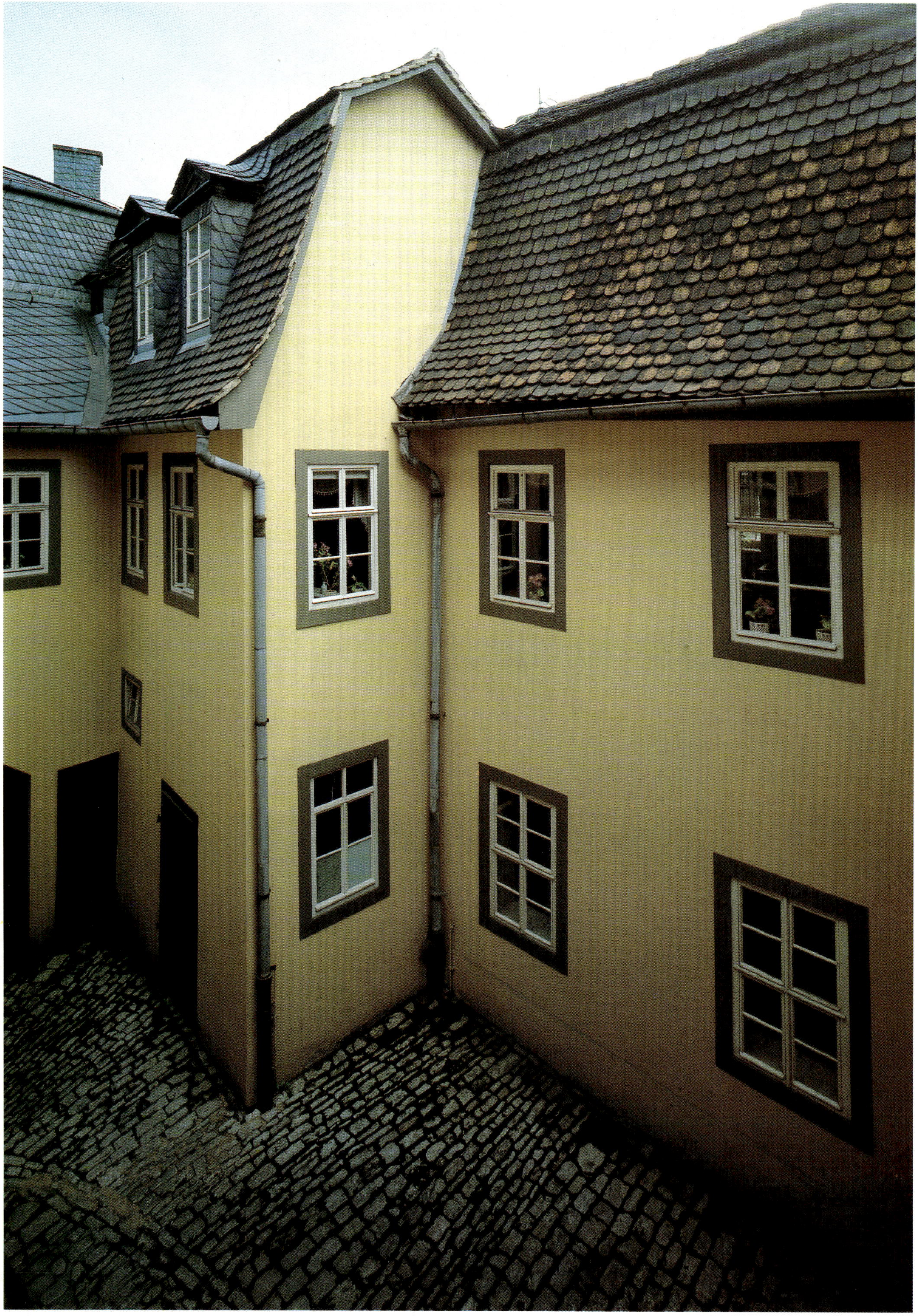

LETZTE LEBENSJAHRE, TOD UND BESTATTUNG

Je älter Goethe wurde, um so stiller wurde es um ihn, um so mehr vereinsamte er. 1803 bereits war Herder gestorben, zwei Jahre später Schiller; 1807 verschied Anna Amalia, und 1813 folgte Wieland. 1816 starb Christiane, 1827 Charlotte von Stein, 1828 Carl August und 1830 dessen Frau, Großherzogin Luise, 1830 auch der eigene Sohn. Alle gingen dahin, mit denen er einst jung gewesen war. »Ich kann eigentlich mit niemand mehr über die mir wichtigsten Angelegenheiten sprechen«, bemerkte er am 5. April 1830 Kanzler von Müller gegenüber, »denn niemand kennt und versteht meine Prämissen«. Für ihn muß das eine schlimme Situation gewesen sein. Daß die »Summa Summarum des Alters ... eigentlich niemals erquicklich«[1] ist, hat er zur Genüge erfahren, und wenn Resignation auch niemals seine Sache war, so mußte er doch konstatieren, daß das Alter isoliert.

Dazu stand es mit seiner Gesundheit nicht zum besten. Die gängige Vorstellung, daß Goethe der »Wohlgeborene« gewesen sei, der sich »einer nach menschlicher Weise durchaus vollkommenen Gesundheit«[2] zu erfreuen gehabt habe, wie das bei Carl Gustav Carus zu lesen ist, gehört ins Reich der Legende. Im Gegenteil, in allen Phasen seines Lebens war er gesundheitlich gefährdet. Achtzehnjährig nötigte ihn eine Tuberkulose, das Studium in Leipzig abzubrechen. In den folgenden Jahrzehnten relativer physischer Stabilität hatte er immer wieder mit Entzündungskrankheiten in Mund- und Rachenhöhle zu tun. Entzündungserscheinungen der Rachenhöhle waren auch die Ursache einer lebensbedrohlichen Gesichts- und Kehlkopfrose im Januar 1801. Die gleiche Krankheit bahnte sich zu Beginn des Jahres 1805 noch einmal an, nicht in der gleichen Heftigkeit, hinterließ diesmal jedoch eine bedenkliche Nierenerkrankung, die ihn bis 1812 etwa belastete, um als Folge von Durchblutungsstörungen in der Hirnrinde, von einer rheumatischen Erkrankung der Rückenwirbel abgelöst zu werden. Im Winter 1823 auf 1824 folgte eine erste Herzerkrankung, die zu Zerstörungen im Bereich der Herzkranzgefäße führte, hinzu kam im Dezember 1830 eine chronische Venenentzündung. Es glich fast einem Wunder, daß er sich erholte. Der behandelnde Arzt konstatierte nun aber eine gewisse »Steifheit der Gliedmaßen, die Abnahme des Gedächtnisses für die jüngste Vergangenheit, die zeitweilige Unfähigkeit, das Gegebene in jedem Augenblick mit Klarheit zu übersehen, und Schwerhörigkeit«.

Anders als Schiller, der mit seiner Krankheit, auch mit seinen Schmerzen, zu leben wußte, war Goethe ein äußerst empfindlicher Patient, der »bei geringsten Krankheitsbeschwerden nach ärztlicher Hilfe stets so dringend« verlangte.[3] Dennoch hat er Kranksein und Krankheit nie reflektiert und sich, sofern er nur irgend frei war von Schmerzen und Leiden, voll und ganz auf seine Arbeit konzentriert. Kaum faßbar, was während der Jahre 1825 bis 1832 noch alles vollendet wurde. Vierzig Bände der »Ausgabe letzter Hand« wurden vorgelegt, der Briefwechsel mit Schiller veröffentlicht, »Wilhelm Meisters Wanderjahre« in endgültiger Gestalt abgeschlossen, der vierte Teil von »Dichtung und Wahrheit« und vor allem der zweite Teil des »Faust« zum Abschluß geführt, und schließlich entstand noch eine grundlegende Rezension naturwissenschaftlichen Charakters. Es war, als triebe ihn eine geheimnisvolle Macht, ja keinen Torso zurückzulassen; unentwegt war sein Geist beschäftigt. Die Tagebücher der letzten Jahre seines Lebens sind ein beredtes Zeugnis dieses unermüdlichen Strebens und Wirkens. Willkürlich gelesene Eintragungen der Jahre 1830 und 1831 belegen das. »Den Aufsatz über Kupferstiche an

Goethe.
Ölgemälde von Heinrich Kolbe, undatiert (1822–1826).

Schuchardt«, ist unter dem 5. August zu lesen, »An der französischen Streitigkeit [zwischen Baron George Léopold Chrétien Frédéric Cuvier und Chevalier de Geoffroy Saint Hilaire] weiter mundirt [Principes de philosophie zoologique, discutés en Mars 1830, au sein de l'Académie Royale des sciences ... Paris: Pichon et Didier; Rousseau 1830]. Viel Eingaben die Bibliothek betreffend. Geh. Hofrath Helbig, den Brief eines Buchhändlers aus Berlin bringend. Herr von Conta, in Auftrag Serenissimi, gleichfalls auf die Bibliothek Bezügliches. Le Temps vom 31. Juli war wieder angekommen nach einer Pause von vier Tagen: den Beginn der großen Umwendung berichtend, auch ein beygelegtes Blättchen mit der Declaration des Herzogs von Orléans. Frau Großherzogin Kaiserliche Hoheit. Äußere und innere Zustände besprochen. Mittag Dr. Weller. Jenensia durchgearbeitet. Nach Tische Travels in Various Parts of Peru, by Edmond Temple. Ein heiterer, allerliebster Reisender, der's nicht zu genau nimmt. Ohne wissenschaftliche Richtung, aber doch klar und menschenverständlich gebildet, vollkommen wie man einen Reisegefährten wünschte. Die Reise beginnt 1825, in Geschäften einer Bergwerks-Association.«

Unter dem 12. November 1831 findet sich folgender Eintrag: »Nebenstehendes: Winterbergers Stammbuch an Hofrath Riemer zurück. Herrn Hofrath Göttling nach Jena. Herrn Professor Hermann, Leipzig. An Frau von Münchhausen nach Herrengosserstedt. – An dem Aufsatze über den Streit der französischen Naturforscher redigirt. Kam eine Sendung Pflanzenabdrücke von Oberbergrath Kleinschrod. In diese Tage fiel ein interessantes Heft von Witzleben über Zuwachs und Abnahme des polnischen Reiches, welches bequeme Übersichten gab. Mittag Hofrath Vogel. Bedeutendes Gespräch über wechselseitig sittliche, wissenschaftliche und praktische Ausbildung. Die französische naturhistorische Streitigkeit für mich weiter verfolgt. Abends Iphigenie von Euripides. Die große tragisch-rhetorische Technik bewundert, und wie man offenbar sieht, wie er sich nach Geschmack und Forderung seines Publicums eingerichtet hat; denn der Zuschauer bleibt immer die eine Hälfte der sehr tragischen Vorstellung. Später Ottilie, welche vom Catarrh gehindert nicht auf den Bällen gewesen war, doch manches daher zu erzählen wußte.«

Johann Peter Eckermann.
Kreidezeichnung von Johann Joseph Schmeller, um 1825.

Friedrich Wilhelm Riemer.
Kreidezeichnung von Johann Joseph Schmeller, 1824.

Gewiß, Besucher, Gäste und Geselligkeit gab es in Goethes Haus in all diesen Jahren noch häufig, aufs Ganze gesehen aber verlief sein Leben abgeschieden von der großen Welt. Die Schwiegertochter und die Enkel sowie selbstverständlich der Sohn, solange er noch lebte, Johann Peter Eckermann, Friedrich Wilhelm Riemer, Johann Heinrich Meyer, Kanzler Friedrich von Müller, Clemens Wenzeslaus Coudray und Hofrat Karl Vogel, der Arzt und seit 1826 Mitarbeiter Goethes in der Oberaufsicht über die unmittelbaren Anstalten für Kunst und Wissenschaft in Weimar und Jena – sie bildeten seine Umwelt im letzten Jahrzehnt seines Lebens. Sie waren auch in der Stunde des Todes um ihn.

»Ihro Kaiserliche Hoheit die Frau Großherzogin und Demoiselle Mazelet« verzeichnet das Tagebuch vom 15. März 1832 als Besucher. Anschließend unternahm er eine Ausfahrt und empfing zu Mittag noch Siegmund von Arnim, den zweiten Sohn der Bettina. In der folgenden Nacht erkrankte er. »Den ganzen Tag wegen Unwohlsein im Bett zugebracht«, meldet das Tagebuch unter dem 16. März. Es blieb der letzte Eintrag.

Frühmorgens schon wurde der Arzt gerufen. »Ich fand ihn im Bette schlummernd«, berichtete dieser. »Bald erwachte er, konnte sich indessen nicht sogleich völlig ermuntern, und klagte, er habe sich bereits gestern, während der Rückkehr von einer, in sehr windigem, kaltem Wetter, zwischen 1 und 2 Uhr Nachmittags unternommenen Spatzierfahrt unbehaglich gefühlt, darauf nur wenig und ohne rechten Appetit essen mögen, das Bette zeitig gesucht und in demselben eine zum größten Theile schlaflose Nacht, unter öfters wiederkehrendem, trockenem, kurzem Husten, mit Frösteln abwechselnder Hitze, und unter Schmerzen in den äußeren Theilen der Brust unangenehm genug verbracht.«[4] Nach medizinischer Auffassung war dies der Auftakt zu einer Herzkranzgefäß-Entzündung, die wenige Tage danach, gefördert durch eine Arterienthrombose, zum Tode führte.

Zunächst allerdings schien es, als erhole sich der Patient noch einmal. Das Fieber ließ nach, er konnte etwas essen, fand auch wieder Schlaf und verließ sogar für Stunden das Bett. In der Nacht vom 19. zum 20. März jedoch verschlechterte sich der Zustand von neuem, wobei sich sein Aussehen so auffallend veränderte, daß niemand mehr daran zweifeln konnte, daß die letzte Stunde gekommen war. Zwei Tage währte der Todeskampf. »Halb schlummernd, halb in traumhafter geistiger Erregtheit« verbrachte er den Spätvormittag des 22. März 1832, »bis seine Atemzüge aufhörten, nachdem zunächst seine Hände blau geworden und die Augen gebrochen waren«. Berichten der Anwesenden zufolge soll er kurz vorher noch verlangt haben, die Rollos vor den Fenstern zu entfernen, um lesen zu können; dann erkundigte er sich nach dem Datum und reagierte darauf mit den Worten: »Also hat der Frühling begonnen und wir können uns dann um so eher erholen.« Was da Tatsache, was Legende ist, bleibt ungewiß. Unbestritten jedoch ist die Tatsache seines Todes in der Mittagsstunde des 22. März 1832.

Die Beisetzung in der Grabstätte des Weimarer Fürstenhauses, der 1824 fertiggestellten Gruft, wohin 1827 bereits die Gebeine Schillers überführt worden waren, wurde für den Nachmittag des 26. März festgelegt. Ottilie von Goethe setzte es durch, daß der Tote in den Vormittagsstunden des gleichen Tages allgemein zugänglich aufgebahrt wurde. Gegen 17 Uhr setzte sich der Trauerzug in Bewegung. »Viele tausend Bewohner der Stadt und Umgegend, besonders aus Jena, Erfurt und Gotha, füllten Straßen und Fenster, ja sogar Dächer und Bäume, um den Leichenzug zu sehen.« Wie kaum anders zu erwarten, blieb auch Unruhe nicht aus, denn schließlich wollten viele dem Sarg am nächsten sein. Der »Spectakel von außen und das Geschrei wieder von den Soldaten, welche die Menschen zurückstießen«, war auch im Innern der Grabkapelle nicht zu überhören, wo der Sarg »auf einem Teppich, roth mit goldnen Sternen durchwirkt« niedergesetzt worden war, dem Teppich, »auf welchem Goethes Eltern getraut, er getauft und getraut und sein Sohn und seine Enkel ebenfalls getauft worden sind und auf welchem er auch hat ruhen wollen«[5].

Die Traueransprache war dem Weimarer Superintendenten, Johann Friedrich Röhr, Vertreter einer rationalistischen Theologie, zugefallen; keine leichte Aufgabe in der Tat. Röhr, den Goethe geschätzt hatte, den er vorübergehend sogar als Testamentsvollstrecker ins Auge gefaßt hatte, löste sie mit Bravour. Trauer um das Hinscheiden des letzten »der großen Geister, welche durch ihre mannichfaltige, Geister weckende und Geister leitende Thätigkeit« Weimar und seinem Fürstenhaus »weithinstrahlenden Glanz verliehen« haben, bestimmte den Grundton der Rede, zugleich aber auch Betroffenheit, ungeachtet des Wissens um »die Vergänglichkeit unseres eigenen Wesens in dem unaufhaltsamen Wechsel und Wandel des Irdischen« sich aufdrängende schmerzliche Betroffenheit bei dem »Gedanken an die Größe des Geistes, welcher bisher das noch einzige äußere Band zwischen einer schönen Vergangenheit und den Tagen der Gegenwart war, und an die unumgängliche Nothwendigkeit, daß derselbe in der ihm eigenen Herrlichkeit auch an seinem Theile zu einer nur vorübergehenden Erscheinung unter uns wurde«. Allein die Überzeugung, »daß eben

Johann Friedrich Röhr. Trauerworte bei Goethes Bestattung am 26. März 1832, gedruckte Broschüre, und Brief Röhrs an seinen Freund, Pfarrer Reil. Weimar, 29. März 1832. [19]

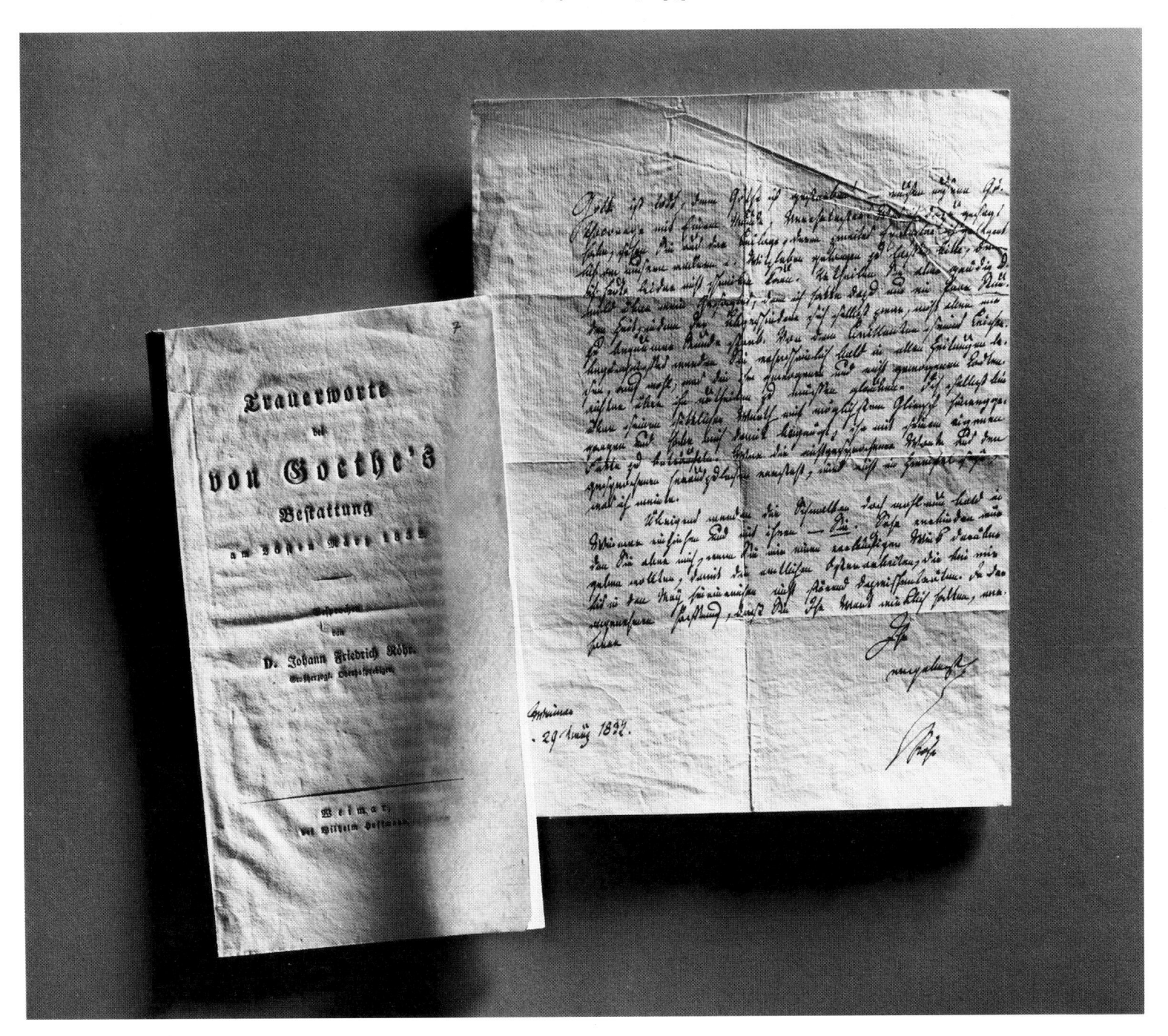

das Geistige auch noch dann auf Erden fortlebt, wenn das Irdische, womit es umkleidet ist, in sich zerfällt, und daß das Wirken und Schaffen eines über gewöhnliche Menschengeister so Hocherhabenen, wie dieser Vollendete war, selbst auf dem Schauplatze allgemeiner Vergänglichkeit ein unvergängliches Leben ist«, könne »Trost und Ruhe« geben. Eigene Worte Goethes frei kompilierend und damit die eigene Zurückhaltung rechtfertigend, endete Röhr: »Wenn der Mensch über sein Körperliches und Sittliches nachdenkt, findet er sich gewöhnlich krank. Wir leiden alle am Leben. Wer will uns, außer Gott, zur Rechenschaft ziehen? Tadeln darf man keinen Abgeschiedenen. Nicht was sie gefehlt und gelitten, sondern was sie geleistet und gethan, beschäftige die Hinterbliebenen. An den Fehlern erkennt man den Menschen; an den Vorzügen den Einzelnen. Mängel haben wir Alle gemein; die Tugenden gehören Jedem besonders.«[6]

So angemessen dem Rückblickenden diese Worte am Sarge Goethes erscheinen, den Zeitgenossen behagten sie nicht. »Er glaubte als Priester gerade so sprechen zu müssen, um Übelwollende nieder zu halten. Ob er den richtigen Tact hielt, das ist die Frage«, bemerkte Kanzler Friedrich von Müller am 4. April 1832, und sein Briefpartner, Friedrich Rochlitz, hob hervor, daß »kaum zu vermuthen« sei, »es spreche hier ein christlicher Geistlicher, und gar nicht, er spreche dies an einem christlichen Altare«. Mißbilligend aber wies er auf die »Herabwürdigung – des jetzigen Weimars gegen das vormalige« hin, und entschieden verurteilte er die Schlußpassage der Ansprache, die Worte, mit denen Röhr das Goethezitat eingeleitet hatte: »Was irdisch an Dir war, geben wir der Erde wieder, und mit der sinnlichen Hülle, in welcher Du unter uns wandeltest, begraben wir zugleich die menschlichen Schwachheiten und Gebrechen, durch welche Du auch an Deinem Theile der Natur ihre Schuld bezahltest.« Dieser »allein über Schwächen sich ausbreitende Schluß ... in dieser Unbestimmtheit, diesem Ton« ausgesprochen, empörte den biederen Leipziger Musikkritiker, der selbst seit Jahren zu Goethes Briefpartnern gehört hatte.[7]

Nicht Freunde und Verehrer Goethes allein waren enttäuscht. Röhr selbst hielt Rechtfertigung für notwendig. Doch ihm galten die Bedenken der Goethe-Anhänger nichts, ihn bewegte die Frage, ob er als Theologe die richtigen Worte gefunden habe. Vorwürfen seiner Amtskollegen zuvorzukommen, kommentierte er seine Ansprache deshalb mit folgenden Worten: »Gott ist tot, denn Goethe ist gestorben – rufen unsere Goethekoraxe mit einem Munde«. Was er dazu gesagt habe, möge man »gnädig und mild« beurteilen, denn er habe »dazu nur ein paar Stunden Zeit« gehabt, »indem der Abgeschiedene sich selbst zwar«, nicht aber ihm »zur bequemen Stunde« gestorben sei. »Ich selbst bin über seinen sittlichen Wert mit möglichstem Glimpf hinweggegangen und habe mich damit begnügt, ihn mit seinem eigenen Fette zu beträufeln. Wer die nichtgesprochenen Worte aus den gesprochenen herauszulösen versteht, wird nicht im Zweifel sein, was ich meinte.«[8]

Ein der Zeit, ihrem Denken und Empfinden geschuldeter Rechtfertigungsversuch, so wird man – so unangenehm er berührt – diesen Nachtrag des Pfarrers zu seiner Trauerrede bewerten müssen, Parteinahme zugleich in dem bis heute nicht geschlichteten Streit für und wider Goethe, der längst schon begonnen hatte und der unüberhörbar eine Zeitenwende signalisierte, auf die Heinrich Heine bereits 1828 mit seinem berühmten Dictum vom »Ende der Kunstperiode, die bey der Wiege Goethes anfing und bei seinem Sarge aufhören wird«, hingewiesen hatte.

Seite 291: Goethes Arbeitszimmer.

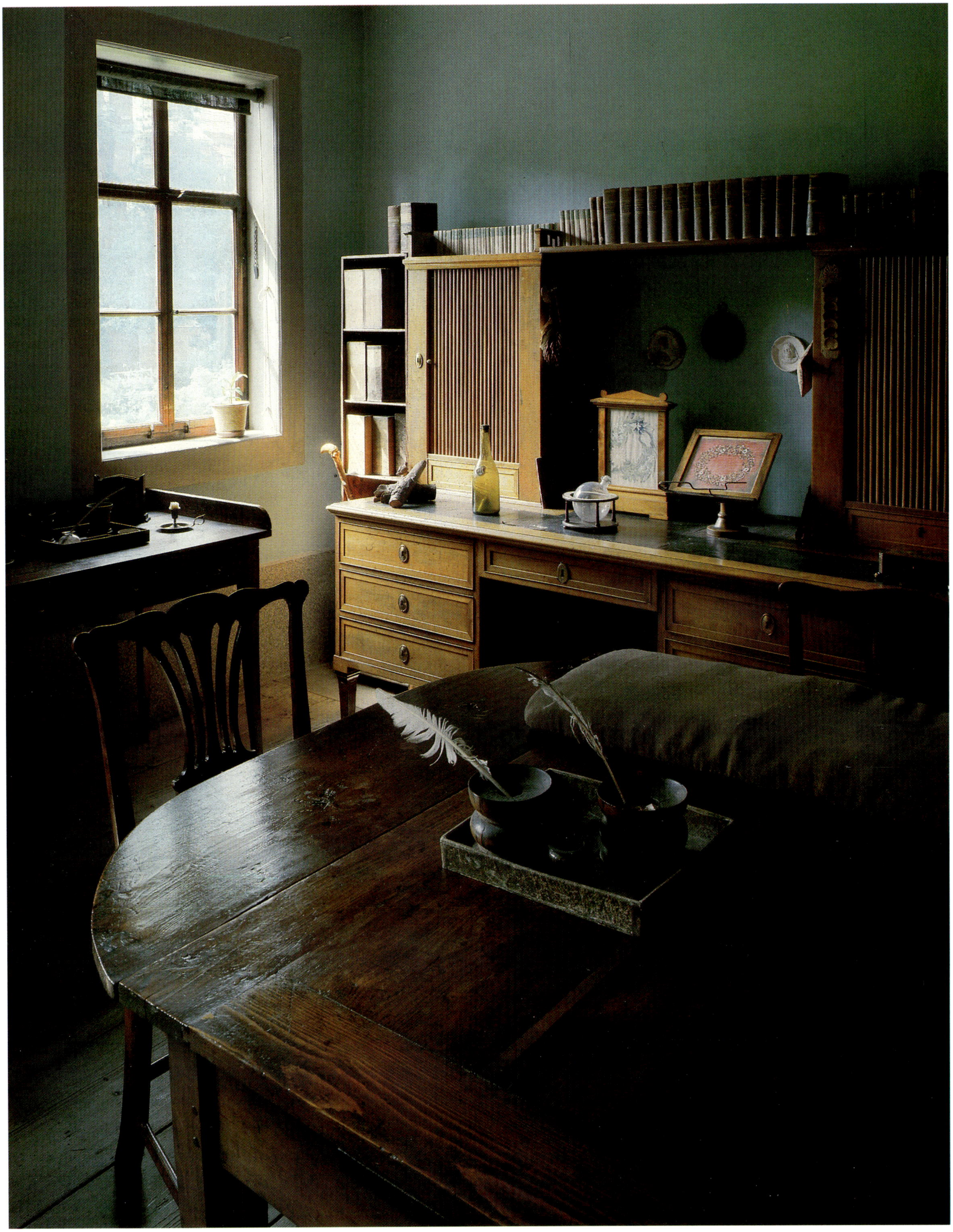

Goethes Schlafzimmer. Im Sessel sitzend
verschied Goethe hier am 22. März 1832.

Goethe- und Schiller-Gruft.
Begräbnisstätte des Weimarer Fürstenhauses,
in der auch Goethe und Schiller
ihre letzte Ruhestätte fanden.

NACHWORT Tod und Bestattung Goethes bildeten eine Zäsur, nicht das letzte Glied im Wechselverhältnis Goethe und Weimar. Wenige Wochen nur waren seit dem 22. März 1832 vergangen, als Goethes Freund und Partner in allen Fragen der bildenden Kunst, Johann Heinrich Meyer, eine Denkschrift konzipierte, die die Gründung einer Goethe-Stiftung empfahl. Eine im Sinne Goethes der Förderung von Kunst und Wissenschaft dienende Institution wurde vorgeschlagen, die alle in Weimar, Jena und Eisenach »wohnenden gründliche Kenntnisse besitzenden und Leistungsfähigen« zu regelmäßigen Vortrags- und Diskussionsveranstaltungen vereinigen und ein Jahrbuch herausgeben sollte. Ob Goethe selbst den Gedanken erwogen und mit Meyer vielleicht erörtert hatte? Wir lassen die Frage auf sich beruhen; realisiert wurde der Plan ohnehin nicht.

Zwei Jahre später wandte sich der in Berlin lebende Diplomat, Schriftsteller und glühende Goetheverehrer Varnhagen von Ense mit einer Denkschrift an den österreichischen Staatskanzler Fürst Metternich und schlug die Bildung einer Goethe-Gesellschaft vor, deren Anliegen die Erforschung von Leben und Werk Goethes sowie die lebendige Vermittlung seiner Dichtungen sein sollte. Auch diesmal blieb es beim Plan. Und nicht anders endeten Versuche, das Haus am Frauenplan zu einem Goethe-Nationalmuseum umzugestalten, dessen Grundfonds die vielfältigen Sammlungen Goethes bilden sollte.

Mehr als fünfzig Jahre vergingen noch, ehe Pläne dieser Art Wirklichkeit wurden. Anfang April 1885 starb der letzte Nachfahre Goethes. Mit Spannung und Aufregung, die heute kaum nachzuvollziehen sind, sah man damals der Entscheidung entgegen, die hinsichtlich der materiellen Hinterlassenschaft des Dichters getroffen werden würde. Testamentarische Bestimmungen des letzten Goethe ebenso wie entschiedenes Handeln der Regierenden in Weimar führten eine Lösung herbei, die Weimar zum Zentrum der Goetheforschung ebenso wie einer sich schnell ausbreitenden Goetheverehrung werden ließen. Zu den wichtigsten Maßnahmen damaliger Zeit gehörten die Gründung des später zum Goethe- und Schiller-Archiv erweiterten Goethe-Archivs, die Umgestaltung des Hauses am Frauenplan zu einem Goethe-Nationalmuseum sowie die Konstituierung einer Goethe-Gesellschaft, die in sehr kurzer Zeit zahlreiche Goethefreunde aus aller Welt vereinigte und die durch ihre Veröffentlichungen ebenso wie durch regelmäßig stattfindende Hauptversammlungen die Aufmerksamkeit einer breiten Öffentlichkeit immer wieder auf Weimar lenkte.

Diese Vorgänge korrespondierten in eigenartiger Weise mit der Wirkungsgeschichte Goethes. Kaum ein anderer Autor war und ist so umstritten wie er. Während auf der einen Seite der Fürstendiener und Hofmann Goethe, der jeder revolutionären Gebärde abgeneigte Bürger und Staatsbeamte, der Verfechter klassizistischer Kunstideale und dilettantische Naturforscher attackiert wurde, wuchs die Zahl der Leser seiner poetischen Werke stetig an. Wie sich diese Leserschaft sozial und bildungsmäßig zusammensetzte, ist schwer zu sagen und bisher nur ungenügend erforscht. Soviel aber scheint gewiß, daß Goethe und sein Werk im ausgehenden 19. Jahrhundert eine bedeutende Position im Prozeß geistiger Auseinandersetzungen ausmachte. Dafür spricht die Vehemenz der Diskussion um Goethe, die damals einsetzte und die man begreifen muß als ein Element der sozialen, politischen und geistigen Entwicklungen, die um 1900 zur Herausbildung einer neuen Epoche menschheitlicher Geschichte führte. 1828 bemerkte Heinrich Heine: »... eine neue Zeit mit einem neuen Prinzip steigt auf, und seltsam! ... sie beginnt mit Insurrektion gegen Goethe.« Unwillkürlich erinnert man sich solcher Worte, wenn man die Vorbemerkung zu Friedrich Nietzsches Aphorismensammlung »Morgenröthe« oder auch das »Vorspiel« und die »Lieder des Prinzen Vogelfrei« in »Die fröhliche Wissenschaft« liest. Gewiß, da geht es nicht vorrangig um Goethe, aber es ging auch um und gegen Goethe und die durch ihn repräsentierte Epoche deutscher Geistesgeschichte. Die damit einsetzende Diskussion blieb durchaus nicht auf Kunst und Literatur beschränkt, sondern ordnete sich in die Auseinandersetzung sozialer und politischer Gruppierungen und Parteien ein. Die Erinnerung an Goethe und sein Werk diente schließlich auch kulturpolitischer Repräsentation, Ansprachen und Veranstaltungen während der Goethejahre 1932, 1949 und 1982 legen davon ein beredtes Zeugnis ab.

Korrespondierend mit einer solchen Entwicklung wuchsen fortschreitend auch Ansehen und Bedeutung Weimars. Hier hatte der Dichter länger als fünfzig Jahre gelebt, hier erinnerten und erinnern das Haus am Frauenplan und andere Memorialstätten, Museen und Sammlungen an den Dichter und seine Lebenssphäre, hier gibt es das Goethe- und Schiller-Archiv, ein in seiner Art einzigartiges Institut wissenschaftlicher Goetheforschung, und hier fanden und finden aus Anlaß von Goethe-Ehrungen repräsentative Veranstaltungen im Deutschen Nationaltheater statt. All das sind Tatsachen, die von der Fortdauer des Wechselverhältnisses »Goethe und Weimar« bis in die Gegenwart zeugen. Mag dieses Verhältnis angesichts veränderter Voraussetzungen und Zeitbedingungen auch eine völlig neue Gestalt angenommen haben, die Frage nach der Wirklichkeit und der ideellen Bedeutung der – wenn auch so ganz andersartigen – bis heute andauernden Präsenz Goethes in Weimar bezeichnet ein kulturgeschichtliches Phänomen, das in gleicher Ausführlichkeit und Anschaulichkeit wie das Verhältnis »Goethe in Weimar« in der Zeit von 1775 bis 1832 dargestellt zu werden verdiente. Mögen sich Gelegenheit und Bearbeiter finden, eine solch reizvolle Aufgabe zu lösen.

ANMERKUNGEN

Die Fußnoten zu den Abbildungen finden sich am Ende des Anmerkungsteils. Die Anordnung der Anmerkungen zum Text enspricht der Folge der Kapitel. Da die einzelnen Darstellungen auf der Grundlage von Primärquellen erarbeitet wurden, kann auf Literaturhinweise weitgehend verzichtet werden. Genannt werden gegebenenfalls nur solche Darstellungen und Quellenpublikationen, deren Berücksichtigung unumgänglich war oder auf die, in Ermangelung anderer Quellen, zurückgegriffen werden mußte.

Die Anmerkungen beschränken sich

a. auf die Kennzeichnung von Briefen und Tagebucheintragungen Goethes durch Angabe des Korrespondenzpartners und der Daten, sofern sich diese nicht zweifelsfrei aus dem Text ergeben,

b. auf Titel- und Stellenangaben bei poetischen Werken und sonstigen Schriften Goethes mit Hinweis auf den jeweiligen Druckort in der Weimarer Ausgabe und in der Artemis-Gedenkausgabe,

c. auf die Kennzeichnung nichtgoethescher Briefe und Texte mit dem Hinweis auf den jeweiligen Druckort.

Briefe an Goethe von Schiller, Carl August und Christian Gottlob Voigt werden zitiert nach:

Schillers Briefe in zwei Bänden. Ausgew. und erl. von Karl-Heinz Hahn. Weimar 1968

Briefwechsel des Herzogs-Großherzogs Carl August mit Goethe. Hrsg. von Hans Wahl. 3 Bde. Berlin 1915–1918

Goethes Briefwechsel mit Christian Gottlob Voigt. Bearb. und hrsg. von Hans Tümmler (Bd. 3 und 4 unter Mitwirkung von Wolfgang Huschke). 4 Bde. Weimar 1949–1962 (Schriften der Goethe-Gesellschaft, Bd. 53–56)

Folgende Siglen werden verwandt:

WA
Goethes Werke. Hrsg. im Auftrage der Großherzogin Sophie. Weimar 1887–1919 (=Weimarer Ausgabe)
1. Abteilung: Poetische Werke und theoretische Schriften (WA I)
2. Abteilung: Schriften zur Naturwissenschaft (WA II)
3. Abteilung: Tagebücher (WA III)
4. Abteilung: Briefe (WA IV)
(Die durch Schrägstrich getrennten arabischen Ziffern bezeichnen Band- und Seitenzahlen.)

Art.
Johann Wolfgang Goethe. Gedenkausgabe der Werke, Briefe und Gespräche. 28. August 1949. Hrsg. von Ernst Beutler. Artemis Verlag, Zürich
(Die durch Schrägstrich getrennten arabischen Ziffern beziehen sich auf die Band- und Seitenzahl.)

Gespr.
Goethes Gespräche. Eine Sammlung zeitgenössischer Berichte aus seinem Umgang. Auf Grund der Ausgabe Flodoard Frh. von Biedermann. Hrsg. von Wolfgang Herwig. Zürich und Stuttgart [1965–1972]

Eckermann
Johann Peter Eckermann, Gespräche mit Goethe in den letzten Jahren seines Lebens. Zürich [1948]
(=Johann Wolfgang Goethe. Gedenkausgabe der Werke, Briefe und Gespräche. 1949. Hrsg. von Ernst Beutler. Bd. 24)

Gr.
Goethe. Begegnungen und Gespräche. Hrsg. von Ernst und Renate Grumach. Berlin, seit 1965
(Die römische Ziffer kennzeichnet den Band, die arabische die Seitenzahl.)

Bode
Goethe in vertraulichen Briefen. Zusammengestellt von Wilhelm Bode. Bd. 1–3. Berlin und Weimar 1979
(Die römische Ziffer kennzeichnet den Band, die arabische die Seitenzahl.)

RA
Briefe an Goethe. Gesamtausgabe in Regestform. Hrsg. von Karl-Heinz Hahn. Weimar, seit 1980
(Die römische Ziffer kennzeichnet den Band, die Nr. den Brief.)

GSA
Goethe- und Schiller-Archiv. Die Sigle verweist auf Dokumente und Manuskripte, die zum Bestand des Archivs gehören.

Lebenswende – Goethes Weg von Frankfurt nach Weimar

[1] Eckermann, 27. Januar 1824
[2] an J. H. Merck, 22. Januar 1776
[3] an Käthchen Schönkopf, 23. Januar 1770
[4] an J. C. Kestner, 15. September 1773
[5] an J. D. Salzmann, 28. November 1771
[6] Dichtung und Wahrheit. Erstes Buch. WA I 26/24; Art. 10/24
[7] vgl. Anmerkungen 3 und 5
[8] Geschichte Gottfriedens von Berlichingen mit der eisernen Hand. Dramatisiert. 1. Akt. WA I 39/36; Art. 4/538
[9] Konrad Burdach. Zitiert nach H. Bräuning-Oktavio, Herausgeber und Mitarbeiter der Frankfurter Gelehrten Anzeigen 1772. Tübingen 1966, S. 389
[10] Dichtung und Wahrheit. Zweites Buch. WA I 26/113; Art. 10/84
[11] an Auguste Gräfin zu Stolberg, 13. Februar 1775
[12] an Johann Heinrich Merck, 8. August 1775
[13] Dichtung und Wahrheit. Fünfzehntes Buch. WA I 28/318; Art. 10/703
[14] Dichtung und Wahrheit. Schluß
[15] an Katharina Elisabeth Goethe, 11. August 1781

Weimar

Geschichte der Stadt Weimar. Hrsg. von Gitta Günther und Lothar Wallraf. Weimar 1975

Richard Friedenthal, Goethe. Sein Leben und seine Zeit. München 1963, S. 8 und 208

Bei Hofe

Willy Andreas, Sturm und Drang im Spiegel der Weimarer Hofkreise. In: Goethe. Viermonatsschrift der Goethe-Gesellschaft 8, 1943 (= Goethe-Jahrbuch Bd. 63) S. 126–149 (zitiert als Andreas)

derselbe, Kämpfe und Intrigen am Weimarischen Hofe vor dem Regierungsantritt Carl Augusts. In: Historische Zeitschrift 169 (1949) S. 514–558

derselbe, Carl August von Weimar. Ein Leben mit Goethe. 1757–1783. Stuttgart [1953]

Hans Tümmler, Carl August von Weimar, Goethes Freund. [Stuttgart 1978]

Karl-Heinz Hahn, Carl August von Weimar. Ein Versuch. In: Impulse. Aufsätze, Quellen, Berichte zur deutschen Klassik und Romantik. Berlin und Weimar 1982, S. 264–309

[1] an J.G. Hamann, Gr. II, 374 f.
[2] an K.L. von Knebel, 21. November 1782
[3] J.K. Lavater an J.G. Zimmermann, 20. Oktober 1774, Gr. I, 291
[4] an J.C. Kestner, 25. Dezember 1773
[5] an J. Fahlmer, 14. Februar 1776
[6] an Charlotte von Stein, 17. März 1776
[7] Chr. Graf zu Stolberg an H.W. v. Gerstenberg, 21. Januar 1776, Gr. I, 391
[8] an J.H. Merck, Gr. I, 439
[9] Charlotte von Stein an J.G. Zimmermann, 6. März 1776, Gr. I/409
[10] Charlotte von Stein an J.G. Zimmermann, 8. März 1776, Gr. I/410
[11] Sigismund von Seckendorff an seinen Bruder, 12. April 1776, Andreas, S. 131
[12] vgl. Anmerkung 8
[13] an Carl August, 24. April 1776, Bode I/176
[14] an J. Fahlmer, 19. Februar 1776
[15] Andreas, S. 141
[16] Friedrich Schiller, Geschichte des Abfalls der vereinigten Niederlande von der Spanischen Regierung. I. Buch
[17] über Prinz Constantin vgl. Volker L. Sigismund, Ein unbehauster Prinz. Constantin von Sachsen-Weimar (1758–1793). Jahresgabe 1984/85 der Ortsvereinigung Hamburg der Goethe-Gesellschaft in Weimar
[18] Schiller an Chr.G. Körner, 28. Juli 1787
[19] Zum feierlichsten Andenken der Durchlauchtigsten Fürstin und Frau Anna Amalia. WA I 36/306; Art. 12/691
[20] gedruckt in: Goethe-Jahrbuch. Bd. 97 (1980), S. 236–239
[21] zu Eckermann, 3. November 1823
[22] an Charlotte von Stein, 7. September 1779
[23] an Charlotte von Stein, 9. Oktober 1779
[24] Philipp Seidel an J.A. Wolff, 23. November 1775, Bode I
[25] Frédéric Soret, 18. Juli 1824, Gespr. III/710
[26] WA I 53/384
[27] Goethes Amtliche Schriften. Hrsg. von W. Flach. Bd. 1. Weimar 1950, S. 420

Politisches Amt und Landesverwaltung

Goethes Tätigkeit im Geheimen Consilium. Teil I: Die Schriften der Jahre 1776–1786. Bearbeitet von Willy Flach. Weimar 1950 (= Goethes Amtliche Schriften. Veröffentlichung des Staatsarchivs Weimar. Erster Band. Zitiert als: Amtliche Schriften)

Hans Bürgin, Der Minister Goethe vor der Römischen Reise. Seine Tätigkeit in der Wegebau- und Kriegskommission. Weimar 1953

Hans Tümmler, Goethe in Staat und Politik. Gesammelte Aufsätze. Köln, Graz 1964

Karl-Heinz Hahn, Jakob Friedrich von Fritsch. Minister im klassischen Weimar. Weimar 1953

[1] Wieland an J.H. Merck, 26. Januar 1776, Gr. I/404
[2] J.F. von Fritsch, 10. Mai 1776, Bode I/181 f.
[3] Hahn, Fritsch, S. 126
[4] Amtliche Schriften, S. 251
[5] an Carl August, Februar 1779, Amtliche Schriften 52–56
[6] an Sylvius Freiherr von Franckenberg, 2. September 1785, Amtliche Schriften, S. 390
[7] an Knebel, 17. April 1782
[8] an Charlotte von Stein, 9. Juli 1786
[9] an Carl August, 27.–29. Mai 1787
[10] Schema zu Dichtung und Wahrheit vom 31. Mai 1810, WA I 53/384; Art. 10/874

Bauherr und Architekt

Alfred Jericke/Dieter Dolgner, Der Klassizismus in der Baugeschichte Weimars. Weimar 1975

Gerd Wietek, Untersuchungen über Goethes Verhältnis zur Architektur. Diss. phil. Kiel 1951

[1] Dichtung und Wahrheit. Achtes Buch. WA I 27/154; Art. 10/341
[2] Johann Joachim Winckelmann, Gedanken über die Nachahmung der Griechischen Werke in der Malerei und Bildhauerkunst. Abschnitt: Das Seelische, Ausdruck des Humanen. Edle Einfalt.
[3] an Charlotte von Stein, 14. Mai 1778
[4] Tagebuch, 15. Dezember 1778
[5] Tagebuch, Ende September 1778
[6] an Charlotte von Stein, 3. November 1778
[7] an Auguste von Stolberg, 18. Mai 1776, Tagebuch, 26. Mai 1777
[8] Wieland an J.H. Merck, 3. Juli 1778, Gr. II/84
[9] Tagebuch, 29. September 1786
[10] an J.G. Herder, 17. Mai 1787 (Italienische Reise) WA I 31/231; Art. 11/352
[11] an Christian Gottlob Voigt, 14. August 1798
[12] H. Gentz an Goethe, RA III, Nr. 1161
[13] Staatsarchiv Weimar, B 19017
[14] RA I, Nr. 494
[15] an Carl August, 27. Mai 1787
[16] an J.H. Meyer, 15. September 1796
[17] WA I 53/181; Art. 12/676
[18] an J.H. Meyer, 7. Juli 1794
[19] an J.H. Meyer, 8. August 1796
[20] WA I 53/260–266
[21] an Carl August, 20. Juli 1826
[22] Eckermann, 24. März 1825
[23] Eckermann, 1. Mai 1825
[24] Goethe und Schiller, Über den Dilettantismus. WA I 47/306; Art. 14/736

Theaterdirektor

Julius Wahle, Das Weimarer Hoftheater unter Goethes Leitung. Weimar 1892 (= Schriften der Goethe-Gesellschaft, Bd. 6)

Bruno Th. Satori-Neumann, Die Frühzeit des Weimarischen Hoftheaters unter Goethes Leitung (1791–1798). Berlin 1922 (= Schriften der Gesellschaft für Theatergeschichte, Bd. 31)

[1] Wahle, S. 30
[2] Satori-Neumann, S. 42
[3] vgl. Anmerkung 1
[4] WA I 13/155 f.
[5] Weimarisches Hoftheater. WA I 40/73 f.; Art. 14/63 f.
[6] Wahle, S. 50
[7] vgl. Anmerkung 5
[8] Über das deutsche Theater (1815), WA I 40/89; Art. 14/107
[9] WA I 40/139–167; Art. 14/72–90
[10] Weimarisches Hoftheater. WA I 40/78; Art. 14/66
[11] Eckermann, 27. März 1825
[12] Über die verschiedenen Zweige der hiesigen Thätigkeit. WA I 53/ 177. Art. 12/673

Staatsbeauftragter für die Weimarer Bibliothek

Otto Lerche, Goethe und die Weimarer Bibliothek. Leipzig 1929

Elise von Keudell, Goethe als Benutzer der Weimarer Bibliothek. Weimar 1931

Zur Geschichte der Landesbibliothek zu Weimar und ihrer Sammlungen. Hrsg. von Hermann Blumenthal. Jena 1941

[1] Zitiert nach W. Scheidig, Zur Baugeschichte der Weimarer Bibliothek. In: Blumenthal, S. 25
[2] Joseph A. von Bradish, Goethes Beamtenlaufbahn. New York 1937 S. 234 f.
[3] Das Bibliothekarsreglement gehört zum Bestand der Zentralbibliothek der deutschen Klassik, Weimar
[4] Zentralbibliothek der deutschen Klassik, Weimar
[5] Lerche, S. 91
[6] GSA

Goethe und die Gründung der Weimarer Gemäldegalerie

Alfred Jericke/Dieter Dolgner, Der Klassizismus in der Baugeschichte Weimars. Weimar 1975, S. 52 f.

Erich Trunz, Goethe als Sammler. In: E. Trunz, Weimarer Goethe-Studien. Weimar 1980 (= Schriften der Goethe-Gesellschaft. 61)

[1] Über die verschiedenen Zweige der hiesigen Thätigkeit. WA I 53/179; Art. 12/675
[2] Goethes Briefwechsel mit Heinrich Meyer. Bd. 2. Weimar 1919. S. 255
[3] an Carl August, 19. März 1823
[4] Tagebuch, 2. März 1824
[5] an Carl August, 7.–8. Januar 1824
[6] Akten der Weimarer Kunstsammlungen, G.H., Nr. 2
[7] WA I 46/49 f.; Art. 13/436

Forschungen und Sammlungen zur Naturwissenschaft

[1] Der Verfasser theilt die Geschichte seiner botanischen Studien mit. WA II 6/99 f.; Art. 17/64 sowie Gespr.
[2] Dichtung und Wahrheit. Viertes Buch. WA I 26/187; Art. 10/132
[3] vgl. Anmerkung 1
[4] Parabase (»Freudig war, vor vielen Jahren«) WA I 3/84; Art. 1/516
[5] Gespr.
[6] zitiert nach H. Wagner, Briefe an J.H. Merck, Bd. 1. 1835
[7] RA I, Nr. 194
[8] WA I 3/89; Art. 1/519 f.
[9] Die Metamorphose der Pflanzen. WA I 3/85–87; Art. 1/516
[10] Aufzeichnungen aus der Zeit der Italienischen Reise. WA II 7/282; Art. 17/189
[11] WA I 33/214; Art. 12/385
[12] Bildung des Erdkörpers. WA II 9/217; Art. 17/580
[13] Materialien zu einer Geschichte der Farbenlehre, Abschnitt: Confession des Verfassers. WA II 4/292; Art. 16/706
[14] Das Auge. WA II 5^2/12
[15] vgl. Anmerkung 4

Weimarer Dichter

Hinweise auf Entstehung und Gehalt der hier besprochenen Dichtungen finden sich unter anderem in dem von Kurt May bearbeiteten 6. Band der Artemis-Ausgabe (= Johann Wolfgang Goethe. Gedenkausgabe der Werke, Briefe und Gespräche. 28. August 1949. Hrsg. von Ernst Beutler)

Gisela Sichardt, Das Weimarer Liebhabertheater unter Goethes Leitung. Weimar 1957

Über die Maskenzüge unterrichtet Heinrich Düntzer, Goethes Maskenzüge. Leipzig 1886

Zu verweisen ist ferner auf

Wolfgang Hecht, Goethes Maskenzüge. In: Studien zur Goethezeit. Festschrift für Lieselotte Blumenthal. Weimar 1968, S. 127–142

[1] An den Mond. WA I 1/101 f.; Art. 1/71
[2] Die Lustigen von Weimar. WA I 1/151; Art. 1/109
[3] an Johanna Fahlmer, 14. Februar 1776
[4] an Charlotte von Stein, 14. April 1776 (»Warum gabst du uns die tiefen Blicke«)
[5] nachzulesen: Œuvre de Jean Rotron. Paris 1820. Tome I
[6] WA I 12/46 f.; Art. 6/865, 867 f.
[7] an Friedrich Ludwig Seidel, 3. Februar 1816
[8] WA I 17/86 f.; Art. 6/560
[9] zitiert nach Wolfram Huschke, Musik im klassischen und nachklassischen Weimar. Weimar 1982, S. 17
[10] WA I 12/103; Art. 6/906
[11] J.G. Herder an J.G. Hamann, 11. Juli 1782; Gr. II/374
[12] an Charlotte von Stein, 6. Februar 1782
[13] an Sulpiz Boisserée, 7. August 1819
[14] WA I 38/113; Art. 4/836
[15] an J.K. Lavater, 19. Februar 1781
[16] WA I 16/191–194; Art. 3/682–684
[17] WA I 16/203–207; Art. 3/697, 700
[18] WA II 9/175; Art. 17/482
[19] Goethe. Neue Folge des Jahrbuchs der Goethe-Gesellschaft. Bd. 11 (1949) (= Goethe-Jahrbuch Bd. 66) S. 62–77
[20] WA I 16/41–56

Geselligkeit

Gisela Sichardt, Das Weimarer Hoftheater unter Goethes Leitung. Weimar 1957

Das Journal von Tiefurt. Hrsg. von Eduard von der Hellen. Weimar 1982 (= Schriften der Goethe-Gesellschaft. Bd. 7)

Karl Freiherr von Lyncker, Am Weimarischen Hofe unter Amalien und Carl August. Berlin 1912

Bruno Th. Satori-Neumann, Goethe und die Einrichtung der Weimarischen Redouten. Berlin 1935

Hugo Wernecke, Goethe und die königliche Kunst. Leipzig 1905

[1] zu Julie von Egloffstein, 6. März 1818, Gespr. III/48
[2] an Schiller, 7. August 1799
[3] zitiert nach Sichardt, S. 104
[4] »Avertissement« zu »Journal oder Tagebuch von Tieffurth«
[5] Satori-Neumann, S. 58
[6] Wernecke, S. 9 f.
[7] Goethes Tätigkeit im Geheimen Consilium. Bd. 2. Bearb. von H. Dahl. Weimar 1968 (= Goethes Amtliche Schriften. Bd. 21, S. 193 f.
[8] Rede bei Eröffnung der Freitagsgesellschaft. WA I 42²/16
[9] Konstitution des »Club zu Weimar« vom 9. Januar 1801. GSA
[10] Henriette von Beaulieu-Marconnay, Das ästhetische Weimar. GSA
[11] WA I 1/105
[12] 2. Oktober 1823
[13] 17. Februar 1832

Persönliche Lebensverhältnisse

Bernhard Martin, Goethe und Charlotte von Stein. Kassel und Basel 1949

Alphons Nobel, Frau von Stein. Goethes Freundin und Feindin. München 1949

Goethes Ehe in Briefen. Hrsg. von Hans Gerhard Gräf. Leipzig 1966

Johann Caspar Goethe, Cornelia Goethe, Catharina Elisabeth Goethe. Briefe aus dem Elternhaus. Hrsg. von Wolfgang Pfeiffer-Birch. Zürich 1960

Ludwig Geiger, Goethe und die Seinen. Leipzig 1908

Walther Vulpius, Das Stammbuch von August von Goethe. In: Deutsche Rundschau. Hrsg. von Julius Rodenberg, Bd. LXVIII. Berlin 1891

Oskar Jellinek, Die Geistes- und Lebenstragödie der Enkel Goethes. Wien 1953

[1] Johann Georg Zimmermann an Johann Kaspar Lavater, 12. Dezember 1774. Martin, S. 36
[2] Christoph Wilhelm Hufeland. Mein Leben als Arzt. Stuttgart 1863, S. 17
[3] Charlotte von Stein an Johann Georg Zimmermann, 8. März 1776. Gr. I/410
[4] an Charlotte von Stein, 12. Juni 1784, 20. März 1782, 12. März 1781
[5] 15. April 1780
[6] 28. August 1780
[7] an Johann Kaspar Lavater, 20. September 1780
[8] Aufzeichnungen von Rudolfine von Both über ein Gespräch mit Luise von Knebel, 24. August 1820. Gespr.
[9] Katharina Elisabeth Goethe an Goethe, 17. April 1807. Gräf S. 263
[10] Zahmes Xenion. WA I 3/302
[11] an Christiane, 31. Mai 1793, 7. Juli 1803, 26. Oktober 1808
[12] Christiane an Goethe, 2. Oktober 1797, 15. Juli 1810, 8. August 1793. Gräf Nr. 26, 73, 189
[13] »Den 6. Juni 1816«. WA I 4/61
[14] an Christiane, 29. August 1795
[15] August von Goethe, 10. Juli 1809
[16] Vulpius, S. 250 und 270
[17] 26. April 1823, 20. März 1824, 19. Januar 1828, 5. September 1830
[18] an Adele Schopenhauer, 16. November 1827
[19] Abschrift eines Gedichtmanuskripts von August von Goethe. GSA
[20] Rundschreiben von August Kestner über Tod und Bestattung August von Goethes, 27. Oktober 1830. GSA
[21] an Karl Friedrich Zelter, 21. November 1830
[22] Moritz Ulrich Graf zu Putbus an Graf Wartensleben, 29. Juli 1776. Gespr.
[23] West-östlicher Divan, Buch des Paradieses: »Einlaß«. WA I 6/253

Letzte Lebensjahre, Tod und Bestattung

Carl Schüddekopf, Goethes Tod. Dokumente und Berichte der Zeitgenossen hrsg. von C. Sch. Leipzig 1907

Wolfgang H. Veil, Goethe als Patient. Jena 1939

[1] an Fritz von Stein, 21. Dezember 1798
[2] Carl Gustav Carus, Goethe. Dessen Bedeutung für unsere und kommende Zeiten [1863]
[3] Schüddekopf, S. 16
[4] ebd.
[5] Schüddekopf, S. 37 und Goethe-Jahrbuch 74 (1957), S. 231, f.
[6] Schüddekopf, S. 107–110
[7] ebd., S. 171
[8] Johann Friedrich Röhr an Probst Reil, Bode III, 345

ZU DEN ABBILDUNGEN

Die abgebildeten Kunstwerke, Handschriften und anderen Objekte befinden sich, wenn nicht anders gekennzeichnet, im Besitz der Nationalen Forschungs- und Gedenkstätten der klassischen deutschen Literatur in Weimar.

[1] ... Bey der lebhaften Einbildung und Ahndung menschlicher Dinge, wäre ich doch immer unbekannt mit der Welt, und in einer ewigen Kindheit geblieben, welche meist durch Eigendünkel, und alle verwandte Fehler, sich und andern unerträglich wird. Wie viel glüklicher war es, mich in ein Verhältniß gesezt zu sehen, dem ich von keiner Seite gewachsen war, wo ich durch manche Fehler des Unbegrifs und der Uebereilung mich und andere kennen zu lernen, Gelegenheit genug hatte, wo ich, mir selbst und dem Schiksaal überlaßen, durch so viele Prüfungen ging die vielen hundert Menschen nicht nöthig seyn mögen, deren ich aber zu meiner Ausbildung äußerst bedürftig war. Und noch iezt, wie könnte ich mir, nach meiner Art zu seyn, einen glüklichern Zustand wünschen, als einen der für mich etwas unendliches hat. Denn wenn sich auch in mir täglich neue Fähigkeiten entwikelten, meine Begriffe sich immer aufhellten, meine Kraft sich vermehrte, meine Kenntniße sich erweiterten, meine Unterscheidung sich berichtigte und mein Muth lebhaffter würde, so fände ich doch täglich Gelegenheit, alle diese Eigenschaften, bald im großen, bald im kleinen, anzuwenden. ...

[2] Dekret der Ernennung Goethes zum Geheimen Legationsrat mit Sitz und Stimme im Geheimen Consilium. Weimar, 11. Juni 1776.

Dekret der Ernennung Goethes zum Geheimen Rat. Weimar, 5. September 1779.

Großherzog Carl August von Sachsen-Weimar-Eisenach.

Dekret der Ernennung Goethes zum Staatsminister. Weimar, 12. Dezember 1815.

[3] Eigenhändige Reinschrift des Gedichts. Entstanden spätestens 1776, wahrscheinlich schon vor der Übersiedlung nach Weimar.

Von wem ich's habe das sag ich euch nicht
Das Kind in meinem Leib,
Pfuy speyt ihr aus die Hure da!
Bin doch ein ehrlich Weib.

Mit wem ich mich traute das sag ich
    euch nicht
Mein Schaz ist Lieb und Gut
Trägt er eine goldne Kett am Hals
Trägt er einen strohernen Hut.

Soll Spott und Hohn getragen seyn
Trag ich allein den Hohn,
Ich kenn ihn wohl, er kennt mich wohl
Und Gott weis auch davon.

Herr Pfarrer und Herr Amtmann ihr
Ich bitt laßt mich in Ruh,
Es ist mein Kind und bleibt mein Kind,
Ihr gebt mir ja nichts dazu.

[4] Weimar, 25. Oktober und
4. November 1783.
Staatsarchiv Weimar.

... werde aber nicht ermangeln in wenigen Tagen einen kleinen Aufsatz unterthänig einzureichen. Weimar d. 25. Oktbr 1783
J. W. Goethe

Da das Resultat meines unterthänigst eingereichten Aufsatzes mit beyden vorliegenden gründlichen Votis völlig übereinstimmt; so kann ich um so weniger zweifeln selbigen in allen Stücken beyzutreten, und zu erklären, daß auch nach meiner Meinung räthlicher seyn mögte die Todtesstrafe beyzubehalten.
d. 4 Nov 1783. J. W. Goethe

[5] Vermischte Gedichte.
Zweite Sammlung.
Eigenhändige Reinschrift für Band 8 von Goethes Schriften, Leipzig 1789. Entstanden 1783, zuerst veröffentlicht im 40. Stück des Tiefurter Journals (Herbst 1783).

Edel sey der Mensch,
Hülfreich und gut!
Denn das allein
Unterscheidet ihn
Von allen Wesen,
Die wir kennen.

Heil den unbekannten
Höhern Wesen
Die wir ahnden!
Sein Beispiel lehr uns
Jene glauben.
Denn unfühlend
Ist die Natur:

Es leuchtet die Sonne
Über Bös' und Gute,
Und dem Verbrecher
Glänzen wie dem Besten
Der Mond und die Sterne.

Wind und Ströme
Donner und Hagel
Rauschen ihren Weg,
Und ergreifen
Vorübereilend,
Einen um den andern.

Auch so das Glück
Tappt unter die Menge,
Faßt bald des Knaben
Lockige Unschuld
Bald auch den kahlen
Schuldigen Scheitel.

Nach ewigen ehrnen
Großen Gesetzen
Müssen wir alle
Unseres Daseyns
Kreise vollenden.

Nur allein der Mensch
Vermag das Unmögliche,
...

[6] Dialect.
Das erste, und nothwendigste für den, der sich der Schauspielkunst widmen will, ist, daß er sich von allen Fehlern des Dialect's reinige, und eine vollständige reine Aussprache zu erlangen suche. Denn welch eine widrige Wirkung bringt es nicht hervor? wenn mitten in einer tragischen Rede sich ein Provincialisme eindringt, wodurch die schönste Dichtung verunstaltet, und das Gehör des Zuschauers beleidigt wird. Wer mit dießen Angewohnheiten zu kämpfen hat, halte sich an die allgemeine Regeln der deutschen Sprache, suche aber eher alles schärfer auszusprechen, als es eigentlich seyn soll, weil er in der Folge leichter etwas nach- als zugeben kann.

[7] Da man es für nöthig erachtet, das was bey fürstlicher Bibliothek geschieht, künftig beßer zu übersehen, so hat man beschloßen ein Diarium einzuführen, zu welchem Entzweck gegenwärtiges Buch bestimmt ist. Die in den Columnen rubricirte Personen haben jedesmal, ehe sie von der Bibliothek gehen, aufzuzeichnen womit sie sich des Tages beschäftigt. Sollte ein oder der andere dieses unterlaßen, so erhält der Registrator Vulpius hiermit den Auftrag die fehlenden Notizen nachzubringen, wie man denn von demselben die Vollständigkeit gedachter Tabellen fordern wird.
Weimar am 15 April 1799
J. W. v. Goethe   Ch. G. Voigt

[8] Endesunterschriebene bekennt hiermit, z e h n Rthlr. [Reichstaler] welche des Herrn GeheimeRath Freyherrn von Göthe Excellenz dem Doktor Rudolph in Petersburg für eine Kräutersammlung gnädigst zu verwilligen geruhet haben, unterthänigst in Empfang genommen, welches hiermit quittirend bescheiniget wird, So geschehen Jena d. 2 May 1785.
Dorothea Margaretha Albrechtin.

[9] An den Mond.

Füllest wieder 's liebe Thal
Still mit Nebelglanz
Lösest endlich auch einmal
Meine Seele ganz

Breitest über mein Gefild
Lindernd deinen Blick
Wie der Liebsten Auge, mild
Über mein Geschick.

Das du so beweglich kennst
Dieses Herz im Brand
Haltet ihr wie ein Gespenst
In den Fluß gebannt

Wenn in öder Winternacht
Er vom Todte schwillt
Und bey Frühlingslebens Pracht
An den Knospen quillt.

Seelig wer sich vor der Welt
Ohne Haß verschließt
Einen Mann am Busen hält
Und mit dem geniest,

Was den Menschen unbewust
Oder wohl veracht
Durch das Labyrinth der Brust
Wandelt in der Nacht.

[10] Warum gabst du uns die tiefen Blicke
Unsre Zukunft ahndungsvoll zu schaun.
Unsrer Liebe, unserm Erdenglücke
Wähnend seelig nimmer hinzutraun?
Warum gabst uns Schicksaal die Gefühle
Uns einander in das Herz zu sehn,
Um durch all die seltenen Gewühle
Unser wahr Verhältniß auszuspähn.

Ach so viele tausend Menschen kennen
Dumpf sich treibend kaum ihr eigen Herz,

Schweben zwecklos hin und her und
    rennen
Hoffnungslos in unversehnem Schmerz,
Jauchzen wieder wenn der schnellen
    Freuden
Unerwarte Morgenröthe tagt.
Nur uns Armen liebevollen beyden
Ist das wechselseitge Glück versagt
Uns zu lieben ohn uns zu verstehen,
In dem andern sehn was er nie war
Immer frisch auf Traumglück
    auszugehen
Und zu schwancken auch in Traumgefahr.

Glücklich den ein leerer Traum
    beschäfftigt!
Glücklich dem die Ahndung eitel wär!
Jede Gegenwart und ieder Blick
    bekräfftigt
Traum und Ahndung leider uns noch
    mehr.
. . .

[11] Und wegen eines Heiligen was wäre da eure Absicht ich dächte

    Ich dächte einmal wir dächten nichts und ließen das so kommen. Nein iedes Städtgen soll seinen besondern Patron haben und unsre Wolckenburg nicht ihren eignen? Er muß dem geflügelten Löwen nichts nachgeben und nach dieser Proportion wenigstens ein Hippogrif seyn. Wir wollen sag ich einen eignen und einen neuen.

    Das ist schwer ihr wißt wie sauer es unserm Palafox ward.

    Nicht doch das hängt nun ganz von uns ab. Wie nur einer kommt der auch nur ein kleines Wunderchen zu thun sich anmaßt, flugs laß ich ihn todtschlagen und dann wollen wir ihn anbeten wenn wir ihn nur los sind.

[12] Seelig bist du liebe kleine
Die du auf der Bäume Zweigen
Von geringem Trank begeistert
Wie ein König singend lebest
Dir gehöret eigen alles
Was du auf den Feldern siehest,
Alles was die Stunden bringen.
Lebest unter Ackers-Leuten,
Ihre Freundin, unbeschädigt,
Du den Sterblichen geehrte
Süßen Frühlings süßer Bote
Ja dich lieben alle Musen
Und dich liebet Phöbus selber
Gaben dir die Silberstimmen.

Dich ergreifet nie das Alter
Weise, zarte, Dichterfreundin,
Ohne Fleisch und Blut gebohren
Leidenlose Erdentochter,
Fast den Göttern zu vergleichen.

Einen wohlgeschnitzten vollen Becher
Hielt ich drückend in den beyden Händen
Sog begierig süßen Wein vom Rande:
Amor trat herein und fand mich sitzen.
Und er lächelte bescheiden weise,
Als den Unverständigen bedaurend.
. . .

[13] 1. Endesunterzeichnete vereinigen sich, jeden Monaths einmal zusammen zu kommen, und drey Stunden einer gemeinsamen Unterhaltung, durch Vorlesungen und andere Mittheilungen zu widmen.
2. Eines jeden Urtheil ist überlassen, was er selbst beytragen will, es mögen Aufsätze seyn aus dem Feld der Wissenschaften, Künste, Geschichte oder Auszüge aus literarischen PrivatCorrespondenzen und interessanten neuen Schriften, oder kleine Gedichte und Erzählungen, oder Demonstrationen physikalischer und chemischer Experimente, u. s. w.
3. Bey jeder Zusammenkunft ist einer der Unterzeichneten Präsident derselben. Das . . .

[14] . . . heftig perorirend über Kunst und dgl., auch selbst darstellend, wie die Statuen aussähen von denen er sprach, sonst costümirt daß man ihn für einen Studio angesehn hätte, mit altem Oberrock u Hute, schwarzes Halstuch umgeknüllt, Haare schlicht zurückgestrichen und hinten wie mit der Gartenscheere beschnitten, und großer Schnurrbart.

[15] Deine Liebe ist mir wie der Morgen und Abendstern, er geht nach der Sonne unter und vor der Sonne wieder auf. Ja wie ein Gestirn des Pols das nie untergehnd über unserm Haupt einen ewig lebendigen Kranz flicht. Ich bete daß es mir auf der Bahn des Lebens die Götter nie verduncklen mögen. Der erste Frühlingsregen wird unsrer Spazierfahrt schaden. Die Pflanzen wird er aufquellen, daß wir bald des ersten Grüns uns erfreuen. Wir haben noch so keinen schönen Frühling zusammen erlebt, mögte er keinen Herbst haben. Adieu. Ich frage gegen 12 Uhr nach wie es wird. Adieu beste liebste.

[16] . . . Auch gratulire zum künftigen neuen Weltbürger [Karl, geboren am 30. Oktober, gestorben am 18. November 1795] – nur ärgert mich daß ich mein Enckelein nicht darf ins Anzeigeblättgen setzen laßen – und ein öffendlich Freudenfest anstellen – doch da unter diesem Mond nichts Vollkommenes anzutreffen ist, so tröste ich mich damit, daß mein Häschelhans vergnügt und glücklicher als in einer fatalen Ehe ist – Küße mir deinen Bettschatz und den kleinen Augst . . .

[17] Diese Tage und Nächte ist ein alter Vorsatz bey mir zur Reife gekommen; ich will meine kleine Freundinn, die so viel an mir gethan hat und auch diese Stunden der Prüfung mit mir durchlebte völlig und bürgerlich anerkennen, als die Meine.

    Sagen Sie mir würdiger Geistlicher Herr und Vater wie es anzufangen ist daß wir sobald möglich, Sonntag, oder vorher getraut werden. Was sind deßhalb für Schritte zu thun? Könnten Sie die Handlung nicht selbst verrichten, ich wünschte daß sie in der Sacristey der Stadt Kirche geschähe.

    Geben Sie dem Boten wenn er Sie trifft gleich Antwort.
    Bitte!

[18] Wenn ich dir, derber, geprüfter Erdensohn, vermelde daß meine liebe, kleine Frau uns in diesen Tagen verlassen; so weist du was es heißen will.

[19] Gott ist todt, denn Göthe ist gestorben! – rufen unsere Göthecoraxe mit Einem Munde, Verehrtester! Was ich dazu gesagt habe, sehen Sie aus der Beilage . . . . . Urtheilen Sie aber gnädig u. mild über mein Gesagtes, denn ich hatte dazu nur ein Paar Stunden Zeit, indem der Abgeschiedene sich selbst zwar, nicht aber mir zu bequemer Stunde starb. Von dem Brillanten seines Leichenbegängnisses werden Sie wahrscheinlich bald in allen Zeitungen lesen, auch wohl, was die ihm gewogenen und nicht gewogenen Todtenrichter über ihn urtheilen zu müssen glauben. Ich selbst bin über seinen sittlichen Werth mit möglichstem Glimpf hinweggegangen und habe mich damit begnügt, ihn mit seinem eigenen Fette zu beträufeln. Wer die nichtgesprochenen Worte aus den gesprochenen herauszulesen versteht, wird nicht im Zweifel seyn, was ich meinte.

PERSONENREGISTER

Die kursiven Zahlen verweisen auf Seiten mit Abbildungen.

Alberti, Johannes 172
Albrecht, Dorothea Margaretha 300
Albrecht, Johann Karl 60
Allayrac, Nicolas d' 153
Allegri, Antonio, gen. Antonio da Correggio 193
Alton, Joseph Wilhelm Eduard d' 201
Amerighi, Michelangelo, gen. Caravaggio 193, *188*
André, Johann 228
d'Angers siehe David
Anhalt-Dessau, Leopold III. Friedrich Franz, Fürst von 76, 115
Anhalt-Köthen, Ludwig, Fürst von 27
Anton-Wall siehe Heyne
Arens, Johann August 118, 120 f., 138
Aristophanes 226, 237, *227*
Arnim, Anna Elisabeth, gen. Bettina, von; geb. Brentano 288
Arnim, Lukas Siegmund von 288
Aulhorn, Johann Adam 239, 240
Azyr, Vicq d' 197

Bach, Carl Philipp Emanuel 44
Bach, Johann Gottfried Bernhard 44
Bach, Johann Sebastian 6, 44
Bach, Wilhelm Friedemann 44
Baden-Durlach, Karl Friedrich, Markgraf von 76
Baden-Durlach, Karl Ludwig, Erbprinz von 58
Bähr, Christian Heinrich 159
Bartholomaei, Johann Christian 161, 163
Bartholomaei, Wilhelm Ernst 159
Batsch, August Johann Georg Karl 202
Bayern, Ludwig I., Karl August, König von 246
Beaulieu-Marconnay, Henriette, Freifrau von; geb. Gräfin von Egloffstein 245, 247, 280
Begas, Karl *246*
Bellomo, Joseph 145, 146, 147, 241
Benda, Georg 152
Benjamin, Walter 65

Bertuch, Friedrich Justin 179, 181, 223, 238 f., 241, 243
Birmann, Peter 182
Blumenbach, Johann Friedrich 199, 200
Bodmer, Johann Jakob 228
Böhmer, Georg Friedrich von 109
Boie, Heinrich Christoph 13
Boisserée, Johann Sulpiz Melchior Dominicus 192, 298
Bonaparte, Napoleon, siehe Frankreich: Napoleon I.
Both, Rudolfine von 299
Braunschweig-Lüneburg, Karl I., Herzog von 60
Braunschweig-Oels, Friedrich August, Herzog von 172
Braunschweig-Wolfenbüttel, Wilhelm Ferdinand, Herzog von 242
Brentano, Bettina, siehe Arnim
Brück, Christian 24
Brühl, Carl Friedrich Moritz Paul, Graf von 157
Buchholz, Wilhelm Heinrich Sebastian 196, 243, *196*
Buchner, August 172
Bünau, Heinrich, Graf von 61, 69 f.
Bürger, Gottfried August 13
Buffon, George Louis Leclerc, Graf von 195
Buonarroti siehe Michelangelo
Bury, Friedrich 182, *253*
Byron, George Gordon Noel, Lord 279

Calderon de la Barca, Don Pedro 152, *154*
Camper, Pieter 197
Caravaggio, Michelangelo, siehe Amerighi
Carracci, Annibale 193
Carstens, Asmus Jakob 182, 185, 191 f., *192*
Carus, Carl Gustav 201, 285
Castelli, Ignaz Franz 157
Charpentier, Johannes Friedrich Wilhelm Toussaint von 204
Clerisseau, Charles Louis 121
Clodius, Christian August 11
Conta, Karl Friedrich Anton von 286
Correggio, Antonio, siehe Allegri
Cotta, Johann Friedrich von 254, 281

Coudray, Clemens Wenzeslaus 140, 141, 142, 143, 159, 185, 288, *143*
Cranach, Lucas, d. Ä. 6, 24 f., 193, *25*, *30*
Cranach, Lucas, d. J. 25
Cuvier, George Léopold Chrétien Frédéric Dagobert, Baron de 201, 286

Dalberg, Karl Theodor Anton Maria von 71
Dalberg, Wolfgang Heribert von 148
Dauthe, Johann Friedrich Carl 121
David, Pierre Jean, gen. David d'Angers 247
Delph, Helena Dorothea 16
Despartes [d. i. Desport des Monbadour], Jean Baptiste 122
Des Voeux, Charles 279
Dies, Albert Christoph 182
Dingelstedt, Franz von 157
Ditters von Dittersdorf, Karl 148
Döbbelin, Carl Theophil 146
Dorn, Georg 44
Dornberger, Johann Nikolaus 166
Dürer, Albrecht 193, *191*

Eberwein, Franz Karl Adalbert 246, 247
Eberwein, Henriette 247
Eckermann, Johann Peter 9, 64, 123, 140, 141, 143, 147, 153, 196, 215, 279, 280, 281, 288, 296, 297, 298, *287*
Edelsheim, Wilhelm, Freiherr von 76
Egloffstein, Caroline von 245, 280
Egloffstein, Henriette von, siehe Beaulieu-Marconnay
Egloffstein, Julie, Gräfin von 237, 299
Einsiedel-Scharfenstein, Friedrich Hildebrand von 117, 223, 237, 238, 240, *146*, *238*
Ekhof, Hans Konrad Dietrich 146, 239
Erdmannsdorff, Friedrich Wilhelm von 115
Euripides 287

Facius, Angelika 187
Fahlmer, Johanna Katharina Sibylla; verh. Schlosser 51, 297, 298
Fasch, Carl Friedrich Christian 247
Fernow, Karl Ludwig 172
Ferrari, Benedetto 247

Fichte, Johann Gottlieb 112, 256
Forster, Georg 197
Franckenberg, Sylvius Friedrich Ludwig, Freiherr von 109, 297
Franke, Johann Bernhard 171
Franke, Georg 159
Frankreich, Ludwig XIV., König von 54
Frankreich, Ludwig XVI., König von 67
Frankreich, Marie Antoinette, Königin von 67
Frankreich, Napoleon I. Bonaparte, Kaiser von 57, 59, 256, 279
Frey, Franz Bernhard *15*
Friedrich, Caspar David 192
Fritsch, Friedrich August, Freiherr von 243
Fritsch, Jakob Friedrich, Freiherr von 51, 52, 54, 55, 61, 70–72, 73, 74, 75, 110, 242, 243, 297, *71*
Fritsch, Johanna Sophie, Freifrau von 73
Fritsch, Thomas, Freiherr von 70
Fritsche, Johannes Thomas 70
Füßli (Fueßli), Johann Heinrich 192

Gellert, Christian Fürchtegott 11, 72
Genelli, Bonaventura 187
Genelli, Hans Christian 118
Gentz, Johann Heinrich 121 f., 141, 297
Gentzsch, Carl Heinrich 116
Geoffroy de Saint Hilaire, Etienne 201, 286
Gerstenberg, Heinrich Wilhelm von 13, 297
Gesner, Johann Matthias 172
Geßner, Salomon 192
Gianini, Wilhelmina Elisabetha Eleonora, Reichsgräfin von 52
Gluck, Christoph Willibald 228
Goechhausen, Luise Ernestine Christiane Juliane von 62, 239, 245, *63*, *245*
Göschen, Georg Joachim 254
Goethe, Alma Sedina Henriette Cornelia von 280, 281, 282, 288, *283*
Goethe, Cornelia Friederike Christiane; verh. Schlosser 15, 223
Goethe, Johann Kaspar 9, 10, 11, 14 f., 16, 52, 252, 288
Goethe, Johanna Christiane Sophie von; geb. Vulpius 50, 219, 247, 249, 250–252, 254, 255, 256, 282, 285, 299, 301, *42*, *253*, *276*, *278*
Goethe, Julius August Walther von 184, 187, 201, 215, 252, 254, 255 f., 279, 280 f., 282, 285, 288, 299, 301, *46*, *281*
Goethe, Katharina Elisabeth; geb. Textor 9, 10, 19, 52, 240, 251, 252, 282, 288, 296, 299, *18*, *252*
Goethe, Ottilie Wilhelmine Ernestine Henriette von; geb. von Pogwisch 247, 256, 279, 280, 281, 282, 287, 288, *281*

Goethe, Walther Wolfgang von 279, 280, 281, 282, 288, 294, *46*, *282*
Goethe, Wolfgang Maximilian von 279, 280, 281, 282, 288, *46*, *282*
Göttling, Johann Friedrich August 287
Götze, Johann Georg Paul 252
Goldoni, Carlo 237
Gore, Charles 122, 172, 179, 240
Gore, Elisa 122, 185, 190, 240
Gore, Emilie (Emily) 122, 240
Gore, Hanna 240
Gotter, Friedrich Wilhelm 148
Gottsched, Johann Christoph 172
Gozzi, Carlo 151, 237
Graff, Johann Jakob 150
Grau, Johannes 23
Greiner, Johann Poppo von 61, 159
Griesbach, Johann Jakob 243
Grillparzer, Franz 247
Gromann, Nicol 26, *25*
Grüner, Karl Franz 153, *155*
Gryphius, Andreas 27
Gude, Marquard 172
Günther, Wilhelm Christoph 255, 301, *254*

Hackert, Jakob Philipp 182, 185, 192, *120*, *189*
Häckel, Heinrich Jakob von 15
Hagedorn, Friedrich von 72
Hagemeister, Johann Gottfried Lucas 148
Haller, Albrecht von 195
Hamann, Johann Georg 297, 298
Harsdörffer, Georg Philipp 27
Haydn, Joseph 247
Hegel, Georg Wilhelm Friedrich 247
Heine, Heinrich 295
Heinke, Ferdinand 279
Helbig, Karl Emil 286
Henckel von Donnersmarck, Ottilie, Gräfin 256
Herder, Johann Gottfried von 6, 11, 13, 14, 47, 49, 55, 58, 59, 62, 72, 197, 200, 201, 230, 233, 240, 242, 243, 250, 255, 283, 285, 297, 298, *31*, *32*, *275*
Herder, Karl Emil Adelbert von 57
Herder, Maria Caroline von; geb. Flachsland 49, 59
Hermann, Johann Gottfried Jakob 287
Hessen-Darmstadt, Henriette Caroline, Landgräfin von 57, 58, 59
Hessen-Darmstadt, Ludwig, Kronprinz von (später Ludwig X.) 57
Hessen-Darmstadt, Wilhelmine, Prinzessin von; verh. Großfürstin Natalja von Rußland 57, 59
Heyne, Christian Lebrecht, gen. Anton-Wall 148

Hill, John 202
Hirschfeld, Christian Cajus Laurenz 138
Holbein, Hans 193
Houdon, Antoine *88*
Howard, Luke 217
Hufeland, Christoph Wilhelm Friedrich 243, 249
Humboldt, Friedrich Wilhelm Heinrich Alexander von 201, 202, 240, *200*
Humboldt, Karl Wilhelm von 240

Iffland, August Wilhelm 147, 148, 149, 153, *148*
Ilten, Caroline von 57

Jacobi, Friedrich Heinrich 146, 197, 202
Jagemann, Ferdinand 181, 183, 184, 185, 187, 190, *62*, *65*
Jagemann, Henriette Karoline Friederike 59, 150 f., 157, 181, *157*
Jean Paul siehe Richter
John, Johann August Friedrich 176, 252
Jommelli, Nicolo 247
Joseph II., römisch-deutscher Kaiser 76
Jünger, Johann Friedrich 148
Juncker, Christian 172

Kalb, Charlotte Sophie Juliane von 51
Kalb, Johann August Alexander von 18, 51, 52, 66, 110, 223
Kalb, Johann Karl Alexander von 49, 52, 71
Kauffmann, Johann Peter 187, 189
Kayser, Philipp Christoph 228, 242, 247
Kestner, August 281, 299
Kestner, Charlotte; geb. Buff 281
Kestner, Johann Georg Christian 13, 16, 296, 297
Kirms, Franz 145, *40*
Kleinschrod, Ernst Theodor 287
Klinger, Friedrich Maximilian von 13
Klopstock, Friedrich Gottlieb 13, 58, 73
Knebel, Karl Ludwig von 17, 47, 49, 60, 62, 110, 117, 200, 232, 238, 242, 283, 297, *17*
Knebel, Luise von 251, 299
Kniep, Christoph Heinrich 182
Kobell, Ferdinand 63, 192
Körner, Christian Gottfried 245, 283, 297
Kotzebue, August Friedrich Ferdinand von 148, 153, 246
Kräuter, Friedrich Theodor David 171, 185, *255*
Krahe, Peter Joseph 118
Kraus, Georg Melchior 62, 181, 190, 223, 234, 239, 240, 243, *146*, *151*, *220*, *229*, *234*, *238*, *239*
Kromayer, Johannes 44
Küchelbecker, Wilhelm 247

Lämmerhirt, Johann Christoph 122
La Roche, Marie Sophie von 13, 58
Laßberg, Christiane Henriette von 116
Lavater, Johann Kaspar 13, 185, 196, 231, 250, 297, 298, 299
Lenz, Jakob Michael Reinhold 13
Lenz, Johann Georg 243
Leonardo da Vinci 185
Lessing, Gotthold Ephraim 148, 151, 152, 233, 237
Lieber, Karl Wilhelm 190
Lilienheim, Gerhard von 172
Linné, Carl von 195, 201
Liszt, Franz 157
Loder, Justus Christian 200, 242
Loen, Johann Michael von 15
Logau, Balthasar Friedrich, Freiherr von 27, 172
Luther, Martin 23, 174
Lyncker, Karl Friedrich Ernst, Freiherr von 241

Mann, Thomas 65
Mantegna, Andrea 193
Maron, Anton von 182, 191
Martius, Karl Friedrich Philipp von 203
Mazelet (Masselet), Jeanette Ilsa 288
Melanchthon, Philipp 24
Mendelsohn-Bartholdy, Jacob Ludwig Felix 247
Merck, Johann Heinrich 13, 14, 51, 116, 199, 296, 297
Metternich-Winneburg, Clemens Wenzeslaus Nepomuk Lothar, Fürst von 294
Meyer, Friedrich Ludwig Wilhelm 152
Meyer, Johann Heinrich 121, 122, 138, 181, 182, 183, 184, 185, 187, 188, 190, 191, 193, 243, 245, 252, 288, 294, 297, *180*, *181*
Michelangelo Buonarroti 193, *273*
Mickiewicz, Adam 247
Mieding, Johann Martin 220, 240
Miller, Johann Martin 225
Möser, Justus 17
Moliere siehe Poquelin
Montaigne, Michel Eyquem de 72
Montesquieu, Charles de Secondat, Baron de la Brède et de 233
Mounier, Jean Joseph 122
Mozart, Johann Chrysostomus Wolfgang Theophilus, gen. Wolfgang Amadeus 148, 152, 247
Müller, Friedrich Theodor Adam Heinrich, Kanzler von 72, 171, 195, 247, 280, 281, 285, 288, 290
Müller, Johann Christian Ernst 185, *151*, *152*
Müller, Quadrator 122

Münchhausen, Wilhelmine, Freifrau von 287
Müntzer, Thomas 24
Murr, Christian Gottlieb von 172
Musäus, Johann Karl August 47, 55 f., 62, 238, 240

Nahl, Johann August 182
Naylor, Samuel 279
Nees von Esenbeck, Christian Gottfried Daniel 247
Neumark, Georg 27
Newton, Isaac 215, 216
Nietzsche, Friedrich 295

Oeser, Adam Friedrich 11, 115, 192, 240, *116*
Opitz, Martin 27
Orléans, Ferdinand, Herzog von 287
Orth, Johann Philipp 15
Ostade, Adriaen van 193

Paganini, Niccolò 247
Païsiello (Paesiello), Giovanni 152
Palladio, Andrea 118
Pfalz-Zweibrücken, Karl Theodor, Kurfürst von 17
Pogwisch, Henriette Ottilie Ulrike, Freifrau von; geb. Gräfin Henckel von Donnersmarck 256, 279
Pogwisch, Ulrike von 256, 280
Poquelin, Jean Baptiste, gen. Moliere 237
Preller, Ernst Christian Johann Friedrich 187
Preller, Friedrich, d. Ä 190
Preußen, Friedrich II., König von 57, 76 f.
Preußen, Friedrich Wilhelm II., König von 59
Pütter, Johann Stephan 70
Putbus, Moritz Ulrich, Graf zu 282, 299

Rabener, Gottlieb Wilhelm 72
Racine, Jean Baptiste 152
Raffael siehe Santi
Recke, Charlotte Elisabeth Constantina, Freifrau von der 251
Reichardt, Johann Friedrich 147
Reil, Johann Christian 299, *289*
Reinhard, Karl Friedrich, Graf von 247
Reni, Guido 193
Richter, Christian 44
Richter, Jean Paul Friedrich, gen. Jean Paul 240
Riemer, Friedrich Wilhelm 171, 252, 280, 287, 288, *287*
Riemer, Caroline, siehe Ulrich
Rochlitz, Johann Friedrich 290
Röhr, Johann Friedrich 288–290, 299, *289*

Rousseau, Jean Jacques 225, 226
Rudolph, Georg Gottfried 166, 300
Ruisdael, Jakob van 193
Rußland, Alexander I. Pawlowitsch, Zar von 64, 233
Rußland, Katharina I., Zarin von 59, 63, 64
Rußland, Maria Fjodorowna, Zarin von; geb. Sophie Dorothea Auguste, Prinzessin von Württemberg 64, 233
Rußland, Paul I., Zar von 59

Sachs, Hans 172, *173*
Sachse, Johann Christoph 171
Sachsen, Friedrich III., der Weise, Kurfürst von 23, 173
Sachsen, Johann Friedrich, der Beständige, Kurfürst von 24
Sachsen-Weimar, Johann Wilhelm, Herzog von 159
Sachsen-Weimar, Wilhelm Ernst, Herzog von 26, 27, 44 f.
Sachsen-Weimar-Eisenach, Anna Amalia, Herzogin von 51, 52, 54 f., 60–63, 64, 71, 72, 109, 117, 159, 172, 179, 234, 235, 237, 239, 240, 241, 242, 249, 282, 285, *62*, *63*, *78*, *80*, *81*, *96*, *239*
Sachsen-Weimar-Eisenach, Carl Alexander, Herzog von 161
Sachsen-Weimar-Eisenach, Carl August, Großherzog von 17, 18, 19, 47, 49, 50, 51, 52, 54, 55, 56, 57, 58, 59, 60, 62, 64, 69, 70, 71, 72, 73, 74, 75, 76, 109, 110, 111, 115, 116, 118, 119, 120, 122, 123, 138, 139, 142, 143, 145, 146, 149, 157, 162 f., 171, 172, 174, 177, 179, 181, 182, 183, 184, 185, 186, 187, 188, 190, 195, 196, 217, 223, 228, 230, 233, 239, 240, 241, 242, 243, 256, 280, 283, 285, 286, 297, 298, 299, *16*, *58*, *70*, *77*, *102*, *124*
Sachsen-Weimar-Eisenach, Carl Friedrich, Großherzog von 63 f., 232, *89*
Sachsen-Weimar-Eisenach, Ernst August Constantin, Herzog von 47, 60, 61, 70, 72, 109, 172
Sachsen-Weimar-Eisenach, Friedrich Ferdinand Constantin, Prinz von 17, 47, 52, 55, 57, 59 f., 239, 240, 297, *80*, *81*
Sachsen-Weimar-Eisenach, Luise Auguste, Großherzogin von; geb. Prinzessin von Hessen-Darmstadt 17, 51, 54, 57 f., 59, 64, 116, 224, 233, 241, 287, *16*, *59*, *63*, *231*
Sachsen-Weimar-Eisenach, Maria Pawlowna, Großherzogin von; geb. Großfürstin von Rußland 63, 64, 233, 288, *47*, *89*
Salieri, Antonio 152, 247
Salzmann, Johann Daniel 296
Sangerhausen, Christoph Friedrich 14
Santi Raffaello, gen. Raffael 193

Schiller, Johann Christoph Friedrich von 6, 7, 54, 56, 62 f., 64, 73, 141, 148, 150, 151, 152, 161, 162, 172, 204, 233, 240, 245, 246, 251, 254, 283, 285, 288, 297, 299, *36, 38, 42, 150, 275, 293*

Schiller, Luise Antoinette Charlotte von; geb. von Lengefeld 245, 250

Schimmelmann, Charlotte, Gräfin von 251, 283

Schinkel, Karl Friedrich 142, 247

Schlegel, August Wilhelm 112

Schlegel, Karl Wilhelm Friedrich von 152

Schlegel, Dorothea Caroline Albertine 112

Schlitz, gen. von Görtz, Johann Eustachius, Graf von 17, 51, 52, 56, 60, 71

Schlitz, gen. von Görtz, Caroline, Gräfin von 52

Schlosser, Johann Georg 13, 14

Schmeller, Johann Joseph 184, 190, *143, 181, 186, 281, 282, 287*

Schmid, Johann Georg 159

Schmidt, Johann Christoph 73 f., 109, 119, 120, 253, *73*

Schmidt, Johannes 165, 166

Schmidt, Carolina Christina 73

Schmidt, Maria Sibylla 253

Schmidt, Marie Sophie (Fanny) 73

Schnauß, Christian Friedrich 72 f., 74, 75, 109, 161, 162, 172, 181, *72*

Schönemann, Anna Elisabeth (Lili); verh. von Türckheim 15, 16, 18, 224, *15*

Schönkopf, Anna Katharina (Käthchen) 296

Schopenhauer, Luise Adelaide Lavinia (Adele) 247, 279, 280, 299

Schopenhauer, Arthur 247, 255

Schopenhauer, Johanna Henriette 247, 255

Schoreel siehe Scorel

Schrettinger, Martin 177

Schröder, Friedrich Ludwig 148

Schröter, Corona Elisabeth Wilhelmine 237, 238, 240, 241

Schröter, Jakob 24

Schuchardt, Johann Christian 186 f., 193, 286, *186*

Schütz, Johann Georg 182

Schütz, Johann Stephan 253

Schuricht, Christian Friedrich 138

Schurzfleisch, Konrad Samuel 172

Schweitzer, Christian Wilhelm von 159

Scorel (Schoreel), Jan van 193

Seckendorff, Karl Friedrich Sigismund, Freiherr von 52, 224, 225, 230, 237, 238, 297, *221*

Seidel, Friedrich Ludwig 298

Seidel, Philipp Friedrich 66, 117, 252, 297

Seidel, Heinrich Friedrich Wilhelm 239, 240

Seidler, Luise 186, 187, 190, 193, *157, 186, 283*

Seyler, Abel 146, 228

Shakespeare, William 148, 152

Sievers, Heinrich Jakob 196

Sömmerring, Samuel Thomas 197, 198

Soret, Frédéric Jean 247, 280, 297

Spilker, Johann Christoph Ferdinand 161, 164, 165, 166, 171

Spontini, Gaspano Luigi Pacifio 247

Stadelmann, Johann Karl Wilhelm 252

Staël-Holstein, Anne Louise Germaine de 247

Stark, Albert 204

Stark, Eduard 204

Stein, Charlotte Albertine Ernestine von; geb. von Schardt 17, 49, 51, 62, 75, 115, 116, 120, 140, 200, 202, 223, 224, 232, 241, 249 f., 285, 297, 298, 299, *98, 99, 221, 222, 250, 251, 265*

Stein, Gottlob Ernst Josias Friedrich von 17, 49, 52, 224

Stein, Gottlob Friedrich Konstantin von 201, 250, 299

Steiner, Carl Friedrich Christian 143, 159, 185

Steiner, Johann Friedrich Rudolph 120, 122, 139, 141

Sterling, Charles 279

Sterling, Charles, d. Ä. 279

Sternberg, Kaspar Maria, Graf von 247

Stock, Johann Michael 11

Stolberg, Auguste Luise, Gräfin zu 296, 297

Stolberg, Christian, Graf zu 51, 297

Stolberg, Friedrich Leopold, Graf zu 51

Straßburger, August Friedrich 159

Szymanowska, Maria 247

Temple, Edmond 287

Terenz (Terentius) Aser, Publius 152

Thackeray, William Macepeace 247

Thiem, Veit 23

Thouret, Nicolaus Friedrich 121, 122, 141

Thüringen, Friederich, der Einfältige, Landgraf von 22

Tieck, Christian Friedrich 122, *47*

Tieck, Johann Ludwig 247

Tiepolo, Giovanni Battista 193

Tietz, Johann 26

Tischbein, Johann Friedrich August *59*

Tischbein, Johann Heinrich Wilhelm 192

Tizian (Tiziani Vecellio) 193

Tucher, Felicitas 193

Tucher, Hans 193, *191*

Türckheim, Anna Elisabeth, siehe Schönemann

Turgenjew, Alexander Iwanowitsch 247

Uffenbach, Johann Friedrich 15

Ulrich, Caroline Wilhelmine Johanne; verh. Riemer 252

Unger, Johann Friedrich 254

Varnhagen von Ense, Karl August 294

Vent, Christoph Gottlob 113

Vogel, Karl 281, 287, 288

Vohs, Johann Andreas Heinrich 148, 149, 150

Voigt, Christian Gottlob 111 f., 113, 119, 120, 122, 162, 163, 164, 165, 166, 171, 173, 179, 181, 182, 183, 243, 297, 300, *42, 244*

Voigt, Johann Carl Wilhelm 111, 204

Voltaire, François Marie Arouet 237

Voß, Johann Heinrich 240

Vulpius, Christian August 162, 164, 165, 166, 171, 172, 173, 175 f., 300, *162*

Vulpius, Christiane, siehe Goethe

Vulpius, Ernestine Sophie Luise 50, 252

Vulpius, Juliane Auguste 50, 252

Wagner, Heinrich Leopold 13

Wagner, Otto *243*

Wartensleben, Ferdinand, Graf von 299

Weber, Carl Maria von 247

Wedel, Otto Joachim Moritz von 119

Weger, August 250

Weidhoff, Johann 200

Weißer, Karl Gottlob 188

Weitsch, Georg 200

Weller, Christian Ernst Friedrich 287

Westermayr, Conrad *61, 196*

Wieck, Clara; verh. Schumann 247

Wieland, Christoph Martin 6, 17, 47, 51, 52, 55, 56, 58, 62, 64, 71, 72, 122, 143, 222, 228, 233, 240, 242, 243, 283, 285, 297, *33, 62, 137*

Winckelmann, Johann Joachim 61, 115, 182, 191

Winterberger, Georg 287

Wolf, Georg 250

Wolf, Johannes 25, *23*

Wolff, Heinrich Abraham 118

Wolff, Johann August 297

Wolff, Pius Alexander 153, 154, *154, 155*

Wolff-Malcolmi, Anna Amalia Christiane *154*

Wolzogen, Friederike Sophie Caroline Auguste von; geb. von Lengefeld 245

Wolzogen, Wilhelm Ernst Friedrich, Freiherr von 122, 245

Zelter, Karl Friedrich 196, 247, 255, 281, 283, 299, 301, *246, 255*

Zesen, Philipp von 27

Zimmermann, Johann Georg von 249, 297, 299

Zucchi, Antonio 182

ZU DEN AUTOREN

Karl-Heinz Hahn, geb. 1921

1950 Dr. phil., 1963 Dr. phil. habil., 1964 Prof. Dr. phil. habil., 1984 Dr. phil. h. c.

Von 1954 bis 1958 stellvertretender, dann Direktor des Goethe- und Schiller-Archivs, Weimar. Unter seiner Leitung hat das Archiv seinen alten Ruf als ein Zentrum internationaler Goetheforschung wiedererlangt. Autor zahlreicher literaturwissenschaftlicher und historischer Studien zur Literatur und Geschichte des 18. und 19. Jahrhunderts, Herausgeber und Editor von Werken und Briefen von Achim von Arnim, Heine, Herder, Klopstock, Goethe und Schiller. Seit 1975 Präsident der Goethe-Gesellschaft in Weimar.

Anneliese Clauss, geb. 1917

Von 1959 bis 1976 Archivarin am Goethe- und Schiller-Archiv in Weimar. Durch archivarische Ordnungs- und Verzeichnungsarbeiten, wissenschaftliche Expertisen und Betreuung von Benutzern bildete sie sich zur profunden Kennerin biographischer und kulturhistorischer Gegebenheiten des 18. und 19. Jahrhunderts. Neben Leben und Werk Friedrich Nietzsches bilden Goethe und seine Lebensumwelt die bevorzugten Gebiete ihres Forschens.

Dieter Görne, geb. 1936

1974 Dr. phil.

Nach Studien in Leipzig wirksam als Dramaturg an den Theatern in Parchim, Plauen und Weimar. Von 1968 bis 1974 wissenschaftlicher Mitarbeiter am Goethe- und Schiller-Archiv. 1974 – 1977 Dramaturg am Deutschen Nationaltheater in Weimar, seit 1984 Chefdramaturg am Staatsschauspiel Dresden. Beruflicher Werdegang und wissenschaftliches Engagement machten ihn zu einem ausgezeichneten Kenner der Theatergeschichte des 18. und 19. Jahrhunderts.

Gitta Günther, geb. 1936

Seit 1959 Stadtarchivarin in Weimar. Als Hauptautor und Mitherausgeber einer im Jahr 1975 erschienenen umfassenden Geschichte der Stadt Weimar ist sie eine der besten Kennerinnen Weimars und seiner Geschichte.

Wolfgang Hecht, geb. 1928, gest. 1984

1952 Dr. phil., 1971 Dr. sc.

Ab 1962 wissenschaftlicher Mitarbeiter der Nationalen Forschungs- und Gedenkstätten der klassischen deutschen Literatur in Weimar. Seit 1982 Kustos der Kunstsammlungen Goethes. Autor zahlreicher Studien zur Literaturgeschichte des 16. bis 19. Jahrhunderts. Herausgeber der Sammlung Deutscher Heldensagen; Herausgeber eines Sammelbandes »Goethe als Zeichner«. Der Beitrag zum vorliegenden Band stellt die letzte wissenschaftliche Studie des bereits vom Tode gezeichneten Autors dar.

Marie-Luise Kahler, geb. 1933

Seit 1958 Kustodin der naturwissenschaftlichen Sammlungen Goethes, und als solche profunde Kennerin seiner naturwissenschaftlichen Forschungen, vorrangig auf den Gebieten der Biologie und Zoologie.

Konrad Kratzsch, geb. 1931

1968 Dr. phil.

Seit 1961 als Bibliothekar an der Zentralbibliothek der deutschen Klassik in Weimar tätig, betreut er heute die sehr reiche Handschriftenabteilung der Bibliothek. Herausgeber und Autor von Studien zu seltenen Drucken und Bibliothekshandschriften.

Ulrike Müller-Harang, geb. 1952

1981 Dr. phil.

Seit 1982 als wissenschaftliche Mitarbeiterin am Goethe-Nationalmuseum tätig und hier insbesondere mit Fragen der Museums- und Ausstellungsgestaltung beschäftigt.

Wolfgang Schneider, geb. 1938

Schriftsteller und Mitautor der 1975 erschienenen Stadtgeschichte von Weimar. Autor kulturhistorischer Monographien, wie z. B. Kulturgeschichte der Stadt Berlin, Kulturgeschichte der Stadt Leipzig, »Kunst hinter Stacheldraht« u. a. m.

Jürgen Seifert, geb. 1935

1974 Dr.-Ing.

Architekt, seit 1973 als Leiter der denkmalpflegerischen Arbeiten der Nationalen Forschungs- und Gedenkstätten der klassischen deutschen Literatur in Weimar wirksam. Unter seiner Leitung erfolgte u. a. die bauliche Neugestaltung des Goethe-Museums und die Rekonstruktion von Schloß Tiefurt; zugleich ein ausgezeichneter Kenner der Architekturgeschichte des 18. Jahrhunderts.

Jürgen Karpinski, geb. 1941

Ausbildung zum Diplom-Fotografiker an der Hochschule für Grafik und Buchkunst, Leipzig. Seit 1969 freischaffend. Mit dem Bildband »Prunkwaffen«, erschienen im Verlag Edition Leipzig, machte er 1973 erstmals international auf sich aufmerksam. Seine weiteren Bildbände haben hauptsächlich die Schätze der Dresdener Sammlungen zum Gegenstand: »Altjapanisches Porzellan aus Arita in der Dresdener Sammlung«, »Sächsische Volkskunst«, »Sächsische Möbel«, »Der Mathematisch-Physikalische Salon in Dresden«.

Hans-Ludwig Böhme, geb. 1945

Studium der Germanistik/Anglistik. Seit 1982 als Theaterfotograf am Staatsschauspiel Dresden. Die Mitarbeit an diesem Band ist sein erster größerer publizistischer Beleg.